南山慈善译丛
NANSHAN TRANSLATIONS OF
CHARITY RESEARCH

第二辑
主编/褚蓥 曾令发

爱的纽带与
美利坚的形成

———————

温斯罗普、杰斐逊和林肯的慈善观念

BONDS OF AFFECTION

CIVIC CHARITY AND THE MAKING OF
AMERICA: WINTHROP, JEFFERSON,
AND LINCOLN

〔美〕马秀·S.胡兰德 / 著
（Matthew S. Holland）

褚蓥 / 译

社会科学文献出版社
SOCIAL SCIENCES ACADEMIC PRESS (CHINA)

Bonds of Affection:

Civic Charity and the Making of America—Winthrop, Jefferson, and Lincoln

Matthew S. Holland

本书根据乔治敦大学出版社 2007 年版译出

献给佩奇 （Paige）

她"不间断的、从容的"慈善行为使这项研究成为可能

　　何为慈善？爱也。

　　西方讲"爱邻如己"，中国讲"推己及人"，两者所讲皆是爱。人们在一般意义上讲的慈善是捐款捐物，所表达便是这种爱。但是，慈善仅仅是捐款捐物吗？

　　我尝读范文正公的《岳阳楼记》，其中一句"先天下之忧而忧，后天下之乐而乐"，令人心潮澎湃。但此句立意深刻，初读时，我只能领会其宏大，却不能解得其精髓。后来，直到我深刻领会了慈善的含义，才明了其中的韵味。原来这也是"爱"啊，是对天下的大爱！由此，才能有范文正公为天下之凋敝而忧愁，为天下之繁盛而喜乐的深刻表达。范文正公深藏在这两句话中的感情，是高山仰止的，因此也真正符合了"文正"二字的含义。所以，我认为，慈善一词所表达的，并不只是捐款捐物式的爱，还应该包含以修身心、利国家、安社稷，乃至于求大道、明真理为目标的爱。

　　由此而论，要做一个知善、行善的士人，其学识绝不能仅为稻粱谋，因为那是功利之道，有悖仁爱之本。而士人所应肩负的应是"居庙堂之高则忧其民，处江湖之远则忧其君"的重要使命。无疑，如此才能算得上是"躬素士之业，朝夕孜孜"。

　　这自然是一条艰难而漫长的道路，特别是对那些不曾闻达的士人而言，更是如此。《史记》有云："夫道之不修也，是吾丑也。夫道既已大修而不用，是有国者之丑也。不容何病，不容然后见君子！"所以，作为一个士人，就算不闻达，也要"不干长上，洁身守道，不与世陷乎邪，是以卑而不失义，瘁而不失廉"。这是作为一个士人的基本修为，当谨守之。

我们翻译出版南山慈善译丛，正是为尽士人的上述两项本分。

其一，这是为了表达士人的善心，即以天下为己任，追求真理，并传播于世。所以，南山慈善译丛遴选的都是一些晦涩难懂的理论性作品，每一本都有深刻而扎实的学术观点，甚至自成一派，影响深远。其中，第二辑的作品更是以艰深为特点。在这一辑中，我们选择了一部神学、政治学的作品，研讨的是美国自建国以降的政治慈善思想；选择了一部慈善法作品，从公共利益这个概念入手，讨论的却是西方慈善的深意；选择了一部讨论中世纪意大利慈善事业的作品，该作也是理论性极强，精致而深刻。这些作品的引介，应可对我国慈善理论的建设尽绵薄之力。

其二，这也是我们自我修行的一个过程。众所周知，翻译是一件苦差事。一本 20 万字的译作，需要 10 个月的苦功。同时，在现有学术环境下，译作不算作学术成果，更何况本译丛也不向译者支付酬劳，所有译者都是志愿劳动。所以，译者们翻译这些作品，都是出于士人的本心，意在于这一过程中求得自身之修炼。我们将这个译丛命名为"南山慈善译丛"，南山取自"种豆南山下"，正是为了切合此意。

《大学》言："大学之道，在明明德，在亲民，在止于至善。"此当为我辈士人毕生之追求。

是为序。

　　胡兰德的这本《爱的纽带与美利坚的形成：温斯罗普、杰斐逊和林肯的慈善观念》是一部很难译的作品，也是一部很难得的作品。

　　说这是一部很难译的作品，是因为，这是一部艰深的神学作品，又是一部佶屈聱牙的政治哲学作品。胡兰德将神学与政治哲学糅合一处，系统性地反思了西方的政治逻辑，提出了与现有主流观点不同的解释框架。在这一点上，他的思考比罗尔斯、布坎南等学者要深入得多。也正因为如此，译者不建议读者贸然地阅读这部作品。这样做只会浪费掉几个美好的下午，却一无所获。要阅读这部作品，必先对自圣·奥古斯丁以来的神学脉络有透彻的把握，特别是熟悉近代的路德宗、归正宗、圣公会的主要神学主张。此外，由于本书的第二部分还涉及苏格兰启蒙运动，故而斯密、休谟等一干先哲的作品也在预先阅读之列。只有做好此等准备，这部作品才会向读者打开神秘的大门。

　　说这是一部难得的作品，是因为，它真正解释了西方视野中的"慈善"。我们一直将西方的"慈善"与"公益"混同，或者简单地认为"慈善"是传统的，"公益"是现代的。这显然是对慈善与公益的误解。胡兰德的作品给出了一种严格符合西方正统的解释：慈善是宗教的，是爱；与之相对应，公益是契约的，是功利。值得注意的是，西方社会的这一理解与我国的传统慈善观念不太一样。就算是到了今天，这一理解依旧没有成为我国社会的主流观点。所以，译者以为，西方的慈善要想在我国化成主流，恐怕也是要等到地老天荒。而由慈善衍生出的公益，虽然近一百年来，在我国大有越俎代庖之势，但到头来能走多远，还是有待观察。所以，从反观我国的角度来看，这本书的确是一部难得的作品。

另外，本书还有一个有趣之处，即它解释了一个长期困扰我国主流思想界的问题，即在理性主义下，人们何以共存？西方在古希腊、古罗马时期，就奉行民主主义、理性主义。但是，反复的实践都证明，民主主义会导向暴民政治，理性主义则使人骄傲。对于这些情况，苏格兰启蒙运动、自然法学派等先后做了探讨，但似乎依旧收效甚微。本书自然也给出了自己的答案，译者以为这个答案找对了点。

最后，简单介绍下作者胡兰德的情况。胡兰德教授生于 1966 年，政治科学博士，教授，现为犹他谷州立大学（UVU）校长。

值得说明的是，译者能力有限，虽然在翻译前阅读了几乎全部的相关文献，且仔细翻译一遍，校对两遍，但依旧难免有所疏漏。所以，读者们如果找到任何错译之处，万请不吝赐教。

褚鎏

2017 年 1 月 30 日于湖州

致　谢　<<<<<<<<<<

　　早在十八九岁到二十岁刚出头的年纪，我就有写这本书的念头，但当时我还不明确自己的想法。在随后这些年里，我有幸跟很多位著名的领袖共事过，他们各有各的领域，各有各的风格，但却做了一个相同的决定。那就是他们都采用某种方式，身体力行，实践下述相互抵触的要求，即人类主体、至上之爱以及有效治理。他们伟大的攀登令我打开眼界，认识到了这项使命的高尚与艰难。

　　作为一项具体的学术研究，这本书起始于杜克大学桑迪·凯斯勒（Sandy Kessler）的研究生课程"美国早期政治思想"。他给我介绍了政治科学的一个细分领域。由此，我得以满足对哲学、政治学和历史学的兴趣［我对这些学科最初的兴趣是被一群优秀的本科教师唤起的，他们是唐·索伦森（Don Sorenson）、戴维·玛利（David Magleby）和弗兰克·福克斯（Frank Fox）］。除此以外，凯斯勒教授还颇有启发地介绍了一系列经典文献。这些文献成了这项研究的起点。在完成这门课程后，我心中确立了两个信念。第一个信念是，基督之爱，或曰慈善，在美国政治思想的发展史中所发挥的作用，要远远大于在数量庞大的二手文献中所描绘的情况。第二个信念是，美国早期的最有哲学思想和最具影

1

响的政治家们不仅考虑到了尝试将基督之爱作为政治德行之基础所能得到的美誉，及所将遇到的挑战，而且他们的洞见还是如此圣明，乃至于能联系到今天的情况——直到今天，我们还像以前一样对宗教应在公共生活中扮演什么样的角色感到苦恼。受到这两个想法的推动，我开始写一篇论文。在写这篇论文时，我得到了鲁斯·格兰特（Ruth Grant）富有思想且有效的点拨，以及论文委员会［迈克尔·吉莱斯皮（Micheal Gillespie）、史丹利·哈弗罗斯（Stanley Hauerwas）、桑迪·凯斯勒，以及汤姆·斯普拉根斯（Tom Spragens）］的帮助。这个委员会提出了很多不同的、高标准的、理念契合的要求，这大大提升了我的能力，却又不是我所不能企及的。

理查德·拉斯特（Richard Rust）、肯特·伦霍夫（Kent Lehnhoff）、艾伦·肯特罗（Alan Kantrow）和戴维·帕尔马（David Palmer）等几位热心的朋友读了我这篇论文的草稿的一些核心段落，给出了他们的真知灼见。同时，我也有幸在一系列在下午召开的研讨会上就与我论文相关的素材进行分享，我分享的对象是一群道德上十分严谨、智慧上充满好奇的管理者，即摩立特集团的主管们。摩立特集团是一家全球性的专业服务机构，位于马萨诸塞州的剑桥市。这些研讨会是该公司颇有眼光的总裁马克·富勒（Mark Fuller）筹集资金并组织举办的，同时还有六个十分忙碌但仍全身心参与其中的受邀嘉宾，分别是乔·富勒（Joe Fuller）、亨利·艾琳（Henry Eyring）、拉法尔·朱达（Ralph Judah）、比尔·米拉奇（Bill Miracky）、比尔·麦克莱门茨（Bill McClements）、比尔·扬（Bill Young）。这些研讨会不仅向我提供了我当时所急需的经济资助，还提出了很多问题，给出了很多评价。这些评价对我颇有裨益，且数量惊人。这简直就是人们所能找到的第一流的研究团队。我与这家公司数量不多但持续不断的合作，给我带来了莫大的喜悦和重要支持。

最后，当我回到这项任务——其比我预计的要更为艰巨，也即将这篇论文改为书的时候，我与一些政治理论家同行交换了意见，并从中获得诸多收获。他们是久负盛名的帕特里克·迪尼恩（Patrick Deneen）、简·爱尔希坦（Jean Elshtain）、彼得·劳勒（Peter Lawler）、丹·马奥尼（Dan Mahoney），以及已故的凯里·麦克威廉姆斯（Carey McWilliams）。本书第三章的一部分，以及第四章的大部分在此之前是独立的文章，发表于《政治学评论》（*Review of Politics*）上。该文由沃尔特·诺克格罗斯基（Walter Nicgorski）审稿，并根据其建议做出了修改。我要感谢《政治学评论》和《政治科学研究》（*Perspectives on Political Science*）允许我在书中重新使用这些文章，以作为本书的重要素材（该文论及了约翰·温斯罗普、纳撒尼尔·霍桑，最初刊登于《政治科学研究》，其部分见于本书第一卷和结论部分）。

我还要感谢杨百翰大学（Brigham Young University）的同事们。其中既有我所在部门的同事［理查德·戴维斯（Richard Davis）、布兰特·吉尔克里斯特（Brent Gilchrist）、丹·尼尔森（Dan Nielson）］，也有非我所在部门的同事［史蒂芬·唐纳（Steven Tanner）、唐·诺顿（Don Norton）、豪·格雷格森（Hal Gregerson）、保罗·凯瑞（Paul Kerry）、法兰克·福克斯（Frank Fox）、格雷·德尼斯（Gray Daynes）］。他们针对我的框架、篇章，甚或内容都提出了宝贵的建议。我还要特别感谢拉法尔·汉考克（Ralph Hancock），因为他针对本书的很多篇章都提出了自己的真知灼见，并且他作为我的系主任，为我所做的事已经超过他的职责范围了。

还有杨百翰大学的很多聪明优秀的研究生，他们为我的这项研究提供了帮助。他们是：艾丽西亚·艾伦（Alicia Allen）、莎拉·莱丁（Sarah Riding）、谢里·田中（Sheri Tanaka）、崔维斯·史密斯（Travis Smith）、本·赫茨伯格（Ben Hertzberg）、格雷·彼得森（Gary Peterson）、塔利亚·斯特朗（Talia Strong），以及塔拉·韦斯托弗（Tara Westover）。本·赫茨伯格对第三卷引言的贡献几乎够得上作为本书共同署名的作者了。作为管理者，克雷尼·普博（Clayne Pope）院长、戴维·曼格莱毕（David Magleby）院长、卢纶·普博（Rulon Pope）副院长都提供了及时的建议、鼓励、充足的研究经费，以及超乎寻常的自由权，让我可以到普林斯顿大学度过一年的学术休假。这一学术休假得到了詹姆斯·麦迪逊美国理念与机构项目的资助。我相信，由令人敬畏的罗比·乔治（Robby George）所开创的关于美国的基本理念和其后世遗存的研究是无人可以比及的。在这些年里，我与他，以及很多人做了很多友好且颇有助益的交流。在这里，我无法尽述这些交流给我带来的巨大影响。这些人包括：副主任艾伦·吉普森（Alan Gibson）、卡尔森·霍罗伟（Carson Holloway）、凯西·麦克考利弗（Cathy McCauliffe）、保罗·莫诺

（Paul Moreno）和布莱德·沃特森（Brad Watson）。在我看来，在他们共同的才智中有一个小小的瑕疵，那就是竟然认为我配得上与他们为伍。

还有几位普林斯顿大学的同人，在麦迪逊项目之外，还颇为友好地参与了我研究计划的私人研讨活动，提供了很具有启发性、很有成果的观点。他们是艾瑞克·格雷戈里（Eric Gregory）（神学）、罗伯特·伍斯诺（Robert Wuthnow）（社会学）、芭芭拉·奥博格（Barbara Oberg）和玛莎·金（Martha King）（《托马斯·杰斐逊文集》的主编和副主编）。其中，后两位不仅阅读了我的文章，对我的文章做了评论，还向我提供了多份十分重要的，但尚未发表的杰斐逊首次就职演说的草稿。此外，我还要感谢哈佛大学神学院的戴维·霍尔（David Hall）、弗吉尼亚大学历史系的彼得·奥努夫（Peter Onuf）、亚伯拉罕·林肯总统图书馆和博物馆的拜伦·安德瑞森（Bryon Andreason）。当时我回到东海岸，不经意地闯入他们的生活。他们非但没有介意，还就我的多章内容提出了很多详细的建议。

我认为，与乔治敦大学出版社的理查德·布朗（Richard Brown）一起工作是一件相当快乐的事情。那可能是因为他的决断经常与我协调一致，所以，我们可以毫不困难地认定，他是十分明智的。至于他的专业以及毫无戒备的友好亲切，更是让人无话可说——他的同事也都是这样的人。

但是，我最深切的感谢都要归于我的家庭，他们给我提供了专业和智力上的支持——值得注意的是，他们虽有贡献，但您眼前这部作品的不足的责任却全在于我个人。读者翻开本书的每一页，都能感受到我父母杰夫（Jeff）与帕特·霍兰德（Pat Holland）对我的支持与影响，这些支持与影响十分巨大，却又细致入微，切合我个人。一句简单的感谢已经不能表达出我对她们的情感。戴维·霍兰德（David Holland），我的弟弟，也是我学术上的楷模，不断地停下手中正在做的研究，与我讨论这部作品，并成功地促使我改进这部作品。而且，他经常会引起一阵善意的大笑，笑完后我的整个思路便清楚了。我的岳父母，丹尼斯（Dennis）和卡莉·贝特曼（Caryl Bateman），不仅眼睁睁地看着自己的女儿嫁给了一个刚毕业的研究生、新进的教职人员，还大力推进了这一进程（在关键时刻，他们提供了一间装修得很好的地下室公寓）。当然，他们想让她过得更好——但是，他们从未流露出过一丝一毫的失望情绪。但是，我最感谢的还是他们的女儿，我的妻子佩奇（Paige）。她和我的四个孩子，雅各布（Jacob）、密特兹（Mitzi）、格蕾丝（Grace）和丹尼尔（Daniel）成为我生活的主元素。多年以来，每逢我精神不振时，他们都会给我鼓气，并给我提供空间，使我能从早到晚一直工作，而且经常是在写"这本书"。这恰恰证明了情感纽带的存在，这一纽带使我不能离开他们太久。他们的生活，是善意对待所有人的典型——这远非我笔触所能及，也是对这本书核心思想的一种颂扬。

目　录

1

第三卷　林肯与美国的再造

序言 "爱的纽带"

——三大奠基时刻

一

与美国其他的重要奠基人不同的是，对于眼前这个人物，我们只能记得他说的话，却不大记得他的名字。1630 年春天，约翰·温斯罗普（John Winthrop），也即新任马萨诸塞海湾公司（Massachusetts Bay Company）主管，在阿尔贝拉号（*Arbella*）帆船上与他的同伴们一道远航。这次远航，后来成为长达数十年的英格兰清教徒向新大陆大规模迁徙的开端。在这次远航中，温斯罗普向这些同伴们做了一次平信布道（lay sermon）。这些听众们专心地听着他的演讲。他们的内心自然树立起崇敬之情，而且这还因为他们对前路上四伏的危机的焦虑而得到进一步增强。温斯罗普坚持说道：他们需要生活在一起，"以兄弟间情感的纽带"。他解释说，这意味着：

> 我们必须以最大的温顺、柔和、耐心与慷慨一起启动一项熟悉的事业。我们必须在对方之中喜乐，令对方的情况与自己相同，同悲同喜、同工同受，在工作中时时念及我们的使命与共同体。

这番话不只是堆砌漂亮的辞藻。诚如温斯罗普所见，这家公司只有成为一个"基督徒慈善的典范"（他经常这么叫），才能避免在海上毁灭或在新大陆严酷的荒野中灭亡的命运。更进一步来说，通过成功地将他们的个人品性与集体的努力奠基于《圣经》中的爱的理念之上，他们就必然能建立起一座繁荣、强盛、为万人所敬仰的"山巅之城"。[1]

现在，各个学科的著名学者都赞扬温斯罗普的演讲是"17 世纪美国历史中最著名的篇章""美国思想作品的原始文献"，并说它与其他"处在我们的意识的起始之时"的政治哲学相比，是一份与众不同的、精致的作品。在《纽约时代杂志》1999 年千禧年版中，哈佛纪念堂（Harvard's Memorial Church）的彼得·戈梅斯（Peter Gomes）称之为：过去千年中最伟大的布道，为还"在世"的美国所做的一次激动人心的布道。此外，自约翰·亚当斯至比尔·克林顿之间的主要政治领导人——包括绝大多数总统，以及自约翰·肯尼迪以来的总统候选人——都明确提出，温斯罗普的名字和演讲，真真正正地代表了美国的国民精神与民族认同。[2]

虽然温斯罗普的贡献很大，但只有很少的美国人熟悉这个名字。对于这一问题的最好解释是因为 19～20 世纪早期杰出的批评家们——从纳撒尼尔·霍桑（Nathaniel Hawthorne）到 H. L. 门肯（H. L. Mencken），以及后来的各位批评家们——都承认美国清教徒主义持续的影响力，但却又程度不同地强调这种影响对于这个国家所带来的弊端。这种对清教徒遗产以及与之相关的一切事物的彻底否定的做法，败坏了温斯罗普在国家先贤祠中的杰出地位，使他成了一位"被遗忘的美国国父"。[3]但是，温斯罗普默默无闻的现状，可能不仅仅是因为他与一个被人们拒绝了的时代相联系。在他讲述的关于感同身受般的关切、自由原则和高尚的公共目的等振奋人心的辞藻中——这些都可以在上述"经典"演讲中找到——潜藏着一套理论，即严苛的不容忍、严格的排外，以及不顾一切、自以为是的裁断主义（judgmentalism）。当然，这也肯定了温斯罗普对于美国政治学的重要意义。富有争议的是，他同时是美国最好与最坏的原动力的重要奠基之父。

二

1801 年 3 月 4 日，在破晓前的黑暗中，约翰·亚当斯怒气冲冲地驶出了华盛顿特区，赶往位于马萨诸塞州的昆西市。在这一天的中午，托马斯·杰斐逊将接替他，成为美国的新一届总统。亚当斯早上离开时的粗莽之举，实为时代病症的一个表现。

1800 年的美国总统选举，可能是美国历史上最重要，也是最残酷的一次对决。自从美国宪法通过后，美国从未像这样陷入分裂之境。而这是第一次真正的测试，即判定民主权力能否和平交接。对于杰斐逊的共和党支持者来说，亚当斯的胜利意味着英国君主政体、宗教暴政和道德败坏的商业过剩（commercial excess）的威胁又回来了。对亚当斯的联邦党人来说，杰斐逊的胜利标志着美国正快速陷入法国式的无政府主义、激进的世俗主义、经济疲软和外交弱势的境地。简言之，任何一方都将对方视为会破坏伟大而统一的 1776 年革命成果的隐患。由于危若累卵，各方便毫无忌惮地使用各种手段。虽然根据传统文化的惯例，以及考虑到在亚当斯与杰斐逊之间残存的友谊，他们不会亲自去用这些手段，更不用说直接批准这些事情了，但这并没有让他们免于背负四处横行的诽谤与阴谋的罪责。

正是出于这个原因，杰斐逊很多最难以调和的联邦党人政敌，在耐着性子听完了他的就职演说后，才会被他说的话所牢牢吸引。"我们都是共和党人，我们都是联邦党人。"杰斐逊讲出了这样的名言。更为重要的是，他宣布，在分属两大政党的人民之间培育"爱"，与确保自然、个人权利的安全运行——这是杰斐逊的政治哲学毕生的、最根本的目标——是同样重要的。不仅如此，杰斐逊——他的当选曾使得很多新英格兰人将《圣经》藏了起来，以防被没收——还明确说明了，正在美国广泛实施的"良性宗教"（benign religion）是美国众多最伟大的赐福的一种。所谓"良性宗教"，也即采用各种宗教劝说、鼓励人们去"爱人"，"崇敬绝对主权的上帝"。[4] 杰斐逊的首次就职演说是基于对《新约》精致的重新解读做出的——这一文本，杰斐逊在青年时期是全面拒绝接受的。这一点事实上为他最亲密的朋友和家人所不知，甚至至今也为多数学者所忽视。不过，他依旧坚定地反对传统基督教的某些核心元素，并坚定地投身于哲学性的自由主义之中，将之作为自身的政治学的基础。他大约是在这个时候培养出了一种强有力的情感，即欣赏基督关于人们要爱的教导（非极端化的方式，也即合理化的方式）。杰斐逊的第一次就职演讲——与其《独立宣言》一起，一同归属于我们所认为的美国的传统根基——这是第一次，也是最佳的一次展示他是如何考虑将这种教导融入美国刚刚成型的民主之中的。

三

接连几天的暴雨将泥泞中的华盛顿特区冲刷了一遍，天空依旧阴云密布，就像在国会大厦前缓步涌上讲台的大人物们一样。这一天是1854年3月4日，也即林肯悲剧性的、短命的第二个任期的开始。伴随着随时可能出现的天雷大作、大雨倾盆，将早已满身泥污的听众浇个透，林肯走上前，手上拿着他第二次就职演说的致辞文稿。在他这么做的时候，一束阳光透过云层投了下来。首席大法官蔡斯（Chase）将之视为"驱散战争阴云的吉兆，再现重建繁荣和平的清澈阳光"。[5]

这是欢庆的一天。李（Lee）将军和他的部队被困在弗吉尼亚州的里士满，夹在由格兰特将军率领的向西方进发的阵地战部队和远程火炮军与由谢尔曼将军领导的从南部来的无人能敌的毁灭力量之间。南方联盟的首都的陷落，最大规模军队的覆灭，以及将军的失败都是不可避免的了。而在这时，正当美国最血腥和最惨烈的战斗将要取得胜利的时候，林肯——他的领导水平经常遭到猛烈批评（甚至被其政府团队的成员批评），他连任的希望是如此渺茫，乃至于他已准备了一份行政备忘录以便向他的对手交接权力——做了一段最不寻常的致辞。

在这篇致辞中，他对于这次军事行动的结局，并没有做任何鼓舞人心的预测。对于南方的分裂派，他没有做任何宣泄式的攻击。对于他"四面楚歌"的总统职位，他没有做任何激励情绪的辩白。对于未来，他也没有提出任何前途光明的计划。关于未来，在整篇演讲中，他只讲到了一句话，即敦促北部，包括但不限于，"完成"这场战争中"未完成的事业"——发动这场战争的目的是拯救联邦，但却在葛底斯堡转变成了另一项努力，即给"所有人"以民主自由的"新生"。在这同一句话中，林肯不仅团结北方人继续完成正在不断减弱的"坚持正义"的斗争，还号召人们"对任何人不怀恶意"和"对任何人抱有善意"。甚至在战争结束前，林肯就已经着手修复南北之间的"情感纽带"了。关于这一点，早在四年前的第一次就职演说之中，他就已经明确提了出来。同时，很明确的是，第二次演说中使人肃然升起对所有"英勇作战的志士"的爱的情感，在某种程度上是与上帝注视的眼睛与干预的双手相关联的。在这篇只有703个字的演讲稿中——这是美国历史上最简短的，也是最著名的就职演讲之一——有十多处用到了《圣经》上的语言。

温斯罗普、杰斐逊和林肯都是独一无二的睿智的政治家。他们在关键节点上对美国民主的兴起与建立施加了持续性的影响。在其影响力的顶点，这三个人物都发表了一番意义深远的讲话，号召构建共同的"情感纽带"。他们认为，这对于建立一个稳定、繁荣的政体来说是必需的。为了引出并维持这一情感纽带，每位领导人都有意识地在核心公民价值（而不是严格的宗教价值）中灌入其对于基督徒之爱的一些理解——《新约》称之为"慈善"（《哥林前书》13∶13）。在这么做的时候，他们便帮助在美国的政治传统中构建了一股独特而重要的张力，这股张力经常为政治领导人而非学者所诉及。

相信国家建立于伟大领导人的话语与事迹之上的做法早已成为过去式了——也理应如此。我们同样认为，美国早期的发展是奠基于各种观点与力量的融合，而非单一史学类别，或单一智力、文化传统之上的。但是，这些讲话以及其中关于政治与文化传统的点滴知识，都揭示出《圣经》上的爱的理念在社会上得到了广泛接受，而且还被这些人物，以及其他人物巧妙地改变成了具有指导意义的公共原则。由此，这一理念在美国特有的自由民主形式的起源与运行中扮演了一个重要角色。在讲述这一点时，笔者恳请读者要十分注意我们的历史意识中存在这样一个小小的漏洞，并请求大家填补这个漏洞。[6]

更进一步来说，我写这本书的目的，是寻找一个对困难时代进行分析的标准化的视角。关于在美国公共生活中宗教应扮演什么样的角色的问题，国内的争论之声与这个国家的历史一样悠长且热度从未降低。值得讨论的是，我认为温斯罗普、杰斐逊和林肯在构建这一争论的基本轮廓方面做了很大的贡献。除了下述事实以外，即三位人物在美国历史上的关键奠基时刻，都掌握着巨大的政治权力，他们与这一争论的持续联系还都立足于他们就这一问题所构建起来的精妙的观念体系之上——这一体系之构建，源于对具体实际的密切观察，并传递出穿越时代的诗意。因此，这项研究部分是思想文化史的研究（涉及对与美国经典政治思想相关的文本的性质及其发展的探讨），部分是政治哲学的研究（将这些文本与其他文本糅合起来，以提炼出与明智且合法的统治相关的基础性主题）。在这么做的时候，本书利用了最近在政治学和历史学中由其他学者取得的研究进展，因为要想在如今做出稳妥的道德反思和选择，扎实地领会我们的过往，不仅是有用的，而且是"必需的"。[7]

毫无疑问的是，在上述三个时期，我们所能汲取的经验，以及对我们现代能有所借鉴的，全部体现在一个概念之中，即我所称的"公民慈善"。这一概念最激励人心的表述见于亚伯拉罕·林肯的成熟思想之中——他的第二次就职演讲。至少这样一些概念是在尝试构筑"情感纽带"，也即为温斯罗普、杰斐逊和林肯所认为的对于不断推进中的健全的政治所不可或缺的组成部分。所以，它们对于过去，可能还包括现代来说，都是十分重要的。然而，在我们全面领会什么是公民慈善之前，我们还需要知道的是，它在帮助建立和维持美国人的自治方面扮演了一个意义深远的角色，并且它一直到现在都还在给我们这个时代提供着思想资源。所以，我们必须首先探讨它汩汩不竭的源头，以及这一源头与现代政治生活之间存在的模糊不清的联系。

慈善与现代性

公民慈善源于作为一项基督徒美德的慈善观念，并与之联系紧密（在温斯罗普的案例中，两者完全无法区分）。但是，目前，《新约》文本中的慈善观念"因为承载了《圣经》作者的想法，所以具有不适合现代读者的内涵"。[8]这一挑战，外加上提供一个关于基督徒慈善的清晰的定义的困难，使情况变得更为复杂。基督徒慈善是一个复杂的道德概念（就像公正、自由、宽容等一样），无法完整而没有任何争议地做出界定。各个时代的学者都写了大量的长文和大部头的书，只为解释和界定这个概念。[9]耶稣在布道时曾提出，更伟大的慈善是关于爱的，但他却没有对慈善的特征做出清楚界定，而是选用了更具有说服力的例证的方式，就像他在《路加福音》第10章中所做的那样。不过，乔纳森·爱德华兹——被很多人认为是美国最伟大的神学家——却提出了一个相对精确的界定，并对其中几段关键性的《圣经》经文做了简短的注释。这可能满足我们的要求，因此我在这里也引用这些文字。

1738年，在第一批关于慈善这一主题的系列布道中［这些布道后来结集成册，名为《慈善与其果实》（*Charity and its Fruits*）］，爱德华兹写道：

> 在日常对话中，人们所谓的慈善，指的是希望别人变成最好，

往最好的方面想别人，并使自己的言行向善；有时，这个词也指向穷人布施。但是这些事只是慈善这个伟大美德的某些分支或成果，《新约》中反复强调了慈善这一美德，所以它绝没有这么简单。这个词合理的意思是爱，或者感觉另一个人很珍贵的一种内心倾向或情感。这个词的原型（博爱）——现在已经被翻译成了"慈善"——其实更应该被翻译成"爱"，因为这才是合适的英文对应词。所以，《新约》中的慈善等同于基督徒的爱。但是，虽然它经常被用于指称对人的爱，但有时它并不仅仅指涉对人的爱，还包括对上帝的爱。[10]

爱德华兹在 18 世纪所提出的"慈善"这个词的不同用法直到今天还基本适用。现在，慈善通常被用于指称善意的精神（变得慈善），或布施物资的慷慨之举（捐赠的慈善）。但是，慈善，作为基督徒的爱，也即希腊版《新约》中的 *agape* 和拉丁版《新约》中的 *caritas*，不仅指称这些内容，还包括更多的内涵。[11]所以，在这里，我们有必要转向圣经，以获得更多有效的信息。

在《马太福音》（22：35 – 40）中，面对律法师的问题，即律法上的诫命，哪一条最大，耶稣说：

> 你要尽心、尽性、尽意，爱主你的神。这是诫命中的第一，且是最大的。其次也相仿，就是要爱人如己。这两条诫命是律法和先知一切道理的总纲。

关于慈善，人们通常认为，爱的双重诫命都凝聚在这一个词之中。慈善是一个单一的原则，却包含了两个层面：纵向层面——人对神的爱的关系；横向层面——人对其他人的爱的关系。诚如爱德华兹所说，慈善同时包含了对神与人的"情感"或"爱"，因此对于人自己来说，神与其他人都是很"珍贵"的。[12]在后现代的用法中，慈善的中心含义是"以上帝为中心的他者"和"社会上的他者"。

关于爱上帝，《马太福音》第 22 章的表述说得很清楚，这不仅是所有诫命中的"第一"项诫命（犹太人和基督徒宗教生活的起点），也是与所有人的心灵、灵魂和思想相关的东西。在《新约》中的其他地方，约翰反复提出："你们若爱我，就必遵守我的命令。"（《约翰福音》5：3；2：5；14：15，21）因此，很多人认为，博爱的纵向层面是呼召人们虔诚的、一神的信仰——对"唯一的主"经常的、虔诚的感谢、崇敬和顺服（《申命记》6：4）。

关于对其他人的爱，《新约》强调，博爱要求深深地、仁慈地关怀邻人，以及主动地怜悯。哪怕我们的"邻人"完全是陌生人，我们也必须这样做，就像耶稣以好撒玛利亚人的例子所强调的那样（《路加福音》第10章）；或者，在我们的邻人是敌人时，情况也是一样的，就像耶稣在"山上宝训"中所强调的那样（《马太福音》5：44）。总而言之，好撒玛利亚人的例子，以及"山上宝训"，不仅提出了邻人的广泛范围，而且还提出了我们该如何爱邻人。在好撒玛利亚人的故事中，慈善表现为我们的陌生的邻人身体上的最紧迫的需求。在"山上宝训"中，慈善超出了单纯的身体需求的范畴，要求我们"要爱你们的仇敌，为那逼迫你们的祷告"（《马太福音》5：44）。基督教的"末世论"规定，慈善的横向层面不仅限于关心其他人的肉体舒适与否，还应包括关心他人在上帝面前的精神状态，甚至在这些其他人伤害我们的时候。

在这一点上，很明显的是，博爱与性爱、浪漫的欲求（性欲）、兄弟友爱或友谊（友情）是两回事。与这些概念不同的是，慈善要求献身于上帝，关心其他人，无论这些其他人是否给予回报或者表达感谢。但现在有一个悬而未决的问题是，在慈善与其他形式的爱，以及其他德行，如公正之间，是否存在关联呢？关于这个问题，我将在第一章中进行讨论，在那里，我详细探讨了温斯罗普对于慈善的看法，也即温斯罗普将慈善视为主要的和广泛的社会理念。

耶稣对律法师的回应，其内涵只给我们提供了关于这一概念一个模糊的轮廓，而且《马太福音》对这一事件的记载其实是在不断地、逐字逐句地、严格地重复《旧约》的教诲。[13] 虽然《新约》的博爱很明显是源于《旧约》的亚哈（ahab），并保留了与其之间的明显的密切联系，但基督徒的爱却不是对犹太教祖先的简单重复。在下述各章中，我将对博爱在实践中的详细内涵，以及它是如何被人们所接受的等问题做出探讨。严格地说，这项研究不是对慈善这个概念做神学解读和伦理学分析——这是基督教伦理学的传统，从奥古斯丁和阿奎那到保罗·拉姆齐（Paul Ramsey）和保罗·蒂利希（Paul Tillich）都是如此——而是研究这一概念是如何得到一群相互独立的人物的理解并对他们产生影响的。而且，这群人物在美国共和国的起源中居于核心地位。正因为如此，我们剩下的定义工作应由这些人物自己来完成。

值得注意的是，如果这一关于慈善的《圣经》原意的简短讨论，部分地填补了对于这一概念的内涵的认知空白，那么这也就撕开了一个更大的口子，即慈善是如何与政治联系上的。无论是知识的变迁，还是现代世界的现实吸引，都破坏了人们的认同感，使人们不再认为博爱是政治美德或相关事物中的一个概念。而随着现代性的降临，以及关于个人自由和人类对于自然的掌控等拉开帷幕，与政治现实相关的基督徒的爱的理念也逐步退场了。在西方文明之前的 5 个世纪中，有一个不断增强的主题是将慈善大规模地从公民生活的逻辑中移除。这一点牵涉到某个更大的问题，而有大量的经典文本和卓越的思想家们从不同的角度强调了这个更大的问题。

在《君主论》中（这可能是最著名的政治学著作，也是现代政治的起点），尼可罗·马基雅维利提出，人们应该理解，君主"不能遵守作为一个好人的各种标准，因为其经常会迫不得已要维持自己的国家，而做出一些有违信仰、慈善、人性、宗教的事情"。[14] 如果一个领导人想在各方面实现基督徒的爱和善意的话，那他所面临的结局是，像他这样的一个人物（以及由他来统治的国家）注定会"在诸多非良善者之间被毁灭"。因此，马基雅维利认为，一个成功的现代领导者的最典型特征是，要明白"在必要时，如何步入邪恶"。[15] 马基雅维利的观点目前依旧是最早的，也是最具毁灭力的观点，破坏了中世纪的对于世俗世界的"善之统治"的强力追求。[16]

马克斯·韦伯的经典讲稿《以政治为业》则表达了一种没那么残忍的而更为民主的马基雅维利式的观点。韦伯认为，"政治的精灵或恶魔"与"山上宝训中的道德规范"（他在其他地方称之为"福音中的道德规范"或"爱的浩大的道德规范"）相冲突。对于韦伯而言，这一冲突源于他的观察，即暴力是所有形式的政治规则的中心，而"福音的道德规范"则要求人们必须像耶稣一样生活——"各个方面都是圣洁的"——

而且耶稣从不"使用政治性的暴力手段"。[17]这促使信仰博爱这一美德的政治领袖们陷于进退维谷的境地。如果不具有侵略性的现代民主政治都应由准备使用暴力、背信弃义的领袖来领导的话——为了建立内部秩序，保障外部安全——那么，对于基督徒之爱的圣洁的、坚定的承诺就注定是与该规则不相容的了。正确地说，对于现代政治规则的狂热努力必定会使领袖们发现，仅靠救赎并不适用继承上帝的国度。综上，对于以政治实践作为其灵魂的国家而言，慈善的实践是一件相当危险的事情。

弗朗西斯·培根在建立现代科学的方法论上做出了巨大的贡献。他认为，他的科学目标可以具体化为一项重要政治命题——如何利用现代科学的新生力量为人类造福，而不是导致人类的悲剧。在多本作品中，他反复声称，该命题的答案是鼓励和实践基督徒慈善。然而，培根的《新大西岛》却断然否定了这些主张的可行性。这个小故事是培根写的发生在一个虚构的本萨兰姆岛（Island of Bensalem）上的故事，表达了他对于科学乌托邦的观点。在这个故事中，传统的基督徒慈善被一种非正统的，甚至是非基督式的怜悯观念所替代，而就算是这一观念，也是完全从属于科学理性和政治必要性的。[18]

如果说现代早期的人们，如马基雅维利和培根，是在以加强行政力量，创造物质丰富的舒适的市民生活的名义，大规模地削弱了慈善在市民生活中所扮演的角色的话，那么约翰·洛克则是以慈善的名义，构建了现代性的多元主义和世俗性的自由民主。在《论宗教宽容》中，洛克解释说，经常的情况是，在"慈善的原则"下，人们通过没收他人的财产，责罚他人的身体，甚至夺走他人的生命的方式，来表达他们的爱以及对于拯救他人的关切。这些做法明显是"非基督徒式的残忍"，却还将自己伪装成了博爱。为了避免这种"残忍"，洛克认为，首要的问题是要"将民主政府的事业与宗教事业严格区分，设定两者之间的边界"。在洛克构建的政治学国度里，地方官的职责仅限于保护公民的"公民利益"——意为公正地执行法律，平等地保护市民对于生命、自由和合法所有权（如"金钱、土地、房屋、家具等"[19]）等的自然权利。在《论宗教宽容》和《政府论》（上卷）中，另一些段落则表明洛克的观点比这更为复杂。但总的来说，洛克和很多跟随其步伐的具有民主传统的地区的人们一样，试图分割教会和国家，并将慈善替换为正义，以作为"社会制度的首要美德"。正义主要体现在世俗的决策程序、政治制度、经济安排等多个方面。这些都立足于人类内在的自由和平等观念。[20]

上述洛克针对政府所特别论及的内容，此后在西格蒙德·弗洛伊德那里又有更大范围针对人类的心理的研讨。[21] "正义"是"文明进程中的第一要件"。在他那本传播甚广的作品《文明与缺憾》中，他提出了这一观点。弗洛伊德认为，人类自然的、符合本性的和最幸福的状态是自私自利的、贪恋美色的和具有侵略性的。[22]但是，除了少数天赋异禀、能力过人的人以外，那些通过残忍掠夺、风流放荡的行为而得来的快感，对于多数人而言，又不过是水中月、镜中花。因此，人们最佳的希望只能是团结起来，并试图施行正义的文明，从而将人们的性冲动疏导成为一种长期性的一夫一妻制，以及对于王室家族、朋友和共同体成员的无性的爱，以换取安全以及身体和情感层面的其他利益。[23]

基于他的这种观点，弗洛伊德发现，举世闻名的"爱你的邻人，如爱你自己"的标准完全是不可理喻的——这活脱脱就是一个"我信仰，因之荒谬"的典型。[24]博爱的问题是，它的诚命是要求人们爱所有人，就像爱我们自己一样，而这一义务实际上无人可以完全遵循，而且其他人对我们的爱的回报又经常是暴力的伤害。因此，慈善多半会使得人们神经敏感、感情脆弱。而且，它还会使人们变得不公正。弗洛伊德提出，对待所有人甚至敌人，就像对待配偶、孩子和朋友那样关心，这对于那些曾有恩于我们，与我们有特别联系，我们对其负有特别义务的人来说，是不公平的。至于爱在疏导人们对于其他人的进攻性方面的作用，弗洛伊德指出，在历史上，基督教并不比古罗马的异教信仰或新兴的德国纳粹主义更有效。[25]

弗洛伊德对于 *caritas*① 理念的态度与处于同一时代的尼采并不完全一样，但却受到了尼采较大的影响——尼采是现代世界中第一个反现代者。他的观点有力地批判了所有关于道德真理的传统主张。正如他在其早期作品《悲剧的起源》中所提出的那样，他的哲学研究是完全"艺术性的"，且明显是"反基督教的"。为了找出真正自由和值得尊重的个

---

① *Caritas* 也是博爱。该词出自奥古斯丁。奥古斯丁融合了 *agape* 和 *eros*，而形成了 *caritas* 的内涵。——译者注

体，也即具有创造性的"超人"，尼采提出并捍卫了一个巨大的"权力意志"。这一意志凌驾于基督徒之上，且反对基督教，以激发人们"拒绝的意志"。尼采甚至要比马基雅维利走得更远。他认为，博爱使人们变得太软弱，乃至于无法主张个人的自由和文化的伟大，而这两者恰恰只能通过权力，甚至追求更大的权力的审美人生观才能加以确立。我们必须超越上帝和其他人的爱的道德观，尼采提出，因为提出这一诫命的上帝是一个"死人"。此外，尼采还提出了一个主张，比上帝是不存在的或上帝死了更为彻底，那就是他宣称——就像马丁·海德格尔之后评论的那样——"无能的不仅是基督徒的上帝，还有人们希冀作为荫庇的各种至高无上者。"[26]

在我们后基督徒的当代，马基雅维利的政治现实主义，培根的科学唯物主义，洛克的哲学自由主义，弗洛伊德的治疗性正义观，以及尼采的对于道德标准传统理解的激进的怀疑主义都留有巨大的影响。它们一起形成了——无论它们之间有何差异——一个巨大的藩篱，使得慈善无法在重要的公民理想的形成中扮演有意义的角色。但是，正是这一现实，才使得本书的研究具有必要性，并使得本项研究有意义。而且，尽管反对的力量十分巨大，但博爱的各种观念依旧在美国人的生活中占据了宗教上的中心位置以及政治上的显著位置。在晚近，有一个最明显的例证是马丁·路德·金博士为推进民主权利而发表了赞美诗般的演讲。再往后，还有一个例证是，虽然这不像马丁·路德·金的演讲那样成功且影响深远，那就是乔治·W.布什在他的州长任期内和第一次总统竞选时所展示的"富有同情心的保守主义"。

公民慈善

要想搞明白为何基督徒慈善如此牢固地深植于美国政治传统的土壤之中，并发展成为具有广大影响力的公民慈善，以及要想适当地反思这一现象是如何与政治必要性及正义的合理性有效契合的，那我们就必须首先将眼光转向温斯罗普。关于这么做的理由，我们在之前已经提到过了。他不仅首次将慈善作为超越宗教意义的理想引入进来，而且采用了一种既令人难忘又令人恐惧的方式。在温斯罗普的思想和他的关于基督徒慈善的典范的演讲中——本书的第一部分对此做了详细分析——人们可以十分清楚地同时看到阳光普照的高地和暗无天日的峡口。这代表着他所渴望建立的，由基督徒爱的诫命所统治的政体可能出现的两种结果。有的读者可能还依旧坚定地认为温斯罗普是负面的典型，所以，本书的第一卷开篇就列出了纳撒尼尔·霍桑这个最著名的清教徒批评者的观点。不过，他似乎是相当认可温斯罗普身上的可取之处与他在慈善方向上的领导能力的，也即人类真诚的同情之心和高贵的目标，而温斯罗普正是凭借着这一点才对他的清教徒同伴构成吸引力的。

本书的第二部分详细地介绍了慈善与政治学上的理念的重要转变，也即与博爱的古代宗教标准所做的激进的决裂。这一决裂是杰斐逊所强调的，而前述博爱的古代宗教标准则是温斯罗普的核心主张。但是，在这里我们看到，哪怕是在杰斐逊对自由民主的世俗典范的虔诚的认同中，也充斥着另一种关切，即维护不同市民间的兄弟情感，而且，对于杰斐逊而言，随着《新约》对他教导的不断深入，他的这种关切的情感色彩也日渐浓烈。我们还能看到，杰斐逊的主张的影响力，在其与温斯罗普的主张决裂后的过程中，因为受到了革命—立宪一代中具有影响力的更为传统的信教人物的影响，而有所调和。

直到林肯，即本书的第三部分，我们才看到公民慈善的全貌。他充分利用了温斯罗普和杰斐逊各自主张中的优势之处，而不是剔除他们的基本主张。然后，本书的其余章节都将详细介绍什么是公民慈善，它是如何成为现实的，它是如何在林肯的思想和演讲中成为至高的神的。现在，读者们应能了解本书的大概轮廓了。公民慈善和它的神学起源基督徒慈善一样，都有纵向（虔诚）和横向（怜悯）两个层面，且这两个层面在不停地相互作用中互相支撑。此外，这两个层面都同时经受了剧烈的外力，被迫与自由民主传统和犹太基督教传统相调和。更为具体地说，公民慈善的纵向层面号召公众认可和感恩一个决断且无所不知的神，尽管它尊重和帮助人们建立了一个宪法性的强大的多元主义体系，包括实质性的政教分离。在横向层面，公民慈善要求市民们具有慷慨和宽容的感情，但同时它也认可并积极地保护作为一种内在自由的存在的人。并且，因为公民慈善明显是根植于人们所认为的天启的、不言自明的真理之上，所以，它采用一种十分小心的态度来窥测上帝在这个世界上的做工和意志，并且因为它深刻地认识到了人类内在的弱点和有限性，所以它同样对政治政策及其结果抱有谨慎认可的态度。

诚如上述，哲学自由主义和基督徒博爱主义的融合似与美国的公民生活密切相关，虽然该融合与前述的原初的建构略有不同。当然，温斯罗普、杰斐逊和林肯的持续影响力还是有助于我们解释，为何《圣经》中爱的观念能在美国的政治中具有如此独特和持久的地位，尽管现代和后现代的政治理论对它有诸多苛责。然而，诚如人们一直所看到的那样，当我们认识到我们周围有一样东西，且存在了很长时间，但现在又意识到我们正在失去它时，我们通常只是提出一个概念，如公民慈善，却什么都不做。所以，人们难免会好奇，身处于后基督教时代的西方世界中的各种智慧力量（这些力量在完全世俗的概念体系中成长出来，并统治了学术争论和研究达数十年之久），它们的经久不息地向前推进的步伐，竟然没有淹没掉人们的另一愿望，即将爱的重要的宗教观念与对人类对自由的真诚的追求相融合——这一融合一直以来是我们政治遗产中一个十分关键的部分。公民慈善，虽然根据定义是一种对作为自由人的所有市民的尊重和关切，却既不是一项需要人人皆知，也不是一项为人人所知的原则。但是，考虑到在当今美国还有大量的人继续有这样的政治和宗教信仰，这个概念的确值得我们认识，并予以复兴。为了这么做——甚至也是为了确定我们是否应该这么做——我们必须首先回到过去，去阐明这个概念的起源，理解其最为深刻的关键节点。

注释

[1] 该篇演讲的权威版本，见 *Winthrop Papers*，Vol. II：282 – 295。本书中的选段，来自本书的附件 A——我将之译成了现代英语（对于这一改动，我在第一章中做了解释）。

[2] Dawson，"Rite of Passage," 219；Delbanco，*The Puritan Ordeal*，72。温斯罗普，作为一个著名的政治哲学家，影响力至今犹存，且主要是通过其"经典的"演讲传播这种影响力，具体参见 Miller，*New England Mind*，422；Miller，*Nature's Nation*，6；McWillams，*Fraternity in America*，133；Schaar，"Liberty/Authority/Community," 493 – 518；and Baritz，*City on a Hill*，13 – 14。Gomes，"Pilgrim's Progress," 102 – 103. 关于总统们是如何论及温斯罗普的，详载于 Holland，*Remembering John Winthrop*。

[3] 霍桑对于清教徒主义的经典批判，见于其《红字》（*The Scarlet Letter*）（对该书的详细讨论，见本书第一卷）。除此以外，参见 Brooks Adams，*The Emancipation*

of Massachusetts；Charles F. Adams，*Three Episodes of Massachusetts History*；Mencken，*A Mencken Chrestomathy*，624；Brooks，*Van Wyck Brooks：The Early Years*，194。上文提及的"被遗忘的美国国父"来自下述作品的副标题：Bremer，*John Winthrop：America' Forgotten Founding Father*。同时参见 Bremer's "Remembering—and Forgetting—John Winthrop and the Puritan Founders"。

[4] 关于这些宗教活动的精练描述，参见 Ellis，*American Sphinx*，182 – 183，在下述文章中有更为详细精彩的记述，参见 Ferling，*Adams v. Jefferson*，and Weisberger，*America Afire*；关于《圣经》的讨论参见 Dreisbach，*Wall of Separation*，18。

[5] 引自 Donald，*Lincoln*，566。

[6] 当然，有很多学者关注基督教对于美国立国之本的普遍影响这一话题。关于近来值得关注的研究成果，参见 Frank Lambert，*The Found Fathers and the Place of Religion in America*（Princeton University Press，2003）以及各类论文，载于 *Protestantism and the American Founding*，edited by Thomas S. Engemen and Michael Zuckert（Notre Dame Press，2004）。关于更早的，较少历史性的，但采用天主教视角开展的独特研究，参见 John Courtney Murray，*We Hold These Truths：Catholic Reflections on the American Proposition*（Sheed and Ward，1960）。该书是绝对的经典。此外，马克·诺尔（Mark Noll）的作品《美国之神》（*America's God*），强调了之前被忽视的事实，即不仅美国的宗教信仰影响了美国的政治，美国的政治也对美国的宗教产生了影响。但是，上述研究都未对基督徒慈善作为公民价值这一特殊问题做出深入研究。有几位主要历史学家和政治科学家写了几本书，都直接触及了基督徒慈善这一主题，并将这一主题作为美国政治生活早期发展的重要因素。詹姆斯·A. 莫罗内（James A. Morone）在他的《地狱烈焰上的国家：美国历史中的政治罪恶》（*Hellfire Nation：The Politics of Sin in American History*）中，和我一样，都承认博爱（caritas）的某些含义——特别与清教徒有关的含义——可以将政治世界分为自命正直的"我们"和邪恶的"他们"两大意象。但我要质疑他的观点，即认为只有像 19 世纪和 20 世纪"社会福音"运动这样的事物，才是宗教上最正当的也是最有用的美国政治遗产的说法。在《美国政治中失落的灵魂》（*The Lost Soul of American Politics*）中，帕特里克·迪金斯（Patrick Diggins）积极地赞扬林肯融合自由主义和基督徒之爱的做法。但是，迪金斯却对在政治上持续引入价值理念，即基督徒的或其他理念的做法，不抱乐观的态度。相反，他倾向于一种强烈的经济决定论，因此，也将更多的精力投入阶级利益的研究，而我则关注政治家风范。威尔森·凯利·迈克威廉姆斯（Wilson Carey McWilliams）的《美国的兄弟会观念》（*The Idea of Fraternity in America*）看似关注的是另一个主题，其实这是一部与本书所论及主题高度相关的、十分重要的经典作品，而它现在经常被人们所忽视。鉴于兄弟之爱是基督徒之爱的近亲，而且在某些情况下（如我将探讨的那样）奠基于基督徒之爱的持续影响，迈克威廉姆斯和我的作品的中心主题是互补的，但不是相重合的。我们的作品涉及的范围和使用的方法也有明显不同。我的作品涉及的思想

15

家和文本较少，但针对每个思想家和每份文本的研究面更广。毫无疑问的是，迈克威廉姆斯的一个学生，帕特里克·迪尼恩（Patrick Deneen）的作品与我的相近。迪尼恩以其所称的"民主慈善"这一概念作为其作品《民主的信仰》（*Democratic Faith*）的结论。这与我所称的"公民慈善"之间存在很多重合之处，包括提到林肯在第二次就职演说中构建了这一概念，以及他承认温斯罗普的"基督徒慈善的典范"的说法等。但是，帕特里克和我几乎在同时，但又各自独立地得出了我们的基本结论，且对这一概念又有不同的理解和运用。关于神学家提摩太·杰克逊（Timothy Jackson）的作品，我也总有很多话可以说。他的《爱的优先权》（*Priority of Love*）提出了"公民慈善"（civic *agape*）（p. 67）的概念，虽然这与美国政治传统中的宗教理念有所差异。我非常感谢迪尼恩和杰克逊二位，正是他们的作品帮助我形成了我自己的概念体系。

[7] 参见戴维·哈克特·费舍尔（David Hackett Fischer）关于美国文化史的那部具有开创性的研究作品中的论述，*Albion's Seed*，xi。关于更详细的研讨，参见詹姆斯·T. 克洛潘伯格（James T. Kloppenburg）在《自由主义的价值》（*The Virtues of Liberalism*）（155－178）中写的那一章"为何历史对于政治理论很重要"（"Why History Matters to Political Theory"）。克洛潘伯格的论点，曾由政治理论家以赛亚·柏林（Isaiah Berlin）在《自由四论》（*Four Essays on Liberty*）（p. 4）中提出过，即"史学的方法是不可避免的：关于反差与差异的理念（过去正是凭着这个影响了我们）给我们提供了唯一相关的背景。与此相对，我们自身经验的特色在反衬之下也就显得十分突出，清晰可辨了"。在列奥·施特劳斯的影响下，学者们（主要是政治理论家们）提出了一种相关的但完全不同的观点。这些学者采用不同的论证方式，并且得出了不同的结论，但有一点是相同的，即人们发现，美国最具有哲思的政治家们的言行中的智慧是具有延续性的，而且这些言行不仅反映了他们身处的时代和环境特色，也反映了各种不同的关于权利、善和正义的政治观点的混杂，这种观点的混杂不是偶然性的，而真的是"到处都是、任何时候都是"。参见下述作品的"引言"部分：Jaffa, *Crisis of the House Divided*, iii-vi, and Frish and Stevens, *American Political Thought*, vii-viii。关于近来的讨论，有一位睿智的历史学家，以及一位政治科学家做出了讨论，两位学者都模糊了历史主义和非历史主义在下述问题方面的差异性，即政治领导人提出的美国政治思想的经典表述的相关性问题，参见 Banning, *Jefferson and Madison*, xi, and Yarbrough, *American Virtues*, xvii。

[8] Achtemeier, *Harper's Bible Dictionary*, 166.

[9] 比如，最近有很多著名的研究，参见 Nygren, *Agape and Eros*; Outka, *Agape: An Ethical Analysis*; Jackson, *Love Disconsoled*; Hallett, *Christian Neighbor Love*; Hauerwas, "The Politics of Charity"。

[10] Edwards, *Charity and Its Fruits*, 1－2；原文中这一部分是重点。关于爱德华兹对于慈善的完整定义，本项研究无法完全涉及，但他的这一小段恰到好处地列出了该词的常用用法，替代了其更为庞大的《圣经》含义，并凸显了这个词

所有的关键内涵。在此基础上，温斯罗普、杰斐逊和林肯更为完善地构建了这
一概念。

[11] 有的学者，即尼格伦（Nygren），对 *agape* 和 *caritas* 做了严格区分。但我则遵
从爱德华兹、蒂莫西·杰克逊（Timothy Jackson）和其他人的意见，认为基督
徒的爱、*agape* 和 *caritas* 是通用的，参见 Jackson, *Love Disconsoled*, 11n25.

[12] 关于慈善的双重含义，参见 Jackson, *Love Disconsoled*, 1 - 2。同时，《牛津英
语词典》（第二版）将慈善解释为"基督徒的爱"，并指出慈善经常被用于表
示"人们爱上帝和他的邻人，作为对律法的执行"（《马太福音》xxii. 37，
39）。Kierkegaard, *Works of Love*, 17.

[13] 在回应何为第一诫命的时候，耶稣的回答遵从了《申命记》（6：5，11：13）的
说法——相应段落，在《施玛篇》中都有重点收录。《施玛篇》是《旧约》经
文的短录，也是宣扬犹太教信仰和基本教义的首要和最重要的文本。关于第二
诫命，耶稣逐字逐句地引用了《利未记》19：18 的内容，并回应了——可能是
故意的——希勒尔（Hillel）提出的教义。希勒尔是公元 1 世纪伟大的犹太教
学者，他教导说所有的犹太人都应在《利未记》19：18 的爱的诫命下团结起
来，参见 Grayzel, *A History of the Jews*, 123。第二段文字来自"父之伦理"
（Pirké Avot），内容是："这个世界借着三件事情（意为世界基于三件事）：律
法、圣殿的侍奉和善行。""父之伦理"是《犹太法典》中最著名的，也是最
广受喜爱的一篇。参见 Stern, *Pirké Avot*, vii；Schatz, *Ethics of the Fathers*, 36。

[14] Niccolò Machiavelli, *The Prince*, vii, 70. 大约在 30 年前，以赛亚·柏林总结出
了超过"20 种主要理论"和"大量的附属观点"，都与人们该如何理解马基雅
维利相关（Berlin, *Proper Study of Mankind*, 269）。为了避免陷入解释的陷阱，
就算有解读者从《君主论》的黑暗结论中找出了某些隐藏的人道元素（比如，
Clifford Orwin 提到的"马基雅维利的异教徒的慈善"），人们亦一致同意，传统
基督徒慈善的要求，与高效、持续的政治统治的要求相违背。

[15] Machiavelli, *The Prince*, 61, 70.

[16] Augustine, *On Christian Doctrine*, 93.

[17] Weber, *Essays in Sociology*, 119, 120, 126.

[18] Bacon, *The New Organon*, 90；Innes, "Bacon's New Atlantis," 100；Bacon, *New Atlantis*, 32.

[19] John Locke, *A Letter Concerning Toleration*, 24, 26.

[20] 关于正义和慈善两大美德在公民生活中的相互替代的情况，参见 Locke, *Two Treatises on Government*, 205 - 206；Rawls, *A Theory of Justice*, 3；Richardson, *Democratic Autonomy*, 37；Dworkin, *A Matter of Principle*。

[21] 虽然弗洛伊德的很多原创作品现在已被现代的精神分析师的作品所取代，如果
不算是被大范围的批判的话，但是，在 20 世纪 80 年代，厄内斯特·沃尔沃克
（Ernest Wllwork）却振振有词地推论，相比其他人，"有学问的人要更为熟悉"
弗洛伊德对于基督徒邻人之爱诫命的批评（"The Freudian Critique," 264）。甚

至就在不久以前，杰克逊还有力地提出弗洛伊德对于现代人的"博爱"观产生了巨大的影响（*Love Disconsoled*，56）。

[22] Freud，*Civilization and Its Discontents*，68 – 69.

[23] 同注 22，32，57，73。

[24] 同注 22，68。

[25] 同注 22，73。

[26] Nietzsche，*Basic Writings of Nietzsche*，24，23，455，171，853. 参见 Romand Cole 的 *Rethinking Generosity*。该书作者对于 *caritas* 的后现代批评理论中的问题做了很好的分析，并做出了回应。

第一卷

温斯罗普和美国的起点

你对神和人之事的持久热情使你有权成为神父，并成为这块逐渐繁盛的殖民地最早的创立者，而且，你也将因此为人们所持久纪念。

弗朗西斯·威廉姆斯（Francis Williams）致约翰·温斯罗普，1643 年

霍桑的建言

现在提出这样的观点是很奇怪的，就像托克维尔在 19 世纪 30 年代所做的那样，即在这个国家里，"没有一个观念，没有一个习惯，没有一部法律"与我们清教徒的历史没有关系。的确，现在还有少数美国史学者质疑清教徒英格兰的历史对于美国政治和文化的决定性作用。甚至还有极少数人质疑科顿·马瑟（Cotton Mather）之前关于约翰·温斯罗普是"新英格兰之父"的观点。然而，出于善意的考量，很多卓越的美国政治评论家们还是坚持认为约翰·温斯罗普哪怕不是"第一个伟大的美国人"，也是值得尊重的重要奠基人。[1]

温斯罗普是英格兰萨福克郡的一名律师，也是一位受人尊重的富人。1629 年下半年，他被选为马萨诸塞海湾公司的主管。直到 1630 年的春天，他才登上阿尔贝拉号（*Arbella*）——一艘开启了未来 10 年 8 万名英格兰清教徒"大移民"潮的帆船——驶向美国。在 1649 年，他去世于办公室，那时，他已经掌管了美国最重要的早期殖民地前 19 年中的 12 个春秋。在波士顿定居的时候，他娴熟地为幅员辽阔的马萨诸塞州确立了法治，并推行了大量著名的民主实践。同时，在面对严冬、汹涌的移民潮与外国势力和土著的暴力冲突，以及引发分裂的神学争论等情况时，他将殖民地的前线共同体（frontier communities）团结到一起。除上述贡献以外，他还写了一份日记，这目前依旧是我们关于早期新英格兰历史最丰富的史料来源。[2]

当然，没有一部作品——历史的或虚构的——能够像《红字》（*The Scarlet Letter*）一样真实地描绘与界定我们清教徒的肇始。很多美国人对这一肇始状况的熟知几乎是从高中课本中得来的，因为高中课本节选了这部作品。不过，人们只要读过这部作品，就已经足够了。霍桑除了具有明显的文学天赋以外，他还大量地阅读了关于新英格兰清教徒的第一手和第二手的文献。诚然，他提出的自己"最了解清教徒"的说法还有待讨论。不过，这引起了关于温斯罗普对于美国的影响的广泛关注，因为霍桑似乎是站在一个著名的思想传统的源头，这一思想传统认为温斯罗普是美国的奠基之父，但也认为这基本上是一个悲剧。[3]

至少，霍桑的这部最著名的小说，针对马萨诸塞海湾殖民地试图成为"基督徒慈善的典范"的努力——温斯罗普的就职愿景和成立殖民地的目标——做了一通极具讽刺意味的批评。在做出这通批评时，霍桑重点责备了波士顿的管理者们。霍桑的描述，即针对不贞的海丝特·白兰（Hester Prynne）与殖民地的领导人，形成了鲜明的对比：

> 对于穷苦人的每一种需要，她比谁都快地就提供了她菲薄的支援。尽管那些心肠狠毒的穷人对她定期送到门口的食物或她用本可刺绣王袍的手指做成的衣物，竟会反唇相讥。在镇上蔓延瘟疫的时候，谁也没有海丝特那样忘我地献身。……在这种紧急情况下，海丝特显示了她那可贵的温厚秉性：那是人类温情的可靠源泉，对任何真正的需要都有求必应，哪怕需要再大，也绝不会枯竭。她的胸口虽然佩戴着耻辱牌，对有所需要的人却是柔软的枕头。她是自我委任的"慈善的姊妹"；或者，我们完全可以说，人世的沉重的手掌曾经这样委任了她。[4]

相反，

> 居民区的统治者和有识之士比起一般百姓花费了更长的时间才认识到海丝特的优秀品质的影响。他们对海丝特所共同持有的偏见，被推论的铁框所禁锢，要想摆脱就得付出十分坚忍的努力。……那些身居要位，从而对公共道德负有监护之责的人的情况就是如此。与此同时，不担任公务的普通百姓已经差不多彻底原谅了海丝特。[5]

虽然普通的清教徒大都原谅了海丝特，承认她的耐力和宽容的善良，但该书依旧认为希望十分渺茫，即"伴随岁月的流逝"，波士顿冷酷的管理者脸上那种针对海丝特的敌视的僵死才"可能"会"变成一种近乎慈爱的表情"。[6]由于严格执行共同体与上帝之间的盟约，这些管理者并不能赏识海丝特身上的基督徒之爱的传统表达，或者亲自拥抱这种传统的基督徒之爱。不过，尽管霍桑将这一指控对准了清教徒政权及其管理者，但他似乎并没有以同样的方式侮辱温斯罗普。

我们的第一条线索是，在这本书中竟然没有出现温斯罗普。这本书开篇写了贝灵汉总督（Governor Bellingham）在镇绞刑架台上主持对海丝特的审判的场景。海丝特下一次与政治人物的接触发生在大约三年后，这位领导人又是贝灵汉，但那时他已经不再是总督了，而是降了一两级，但他"在殖民地的行政长官中仍然保持着举足轻重和受人尊崇的地位"。海丝特表面上是去向贝灵汉宅邸交他定做的手套的，但实际上，在这位女裁缝的心里还装着一件更为迫切的事情。这几位以"力主在宗教和政府的原则上更严加治理"出名的领导人可能会采取一项行动，夺走她对她的孩子珠儿的监护权——珠儿是她当年风流之后的孽种。海丝特求见这个"年迈而庄重的清教徒统治者"，因为在推进这一计划的人们当中，他是"最为热心奔走"的一位。[7]

读者们第一次读到温斯罗普的名字是在该书的第十二章"牧师的夜游"中，那段文字写道：海丝特和珠儿"守护在……死去的温斯罗普总督的床边"。[8]这段话很重要，因为它给出了这部小说中的一个确定的时间：温斯罗普去世的时间是1649年3月26日，这是有明文记载的。正是靠着这一段记载，我们才能确定这个故事发生的时间。然后，作者告诉我们，在那天晚上，海丝特和珠儿遇到了可敬的丁梅斯代尔先生（海丝特偷情的对象）。"七年前"，海丝特在绞刑架台上羞愧难当，而他则做了伪证。[9]所以，我们也就能知道那场针对海丝特的审判发生在1642年6月。[10]由此，其中的多个怪异之处便浮现了出来。

第一，霍桑一开篇就让贝灵汉做了总督，而事实上，温斯罗普才是真的总督。贝灵汉做总督的时间是1641~1642年，而温斯罗普则在当年5月的选举后继任总督。所以，直到1642年6月，温斯罗普才成为总督。[11]第二，虽然温斯罗普在小说发生的那段时间里实际掌管着波士顿的政治（温斯罗普担任总督的时间是该小说开篇的1642~1644年，然后是 1646～1649 年，最后是他去世的那一年，而小说也在这一年结束了），但霍桑却让贝灵汉扮演了核心的政治角色。第三，当波士顿的状况变得最糟的时候，即它最为"严苛"和专制的时候——也即大人物们威胁要把珠儿从海丝特身边夺去的那一年——正处温斯罗普从总督任上退下来那两年之中。如果海丝特是在她接受审判后三年去找贝灵汉，那这就是 1645 年，而当时殖民地的统治者是臭名昭著的"铁汉"约翰·恩迪科特（John Endicott）。

关于前两点，多数学者都认为，霍桑在历史考据上是很谨慎的，是谨小慎微的，所以他的上述安排不可能是错的。[12] 一种有说服力的解释是，霍桑是故意这么做的，因为这可以突出清教徒的虚伪。据霍桑所掌握的几份历史资料显示，贝灵汉自己也有过不正当的性行为。通过把贝灵汉放在清教徒政治领袖地位，霍桑使得海丝特被处以强大的、惩罚性的判决变成了一种犯罪，即这一判决夸大了海丝特的罪行，而且这一罪行的内容还是海丝特所被迫承认的。[13]

这一主张很有说服力，但是如果霍桑只是想凸显讽刺之意的话，为何他不避免出现历史时间设定上的纰漏，将小说的开篇设定为 4 月，即贝灵汉实际上还是总督之时呢？而且，这一主张也没法解释其他几个疑问。首先，为何海丝特和珠儿会在半夜守在临死的温斯罗普的床边？作为为上层人士服务的裁缝，海丝特被带到这里是来丈量温斯罗普身体的尺寸，为他做丧服的。[14] 海丝特本应该被更早带到这里，然后手脚麻利地量完尺寸，或者甚至是在温斯罗普去世后再来做这件事，而且不管是哪种情况，他的女儿都不应跟着她进房间。这样一来，上述场景设定才似乎更为合理，在逻辑上也才更讲得通，而不是像现在这样，在大半夜的时候，在殖民地的最重要的人物的最后时刻，由一个被定罪的淫妇和她的幼女围在他的身边。难道她们的徘徊不走不正代表着总督和这两个被公众所蔑视的人物之间存在某些温暖的、珍贵的关系吗？

此外，读者是如何看待围绕在温斯罗普之死旁侧的神圣景象呢？早在第十二章，当可敬的丁梅斯代尔先生经过绞刑架时，他身上覆盖着一层"四射的荣光"。这种光芒显然来自他手提的灯笼，但是，这幅景象却告诉人们，这"似乎是那已故的总督把自己的荣光遗赠给了他"，宛如温斯罗普凯旋地踏进了"天国那遥远的圣光"。[15] 在第十二章的后面部分，丁梅斯代尔先生相信他在天上看到了一个燃烧着的"A"字母。一个富有想象力的想法再次以有利于温斯罗普的方式展开。第二天，一个教堂司仪说：

> 不过，阁下您听说昨天夜里人们看见的征兆了吗？——天上显出一个大红字母"A"，我们都解释是代表"天使"（Angel）。因为，昨天夜里，我们那位善心的温斯罗普总督成了天使，所以不用说，上天要显显灵才是呢！[16]

当然，霍桑并不是想让我们只以天使圣光来看待温斯罗普，这位新教徒新英格兰的核心创立者。如果有一个人与清教徒政权的建立之间的关系是如此密切，而这一政权又正受到抨击，那这个人自然是不可能完全避免遭到霍桑的控诉的。然而，现在我们也无法认同这种说法，即霍桑是想让我们相信，在天空中熊熊燃烧的"A"字代表的就是"敌基督"（Antichrist）温斯罗普，虽然有人提出了这种看法。[17]我们认为，霍桑在作品中用力十足，所以在坏事发生时，是不可能把温斯罗普扔到一边的。然而，当温斯罗普真的出现的时候，围绕在他周围的是真正的神圣景象。这又与其他领导人统一的负面景象形成了鲜明的对比。所以，最后的结论是，海丝特和珠儿双双出现在他死去的床榻之侧，告诉了人们一种明显的可能，即波士顿社会中被半放逐的人群对于温斯罗普有很深的情感。

这些事情加起来，告诉我们一个强有力的事实，即美国最伟大的清教徒观察家和最严厉的评论家认为，约翰·温斯罗普，是一个具备某些补赎性优点和视角的政治统治者。在霍桑的文学作品的其他地方，我们可以发现更多的证据来证明这个推论。但是，要想真正领会与确信上述看法，我们还必须仔细地审视温斯罗普的文稿和关于他的历史记录。

注释

[1] 关于弗朗西斯·威廉姆斯致约翰·温斯罗普（前一页），参见 *Winthrop Papers*，IV，376。关于托克维尔对清教徒主义的一般性评价，以及温斯罗普为美国后来的社会实践提供了一个"远离的点"，参见 *Democracy in America*，27－44，特别

是第 29 页。安德鲁·戴尔班科（Andrew Delbanco）认为这一观点小有道理，但明显是过头了，因此看起来"很奇怪"，*The Real American Dream*，15 and notes。关于新英格兰清教徒主义对于美国政治文化及其发展的影响的更大范围的样本，参见 Miller，*The Puritans*，1；Foster，*The Long Argument*，3 – 4；Fischer，*Albion's Seed*；Morone，*Hellfire Nation*。迈克尔·扎克特（Michael Zuckert）承认清教徒新英格兰的历史是美国的奠基时刻，并将温斯罗普和他的"典范"演讲作为自己的作品《自然权利共和国》（*The Natural Rights Republic*，133 – 147）的中心内容，虽然他在这么做的时候，弱化了温斯罗普的美国与立宪时期的美国之间的连续性。关于温斯罗普作为新英格兰之父，参见 Mather，*Magnalia Christi A-mericana*，213；Moseley，*John Winthrop's World*，126；Colacurcio，*The Province of Piety*，234；关于温斯罗普作为美国之父，参见 Tocqueville，*Democracy in America*，42；Miller，*New England Mind*，422；McWilliams，*Fraternity in America*，133；Schaar，"Liberty/Authority/Community，"493；Cobb，*American Foundation Myth*，vii，4 – 5；Morgan，*The Puritan Dilemma*，xii；Bercovitch，*Puritan Origins*，ix。关于温斯罗普作为"第一个伟大的美国人"，参见 Johnson，*American People*，31；and Morgan，*The Genuine Article*，5。

[2] 除温斯罗普自己的日记以外，edited by Richard S. Dunn and Laetitia Yeandle，还有布莱姆纳（Bremer）的新传记，名为 *John Winthrop*：*America's Forgotten Founding Father*，参见 James G. Moseley 的传记，*John Winthrop's World*；Edmund S. Morgan，*The Puritan Dilemma*；Darrett Bruce Rutman，*Winthrop's Decision for A-merica*；and Lee Schweninger，*John Winthrop*。

[3] 关于霍桑认为自己"最了解清教徒"一句，引自"The Puritan"by noted Poet James L. Seay，*Open Field*，*Understory*，47。在该书的序言中，他还指出，最先攻击美国的清教徒主义的学者是亚当斯兄弟（Adams brothers），查尔斯·弗朗西斯（Charles Francis）和布鲁克斯（Brooks），然后在 20 世纪早期，很多著名的公共知识分子，像 H. L. 门肯（H. L. Mencken）和凡·怀克·布鲁克斯（Van Wyck Brooks），以及普利策奖获得者、历史学家弗农·帕林顿（Vernon Par-rington）等，都加入了这场战斗。近来，关于温斯罗普的最主要的、具体的攻击见于安雅·西顿（Anya Seton）的文学作品，*The Winthrop Woman*，29 – 30，以及 Louis Auchincloss，*The Winthrop Covenant*，7 – 10，211，244。同时，参见门罗（Morone）的讨论，*Hellfire Nation*，34。

[4] Hawthorne，*Scarlet Letter*，110.

[5] 同注 4，111。

[6] 同注 5（斜体为作者所加）。

[7] 同注 4，69，71。

[8] 同注 4，105。

[9] 同注 4，101。

[10] 在第一章，叙事人告诉读者们，开篇的场景发生在"六月"（同注 4，35）。

［11］ 关于马萨诸塞海湾殖民地总督的名单及其任期，见于 John Raimo, *American Colonial Governors*, 117。

［12］ Ryskamp, "New England Sources," 267.

［13］ Colacurcio, *Doctrine and the Difference*, 212.

［14］ Hawthorne, *Scarlet Letter*, 105.

［15］ 同注 14, 103。

［16］ 同注 14, 109。

［17］ 参见 Auchincloss, *The Winthrop Covenant*, 一部主题相关的短故事集，讲的是关于虚构的温斯罗普家族的后代的故事，其中最后一个后代被人们揭露为"敌基督"。人们公认该书对温斯罗普采取了"夸大"但非批判的态度，且语气相对柔和（211）。关于对温斯罗普更为轻蔑的描写，参见 Anya Seton, *The Winthrop Woman*。

第一章　基督徒慈善的典范

　　1630 年春天，基督徒之爱为美国政治遗产播撒下了种子。这一关键时刻是一场宗教仪式，仪式的对象是驶往新英格兰马萨诸塞海湾公司的阿尔贝拉号帆船上的一干人。对他们布道的，不仅是他们的牧师，也是他们最近新选出来的主管，约翰·温斯罗普。在这场布道里，他就博爱做了一番言辞严厉，但又满含深情的讲话。他将博爱作为这个社会的基础性理想，而这一社会正是这些勇敢的移民者们将要着手开创的新世界。[1]他的讲话是美国历史上第一次重要的讲话。任何关于慈善作为全国性公民美德的研讨，都无法绕开这一文本。

在新世界和旧世界之间

　　为了搞清楚温斯罗普这次平信布道的含义，我们最好从它复杂的题目开始：《基督徒慈善的典范》。这个名字实际上来自封面上的一个记录，而这既非温斯罗普的手笔，也不是当时记录这一讲话的人所可能在这个封面上留下的记录。[2]根据这一文本，这番讲话的题目实际上是简单的几个字"基督徒慈善"，在它后面有两个副标题。第一个副标题是"此中典范"。在这个副标题后面立刻就是布道的开场词。然后是第二个副标题，即"此中原因"，在它的后面跟着布道的问答内容（参见附件A）。对于这个样子的标题，我们认为它的意思是温斯罗普对建立在基督徒之爱上的共同体的界定，其本质充分地体现在该文的第一行中（"此中典范"），而该图景之合理性则立足于该篇长布道辞余下的内容之上（"此中原因"）。

　　其中，布道辞的第一句很重要，这是因为这句话所谈到的内容很特别。我在这里引述了这句话：

> 全能的上帝，以其最神圣和明智的旨意，给人类安排了这样的
> 处境，在一切时代，必有人富裕，有人清贫，有人获得权力和尊严，
> 高高在上，煊赫显要；有人则低下卑微，屈居人下。[3]（第1段）

对于现在的听众来说——他们全然地依赖这一美国政治正典中最不可侵犯的文句，即"受造之人自始平等"①——温斯罗普开篇这句就谈了一个十分刺耳的古典观念。这一观念是保守的，相当老套，相当冷酷。当然，像道格拉斯·安德森（Douglas Anderson）这样的批评家只会把这视为温斯罗普为不平等的特权在辩护，并怀疑："这里面哪里……有什么慈善？"哪怕是温斯罗普的拥趸，如埃蒙德·摩根，也认为温斯罗普第一句所表达的"尊卑主从关系"是"一个教训，也就是*所谓的*'*典范*'，而这正是该篇布道或文章接下来的内容所要加以论证的"。[4]但是，情况真的是这样吗？温斯罗普的这番讲话可以简单地被浓缩为开头几十个字的保守观念吗？——由此，他的立足于博爱之上的社会观念也可以做如此解释吗？

温斯罗普的确将社会的分层视为人的生命中一个神圣、庄严的事实——这是17世纪早期英格兰人普遍的看法。温斯罗普的布道辞的前几句话，很明显在文辞和逻辑上与同时代一篇广为传播的、为人们所普遍接受的英国国教布道辞中的文句相对应。这篇布道辞是《关于服从统治者和地方官，以及遵从良好秩序的告诫》。[5]温斯罗普明确强调，世界上的不平等是上天的一种安排，并认为这是对"穷人"和"受蔑视的人"的一个严厉的告诫，即他们不应该试图"挺身反抗那些占据优势者"。温斯罗普这么做，便证明了一个厚重而又具有神学根源的信仰观念（commitment），即保存现有社会秩序及其明显的阶级分层（第3段）。

---

① 本句话国内一般译为"人生而平等"（All men are created equal）。这种译法实为对西方基督教之不理解而造成的误译。此句若强调"生育"，则平白无故在上帝与受造物的关系中，又增加了父母与子女之间的生育关系。这显然是中国人的一种误解。所以，还是要还原人在上帝面前的本质，即作为平等的受造物来理解，改译为"受造之人自始平等"，才能合理展示这句话的含义。——译者注

　　但问题是，无论温斯罗普的开场词有什么真诚的宗教学说观点提供支持，在当时，出于政治需要，他的确强烈地主张了"尊卑主从关系"。他正领导载有大量外迁英国人的最大船队，这些人聚集到一起，希望穿越波澜诡谲的大海，在一片新大陆上重新开始，建立一个政体，而对于这片新大陆，温斯罗普之后是这样形容的："一片不毛之地，这里什么都没有，除了野兽，以及像野兽一样的野人。"就像马基雅维利所警告的那样："在世界上没有什么比让某人担任引进新秩序的领导者更难处置、更难成功、更为危险的事情了。"就算温斯罗普不能完全认识到下述事项的内在危险性，即他马上就要承担的政治使命、跨海航行中的潜在风险，困扰正在建设中的美洲殖民地的疾病、饥荒和土著袭击等为人普遍所知的危险（弗吉尼亚殖民地前 15 年的死亡率高达 80% 左右），他也应能充分理解随时可能爆发的针对共同体的暴乱和无政府的威胁。事实上就是如此，在旅程中，有 700 个人乘坐 11 条帆船离开了他，又有 200 个人在旅途中死去了，然后还有 100 个人在就要抵达殖民地时返回了英格兰。所以，一个处于这种境地的领袖会做出这样的号召，即号召跟从他的市民们自由而真切地服从他的领导，是一点也不奇怪的，也是不无道理的。事实上，从这一点往前看，便可知这一主题成为温斯罗普公开演讲的核心观点，并在他担任马萨诸塞统治者的前夜，即在他那篇著名的关于自由的"简短的讲话"中，达到了最完满、最清楚的境地。[6]

　　所以，综合神学、文化和实践等方面的因素，我们便能很好地解释为什么温斯罗普在开篇要强调合法化财富和权力上的不平等。但是，还是有人，比如摩根，会问：这真的是所谓的"典范"吗？是温斯罗普谈到的关于爱的教训吗？温斯罗普关于 *caritas* 的观念不就是反思和合理化了"社会分层的极端保守的理论"嘛。[7]如果我们仅仅从速记稿的副标题来看，便很难得出其他结论。但是，这篇讲话的内在逻辑和文字，强力地挑战了这种将分析视角仅限于题目的做法，并提供了一个不同的结论。

　　基于更为细致的分析，我们可以知道，温斯罗普的话可以分为四个部分（而不是两个），而且各个部分之间只有一些细微的联系。其中，第 1~6 段是第一部分，这一部分的核心思想是将温斯罗普的共同体置于基督徒世界的大环境下，以听从万能的神，遵守关于爱或慈善的"福音"律法。第二部分，即第 7~19 段，是关于"怜悯"的具体义务的详细讨论，怜悯来自爱的律法——在这一点上，温斯罗普自己形容这一部分的演讲，讨论的是慈善的"外部的运作"（参见第 20 段）。第三部分，也是最长的一部分，是第 20～37 段。这部分分析了慈善的，或真正的"心中爱的情感"的"内部"运作，从这种爱的情感中，上述慈善的外部运作"必然会产生"出来（第 20 段）。第四部分，也是最后一部分，是第 38～46 段。在这一部分中，温斯罗普明确将上述三个部分的观点用于马萨诸塞海湾公司，也就是后来的殖民地（第 37 段）。如果我们用这种方式来阅读，那么这篇讲话——相比于人们因为过度重视手稿的副标题而形成的印象（这个副标题是后来被正式命名的。我们再强调一次，这个副标题可能符合温斯罗普的意思，但不是他的手笔）——就会成为一篇政治宣言，在很多方面，它都领先于时代，而且至今它还光辉地指引着美国现代政治的想象，尽管它里面有很多旧世界的辞令。

"神圣和明智的旨意"

在第一部分（第 1～6 段）中，温斯罗普的确提出了一种永恒的社会不平等状态，因为他对此提出了三点理由：第一，上帝喜欢间接赐予他的礼物，即"通过人"分配给其他人。这便意味着那些富有的人是上帝的帮手，要积极地帮助穷人（第 2 段）。第二，一个分层的社会更有利于上帝来"彰显圣灵的工作"，从而对所有人施加"节制和约束"的影响。这也意味着"穷人和受蔑视的人"不应"挺身反抗那些占据优势者"，并意味着"有钱人"和"有势的人"不应"吃光穷人"（第 3 段）。第三，也可能是最重要的一点，即上帝确立了这种不平等性。由此，所有人便会认为，他们之间"互有需求"，这反过来也会将他们"在兄弟情谊之下更为紧密地联系在一起"（第 4 段）（这是第一次粗略地提到关于建立"情感"或"爱"的共同纽带的问题——这是温斯罗普的所有布道中最重要的，也是唯一可见的主题，而且，这个重要的主题在大量的、最重要的美国早期政治文献中很少为人提及）。

这里有两个问题很突出：第一，如果社会不平等的永久存在是人类的宿命，那么温斯罗普提出的三个理由则是在命令人们以关切与积极的方式加以回应。这并不是要构建一个冷酷无情、放任自由的社会，甚至是强加一种不热情的贵族义务。相反，这是在号召人们采取温情的行动

（或自我节制，在情势所需时），以避免出现过度的阶级分化。而且，温斯罗普提出的注定的不平等的观念也揭示了，富人应该主动帮助穷人，因为穷人不应忍受如此境遇，就像富人不应享受如此待遇一样。人们能从温斯罗普的主张中推理出来这样的观点："重生的"正义之士未必都是富有和"伟大的"，有的也可能是"贫穷和劣等的"。事实上，他说：

> 我们可以清楚地看到：一个人之所以比别人更受尊敬或更加富裕等，并非出于对他本人的特殊的、独一无二的关怀，而是为了他的造物主的荣耀和人这种造物的共同利益（第4段）。

基于其加尔文主义的脉络，温斯罗普认为，是上帝不可知的意志，而不是人的追求正义的努力最终决定了某人富有，还是贫困。神圣的意志从不向虔诚者完全显现，所以这经常会导致下列情况，即上帝使他的圣徒受苦，或使罪恶者富贵。在任何一种情况下，因为穷人不应忍受如此困境，所以，他们依旧是共同体不可或缺的一分子，并保有一项道德性权利，即要求富人们给予贴心的帮助，因为这些富人们的财富也是他们所不应享受的。

这种观点使温斯罗普难以成为现代性的平等主义者。约翰·温斯罗普不是戴着高帽子的约翰·罗尔斯。然而，温斯罗普的观点的核心内容的确与罗尔斯的观点，而非与威廉姆·格雷厄姆·萨姆纳（William Graham Sumner）的观点，更为接近。罗尔斯认为："人们天然就有在社会中的初始地位，但却不应因此享受他分配自然财产的地位。"而萨姆纳则认为："没有一个社会阶级天生应该承担为其他阶级奋斗终生的义务和重任。"[8] 所以，这里并不是说，穷人活该受穷，或富人就该富裕。这里只是说，生活在上帝的分配秩序下的一群人，他们需要彼此，因为对方是我们在身体和精神方面的恩赐。然后，在这个方面，温斯罗普提出的观点又十分类似于索伦·克尔凯郭尔的主张：

> 基督教并不想横扫掉一切的差异，无论这一差异是否重大……但其希望这一差异仅是宽宽松松地罩在人们的头上，宽松得就像君王脱掉的斗篷，以露出君王的本来面目；或者宽松得就像破旧的衣

服，套上这样的衣服，超自然的力量就能把自己给伪装起来。当差
异变得这么松松垮垮的时候，永恒的相似性，即平等，便在每个人
的心中徐徐地发光，因此，其他人便都是必不可少的。这对于所有
人都是一样的。[9]

　　毫无疑问，在 17 世纪温斯罗普的观点中，社会经济差异的斗篷要束
得比 19 世纪克尔凯郭尔那个时候更紧一些。但是，温斯罗普的观点，还
是像克尔凯郭尔一样，提出在人类世界注定的社会经济的差异之下潜藏
着一样东西，即人类基本的相似性和平等性。这些相似性和平等性都是
先于上帝的意志而存在的。而且，正是因为这种相似性，正是因为这种
对他人和上帝相同的依赖——这要求人们不懈努力，来满足穷人的需求，
并作为对天定的、尘世的等级制度的认可——才限制人们做出更为激进
的努力，即试图确立政治和经济上的完全平等。

　　在今天，对很多人来说，温斯罗普的关于阶级差异的宿命论是一件
令人讨厌的东西。但是，这些想要因此就将温斯罗普抛诸脑后的人必须
承认，在温斯罗普起航，驶向美国后的近 400 年中——在这段历史时期
里，我们不懈努力，想要通过各种形式的自由主义、社会主义和共产主
义来实现社会经济上的平等——在世界上的每一个国家里，我们依旧面
临着明显的阶级差异。虽然世俗的观点无疑是不喜欢温斯罗普关于人类
存在的神学解读的，但我们依旧很难否认 400 年来，相比于很多完美主
义者的愿望（来自以现代理性主义为基础的理论体系），他的基本的社
会学假设，即认为人类重要的不平等性是不可超越的，要准确得多。

　　最后，仅仅关注温斯罗普的观点的内在的保守元素，就是对下述事
实视而不见，即他的观点中的其他原则，让他对身处的都铎－斯图亚特
王朝时期的冷酷的社会等级制度感觉不满——甚至越来越急躁。在他的
早期政治活动中，他深受英格兰对穷人普遍性的漠不关心的状况的影响。
而且，这也是他所说的促使他最终离开英格兰的理由之一，即这里已经
成为一个"孩子、邻人和朋友，*特别是其中的穷人*，被认为是最大负
担"的地方，而不是一个将之视为"最大的恩赐"的地方——这清楚地
表明了有的地方出了问题（斜体为作者所加）。后来，温斯罗普在向朋
友阐述这一观点时，惊呼道：

为什么有这么多披着人皮的鬼魂在四处游荡？为什么街道上有这么多的悲惨画面在不断上演？为什么有那么多的房子装满了食物，但门口却趴着快要饿死的基督徒？为什么店铺里满是昂贵的衣服，但门口却躺着赤身裸体的血肉？[10]

因此，在《基督徒慈善的典范》这篇布道辞中，温斯罗普带着浓烈的热情说道，除其他事情外，还应补偿穷人的困苦："我们生活在英格兰时所做的或者本该做的，我们到了别的地方也要照做，而且更应该这样做。"（第41段）

这一分析为挑战下述观点打下了基础，即认为温斯罗普关于 caritas 的理解是贵族性的，会对社会经济不平等性的富有意义的补救造成损害。但是，这一分析也冒着一个风险，即将慈善视为现代性的善行，将之简单化为施舍或对穷人的救济。但是，对于温斯罗普来说，慈善的内涵远不止这些。关于慈善的内涵，他在第一部分做了解释。

作为美德的形式的慈善

第4段是温斯罗普的这篇演讲中比较长的段落之一。事实上，如果按照现代惯例的话，可以将它分为很多个小的段落。其中，一个自然的分段点是在该段的中间位置，在那里温斯罗普介绍完了他的第三点理由的主要观点，即关于天定的阶级分层，并引进了一种观念，即所有人的关系都在"两条规则"的统治之下——"正义与怜悯"（顺便说一句，这种转换进一步凸显了过度重视手稿标题这种做法的弊端；这么做使得自第三段之后的所有内容都属于"理由：第三"之下，而这明显是不正确的）。在整篇布道辞中，这是最重要的，也是最难懂的段落之一。

虽然正义被列在怜悯之前，作为"指导我们彼此之间的关系"的两条规则的第一条，但温斯罗普却没有就其给出准确的定义，也没有展开讨论这个概念。不过，他的确在接下来这句话中提出，只有在"出于对特定契约的考虑"之时，才应该"秉持*纯粹*的正义对待穷人"（斜体为作者所加）。这至少提出了，正义是与遵守商业契约密切关联的。这里用到了"纯粹"这个限定语，这表示正义所施加的义务在道德上比怜悯更轻。不过，在特定情况下其在道德上依旧是令人满意的。温斯罗普对怜悯的讨论更为详细，但要在演讲第二部分才开始展开。由此，人们立刻会有疑问，即怜悯和正义与慈善之间的基础关系是什么？

在下面几行文字中，这个问题进一步放大了，因为温斯罗普提到了一项双重法律，而且人们在"彼此交往"的过程中，"都会"受到它的"规制"。这只会使得事情更为复杂，因为这一项双重法律不仅指涉正义和怜悯，还指涉慈善——这一点需要做出解释。

关于双重法律该如何命名的问题，温斯罗普认为，它是一项基础性的法律，根据人类的具体情况的不同而有不同的名字和性质。其中一个情况是在亚当堕落之前，当时人还是无罪的；那时，这一双重法律名为"道德法"或"自然法"。在另一个情况下，即亚当堕落后，双重法律名为"福音"或"恩典法"。关于"两条规则"（正义和怜悯）与"双重法律"的两种形式之间含糊不清的关系——两者都有两个名字——温斯罗普又增加了一句话，使得问题变得更为复杂了，即双重法律的"基础"是上帝对于人们的"爱邻人如爱己"的命令。换句话说，温斯罗普是在说，双重法律的"所有戒律"都奠基于博爱之上。但是，正如我们在前言中所指出的那样，博爱通常被视为对于《马太福音》第22章中的爱的双重诫命的总结。在这种情况下，"博爱之爱"指向两个目标：上帝和邻人。[11]经过对这种"两条、双重"的艰难分析，我们可以得出如下结论：在温斯罗普看来，慈善有两种形式（一种出现在人类堕落前，另一种出现在人类堕落后），每种形式各有两个名字（堕落前形式 = "道德法"和"自然法"，堕落后形式 = "恩典法"和"福音"），每种形式都有两个目标（爱上帝和爱邻人）。但是，这依旧没有解释正义和怜悯这"两条规则"是如何与爱的"双重法律"联系到一起的。

如上所述，温斯罗普在一开始就将正义与怜悯配成一对——两者明显是不同的，而且看起来是相互矛盾的道德种类——作为人类道德交往中的两条基本规则。在这么做的时候，他设定，作为一对的正义和怜悯是不同于作为爱的双重法律的慈善的，而且他进一步认为，慈善是人类德性的基础。但是，在这么做的时候，他指出，虽然正义和怜悯是两个明显不同的概念，但它们有一点是共通的：它们的运作都从属于博爱——也就是道德生活的首要律法。

发现怜悯和慈善之间强有力但存有主从之分的联系是相对比较容易

的。基于这两个词的惯常用法，人们早已认可两者之间存在明确的关系。而且在第三部分（第 20 段）中，温斯罗普也挑明了，"怜悯的施行"是根据爱的"上帝的律法"来的。但是，我们也不能因此认为怜悯与慈善是同义词，这是因为慈善看似还包括正义——正义与怜悯有较大的不同。要想发现正义和慈善之间存在强有力但存有主从之分的联系就相对比较困难了。这两个词的惯常用法模糊了两者之间存在的稳固的联系。而且，当温斯罗普将作为爱的双重法律的慈善引入之时，他特别说明了，他将会略过正义不谈，因为"正义的规则不适用于此目的"。但是，这一做法绝不应掩盖掉这一事实，即在同一句话中，温斯罗普明确承认——而且在第二部分中反复强调——关于双重法律，正义可以"在某些特定的情形下"适用。因此，我们不能认为正义是完全与慈善绝缘的。

然后，在这一部分中，有一个具有欺骗性的情况，即温斯罗普遵从历史悠久的神学传统，认为慈善是一种"元价值"（meta-value）。[12]对于这一观点的经典表示来自阿奎那的作品。阿奎那认为慈善是"美德的形式"，意为慈善"指引着所有其他美德的行为"。[13]就因为这样，所以人们可以说 caritas 比怜悯和正义的内涵要广，它包括了后两者，许可两者各自的主张，协商促进两者之间的折中合作。诚如前言中所引，乔纳森·爱德华兹在其《慈善与其果实》中论述了十分相似的内容：

> 爱让人们对其邻人担当所有责任。如果人们对其邻人有诚挚的爱心，这爱就让他们对邻人做出一切公正的行为，因为真爱与友谊总是让我们给所爱者应得之物……爱让人们对其邻人做出所有怜悯的行为，在他们遭受折磨或不幸时，我们会发自内心地去怜悯所爱的人。爱让人们向穷人布施，担负他人的重担，与悲者同悲，与喜者同喜。爱让人们在不同的地方和不同的关系中，对彼此承担应尽之义务。[14]

我们说温斯罗普跟随阿奎那，又预测了爱德华兹的主张，即将慈善视为所有美德的形式，并不是在说慈善是所有其他价值共同的本质——全体价值的某种富于变化的概念。相反，我们是在说博爱是所有价值的基础，并规定了所有价值，而这些价值正是我们所依凭生活的，也是我们人类对彼此和对上帝所应承担的义务。温斯罗普在下文中强调了这些内容。他说道:"这种爱是一种神圣的、属灵的本性,自由、活跃、强健、勇敢、恒久;轻视一切不配成为他的正确对象的东西;在所有的恩典中,这种恩典使我们与天上的父的美德更加接近和类似。"(第35段)阿奎那是这么解释它的:"慈善被纳入了所有价值的定义之中,这不仅是因为它在本质上作为各项价值而存在,也是因为在某种程度上,每一项价值都要依凭它。"[15]

通读整篇演讲,我们便能进一步搞明白,这些不同的价值,如正义和怜悯,是如何从慈善中获得其基础和形态,而又保留了它们各自的纯正的本质。所以,本书的主要观点是,温斯罗普简单建构这一观点,即怜悯和正义规定了人类的道德交往的规则,而这些规则又是从爱的双重法律,即博爱中生发出来的。[16]

慈善与差异

温斯罗普讨论了伊甸园内的慈善运作和堕落尘世后的慈善运作之间的差异,以作为他演讲的第一部分的总结。在伊甸园中,那时人还是纯洁无罪的,上帝的爱的法律不仅要求"每个人都要帮助别的深陷各种困苦忧患中的人",还要求他在这么做时,"与他看护自己的财富是出于同一种感情"(第4段)。在人堕落前,这并非一项严苛的规定,因为在这种状态下,以这种方式来爱是一件"很自然的"事情。诚如温斯罗普将在第三部分更详细解释的那样(第30~31段),在相同的事物间,爱的流动最自然、最容易,而在亚当堕落之前,人"同是血肉和上帝的形象"(第5段)。因此,对于堕落前的人类而言,上帝的法律被称为"自然法……或道德法"。

但是,温斯罗普认为,马萨诸塞海湾殖民地是在堕落和罪恶的世界中运行的。在那里,所有人都不是神圣的、纯洁无罪的、相同的,所以,他们也不会去自然地爱彼此。相反,唯一真实存在的自然的爱是自爱,而且这种爱是十分泛滥的。为了克服由亚当的堕落所引发的人类根本性的自私,可朽之人需要获得上帝的恩典,以及神口中的话的光(第30~31段)。因此,对于堕落后之人而言,双重法律被称为"恩典法或……福音"(第5段)。而且,福音/恩典法的诫命与道德/自然法不同。

在伊甸园里,人基本上"同是血肉和上帝的形象",道德/自然法也得以适用,所以,慈善的要求是广博的:适用于所有人,且在各种情况下对每个人设定的义务是同等的。但是，在堕落后的世界里，人是腐败的，且存在多种差异，恩典/福音法便得以施行，所以，慈善的要求也是具体的：规定了人们对"在重生的状态下"的同类人（依靠恩典回到上帝身边的人）所承担的特别义务。在这里，温斯罗普有些偏离正统的加尔文主义，因为他强调后伊甸园时代的博爱要求圣徒们相互同情、相互负责，而对处在他们信仰共同体之外的人则不用如此（而加尔文自己则强调，"人们应对全体人类，毫无例外，都怀有慈善情感"）。[17] 就像温斯罗普解释的那样，在亚当被从伊甸园驱逐出来后，爱的法律是在"教导我们在基督徒和他人之间做出区分"。为了向其观点提供经文依据，温斯罗普引述了《迦拉太书》（6：10）中的话："对一切人行善，尤其是对信仰的家族。"（斜体为作者所加）经过这番构建，慈善便是认同差异的了，即认同有同类信仰者与异教的其他人之间的差异，甚至就好像还在试图使这种差异变得更容易让人接受一样。

　　将慈善视为这种形态，在温斯罗普眼里，便是在依循清教徒大共同体的原型，即以色列民族的幼年时代。对此，温斯罗普解释说：要"在那些作为陌生人的兄弟们之间做出区分，尽管没有在迦南的兄弟间做出区分"。这一对比相当重要。首先，这一对比提出一个基础，即以色列民族也背负着全心全意爱上帝的义务（《申命记》6：5，11：13），以及爱邻人如爱自己的义务（《利未记》19：18）——这是一个提示，提示我们在基督教的前述希伯来传统中，博爱的根基有多深。然后，这也提出了这一义务，即要求以色列人区别对待陌生人——一般将陌生人界定为非以色列血统的、生活在以色列居住地或迦南之地的人。然而，区别对待并不是意味着恶劣对待。因为陌生人是外人，所以他们受到某些限制（但这些限制不适用于立誓盟约的人），但人们也应在法律面前以鲜明的兄弟、公平和正义情感对待之（《出埃及记》12：43-49；《利未记》17：8-15）。这样陌生人会得到很好的对待，虽然与以色列同胞所得之待遇不同。这适用于所有陌生人，但在上帝将迦南之地给以色列时已经定居在当地的迦南人的后裔除外。上帝命令以色列人将他们完全毁灭（《出埃及记》23：23-24，29-30）——这一点温斯罗普略有涉及。关于早期清教徒马萨诸塞殖民地如何对待种族和信仰上的其他人，相关记录当然是模糊的。但是，其比较普遍的估计，相关记录，特别是关于温斯罗普个人情况的记录，情况还是要好一些。

在对待少数的非洲裔美洲人口的问题上，温斯罗普和同来的定居者选择接受奴隶制，不过，并没有确切证据证明温斯罗普自己蓄养黑奴，而且，有证据证明，早期的马萨诸塞人对待黑人要比 17 世纪南部英国殖民者更好一些。他们给奴隶以与白人仆人相同的保护，在法律方面尊重奴隶间的婚姻，给他们经由陪审团审判的权利，禁止主人对他们无端地施以惩罚，以及最重要的是，在与白人申请人同样的基础上，允许他们参加当地的集会（虽然之后，在祈祷时，他们有时会被隔离开来）。在温斯罗普的日记中，他颇为赞许地描写了一个"黑人女仆"，说她表现出"扎实的学识和虔诚的信仰，因此被教会所接受，接受了洗礼"。[18]

尽管他们的观念与以色列人的幼年时期很相似，但人们并不能说这些早期的清教徒是将当地的印第安人当成了迦南之地的原住民，一个应被完全毁灭的种族。[19] 而且，这些清教徒也与残忍的西班牙人不同，那些西班牙人通过各种手腕和屠杀，强迫土著异教徒改宗——而清教徒则认为这种做法是可憎的。特别是在马萨诸塞海湾殖民地的早期，清教徒领袖们，以温斯罗普为首，经常以一种恭敬的朋友情感对待印第安人。温斯罗普的日记中记录了大量的与印第安人打交道的场景，包括请他们到家里做客，共同用餐，请他们过夜，以及在交往中互换礼物。在这些场景中，清教徒都是宽宏而又友善的。温斯罗普和其他人并没有完全避免歧视印第安人，即认为印第安人在社会和道德上是劣等人，却没有强势地试图将本地人纳入殖民者的管控之下。温斯罗普试图与印第安人达成同盟，在政治法律和经济关系上将他们视为基本的平等主体。一般而言（但也有例外的情况），双方之间有商议协定和契约，并都尊重这些协议和契约，而且，殖民者对待印第安人的态度也受到当地基本性法律的约束。例如，一个殖民者强奸了一名印第安少女，被施以鞭刑。另一个殖民者从一个土著那里盗取了一些玉米，被强令双倍返还。还有一个殖民者杀害了一名印第安人，被处以死刑——该案件由全体清教徒参加的法庭审理，并做出判决。[20]

这种与印第安人相对友好且平等的关系在 1637 年出现了改变。在与佩科特人①发生了一些危险的暴力冲突后——始于佩科特人杀掉了一个

---

① 17 世纪初住在美国康涅狄格州的印第安人的一支。——译者注

名叫斯通（Stone）的英国奸商的事件，然后双方又各有挑衅性的举动——马萨诸塞、康涅狄格、罗德岛，以及这一地区其他几个不安的印第安部落便向殖民者宣战了。战争的收尾是这样的：密斯提克（Mystic）的一个佩科特人的主要的村庄被殖民者包围了，然后被放了一把大火。该村庄中有 600~700 名男女老幼死于这场大火，或在想要逃跑时被殖民者杀死了。殖民者展示了自己令人惊恐的、压倒性的力量，这不仅毁灭了佩科特人，还吓倒了马萨诸塞的印第安人，使他们陷入一种更为卑躬的状态，而且从此以后再也没有直起过腰来。[21]

在这个事件中，温斯罗普既不是总督，也没有在战斗中扮演过任何直接的角色。从各种记录来看，他都是一个会很快宽恕对方的人，对造成别人痛苦也并不会感到高兴。例如，早在横渡大西洋时期，曾有一名船员恶劣地虐待一名乘客。阿尔贝拉号的船长要严厉处罚这名船员（这名船员被绑了双手，脖子上还被挂了一件重物）。温斯罗普介入了这个事件，并且"费了好大劲"，劝说船长饶了这名船员。但是，也有记录显示，温斯罗普支持佩科特之战，并在背后出了很大力，以确保战争的胜利，而且他从未对殖民者们最后的行径做出任何谴责。不管温斯罗普在他所构建的慈善的典范中对人们的怜悯和同情的精神提出了什么要求，但从一开始，他都没有要求和平主义或放弃自我防卫。在驶向美洲的那段时光中，当预示着不祥的船只出现在海岸线上的时候，之前被停掉的炮台都被调回了战斗状态。对此，温斯罗普说："我们都要准备好战斗。"[22]因此，虽然我们必须假定温斯罗普默认了残忍的最后一战，以及其他针对佩科特人的进攻行动，但是，他和其他人都认为这种做法是最后的没有办法的办法。这也不是完全没有合理性的，因为他们所面对的是一个更具有进攻性的特殊群体［佩科特人这个名字意为"人类毁灭者"（destroyer of men）］，而且，相对于这一地区的其他部落，这个部落更不值得信任。毫无疑问，对于佩科特人的恐惧，以及随之而来的反应，都是过激的，也是可耻的。但是，因为 1622 年弗吉尼亚大屠杀——波瓦坦人通过一系列奇袭，杀掉了詹姆斯敦（Jamestown）近 1/3 的人口——深刻地烙印在海湾殖民地的官民脑海里，所以，他们担心一旦不能压住这个具有威胁性的部落，那么他们在新英格兰的神圣的实验就可能失败。这种想法也不是完全没有道理的。同时，我们还应认识到，在温斯罗普的生涯中，以及在此之后，再也没有发生过像密斯提克那样的惨剧。而且，战后不久温斯罗普重新担任了殖民地的总督，他快速采取行动，利用马萨诸塞殖民地对康涅狄格的影响，劝阻当地不要对一个和佩科特人的联盟部落采取血腥的报复行动。康涅狄格之所以要采取报复行动，是因为佩科特人屠杀了一些康涅狄格的殖民者，以此作为对一次真实但不太严重的冤屈的反馈，但这引发了更大规模的战争。自此以后，尽管温斯罗普和其他马萨诸塞的领导者们再也不会客气地招待印第安人，而是在这些印第安部落和其他看似会对马萨诸塞政权的清教徒计划构成威胁的其他殖民地之间不断变换同盟关系，但印第安－马萨诸塞之间的关系依旧为温斯罗普等所重点关注，如果不算太完美的话，他们关注的是其中的法治和基本的英国公平理念等重要内容。[23]

对待宗教上的不同信仰者是一件更为复杂的事情。所有选择移民到马萨诸塞海湾殖民地的人都知道，它是一个在架构和目标上都非常严格的宗教共同体。即便这样，在做出重大处罚之前，它对于造成重大威胁的不同信仰者通常会先给予充分的警告、谈话，并耐心劝说他遵守共同体的准则。如果说堕落后世界中的慈善的确使正统的信教家庭与其他人有所"差异"的话，那温斯罗普的行为则证明，他自己严格地遵守了他所做出的提醒，即慈善同时也命令人们要爱他的敌人，做有益于他的敌人的事情。有大量的记录显示温斯罗普费尽全力维持和平的关系，表达对反对他个人和反对殖民地正统宗教观念的人的爱。而且，在他的文字里，也从未提及对天主教的反对，而在当时，这类恶意反对天主教的主张是非常常见的。直到他死的那天，罗杰·威廉姆斯（Roger Williams），温斯罗普管理下的波士顿人中的最著名的反对者之一，没有说任何话，而是表达了对温斯罗普的喜爱与祈祷。温斯罗普曾主动参与从波士顿驱逐威廉姆斯的行动，因为他的分裂行动越来越过激。[24]

根据慈善的要求，除了在堕落后的世界中运用福音/恩典法对待不同的人时要有所差别以外，温斯罗普还认为，对于那些跟从慈善的诫命的人来说，"不同的时期和场合"还要求不同水平的无私行为（第6段）。在最极端的情况下——温斯罗普提到了基督教使徒时代的开始——在某些时候、某些场合，人们应"卖掉一切，把所得施与穷人"。而在另一些不那么必要的场合，对于圣徒来说，则并不要把自己所有的一切布施出去，但也"必须做超出自己能力的贡献"。此外，"正在面临危险的团契"（community，也译"共同体"）也会特别要求"呼唤超常的慷慨"。毫无疑问，上面一句指的正是温斯罗普的听众，他们也应能想到自己自离开相对安全和文明的英格兰海岸之时起，便处于某种程度的危险之中。带着这种观点，温斯罗普进入了他的第二部分（从第7段开始），在那里，他对怜悯的外部义务做了详细的讨论，因为这一外部义务是亚当堕落后 caritas 所要求的。

"依照上帝的律法践行怜悯"

温斯罗普教导人们，怜悯的第一项义务是"捐献"，这就是说要把"富余的"财富捐献给穷人（第8~9段）。他预测到有人会提出反对的观点，即认为人们应该把富余的财富存起来，以给自己的家人提供一份丰厚的遗产，或者用于应对将来可能的灾祸。他承认为家人或将来存钱的做法不仅是明智的，而且在"平时"，这也是上帝的明确的命令。但是，如果是在非常时期，那么人们必须受这一特殊"场合"的"支配"，并接受下述主张，即捐献富余的财富，"照此办理，那么他就不会做过头，尤其是如果他想给自己和家人留下足以维持舒适生活的可能资财"。诚如温斯罗普在第二部分的末尾讲明的那样，在"正在面临危险的团契"中，当人们直接的团契（immediate community）受到欲望的困扰时，那基督徒必须让"我们自己的利益……退居一旁"，并"为别人做得更多，对我们自己和我们的权利考虑得更少"（第18~19段）。这是整篇布道中第一次，也是最后一次清楚地提及个人权利。

与怜悯相关的第二项义务是"出借"（第14段）。在这里，温斯罗普解释说，在出借钱财前，如果一个人看似没有能力还钱，那人们就有义务"根据他的需要捐献给他"，而不是"他要多少就*借多少*"（斜体为作者所加）。如果借款人看似只是"可能有"或者"也许有"偿还能力，那人们应该继续借钱，把对方所需的资财借给他，"尽管有失去这些财物的危险"。但是，如果借款人很明显"有现成的资财"可用于偿还，那温斯罗普就禁止出借人（"你不得去"）将借款人视为"怜悯的对象"。相反，出借人和借款人要签订借款契约，并"循正义的规则行事"。

这一主题在温斯罗普对"宽恕"的简短讨论中一再出现。宽恕是他认为的怜悯的第三项义务。温斯罗普认为，是否要宽恕，全部取决于人们在给钱时，是"出于怜悯"，还是"以交易的方式出借"（第 17 段）。后者要求必须适用正义的规则。温斯罗普总结说，如果借款人到还款日还没有能力偿还借款，则出借人必须宽恕他，"除非你有担保或者合法的抵押品"。

温斯罗普再三鼓励他的听众——以各种方式——心甘情愿地，甚至是"高高兴兴"地践行怜悯（第 15 段）。但是，他也不断地宣称，不应允许怜悯凌驾于正义之上，因为正义通过交易契约和法律构建了社会秩序的必要限度。一个没有社会秩序的团契既不是一个团契，也不是一个适合人们居住的高尚的地方。温斯罗普像《理想国》中的克法洛斯一样，将正义降低到了欠债还钱的高度。但是，就算正义只是温斯罗普在这里定义的狭义概念，它也依旧是任何人类共同体的关键组成部分。一片满是怜悯，却没有正义的土地就是一片所有人在政治和道德上都没有约束的土地。在这种情况下，到头来我们也无法保护这个社会上最容易受到伤害的成员。因此，在一个向往博爱的共同体里，在怜悯之侧，正义还应保留一个位置，甚至是一个很重要的位置。虽然正义在某些惯常用法里近乎是怜悯的反义词，但它和怜悯一样，为慈善——也即美德的形式——所呼召。

关于在一个正在面临危险的团契中适合用什么形式的怜悯的问题——这是这篇讲话的这一部分的真正重点——温斯罗普的话并不只是花哨的辞藻的堆砌。大量的历史研究表明，在温斯罗普的视角下，大量的关切是给予穷人的。当然，新世界的土地是十分充裕的，这使得这一想法得以实现。所以，事实上，任何身体健康的人都可以养活自己和家人。但是，那里的土地大都是贫瘠的荒野，所以，对于那些没法自给自足的人，殖民地提供了令人印象深刻的公私救济，甚至到整个殖民地本身都十分困难的时候，依旧是如此。就像我们近来看到的美国公共住房计划的做法一样，早期的马萨诸塞殖民地，部分是受到了温斯罗普观点的感召，认为在给予穷人救济的时候，"核心问题不是是否接受这一义务，而是决定到底谁有资格领取救济"。[25]

马克斯·韦伯在其 20 世纪颇具影响力的社会学论文中曾解释说，美国的"资本主义精神"的根基主要在早期波士顿的宗教精神里，而不是在詹姆斯敦的商业精神里。这是真的。早期新英格兰人的确受到致富愿望的激励而不断拼搏，以证明自己得到了上帝的恩典，但是，他们在言谈举止中皆一再反对完全不受节制地追求个人的"快乐和利益"（第45段）。温斯罗普的马萨诸塞殖民地不时采取工资和价格控制措施，以阻止漫天开价的情况。这种情况在不规范的移民和航运中时有出现。而且每个镇都对本地人负有责任，即要救济和帮助受到印第安人供给的人、患病的人，以及失去作为家中顶梁柱的男人的家庭。[26]

温斯罗普最终证明，他愿意很慷慨地奉献出自己的精力和物质。在前五年中，尽管他身居高位——但他对自己的位置非常清醒——人们还是看见他穿着普通的衣服，和自己的仆人、其他殖民者们一起并肩干活。这为大家树立了一个榜样。对此，有人这么写道："在整个种植园中，没有一个懒惰的人。"当地一名牧师去世后，他便将这名牧师的儿子收为养子。在殖民地第一个严冬过后，当地死了约200名殖民者，而传来的消息是从英格兰获得资金的希望也破灭了。温斯罗普拿出自己并不算太殷实的家产，帮助殖民地维持下去。科顿·马瑟写道，在第一个冬天的二月份，温斯罗普将"'桶里的最后一把粮食'分给了受到门外的野狼困扰的穷人们，这时，他们看到远处来了一艘船，已经入了海港的外口，船上装满了给他们的补给品"。正是因为这一举动，以及其他举动，马瑟才赞誉温斯罗普为"约瑟再世，正是靠着他，当大家都快因为没粮食而倒毙的时候，却又得到了拯救"。[27]

马瑟写了一个温斯罗普的小传。萨万·伯克维奇（Sacvan Berco-vitch）分析认为，这部小传中对史料的运用比通常写法要好，因为马瑟将史料用得力道很足，成功地将温斯罗普塑造成了一个"美国圣徒"的原型。马瑟在该部小传中写道，温斯罗普"治愈"了一个被发现盗窃木头的穷人。在一个漫长的、严寒的冬天，温斯罗普请这个人从自己的柴堆里拿取他想要的木柴。这样一来，这个人再也不盗窃了。温斯罗普还有一个"习惯"，即找个理由，在吃饭时派他的家人去穷人家里跑一趟，顺便看看他们是否有需要，如果有的话，就提供一些救济。到1641年，由于温斯罗普不断地布施，加上他的管家詹姆斯·卢克福德（James Luxford）的经营不善造成了更大规模的亏空，导致他从一个"庄园领主"变成了贫困的负债者，这使他在政治上和法律上都陷入了困境。这还没有算上他迁居到新英格兰对他个人所造成的巨大损失——这包括他"家庭"中死掉了十多个人，其中有 3 个还是他的孩子。[28]

在生命的某些节点上，温斯罗普或许是从他自己的讲话中得到了安慰，也即他这篇布道辞的第二部分的结尾处。在那里，他引述了教会的历史还有《圣经》，提出"对穷苦的圣徒至为慷慨"能"使他们备受后代的颂扬"，并能得到"最美好的允诺"的赐福。他们的光"必勃发如早晨的光"，他们的伤口"将会迅速地复原"，上帝也必将"时常"引导他们，使他们就像"被浇灌的园子"（第 19 段）。反之，那些"塞耳不听穷人哀求"的人，将"遭到最严重的诅咒"，他"将来的呼吁也不蒙应允"。这些内容在第四部分，也即最后部分里再次出现，而且言辞更加激烈。所以，我们认为，温斯罗普的形象和他的行为是确定的，即"自愿且兴高采烈地"主动关照最穷困者。

"怜悯的施行必然是出自那种感情"

在第三部分的开头，温斯罗普提出："要吸引人们从事善功，不能依靠论证这种工作的好处和必要性来说服别人。"（第 20 段）为了说明自己的观点，他拿慈善的运作比作机械时钟的运转。其中一个让时钟敲响的办法是吩咐某人去用锤子敲它。但是，这个办法并不是太有用——更好的办法是让钟自己响。要实现这一点，人们必须合理地设定"主轮的第一个活动零件"。根据慈善的外在施行的要求，有个合理的问题是，尽管人们可能暂时地完成怜悯的工作，就像用锤子敲钟一样，但这也无法创造和维持对慈善的感觉（feelings），而这恰恰是"使怜悯的施行变为一件持久而轻松的工作"的必要条件（第 29 段）。要满足这一必要条件，就必须要使人们行为的"主轮运转起来"——也就是"灵魂"。如果灵魂的设置是正确的，那么就能在人们的"心中形塑这些爱的感情"（affection of love in the heart），使他"在一切场合都能毫不迟疑地投身"怜悯的这项必要的工作。

后来，C. S. 刘易斯（C. S. Lewis）比较详细地探讨了"情感"（affection）不应与博爱混为一谈。他认为，"情感"是爱（love）的"最低级的，也是最普遍的形式"。但是，温斯罗普并没有犯刘易斯之后警告的那种错误，即将爱的一种情况，也即有人称为情感的东西——在刘易斯眼里，这是在共享的共同体中，在体面人之间的一种常见的、自然的、要求不高的舒适感——与基督徒对"神圣的不求回报的爱"的理解混在一起。而只有靠着后者，人们才能和应该去爱甚至最不同的、最疏远的和最可鄙且不值得爱的人。更进一步，温斯罗普认为，对所有其他人的深切的情感——兄弟般的情感，而不是浪漫的感觉——是某人被慈善全然灌满后产生的副产品和义务。对于此一说法，无论是 C. S. 刘易斯，还是使徒保罗都不会提出反对意见（《罗马书》12∶9-10）。[29]

温斯罗普特别界定了基督徒之爱，即界定为对其他人的深刻关怀的"情感"。他的这一界定可能来自他对《新约》仔细且沉思式的阅读。但更有可能的情况是，温斯罗普的思考受到了托马斯·威尔森（Thomas Wilson）的《基督徒词典》（*Christian Dictionary*）的影响。这本词典首次出版于 1612 年，是一本畅销书，在英格兰和美国新教徒改革圈里享有盛誉。威尔森对于"慈善"的解释是："爱的*感情*（affection of love），这种感情促使我们将我们的邻人视为宝贵的，并在对他们来说宝贵的事情上，根据上帝的意志，为他们和基督的利益，为他们着想和努力。"[30] 很有趣的事情是，威尔森的这一定义不仅和温斯罗普在 1630 年的表述很相似，而且和乔纳森·爱德华兹在 18 世纪时提出的 *caritas* 的定义一致。爱德华兹的定义是"爱，或者一种内心倾向或情感，由此便会感觉到另一个人对自己很珍贵"——这一定义我们已经在前言中讨论过了。同样很有可能的是，温斯罗普很熟悉"咆哮的约翰"罗杰斯（Rogers）的作品。罗杰斯是居住在邻近的埃塞克斯郡的一个非常著名的清教徒神学家，他在 1629 年发表了一篇关于博爱的长文，名为《爱的论文》（"A Treatise of Love"）。在该文中，他肯定地提到，基督徒必须彼此相爱，就像他们是我们的"兄弟"一样，"兄弟之爱是这样的，即在内心怀着对其他人兄弟般的情感，并在外面做出同样的兄弟般的行为，来表明自己内心的情感"。[31]

综上所述，温斯罗普认为，要想产生正确且稳定的爱的感觉，或曰情感，就要正确地设定灵魂，而这不能依靠理性的论证。事实上，关于这里所需要的东西，这一段的核心段落谈到了——这也是这篇布道辞的核心——在这一段中，温斯罗普讨论了"这种爱是如何发生效用的"（第 30 段）。温斯罗普一开始谈了对亚当的看法，认为他在伊甸园里时，是人类千秋万代的"典范"，从他身上来看，"这种爱是尽善尽美的"。温斯罗普解释道，但是由于偷食禁果，亚当"使自己与造物主分离，并使他的后代彼此分离"。温斯罗普肯定地说，结果，"每个人一生下来就怀着这样的原则：只爱自己，只寻找自己"。堕落后的人是完全自私且孤立的，与伊甸园中的亚当完全相反，因此，伊甸园中的亚当也就成了基督徒慈善的拟人的典范。由之，慈善在最低限度上也是一项与强烈的人类自私性相反的原则。温斯罗普还认为，堕落后的人仅仅依据唯一的、自负的自利原则处事（"人们一直就这样"），直到"基督降临，占据了灵魂，给我们灌输另一个原则"。他宣称，这另一个原则是"爱上帝，爱我们的兄弟"，或曰 caritas。这段文字是这篇讲话中最清楚，也是最简洁的一次肯定，即肯定了温斯罗普是按照本书的前言中的基础界定来认识慈善的：慈善的这一原则严格地包括了对上帝的爱和对其他人的爱。此外，这段话还强调了其他一些关于慈善的内容，对这些内容我们的讨论至今尚未涉及，那就是在人类堕落后的状态下，虽然慈善呼召人们要爱上帝和其他人，但这种爱要想得到真实的、完满的实现，就必须依赖上帝首先爱人类。

如果我们按照语法来进行分析，那么上帝之爱（love of God）的主语格（即上帝对人之爱，God's Love of man）是上帝之爱的宾语格（即人对上帝之爱，man's love of God）的基础。[32]在温斯罗普的表述中，直到"爱受造物"（第 31 段）的基督降临，"占据了灵魂"，这些与上帝和他人分离的自以为是的受造物才能驱逐完全自私的自然状态，进入一个新的状态，即"爱上帝，爱我们的兄弟"（第 30 段）。为了强调这一点，温斯罗普向他的听众引述了《约翰一书》第 4 章的内容："'爱是从上帝来的，凡有爱心的，都是由上帝而生'，故而这种爱是新生者的果实，除了新的造物之外，谁也不具有。"他或许还应该引述第 19 节的内容，即"我们爱，因为神先爱我们"（《约翰一书》4：19，日内瓦，1602）。

通过这一推理，慈善的确标志着一个"元价值"，因为一个人甚至不可能去了解，更不会去应对其他人的世俗需要——无论需要的是怜悯、正义、友情还是爱的行为——除非这个人首先被上帝的爱改变了。但是，就算是对温斯罗普来说，这也并不意味着爱的行为是上帝选定的独占领域。首先，对于清教徒而言，判断某人是否被选定，经常是一件不确定的事，因为根据正统的加尔文主义的教义，上帝的意志在这些事情上是最优秀的人类亦不能理解的。在最好的情况下，他们的生活故事被详细地记录在大量的史料（温斯罗普就是史料记录最详细的人之一）或者关于其"皈依"后生活的详细档案（这是新英格兰教会后来所要求的教籍记录）中，但这只能表明他们可能被上帝选定了。而且，温斯罗普将有些话藏着没有说出来，即当基督特别说明慈善诫命（爱你的邻人如爱你自己）的内涵时，他所用的例子既不是基督徒，也不是犹太人，而是撒玛利亚人。这是因为基督徒和犹太人都是不干净的。或者，也可以这么说，即耶稣所列举的这个人反映了一个更为纯正的灵魂，远超耶稣时代的很多人。而那些人则专注于圣经传统和律法，给人一种好像自己被"选定"的印象。

此外，温斯罗普还强调灵魂重生的过程是公正的。这是一个严格的过程，也是一个缓慢的过程。如温斯罗普所述，这通常是"渐渐"的，由慈善代替人的自私的自然状态（第30段）。这一说法，除了强调了这一观点，即上帝的恩典可以在那些有不同信仰或没有信仰的人之中很好地做工以外，还有助于化解温斯罗普的这篇布道辞中至今没有解决的巨大矛盾。

这个矛盾是：如果温斯罗普的这一观点是正确的，即在培育慈善品性的过程中，对理性的论证没有太多价值，那么为什么他要花这么多精力来精巧地说明原因，捍卫基督徒慈善是这一团契的必要义务呢？〔在前四段中，"理性"（reason）这个词出现了很多次〕温斯罗普在第三部分的最后几句话中说明了他这么做的理由，即他间接地承认虽然在促进人们皈依上帝，以及保持稳定的道德行为方面，上帝的爱的恩典所能发挥的影响要胜过理性的论证，但是，理性的理解力通常是作为上帝赐予恩典的一项工具而存在的。在第三部分的结尾，温斯罗普告诫他的听众，"对这种（关于慈善的）真理的完全、恰当的认知"（在这里，温斯罗普明显是在提醒人们注意圣保罗在《哥林多前书》第13章中关于慈善的谈话）必须"作用于他们的心灵，通过祈祷、沉思、持续施行……直到基督在他们当中、他们又在基督当中形成，一切一切，凭着这种爱的纽带，彼此连为一体"（斜体为作者所加）。在这里，温斯罗普再次提出，重生的过程不是一次性地席卷人们的灵魂的，而是一个相当缓慢的渐进的过程，直到基督在人的里面完全形成，而人活在基督里面为止。因此，人应该不断沉思、思考、反思——简单来说，就是人应该运用理性来思考——上帝赐予的关于博爱的真理和知识。[33]

正是因为这一点，以及其他相关原因，甚至是在殖民地刚开始的时候，也就是在那最艰难的岁月里，温斯罗普作为领导，主持建立了影响深远的公共和私人教育计划。在他的日记中，他记述了自己在1635年，在波士顿着手创建一家文法学校的经历，并骄傲地加上了这么一句话："印第安孩子们可以免费得到教育。"其他镇很快也跟着办了这样的学校。也是在同一年，原来的纽敦镇改名为"剑桥"，以纪念那所著名的英国大学。剑桥大学培养出了一大批波士顿早期领导人物。同时，该镇将来还将成为一所严谨的新学院的所在地，这所学院在成立不久改名为哈佛。温斯罗普是该学院最早的8名督察之一。到1647年，也差不多是温斯罗普人生的最后一年，以及他治理马萨诸塞殖民地的最后一年，殖民地州议会——殖民地主要的立法机构——规定各镇人口在50人以上的，应聘请1名读写教员，如人口在100人以上的，则应创办文法学校。虽然当时历史文献的记录并不完整，乃至于我们没法确切地知道详情，但是，多数专家还是认定，马萨诸塞的阅读识字率应为70%～80%。这一比率比现如今的英文识字率还要高得多，而且也不比波士顿如今90%的一般识字率（指不论是不是英文的识字率）低很多（而且，如今的拼写识字率反而比波士顿早期要低一些）。[34]

第三部分结尾的文字和它开头的部分差不多，谈到了"基督降临之后，凭着他的灵和爱把所有这些部分连缀到他身上，同时将它们彼此连缀起来"，由此便形成了"尽善尽美的纽带"（第21段）。当这实现后，即第三部分谈到的缓慢的再生过程结束后，一个为基督和其慈善原则所灌满的灵魂就在众人之中出现，而他能从周围的"别人身上辨认出自己的形象和相似者，因此唯有像爱自己一样爱他"（第31段）。在第一部分，温斯罗普解释情感纽带会基于下述事实出现，即因为社会经济差异，"人与人之间就会互有需求"（第4段）。而且，温斯罗普从未提过他相信可能消除所有的社会差异。重要的差异依旧会保留下来，因此精神和身体上的重大需求也会因此存留，并出于个人功利的目的——世俗的和天国的——而拖着人们相互靠拢。但是，在第三部分，他却再次以更为激烈的语气讨论了第一部分已然显明的内容，并认为只靠差异和效用，不足以激发人们纯真的爱、关切，并构成团契。事实上，只靠差异，还会严重地损害爱，造成"不满"。温斯罗普指出，"不满"的"原因"就在于"事物本身相反或相异的本性产生的不相似",而"爱的理由就是洞察到被爱的事物的相似之处"(第 31 段)。而如果这种人的相似性的感觉是根植于上帝的形象的,那么,人们便能创造出团契的无与伦比的"美好"状态。

我们来看几个燃烧着博爱之火的生动的"榜样",这是温斯罗普建议马萨诸塞海湾殖民地要依循的:

> 基督"凭着爱的纽带与之结合,自然而然就感受到我们的软弱和悲伤,他欣然牺牲自己以缓解他的身体其余部分的那种软弱,并治愈他们的悲伤"(第 29 段)。

> 基督徒史上大量的人物,证明自己有"同心同德的美好感情,他们一起效力和受苦的欢欣,慷慨大度却无怨无悔,庇佑别人而不心怀嫉恨,乐于助人而不求全责备;正是由于这个缘故,因为他们之间怀有炽烈的爱"(第 29 段)。

> 夏娃,基于她的爱人(亚当)的认可,"渴望与它有亲密的接触……她绝不容许它缺少她能够给予的任何好处……如果她听到它在呻吟,她立即就会来到它身边。如果她发现它郁郁寡欢,她就和它一同悲悼叹息。她最高兴的莫过于看到她的爱人快快乐乐,欣欣向荣。如果她见到它受了亏待,她的心情就难以平静。施爱于它,对她来说就是足够的补偿了"(第 31 段)。

现在——就和温斯罗普的年代一样——有人争论说,真正的基督徒之爱的精神要求完全自我否定,即要求为了其他人的利益,而做出完全的牺牲式的自我遗忘。上述引文看似符合这一倾向。也有人强调说,《马太福音》第 22 章中著名的博爱诫命,要求人们爱三者:上帝、邻人和自己(在《新约》中,"爱你的邻人如爱你自己"这一诫命反复出现了超过 7 次,且经常是由耶稣亲口所说)。温斯罗普支持认为慈善经常是要对自己做出巨大否定的那一派,但这并不是说就要完全消灭自爱,以及不得希望获得个人回报。[35] 温斯罗普甚至还曾说过:"培养或怀有一种无望得到回报的爱是不可能的。"(第 31 段)他没有解释慈善的无私之爱是如何与持续的自我之爱相互协调的,这部分是因为他认为这个复杂的神学争论与此无关："这不是我们的目标。"他这么说。而且，这也是因为温斯罗普不仅仅是在讨论一般的博爱，而是讨论"在同一个身体的各肢之中"普遍存在的博爱。这里的"身体"指的是教会（"所有真基督徒"的联合，第 23 ~ 27 段），或婚姻（亚当和夏娃），家庭（路得和拿俄米），或友情（约拿单和大卫）。在这种情况下，"爱和情感"就"经常是有回报"的，即同一个身体的成员"在一种最为平等和美好的交易中有来必有往"。温斯罗普宣称，最大的快乐和满足就是"付出爱和活着被爱，那是灵魂的乐园，无论是在此世，还是在天国"。

哪怕是对于那些认为基督徒/其他现世基础相互联合是毫无希望的人，也会，而且的确是经常承认，这描绘了一幅吸引人的团契的景象。

> 这样联合起来的各部分处于一种特殊的关系中，变得亲密无间，必然要分担彼此的力量与软弱，欢乐与忧愁，幸福与哀痛。若一个肢体受苦，所有的肢体就一同受苦；若一个肢体得荣耀，所有的肢体就一同快乐……对彼此境况的感知与同情，必会给每个部分注入一种自然的愿望和奋进心，想要援助、捍卫、支持、安慰别人（第 26 ~ 27 段）。

温斯罗普的主张的确面临很多挑战——甚至可能最终导致这一观点崩溃。但是，很明显的是，无论这篇讲话最终的结果如何，我们都不能将之简单理解成为只是在冷冰冰地维护英国社会生活中等级森严的传统方式。

在很多情况下，早期社会的图景——在早期马萨诸塞人，特别是约翰·温斯罗普的生活中——是激发柔情与人性的。虽然同情之心受到普遍的预定的不平等的制约，并就这样停了下来，没有号召人们开展激进的经济重新分配，但它完全否定针对穷人的自私的、惰性的立场，以及针对种族、宗教和政治上的差异的恶意、敌对的态度。在情感的慈善纽带下，也就是温斯罗普促使他的伙伴们构建的纽带，一般的市民可以过各自多样的生活，但他们绝不能对彼此以及周围的其他人的需求、希望和心愿不闻不问。因此，由温斯罗普引入市民生活领域的基督徒慈善是关注怜悯和正义的要求。它远避尚武精神和征伐之事，却也主张勇敢地捍卫自身权益，毫不退缩。它制造人们之间明显的差异，以使人们在必要时可以出手援助受苦的邻人。它斥责那些攻击人类之不平等的乌托邦梦想家，但它也激励人们行动起来，解救穷人中的最穷者，并激励信奉爱上帝和人类的市民们与那些处于他们的更为紧密的慈善纽带之外的人构建普通的兄弟情感。

但是，无论这幅图景有多么引人注目，在温斯罗普的这篇讲话的第四部分，也即最后部分中，他谈到了与英国社会决裂、创建和维系这类情感纽带等行动的回报等问题，并将清教徒新英格兰的最终景象描绘为"山巅之城"，这是对美国最生动、影响最深远的比喻之一。在同一部分中，我们也清楚地看到给温斯罗普的爱的共同体造成了最大麻烦的根源，以及美国最后根本性地拒绝将温斯罗普的基督徒慈善的典范作为解决这一问题——我们应如何在市民社会中一起生活——的原因。

注释

[1] 在关于这一讲话的当时唯一保存下来的文本上，记录了这番讲话是在阿尔贝拉号上做出的，而当时这艘船正航行在大西洋上。但是，这个记录的准确性则遭到了休·道森（Hugh Dawson）的严重质疑。道森认为，温斯罗普的这番话是在他登船驶向美国前几周，即在英格兰做出的。参见 "Rite of Passage," 219 – 231, and "Colonial Discourse," 117 – 148。布莱姆纳（Bremer）同样认为，这番话是在登船前一段时间，在陆地上做出的，但却强调历史证据混杂在一起，无法给出确定的答案，以证明做出这番讲话的具体时间和地点，*John Winthrop*, 431 – 32n9。埃蒙德·摩根（Edmund Morgan）认为，可能的情况是，这番讲话是船上圣礼仪式的一部分（"John Winthrop's 'Model'"）。

[2] 这份文本现在由纽约历史学会（New-York Historical Society）保存。该文本的封面出自一个人的手笔，而里面的讲话内容又出自另一个人的手笔。这两者的笔迹都与温斯罗普十分潦草的书写风格不一致——虽然人们普遍认为这一文本是对温斯罗普讲话的忠实记录。参见道森的讨论，"Rite of Passage," 22 – 23。

[3] 为了避免对温斯罗普这篇布道辞的泛泛阅读，我从《温斯罗普文集》（第2卷，282 – 295）中将这篇文章抽了出来，并将其中的单词和数字的古代拼写法都改成了现代的拼写法（并将温斯罗普独立的句子合并为一段）。参见附件 A。我没有调整或者改动温斯罗普的标点（在下文中，如果有某些引文所对应的具体段落不明显的，我会标示出其在附件 A 中的对应段落）。我认为，我的观点与迈克尔·沃尔泽（Michael Walzer）一致，他在《圣人的革命》（*The Revolution of*

the Saints）中提出，由于没有将这篇布道辞的单词拼写现代化，导致清教徒认为这构成了"毫无希望的距离感"，而且，相对于其"可读性和便宜性"而言，将这些单词现代化，在词句准确性方面造成的小小损失，是微不足道的代价（ix）。所以，在引述温斯罗普（和其同时代人）的文句时，我都会将之现代化。而且，在可能的情况下，我会尽可能从《温斯罗普日记》（*Winthrop's Journal*）（非《温斯罗普文集》这部作品）中摘引文句，因为该书的编者，理查德·顿（Richard Dun）和蕾蒂西亚·恩德尔（Laetitia Yeandle），已经将单词的拼写等现代化了（参见关于他们方法的讨论，第 xxi – xxii 页）。

[4] 在接下来的话中，温斯罗普甚至更为直接、更为坦率地跟上述宣言唱了反调，"因此，一切人（基于神意）就分为两等，富人和穷人"（第 4 段）。Anderson，*A House Undivided*，10；Morgan，"John Winthrop's 'Model',"145，斜体为作者所加。

[5] 该篇文章由英国教会发表于 1562 年。在 17 世纪中叶以前，该文在英国境内流传甚广。其中，部分内容是"有的人身居高位，有的人地位卑下，有的人做了国王，还是亲王，有的人做了下等人和臣民，然后僧侣和俗人、主人和奴仆、父亲和子女、丈夫和妻子、富人和穷人各有对应，每个人都需要自己所对应的其他人"。引自 Rutman，*Winthrop's Decision for America*，56。

[6]"不毛之地"一句引自 Miller，*New England Mind*，422。关于引进新秩序的危险性，参见 Machiavelli，*The Prince*，23；and Morgan，"John Winthrop's 'Model',"145 – 146。关于弗吉尼亚的死亡率，以及关于国内反叛的警告，参见 Bremer，*John Winthrop*，155。关于 1630 年船队的详情，参见 Banks，*Winthrop's Fleet*，46 – 47。

[7] Colacurcio，"The Woman's Own Choice,"134.

[8] Rawls，*Theory of Justice*，311；Sumner，*What Social Classes Owe*，11，144.

[9] Kierkegaard，*Works of Love*，96.

[10] 在 1624 年，即在温斯罗普决定要移民之前，他和别人合写了一份陈情表，想要推动詹姆士一世的议会开展立法改革。在该陈情表的"第十项"中，温斯罗普抱怨道，教会的救济系统被人滥用了（因为完全无法对穷人的情况做出准确的评估），而且这一滥用已经"切断了慈善的喉咙"。人们已经不再布施，因为他们的捐赠被分发给了"不配领取救济"的人。参见 Winthrop，*Winthrop Papers*，1：302 – 303。关于温斯罗普作为主要作者的"General Observations for the Plantation of New England"一文，参见 *Winthrop Papers*，Ⅱ：114 – 122，其相关讨论，参见 Rutman，*Winthrop's Decision for America*，87 – 90。

[11] 温斯罗普在这里仅仅提到爱你的邻人是博爱的组成部分，但没有提到爱上帝是组成部分，因为他这里只关注了博爱的这个方面，即"关涉到我们处理人际关系"。但接下来，他在这篇演讲中三次提出，"上帝律法"的"基础"是与对上帝的爱以及上帝对人的爱纠缠在一起的，难分难解（第 20 段）。

[12] 在本书的草稿中，我原来写的是"元道德原则"，但是后来发现杰克逊（Timo-

thy Jackson）的"元价值"更好。这个词是他从多佩（Gerald Doppelt）的作品中借用来的（参见 Jackson, *Love Disconsoled*, 20n34）。

[13] Aquinas, *Summa Theologica*, 2 - 2. Q23. A8, p. 1275.

[14] Edwards, *Charity*, 10, 12，斜体为作者所加。

[15] Aquinas, *Summa Theologica*, 2 - 2. Q23. A4, p. 1272.

[16] 同时参见哈弗罗斯（Hauerwas）的讨论，"The Politics of Charity," 261 - 262; and Jackson, *Love Disconsoled*, 142。

[17] 福斯特（Foster）指出，温斯罗普的观点不仅与英格兰的"传统基督教教义"不同，还与约翰·加尔文的主张有异。加尔文"断然拒绝任何区分基督徒和其他人的慈善定义"（Foster, *Their Solitary Way*, 44）。福斯特从加尔文的《基督教要义》（*The Institutes of the Christian Religion*）中引用了一句："但我认为，人们应对全体人类，毫无例外，都怀有慈善情感：这里没有希腊人或野蛮人的区分，没有值得帮助的或不值得帮助的人的区分，没有敌人或友人的区分，因为所有人都不应被放在他们自己的角度来看，而应被放在上帝的角度来看。"（参见 fn 9）

[18] Bremer, *John Winthrop*, 312 - 315; Bremer, *Puritan Experiment*, 205 - 206; Winthrop, *Journal—Abridged*, 184. 关于早期弗吉尼亚和加勒比海地区的人们对待奴隶制和种族问题的观点的讨论，参见 Vaughan, *Roots of American Racism*。

[19] 相反，弗朗西斯·布莱姆纳指出，如果真有什么相同之处的话，那就是这些早期的清教徒一开始接受的信念是：这些印第安人是"犹太人失落的部落的后裔"。引自 Bremer, *Puritan Experiment*, 199 - 201。

[20] 在温斯罗普和其他人关于美洲的构想中，他们的确想到过要促使印第安人改宗，虽然大家一致认为应采用最大的尊重和"仁慈"的方式来实现这一目标。结果，清教徒公理宗并不太支持这一协调开展传教的计划。所以，改宗活动在新英格兰还是只能保持在较低水平。Winthrop, *Journal—Abridged*, 37 - 42; Moseley, *John Winthrop's World*, 52; Pulsipher, *Subjects*, 15 - 21.

[21] "Destoryers of men" 载于 Vaughan, "Puritan Justice," 333。珍妮·蒲思福（Jenny Pulsipher）准确地介绍了佩科特之战后印第安 - 英国人关系的复杂转变。印第安人迅速地向英国国王表示了屈服，以制衡越来越强大的马萨诸塞海湾殖民地。该殖民地依旧尊重英国法中的很多做法，并公平对待印第安人，虽然并不总是如此。而当它真的如此的时候，它假定的是在印第安人头上有英国国王的王权——参见 Subjects, chapter one。

[22] Winthrop, *Journal—Abridged*, 22, 15 - 16.

[23] 关于对佩科特之战的描述，参见 Bremer, *John Winthrop*, 261 - 273; Alfred Cave, *The Pequot War*, esp. 69 - 97. 战后，康涅狄格想要对温刚克斯（Wongunks）部落采取额外的报复行动。这个部落与佩科特人联盟，给战争加了一把火。他们搞了一次残忍的大屠杀——200 个印第安人猛扑下来，杀死了 9 名在康涅狄格牧场劳作的殖民者（6 名男性，3 名女性）——以报复他们的领袖

塞坎（Sequin）被赶出了一块他认为归他所有的土地。温斯罗普现在又担任了总督。他快速集合所有可以找到的马萨诸塞的领导人，一起商量这件事，并达成了一致意见，认为塞坎的反应并不合适，但他的确受到了冤屈，人们也没有给他提供满意的申冤手段，因此，康涅狄格应该采取最佳的举措来解决这个问题。虽然康涅狄格没有义务遵守这个意见，但他们还是依从了他们的马萨诸塞邻居们（现在已经在温斯罗普的治理之下）的更为和平的倾向。奥尔登（Alden Vaughan）指出，这的确是一个孤例，但如果温斯罗普和他的行政官员同伴们能顾及做出残忍行为的印第安人的利益，那么他们也应能实现公正的正义。奥尔登同时还指出，在这个案例中，以及在这一时期的另一个著名的案例（"桃树案"）中，温斯罗普推动他的清教徒同伴们所做出的决定要更有利于印第安人。Vaughan, *Puritan Justice*, 334 – 339, Vaughan, *Roots of American Racism*, 205 – 210.

[24] Bremer, *John Winthrop*, 57; Morgan, *Puritan Dilemma*, 1022 – 1018. 关于威廉姆斯向温斯罗普效忠的情况，其一个重要来源是下述事实，即温斯罗普向威廉姆斯透露消息，告诉他自己的行政官同伴准备强行将他送回英格兰——温斯罗普认为这个惩罚有点过头了。威廉姆斯在逃跑后，定期给温斯罗普写信，信中所表达的敬仰近乎谄媚。关于威廉姆斯致温斯罗普的信，其中一个较好的版本，请参见 Williams, *Old South Leaflets*, vol. Ⅲ, no. 54。

[25] Vale, *From the Puritans to the Projects*.

[26] 参见 Foster's Chapter "Poverty: Affliction, Poor Relief, and Charity" as found in *Their Solitary Way*; Rutman's Chapter "The Well Ordering of the Town" in *Winthrop's Boston* (esp. pages 217 – 220); all of Christine Leigh Heyrman's unpublished dissertation, " 'A Model of Christian Charity': The Rich and the Poor in New England, 1630 – 1730," and Peter Richard Virgadamo's Chapter "Charity in the New Jerusalem, 1630 – 1660" in his unpublished dissertation "Colonial Charity and the American Charter: Boston, 1630 – 1775"; Vale, *From the Puritans to the Projects*, all of chapter one, see 22 for direct quote; Weber, *Protestant Ethic*; Bremer, *Puritan Experiment*, 93。

[27] "没有一个懒惰的人"引自 Bremer, *John Winthrop*, 194; Mather, 载于 Bercovitch, *Puritan Origins*, 192。

[28] Bercovitch, Puritan Origins, 1 – 4, 以及 "Life of John Winthrop", 载于 187 – 205; Bremer, *John Winthrop*, 187 – 195。温斯罗普失去了两个儿子和一个女儿。第一个儿子叫亨利（Henry）。他在温斯罗普后面抵达新英格兰。但是，他还没来得及见他的父亲，向他问好，就淹死了。第二个儿子叫福斯（Forth）。他死于英格兰，当时正跟他怀孕的母亲一起待在英格兰。那个女儿叫安妮（Anne）。当时，温斯罗普的妻子抱着她上了路，但是这个孩子在旅程开始后没儿周就死了。

[29] Lewis, *Four Loves*, 31 – 56, 128.

[30] 斜体为作者所加。威尔森的词典见于 http：//eebo. chadwyck. com/home。关于该词典在新教圈中的普遍影响和受欢迎程度，参见 Green, *Print and Protestanism*，6，25，129 – 131，671。迈克尔·保罗利科（Michael Paulick）有一篇发表在网上的论文，是关于新英格兰历史中的谱系社会的（http：//www. newenglandancestors. org/publications/NEA//7-1_012_ Mayflower. asp）。这篇文章提出，该词典为温斯罗普在普利茅斯的邻居所熟知和使用，这个邻居后来去了美国南部。结合格林（Green）的分析，该文作者认为：第一，温斯罗普很可能熟悉这部作品；第二，可以肯定的是，就算该书未对温斯罗普产生直接的影响，但对他产生了巨大的间接影响。

[31] Rogers, *A Treaties of Love*. London，1629. Available at http：//eebo. chadwyck. com/home.

[32] Jackson, *Love Disconsloed*, esp. 175.

[33] 清教徒认为，上帝用布道作为一种推动他的圣徒们皈依的"手段"，即"通过恩典的影响，也通过理性的启示的影响"。关于这一观点的详细讨论，参见 Miller, *New England Mind*，288。

[34] Whinthrop, *Journal—Unabridged*，596. 相关讨论，参见 Bremer, *John Winthrop*，310 – 311，and chapter four of Amory and Hall, *Colonial Book*。托马斯·戈达德·莱特（Thomas Goddard Wright）形容早期马萨诸塞殖民地的教育为"殖民史上独一无二的"。同时，他还指出，马萨诸塞曾吹嘘自己的大学生人数比英国的普利茅斯要多得多；参见 Literary Culture，15 – 24。同时参见 Samuel Elliot Morison, *Intellectual Life*，82 – 84。塞缪尔认为，在海港地区，以及最早殖民的镇（波士顿两者都是），识字率是最高的，这使人有理由相信特别是在温斯罗普的波士顿，而不是在整个马萨诸塞或整个新英格兰，阅读识字率与如今的波士顿相近。根据如今马萨诸塞州教育部门的数据，有91%的18岁以上的成年人登记自己是"英文熟练度有限"。参见 The Massachusetts Department of Education，"MFLC Community Profiles," *Boston*，2002。

[35] 有人认为，极端的甚至受虐狂式的自我否定的感觉是基督徒之爱的潜在成果，参见 Simone Weil, *Gravity and Grace*。感谢提摩西·杰克逊（Timothy Jackson），因为他发现了"爱你邻人如爱你自己"的诫命在《新约》中反复出现了8次，而且耶稣还亲自"反复为这一观念背书"（*Love Disconsoled*，7）。杰克逊还对自爱/自我否定对慈善的挑战这一问题做了非常有深度的讨论（72 – 91），其中的精华片段我摘录如下："基督教宣扬耐心的自我否定，然而，对于个人和团体来说，这是个矛盾的好消息……关心别人而不是自我强调是信心的证据，所以通过'失去'自我，人们就能'发现'信心。但顺服于上帝，服务于邻人可能是痛苦的或代价高昂的——或者两者皆有——不过，这并不与真切地爱自己相矛盾。'非自我'的美德与'自我'的实现两者是联系在一起的，虽然'非自我'的美德并不必然带来世俗的富贵或自我的幸福。"（89 – 90）

第二章　山巅的两座城

　　温斯罗普在"典范"的最后一部分一开篇就提到，要将此前的论述"运用"到当前的情况下（第 37 段）。他想到了四样东西，也就是要讨论：①所涉的"个人"；②面对的"工作"；③工作的"目的"；④完成工作的"手段"。在这最后一部分中，出现了有关温斯罗普 *caritas* 的典范的更具吸引力的内容，且所用文字颇有力度。我们至今还在引用这些句子。同时，这一部分也提出了某些清教徒实践的基础。对于这些实践，我们现在恐怕是无人想要再回去这么做了。

"个人"

　　温斯罗普指出，他和他的听众组成了"一个团体（Company），并声称我们自己都是基督的组成部分"（第 38 段）。在这里，温斯罗普再次提到了这篇讲话的核心主题，然后总结说，他们"应该认为是这种爱的纽带把我们联结了起来，并使我们在生活中施行这种爱"。温斯罗普在这里用到"团体"这个词，是为了提醒大家，他和他的听众都是马萨诸塞海湾公司（Company）的一个组成部分。这家公司是一家商业公司，是清教徒逃避英国本土堕落的侵蚀的一个避难工具。虽然有人更多的是出于经济原因，而非精神原因做出这一移民举动，但是温斯罗普有很好的理由相信，他的听众中的绝大多数是"想从我们在基督之内存在这点上获得慰藉"。[1] 因此，在温斯罗普看来，*caritas* 的团契条件（communal condition），以及在"爱的纽带"中共同生活的团契条件，已经具备了。在温斯罗普讲话的时刻，人们在该公司中达成的有效的宗教联结，使得下述理想成为合理的，即慈善的实质性状态立刻显现了。但是，温斯罗普之前曾确信，上帝恩典的做工是"渐渐"的，这意味着慈善完全、彻底的实现还只是一个远期目标。因此，现在人们要做的事情是立刻着手，共同培育要实践的慈善。[2]

二 "工作"与"目的"

在温斯罗普谈到"我们当下的工作"时，我们惊奇地发现，他是代表一群要创建政治团体的平信徒在说话。他说，他们面对的任务是"觅得一个我们可以相伴而居的地方，生活在一种合适的世俗治理形式和教会治理形式之下"（第39段）。就算是基督徒慈善的典范，也还是要求自然地理环境的，而且要求除教会法、教会组织以外的其他东西，或者温斯罗普所主张的东西。所以，温斯罗普至今所提到的有关慈善的内容，都是为了创建新的国内政府，此外，他所准备建立的政府对美国之后的实践和制度产生了深刻的影响。有鉴于此，我们有必要简单研究一下早期马萨诸塞政府，以及温斯罗普作为领导所发挥的作用。

神学上的政教分开

温斯罗普的马萨诸塞殖民地在建立宗教方面并没有任何犹豫，并且在很多情况下，它都公开地根据圣经的教导，制定民法和刑法。在研究这段时期的清教徒公共生活时，人们可能会看到，诚如托克维尔提出的那样，到处都是"圣经的香气"。殖民地的投票权归男性教会成员所享有，到1636年，多数教会在接纳新成员前都要求他经过一个正式的、令人信服的皈依程序。而且，只有教堂才是获得国内政府批准的正式的聚会场所。非教会成员都被强制要求参加教会（虽然多数人是自愿参加的），而且在必要时，他们还会出资支持牧师（ministry）。任何市民说了有损于牧师的话，都会被处以鞭刑。[3]

上述这些事情都可以在殖民地"工作"的"目的"里找到合理解释。温斯罗普说，建立教会和世俗政府的目的是"改善我们的生活"（第40段）。温斯罗普详细地解释说，上述"改善"包括三项基本内容：致力于"为上帝效劳"，给基督身体的其他组成部分带去"慰藉"，以及"在他那些纯洁的神圣典章的权能之下，为我们的拯救而奋斗"。简单地说，这一目的就是关心上帝和邻人，就如关心自己的灵魂。如果要用一个词来概括这个目的的话，那就是"慈善"。政府，就像教会和说理性的布道一样，都是恩典的重要的侍女，为引导人们依从神之爱，一路前行而创造条件。

因此，从这个层面来看，温斯罗普的马萨诸塞就是一个神权政体——约翰·科顿等人自我宣称这是一个神权政体，罗杰·威廉姆斯等人也指出这是一个神权政体。[4]但是，将之与英格兰做简单对比，便可知这一常见的历史标签的狭隘，因为英格兰虽然在很多方面都没有神权化，但它在其他方面却承受了政治与教会权力更为紧密地融合之苦。相比于马萨诸塞（它并未在建立宗教性的乌托邦这一问题上达成普遍一致），英国的君主毫无疑问是国家和教会的头，国教会的主教也在议会政体中发挥了积极且突出的作用（在议会获准召集的时候），宗教法庭在他们管辖的教区事务中无耻地越过了宗教界限，使得时境对清教徒信徒而言变得格外困难和危险。

马萨诸塞的清教徒关于国教对他们实施宗教迫害的记忆，以及如今依旧隐约存在的危险，外加他们特有的神学体系，都促使他们按照与英国的模式相反的套路来进行。所以，如果清教徒真的要促进宗教原则与公共政治之间更大范围融合的话，那么他们会更为严格地将教会和政府两个正式的实体分开。他们深深地受到了加尔文的影响，所以在他们看待这个世界时，是将之分为两个王国的。这两个王国依循上帝的诫命，一起运作，却又是两个独立的实体。对于精神王国而言，上帝授予了教权，以管理宗教事务，同时上帝又给予了有限的强制权。对于世俗王国而言，上帝授予了治权，以管理世俗事务，同时上帝还给予了更大程度的强制权。这一区分是根本性的。[5]在清教徒眼里，英格兰是缺少这一区分的，这便同时败坏了教会和政府。1605年，威廉姆·布拉德肖（William Bradshaw）对移民到北美的清教徒的观点做了一个很好的总结：

> 牧师不得运用或接受任何世俗性的公共权力或职位，但可以接受所在教会的宗教性的职位和职责。世俗性的地方行政职位有损于牧师们至高无上的地位，因此，任何担任圣职的牧师都不得在他们的国度里运用世俗性权力。[6]

当然，马萨诸塞也不是事事都分得这么清楚的。牧师每年都会做

"选举布道"，以激发他们下辖的教区的居民们就地方行政官员做出正确和明智的选择，而且人们也经常会以非正式的方式咨询牧师们殖民地所面临的难题。但是，在绝大多数情况下，温斯罗普和他的同伴们都忠实地执行自己的职务。教会纪律并未对人们施以肉体或民事的处罚。虽然没有法律禁止牧师担任世俗职位，但是依旧没有一位牧师这么做。在英格兰，宗教法庭管辖如下事务，如遗嘱、离婚、结婚典礼等，但是在马萨诸塞这些事务完全由世俗政府负责管理（甚至在婚礼上，牧师也只是被允许提供一段简短的忠告）。新英格兰甚至都没有设立宗教法庭。两边（教会和政府）都互相尊重对方的自治权，但又坚定地捍卫自己的职责界限。温斯罗普不断地推动——并取得了一些成效——这一主张，即世俗领袖不应因他行使行政职务的行为而遭到所在教会的惩罚。当温斯罗普开始关心宗教课程扩大化时，牧师们强烈地反对他，并取得了成功。这里所谓的宗教课程扩大化，指的是有太多的穷人参加了太多的会议，乃至于忽视了他们自己的事情。所以，温斯罗普提议出台一部法律，限制非主日布道的数量和长度（这是在提醒人们，温斯罗普的慈善的典范并不是懒惰的借口——福利救济必须和世俗的勤勉相对应）。牧师们持反对意见的主要理由是，温斯罗普的提议"可能使他们为世俗权力所迷惑"，同时，他们还强调说"参加圣餐礼的自由是他们宣称移民到这里的主要目的"。[7]

正是因为这种实践和观点已经根深蒂固，占据中心地位，所以我们只能承认这一"神权体系"，在温斯罗普的领导下，具体表现为教会和政府严格且正式的分离。这种情况在英格兰或其他地方都是见不到的。同时，我们也注意到，温斯罗普的马萨诸塞首先吸引了罗杰·威廉姆斯，然后又和平地驱逐了他，因为他想要在罗德岛建立一道"位于教会的花园和俗世的荒野之间的区隔墙或篱笆"，而这更类似于一个半世纪以后杰斐逊提出的政教观。[8]

强大而明智的管理

温斯罗普的法理学受到了很多因素的影响，包括他所接受的英国普通法的训练、他的相关法律实践，以及他对英国法的崇敬等因素的影响。虽然英国的法律传统十分重视法治，但它却留下了大量的空间，允许法律通过积累先例的智慧、重视每一个具体情况的方式发展，而不是预先判定各种可能的情况的对错，并加以详细的法典化。不过，对普通法理念的尊重，有时也会对温斯罗普在其他殖民者中的受欢迎程度造成负面影响，因为这些人要求他提升法律的公开程度，并更加严格地遵守制定法。他的政敌（他有政敌，说明哪怕是在与他联系最直接的马萨诸塞的小圈子中，都没有实现他所构想的田园式的慈善的典范）将他在处理这些事项上的失败视作他不合理的独裁主义的一个证据。事实上，温斯罗普著名的论自由的"小演讲"（"Little Speech"）是在审理他的弹劾案的州议会上做出的。当时，他被诉在法律没有明确允许的情况下干涉欣厄姆（Hingham）的民兵征选，故而有超越他的职权范围的行为。温斯罗普采取了自我辩护的方式，这是因为州议会虽然有管辖权，但是当时没有在会议期，而且当地的和平和秩序都在遭受威胁，所以，他必须快速、独立地采取行动。温斯罗普洗清了嫌疑，并且，经过他的请求，他获准向聚集的会众们发表演讲。他的讲话内容很短，不足 1000 字。但是，该篇讲话再次确认了他接受统治者和被统治者间严格区分的观点，而且——这一点人们很少会注意到——他还揭示了一个与清教徒美国没有太多联系的认识论方面的观点，但正是这个观点却使他受到众多殖民者的尊重。

温斯罗普讲话的核心开始于他的一个判断，即他认为当时关于行政长官权力和人民自由这两者的性质，存在一些"大问题"。温斯罗普提出，虽然人民通过殖民地选举的方式，委托行政长官来掌权，但"我们的权力来自上帝"，"轻视"这种权力将会招致"神圣的愤怒"。虽然权力委托必须经过人类选举的方式完成，但是上帝是通过命令，或"诫命"的方式向被选举出来的官员授予统治所需的智慧和权力。至于自由，马萨诸塞人的自由不是所谓的"自然"自由，不是去做人们"认为对他有利"的所有事情的自由，这种自然自由是堕落后的人享有的一种自由，是他跟"野兽和其他受造物一道"享受的自由。而在马萨诸塞，他们所享有的自由是一种"市民的"（或"道德的"）自由，是"有利的、公正的和诚实的"自由。"自然"自由是与政府权力相抵触的，而"市民的"自由则全然有赖于这一权力。因此，温斯罗普告诉他的听众，如果他们接受这些说法，那他们必须"平静、快乐地顺服于位于他们之上的权力……因为这一权力对他们有好处"。在新英格兰的圣经典籍中再也找不到像这样对清教徒主义的政治独裁主义清楚、宏大的论述了。[9]

在温斯罗普去世前最后几年，他被正式宣判无罪，并一再被选为总督。这是一个证据，证明多数人接受他的主张，同时也证明他的朋友的数量比敌人多。温斯罗普之所以有这么多的朋友，部分是因为他的独裁主义为当时的另一种导向所抵消，而变得缓和。这便是虽然温斯罗普认为上帝的话在没有明确的法律规定，或者法律都是模糊的领域中是决定性的，也是强有力的——而且他也的确想自由地将上帝的话用于实践——但是，总的来说，相比于很多同时代的人，他并不那么肯定上帝的话该如何变成确实的政治实践。他基本在小演讲中承认了这一点。所以，他是这么解释给他的听众听的，即行政长官要受到他的誓言的约束。这一誓言是"根据上帝和我们的法律的规则，*使用我们最好的技术*，管理你们，并对你们的事业做决策"（斜体为作者所加）。不过，就算是上述的"上帝和我们的法律"也没有为领导们指出明确方向，以供他们时时依循。结果，人们还是只能给统治者们留下余地，以便于他们调整通用原则和固定的实践，以适应新的、不断变化的环境。而且，市民们还必须对行政长官有足够的耐心，因为这些长官毫无疑问在他们的公共决策中会出现"失误"和"缺陷"，因为没有人有"足够的技巧"保证自己不犯错。[10]

尽管温斯罗普具有充足的自信，并坚定、虔诚地将圣经和圣灵作为道德和政治的方向，但是，在他对清教徒权力的著名的辩护中，有些东西有时还是很模糊的。这就是说，温斯罗普对下述问题，即在特定的情况下，什么样的政策和处罚是合适的，并未给出一个彻底肯定的看法。他的这一做法反映出了加尔文主义的一个明确的观点，即认为堕落后的人看透事物的能力，以及执行上帝的事务的能力都是有限的。这也反映出了亚里士多德主义的一个没有那么明确但强有力的观点，即明智的、经验丰富的政治家所能驾驭的事情是无法通过简单地执行圣经的内容和人类的法律而完成的；也就是说，在具体的环境下，要靠政治家推动不同的道德主张间来达成妥协，这虽然不够完美，但大家一天天也都接受了下来。[11]虽然，这种政治—道德的不确定性使温斯罗普闭口不谈法典化，并给他的统治提供了更大的自由空间，但这也使他更为开放地接受别人的批评和建议。温斯罗普的"小演讲"是在弹劾案审理时做出的。温斯罗普不仅是自愿地顺服这一法庭，还对他陪审团的成员们表达了很大的尊重，因为他甚至屈尊作为被告参加了庭审。温斯罗普关于人的内在道德不完美的观点也使得他在处理其同伴时，不急于下判断，做出的处罚也较轻。

所以，如果温斯罗普真有什么不完美的地方的话，那就是他经常被反对者批评，说他太慷慨、太仁慈，而不是被民众批评说他太独裁、太专制。这里还有一个例子，证明温斯罗普愿意从持有不同观点的同伴那里"听取"意见。在他的日记中，他记录了一次会议的过程，在会上，他的一个行政官员同伴站起来，并讲了一两段话，认为：

> 温斯罗普先生在处理司法问题上不够积极。对此，温斯罗普先生答复道，他的判断是，相比成型的国家，在种植园初期，在处理司法问题时，应该更为宽大，而不是急着把一切给固定下来，因为这时人们很容易违规。他们之所以违规，部分是因为忽视新法和规则，部分是因为要谋生或为其他苦难所迫。但是，如果大家能证明他的这种做法的确是错的话，那他也可以立刻采取更为严厉的手段。然后，与会的牧师们提出要考虑一下这个问题，第二天早上再来做出决定，并就这个问题制定一个规则。第二天早上，他们提出了多点理由，这些理由都引出了这一结论，即相比成型的国家，种植园更需要严格的纪律，包括在刑事和军事问题上，以确保人们尊重福音，保障福音的安全稳定。基于上述观点，温斯罗普先生承认他被大家说服了，承认他过于仁慈和怠慢，并说他之后会努力（借着上帝的帮助）采取更为严格的措施。由此，在他们心中，爱的火焰再次燃烧。[12]

像这样的文字足以解释为何到温斯罗普生命的尽头，他会被清教徒波士顿的民众广为尊重，并得到罪人和圣徒共同的尊敬。温斯罗普并非容易被说服之人。他是强大的、有能力的，并且坚定地想要保护和维持清教徒宗教规则——因此，他得到了同样意志坚定的同伴们的尊重。同时，他也是善良、宽大的、心肠软的、富有启发性的——因此，他得到了犯错的平民，还有领导者们的信任，虽然这些领导者曾感受到他影响力的威胁。霍桑在他的《红字》里就重现了这样的场景。当时，温斯罗普弥留之际，他身边围坐着一群人，一方面的代表是裁缝海丝特·白兰，另一方面的代表是强硬的威尔逊牧师。[13] 在其他故事中，霍桑并没有这么隐晦，而是更为清楚地论及人们对温斯罗普的尊重，因为他感觉到温斯罗普的领导地位在早期马萨诸塞殖民者中获得广泛尊重。

在《大街》（"Main-street"）中，霍桑描绘了一个关于他的先祖威廉姆·霍桑（William Hathorne）（原文如此）犯下残忍罪恶的画面，而温斯罗普则受到霍桑的赞誉，说他具有一番"温柔、可敬，却又不过时的风度——得体而又适度"，使他显得很有魅力。在另外两段描写中，霍桑从正面比较了温斯罗普和约翰·恩迪科特（殖民地艰难时期，即 1645 年的总督，同样在这一年，海丝特认为她可能失去珠儿）。在"恩迪科特与红十字"中，恩迪科特被迫承认"可敬的"温斯罗普总督是一个"聪明人，谦和而又节制"。而在"哈钦森先生"中，恩迪科特被描绘成为一个这样的人："他会拿着他拔出的剑，站在天堂的门口，抵挡走向死亡的所有朝圣者们，除非他们走上他指引的道路"，而温斯罗普则被描绘成一个这样的人："在他那里，无辜者和有罪者都将得到审判，前者的诚实和智慧将得到确证，而后者则将得到宽和的对待。"[14] 可能有少数人也会比温斯罗普做得更彻底，将自己完全献给了负有神圣诫命的清教徒政治职位，以及该职位的压抑的宗教目标，但是应该没有人在运用这些权力时能像他一样仁慈、谦逊和贤明——这些美德来自他对基督徒之爱的信仰，以及《圣经》中关于每个人在上帝面前都是不完美的观念。[15]

共识性的、宪政式的贵族统治

温斯罗普对美国民主文化的贡献，比他在划定教会和政府的边界方面所扮演的领导角色，以及在为治理提供实践和慈善的智慧方面发挥的榜样作用——这一模范角色甚至得到了这个国家最著名的清教徒批评家的尊重——所起到的影响要大得多。[16] 他作为马萨诸塞总督的第一个主要动作是扩大公民权的范围——这件事是他自由完成的，因为和其他英国殖民者不一样的是，温斯罗普已经成功地将该公司的王室特许状带到新世界，并可以在伦敦以外的地方召开治理会议。[17] 根据王室特许状的规定，该公司的"自由人"成员一年内要以"州议会"的形式召开 4 次会议，以通过适用于该公司和殖民地的法律。自由人每年还应聚集 1 次，以选举总督、副总督和 18 名"助理"。这些人是殖民地的行政官员，且组成了行政委员会（"助理会议"），负责执行州议会的法律，并负责管理两次州议会之间的相关事务。在温斯罗普到达马萨诸塞的时候，除他以外，这里只有80名自由人，其中还包括1名副总督和7名助理。由此，这9个人便组成了助理会议和州议会。因为特许状只规定，总督、副总督和6名助理应出席州议会，所以这个9人团队是可以无限期独掌殖民地的权力的。但是，他们并没有这么做。[18]

1630年10月，在抵达殖民地数月后，温斯罗普邀请殖民地的所有居民参加州议会，以"人民公投"的方式表决修改特许状。这样一来，人民就能自己选择所有的助理了，而助理则可以选择总督和副总督（从助理中选出），然后助理和正副两位总督一起也可以制定法律。这一做法将所有立法权有效地整合进了助理会议，而不是州议会——虽然在当时这两个机构是分不清彼此的。一直到温斯罗普做出下一个动作时，这两个机构才真正实现了界限分明。在无人要求，也无人请求的情况下，温斯罗普接下来宣布任何想要成为自由人的成年男性都可以提出申请。在下一次州议会上，即1631年5月，116名殖民者获准成为自由人。尽管在这次会议上，提出了有一个附加的警告条款，即所有自由人都应该是教会的道德优良的成员，但是这一做法还是将殖民地所有的成年男性基本都包括了进来，但契约奴除外。[19]

这一举措给了马萨诸塞所有男性殖民者基本的权利，即参与殖民地立法和行政官员选举的权利——相比世界其他地方，马萨诸塞的这项权利的范围要更大一些。但是，就温斯罗普和其助理团队而言，它从外表来看，全然是贵族的样子，一个个都雄心壮志，心中灌满了神圣使命的理念，这些人与所谓的文明和主权国家远隔重洋，他们手中拿着一堆法律文件，这些文件正式授予他们对现状完全的政治控制权。所以，我们很难想象，在这样的文化理想、人类偏好和现实环境的作用下，还有比这更有可能形成寡头政权的了。但是，事实正好相反，一个初生的民主政府成长了起来。

1632年，温斯罗普劝说他的行政官员同伴们依循自由人们的想法，因为当时这些自由人正在推动总督直选。两年后，温斯罗普在做了一些强有力的抵抗后，再次默许自由的人们的要求，即允许只有州议会才可以通过法律（根据王室特许状的条款，自由人要求公开这些条款）、征税和授予自由人身份。在该次州议会上，自由人再次秀出他们的肌肉，没有让温斯罗普连庄（自从他离开英格兰以来，他就一直担任总督）——他们这么做，部分是为了惩罚他之前在州议会上抵制交还立法权的行为，部分是因为他们担心如果最高职位没有经常轮转的话，那就可能导致权力集中和个人的习惯性统治。当然，他们之所以能够这么做，其首要条件还是温斯罗普很优雅地接受自己被打败。

根据温斯罗普日记的记载，从 1635 年开始，出现了一个最为令人震惊的发展。当时人们想要限制行政官员的专制统治，即通过构建"类同于自由大宪章的法律基础……以作为基本法"。[20] 但是，众所周知，温斯罗普希望确保行政官员决策的灵活性，所以，他自然要反对这一行动，并拖延了这一进程。不过，该法最终还是于 1641 年获得通过，成为《马萨诸塞自由典则》（*Massachusetts Body of Liberties*）。该法刚刚获得通过，作为总督的温斯罗普立刻就忠实地执行了这部法律。该法罗列了大约 100 项有关"自由、豁免和特权"的内容，这些内容都是基于"人道、文明和基督教"的特别要求而提出的。其中包括这样的规定：处罚只能根据"公布的"法律做出；"同样的正义和法律"适用于所有人，"无论他是居民，还是外国人"；只能在"防御作战"时向人民征兵；如果父母向儿童施加"任何非自然的痛苦的"，则该名儿童可以要求官方救济。丈夫不得向女性施以"身体上的处罚和鞭打"。任何"人们经常使用的，针对畜生的残暴的或残忍的行为"，一律予以禁止。在殖民地存在没有成型的法律制度的风险的情况下，任何人都有权随时离开殖民地；同时，如果某律师不能在法庭上为人们的案件做出"合理"的辩护，那当事人可以不向该律师支付报酬。最后，下述条款还授权人们发出民主言论，该规定颇值得注意：

> 任何人，无论是居民还是外国人，自由人或非自由人，都可以自由来到公共会议、委员或镇会议上，通过口头或书面的形式，提出任何合法、合理和实质性的问题，或提交任何必要的动议、申诉、请求、提案或信息……[21]

同样是在这一初期阶段，自由人越来越激动，想要获得更大的权力，以对抗行政官员。他们占据了州议会，并控制了助理会议，因为助理会议拥有对州议会决定的否决权。结果，这些自由人将州议会改组成一个代表机构（自由人选举"代表"来代表他们）。这个代表机构之后变成了一个与助理会议分别开会的机构，任何决议如不能同时得到两家的同意，就不能生效。这个机构基本是在温斯罗普的注视下，就这样成立了，而其之所以能成立，在很大程度上是因为温斯罗普最开始史无前例地扩大公民权。这样一来就创造出这样一个有统治权的、两院制的立法机构，并在代表公众的代表会议和助理们的小型贵族式集会之间形成了一种初步的制约和平衡关系。而且，这种关系由关于基本自由的书面条文确定了下来，这极可能是后来美国《宪法》和《权利法案》相关条款的源头。同时，由于希望当地所有男性市民更为广泛地参与决议，以提升镇法令的合法性，以及促进人们遵从镇法令，在马萨诸塞还形成了一个非正式的惯例，即允许非自由人（即非教会成员）参与镇会议的投票。这一惯例的形成使得马萨诸塞成为当时世界上最民主的存在。[22]

温斯罗普反对上述民主的制度性改良中的某些举措。他提出了一些理由，但并没有把话说透。温斯罗普不是平等主义者，这一点他在《基督徒慈善的典范》这篇布道辞中就说清楚了。那些自由人和参与投票的非自由人也都不是平等主义者。正如史蒂芬·福斯特（Stephen Foster）所说的那样，17世纪，普通市民"所开展的每一个政治斗争都含有一个缺陷，即他们都潜在地接受应有一个统治阶层的观念"。[23]多年以来，该殖民地的大量清教徒公民都选举和支持少数几名受教育程度很高的上层阶层的人物。这些被选出来的行政官员，加上与他们对应的牧师群体，对多数人的决策掌握了决定性的影响力。所以，这几乎就不能算是民治政府。这就是贵族政府。但是，如果我们真要说马萨诸塞海湾是由贵族统治的，那么我们就必须要小心地看看我们自己在说什么了。

在马萨诸塞，人们一直反对正式建立此类建制，如基于血缘和财富的世袭政治贵族。虽然清教徒确实选出了有美德的人，而且这些人通常是富有的，且来源于著名家庭，但是他们的财富和血统只是第二位的，首要考虑的因素则是这些人是否正直和有能力。在任何情况下，一个人都不可能仅凭他的姓氏和经济地位就继承或要求担任公共职位。因此，我们要感谢温斯罗普，在他的治下，所有的公共职位的就任者都是由自由人直接或间接选举产生的。最开始，这些自由人是否有资格参与投票，不是看财产数量，而是看是不是教会成员。因此，在早期，多数成年男性都符合这一资格。不过，后来这一做法被取消了。但同样真实的情况是，有记录显示，温斯罗普是批判民主制的，并称之为"所有政府形式中最卑鄙、最低劣的一种……最不具有延续性，满是麻烦事"。但是，在这么说的时候，他并不是想彻底消灭民主制，建立排他性的贵族制。相反，他是在警告大家，要反对"单纯的民主制"，因为某些人比其他人更合格、更明智，适合掌握统治权，而在单纯的民主制下，却没有任何相关观念或机制可以找出这样的人。[24]温斯罗普相信某些人更适合掌握统治权，如果该国家想要延续、繁盛，就应该由这些人进行统治。不过，温斯罗普同时还在思考另一件事，即战胜和反对专制，由被统治者通过选举和同意来治理统治者。

关于这一事项，温斯罗普已经说得再清楚不过了——这始于《基督徒慈善的典范》这篇演讲。在第 39 段中，温斯罗普强调说，建立政府这项工作是以"经过互相同意，通过一种特殊的、价值无法估量的天意"完成的。虽然上帝在引导人们，建立了统治机构，并让其他人遵循统治者，但并没有任何权力可以强迫他们之中的任何人加入爱之团契（a community of love），并全身心地维持这一团契。数年之后，温斯罗普再次公开地、明确地提出，"同意"是建立共同体（commonwealth）的"必要条件"。那时，他说："除非依靠自由的同意，否则就没法建立共同体（common weale）。"此外，"除非依靠出身或同意，没有人拥有凌驾于他人之上的合法权利"。托马斯·胡克是温斯罗普的朋友，是马萨诸塞一个早期殖民者，后来成为康涅狄格的创立者。1638 年，他宣称："权力的基础，首先是人们的自由同意。"[25]对于温斯罗普和其他人来说，政府甚至教会都应对人民负责，而不是相反。[26]对于温斯罗普的这一体系，之后有很多人都满心喜欢，比如托克维尔之后就曾这样说道："清教徒主义不仅是一种宗教学说；它在某些点上还混合了最绝对的民主和共和理论。"[27]但是，这些话是有误导性的，因为很明确的是，温斯罗普并未立足于著名的"民主和共和理论"。

温斯罗普当时谈话的对象是一群处于自然状态中的人（或者至少是在通往自然状态的路上）。这群人是自由地走到一起的，并同意接受某种公共权力，以换取各种保护、福利，同时还接受各种要求的限制。他虽然是在对这么一群人说话，但他依旧没有总结出任何理论，乃至成为哲学上的自由主义的源头，尽管他所说的内容与这有相当密切的联系。他讲话的时间比霍布斯发表《利维坦》早了约 20 年，比洛克发表《政府论》（下卷）早了 60 年——人们普遍认为，这两部作品是基于人们同意的现代自然权利政治的两个基础性文本。虽然更早之前的希腊和罗马影响巨大，并且经由英格兰不断发展的共和主义的传播，必然对温斯罗普的思想产生了潜在影响，但在他提出的有着明显进步的关于同意的观点中，他却远远超越了上述传统。因此，关于上述观点，更好的解释是，温斯罗普是从基督教教义中汲取营养的（尽管这种平等是掩盖在关于尘世秩序的天定的不平等之下），并且对于他和其他改革者而言，在个人良心和道德行为的首要内涵这一问题上，路德在沃尔姆斯的讲话，以及约翰·加尔文的教导依旧在他们心头回响。

此外，温斯罗普关于同意的观点也并未引出真正的社会契约——霍布斯和洛克的政治目标。霍布斯和洛克假设世界是纯粹物质功利的，而人人又都处于对抗所有其他人的战争状态，承受着暴力死亡的绝对恐惧（霍布斯），或者人在自然状态下是危险的、不舒适的（洛克）。因此，自然存在的自由生物可以通过缔结社会契约的方式，以实现个人保命，并获得利益的目的，但这又有赖于人们同意向一个强大的中央政治权力顺服。与这两个人的观点相比，温斯罗普的观点立足于一个完全不同的形而上的基础之上。他假定有一个神圣的权力一直在运作，这个权力体有权赐福，并设定人们高尚的目的。这一高尚目的值得人们有时为它做出巨大的个人牺牲。基于这一说法，温斯罗普倡议人们签订盟约，或自由地达成诺言，并向神也达成此类盟约，以获得神持续的恩典。从温斯罗普的特别视角来看，鉴于上帝号召人们做出慈善的高尚的行为，所以，可能的情况是，一旦人们自由地同意了与上帝之间的盟约，"对公共事务的关注必定要凌驾于一切私人方面的事务之上"（第 39 段）。

具有讽刺意味的是，相比于霍布斯的个人契约的方法，温斯罗普的共同盟约的方法的独裁意味更淡，无论是在理论上还是在实践上都是如此。在温斯罗普的慈善的典范下，无论是人民，还是他们的统治者都不能成为绝对的主权者，因为他们是在一整套的道德限制之下运作的。对于这套道德限制，他们既不能创设之，也不能消除之。相反，如果他们未能恪守这些限制，则上帝的保护性的关心也将受阻。霍布斯没有设定此类限制，因此，他的原始自由主义典范——在温斯罗普之后 20 年出现——创造出了"利维坦"。这是广大的、绝对的尘世主权体，该政体中并不含有丝毫的自由和民主的实践的痕迹，而清教徒马萨诸塞正以这些实践作为自身的特点。到洛克最终修订霍布斯的社会契约观，剔除其中的主要独裁内容时，清教徒新英格兰已经摆脱了它的自然状态，呈现出一番繁盛的市民社会景象，进入第四代人的宪政自治的时代。所以，美国作为一个现代自由民主社会的实践，除了有赖于伟大的自然权利思想家们的贡献以外，也同样有赖于温斯罗普的盟约论。[28] 温斯罗普尝试建立盟约，以构筑基督徒之爱的典范，对于温斯罗普这一道路的深入分析正凸显了这一点。

盟约观念在温斯罗普的体系中是绝对的核心，所以，他在"结束这次（关于基督徒慈善的）演讲"时，没有提到基督，却提到了摩西，以及他说给以色列的圣约子嗣的遗嘱，当时这些人正疯狂地涌入应许之地（《申命记》30∶15－20）（第 45 段）。温斯罗普对摩西的原话做了一些修改，其中一个改动是将他的听众改称为"亲爱的人们"。他说："如今生与善，死与恶，就陈明在我们面前。"[29] 和以色列的子嗣一样，马萨诸塞当时也面临着两个重要的选项。第一个选项是"生与善"。人们如能遵循"爱耶和华我们的上帝，并彼此相爱"的诫命，便会遇到这一选项（慈善的诫命未出现在原来的遗嘱中，是温斯罗普插入的。通过这种方式，他有效地将摩西和耶稣的话合并到一处）。与之相对应的是，第二个选项是"死与恶"。人们如能在"心里偏离，不肯遵从"上帝时，以及"敬拜其他的神""从中寻求我们的快乐和利益"——以与互相关切和关心相对应——便会遇到这一选项。

在倒数第二句中，温斯罗普吟诵道："所以让我们选择生，使我们和我们的后裔都得存活。"虽然在"典范"一文的开头，温斯罗普强调了世俗的等级制度和神圣的天命，但是在结尾部分，他断然地提到，慈善在根本上是人类的选择，是两个重要选项之一。在这里，我们可以注意到，在摩西的原文中，他使用的是命令式的语气，即"所以选择"，而在温斯罗普那里，他使用的是请求式的语气，对自愿地选择做了双重强调，即"所以让我们选择"。

因此，这一结尾促使我们再次想起温斯罗普那篇论自由的"小演讲"。如果，诚如温斯罗普在该篇演讲中所解释的那样，马萨诸塞政府是建立于"公民自由"理念的基础之上的，即"只做良善事情"的自由，那么这一自由似乎从未完全与"自然自由"的概念以及承诺相区隔，也即"既做良善之事，又做邪恶之事"的自由。在"典范"布道的结尾，人们依旧有权选择善与恶，而非仅行善事。诚如温斯罗普在该段后面所述，尽管人们已经"立下"盟约，即选择加入公司，踏上"前往荒野的差旅"，但他还是将这一盟约视为一种选择。[30]他们中的任何一个人，或者他们一起，都可以拒绝或决定退出他所描述的一般盟约。在任何可行的时候，他们都可以自由地调转方向，回到英格兰——很多人刚一到达新英格兰就这么干了。诚如上述，马萨诸塞后来还遵奉了一项宪法性自由权利，即人们在没有接受刑事审查的情况下，可以在任何时候离开殖民地。所以，我们不认为，温斯罗普所提到的"公民"自由（只做良善之事的自由）等同于纯正的清教徒的自由。如果两者相等的话，那么为什么他还要费力地提到如下事项呢：包括但不限于，最初的同意和宪法性地离开的权利？所以，这里就出现了一个情况，即对于这些清教徒而言，在相当大的程度上，他们的"公民"自由在某些重要方面，是从"自然"自由中出现的，并在某些方面又运用"自然"自由来监督自己。[31]

这群处于神权政治下的清教徒们连他们自己都没有意识到自己遵循的是"自然"自由。但他们在温斯罗普杰出的领导下，以及在他关于caritas的公民视野的影响下，在制度建设方面做出了重要贡献。这些制度现在成为美国自治的基石，并成为防止宗派专制的屏障。在美国传统奠基时期的某位重要人物，即约翰·亚当斯的眼里，在这一点上，温斯罗普是一个英雄。亚当斯有一次如此盛赞他的清教徒始祖们：

> 无论人们说他们身上有多少缺陷……他们在政策构建方面的决断是立足于明智、仁慈和善良的原则之上的。这一构建也是立足于启示和理性的。它遵循古代最杰出的、最伟大的和最明智的立法者所奉行的原则。它痛恨并摒弃了所有形式、形态和情形的专制。

亚当斯一度受到独立战争狂热情绪的影响。他将"总督约翰·温斯罗普"作为自己的别名,用于一系列文章之上,以推动公众对《印花税法》通过后的自由问题产生警觉。[32]

毫无疑问,温斯罗普所建立的马萨诸塞很明显是一个贵族神权政体。它并不像很多人所想的那样,很快就会在美国发展出更为世俗化的自由民主形态。但是,用温斯罗普自己的话来说,它的确是一个"混合的贵族政体",它的统治有赖于人民的支持,并需要与人民的意见相协调。[33]到18世纪中期,乔纳森·爱德华兹针对大觉醒运动中的不可知论、平等主义者们发起了一场注定失败的战争,而那时,清教徒主义和现代民主的战争则已经基本终结。拉尔夫·巴顿·佩里(Ralph Barton Perry)曾恰当地指出:"清教徒主义无法抵抗这一对立面,而这一对立面又与它有着相当密切的亲缘关系。其中的某个渐变因素与外部力量相结合,造成了逐步的转变,而非突然的逆转。"那什么是这里提到的渐变的因素呢?就是对"同意"的深切、持久的遵奉,这正是温斯罗普一直拥护的、积极推动制度化的东西,尽管他在这么做时,带有道德卫士的小心谨慎和专制理念。[34]

"手段"

关于运用,温斯罗普提到的第四点是,实现"工作和指向的目的"的"手段"(第41段)。在一开始,温斯罗普提出,这些手段是与契约的规定"相一致"的,契约规定努力构建博爱的政体是一个"非凡的"目标;所以,"平常的手段"就是不可接受的了。然后,他沿着这一点继续讨论,直到这篇文章的结尾。其中,他清楚地提出,这一手段的内容是严格符合殖民地唯一的全国性的博爱盟约的。这至少意味着只遵循中等水平的爱是不会起效的。为了根据这一盟约而实现完全的善,温斯罗普的听众们必须付诸"日常的、持久的"慈善实践,必须"毫不矫情"地爱彼此,"以一颗纯洁的热烈的心""互相担当各人的重担",不能只顾盯着自己的东西,"我们弟兄的东西也要看好"(第41段)。之后,他继续说:

为达到这一目的,我们必须在这项工作中团结起来,合为一人。我们必须以兄弟般的情谊相待,我们必须欣然捐弃自己身上多余的东西，以满足他人之所需。我们必须以最大的温恭、柔顺、耐性和慷慨建立一种亲密的交流。我们必须为彼此感到高兴，设身处地为别人着想，一同欢喜，一同悲悼，一同劳动和受苦，永远要看到我们在这项工作中的使命和团契，我们的团契就像一个身体的各个组成部分。我们须在和平的盟约之下保持精神的一致。

在这里，温斯罗普进入了这一部分中最动人的、诗文般的高潮。他再次描绘了将会成为现实的团契（共同体）的美好景象，即那个关于博爱的纯真的实践。

在这里，人们可以看到，温斯罗普的爱和情感的纽带有双重含义。在第一层面，这种纽带是联结的绳索，构建了温暖的、有向心力的爱的外部环境，以使人们联系到一起，结合在一处。在第二层面，这种纽带是牵引绳，限制人们追求私利，迫使他们为他人的利益努力。可能温斯罗普认为，对于他的听众来说，纽带的第一层含义的吸引力还不够，乃至于他们在看到第二层含义时，不愿接受这一纽带（但你又不可能只接受第一层而不接受第二层），所以，他继续强调说，在建立起 *caritas* 的团契后，会带来其他的福祉：

> 耶和华将成为我们的上帝，乐意住在我们中间，就像住在他自己的人民中间一样，他还将在我们前进的路上降给我们福泽，所以较之我们从前所熟见的，我们将更能一睹他的智慧、权能、善与真。我们将发现，以色列的上帝就在我们中间，那时我们 10 个人即可抵挡 1000 个敌人；那时他将使我们获得赞美与荣耀，对于往后的拓殖，人们会说，"耶和华使之像新英格兰的拓殖"。我们必须这么想，我们将成为一座山巅之城，所有人的眼睛都注视着我们（第 45 段）。

温斯罗普关于幸福的描写——这来自一系列《圣经》经文，其中最重要的是耶稣在"山上宝训"中所说的著名的"城造在山上"一句（《马太福音》5∶14）——在当时鼓舞了大家的内心，并在近 400 年后依旧能使这个国家的人们满怀希望、自豪不已。在今天，下述这些东西在很多美国人那里，依旧能极大地鼓舞人心：神应许"在我们前进的路上"给我们以神圣的帮助、无与伦比的高水平的"智慧"和"真理"、像大卫打败哥利亚一样的力量，以及成为全世界的榜样，获得广泛的"赞美与荣耀"的机会。因此，温斯罗普的演讲变成了现代美国政治言说的重要素材来源。

这里有一个危险，那就是过度解读这一段，特别是过度解读其中所描绘的那个最著名的形象的性质和含义。温斯罗普号召大家建立"山巅之城"，这得到很多的赞誉，但更经常的是受到人们的谴责，说它是典型的美国特殊论。这种美国特殊论是美国的一种传统，即骄傲或自豪地将这个国家当作"世界的中心"。也有些学者试图将温斯罗普的这段话，与这一传统，也即挑战了清教徒整体"使命"理念的传统，区隔开来。这一使命理念是清教徒来到荒野，并从这里出发，尝试解救、改造和赐福——净化——英格兰，然后是世界的其他地方。更确切地说，这些学者偏爱的是某种"逃亡"论。也就是说，清教徒来到荒野主要是受到了这一想法的驱使，即想要在文明崩溃前逃离它。用这种解读方式，温斯罗普的山巅之城这一段就成了对《圣经》经文有点迂腐的夸张描述，是一大段冗长的布道辞中毫不重要的一时之评论。[35]但是，我认为这种说法显然有点过头了。

在"典范"这篇演讲的前后，温斯罗普未曾写过或说过任何东西，证明他可能认为马萨诸塞，甚至新英格兰注定会成为那座唯一的"山巅之城"，会成为那个唯一的典范，在全世界黑暗的迷雾中闪耀着光芒，作为未来全世界精神拯救的唯一源泉。在现有文本上，证明清教徒的世界使命观念的内容，比很多人想象的要少得多，就更不必说什么独一无二的使命了。但是，否认这一讲话体现了某种世界主义主张，并认为它只关注温斯罗普的听众的狭隘的需求和目标，那也是与他的真实意思不符的。温斯罗普既不是一个特殊论者，也不是一个逃亡论者。正如温斯罗普自己所承认的那样，这一群体的目标是"非凡的"（第 41 段），其"特定使命"（第 44 段）与摩西和以色列的子嗣的使命（第 45 段）是一样的。他反复强调（第 40、44、46 段）说，他们应该为自己和他们的子嗣完成这些使命。因为"所有人的眼睛都注视着我们"，所以，一旦失败，他们将势必成为"全世界的谈资和笑料"（第 45 段）。这可能不是他们去美洲的主要目的，在面对新世界的生死存亡的危机时，这甚至都可能不是最重要的一点，这也可能不是唯一的使命，但很清楚的是，温斯罗普期望的是，这一勇敢的清教徒朝圣团会过这种"典范的生活"，以使他们成为上帝的赐福的榜样，得到远方的人们，得到未来时代的人们的高度敬仰。[36]

无论我们现在尊重清教徒与否，我们都表现出了对温斯罗普讲话的尊重。但是，情况并非一直如此。从 19 世纪中叶到 20 世纪中叶，社会上掀起了一股热潮，想要抹除美国国内关于清教徒的一切痕迹——将这一时期视为历史的耻辱，认为应该被遗忘。这股热潮主要是受到公共知识分子的推动，如 H. L. 门肯和凡·怀克·布鲁克斯等。他们都精于给清教徒泼脏水，将之刻画成一心为了物质财富，不乐意看到"某人、某地过得幸福"，没事找事的恶棍。[37]在当时，哪怕是在温斯罗普自己的马萨诸塞，一度占据城市的明显位置的他的全身和半身塑像，都被挪到小路和壁龛上去了。相比之下，曾被围剿的清教徒异端，如玛丽·戴尔（Mary Dyer）和安妮·哈钦森（Anne Hutchinson）的画像则开始占据重要位置。在这一时期，人们也不再推崇温斯罗普和他的"典范"演讲，不再加以借鉴。

但是，在 1961 年，约翰·F. 肯尼迪（John F. Kennedy）翻出温斯罗普的经典文本，拍去了积在上面的厚厚的灰尘。他在贝肯山州议会向马萨诸塞市民发表了一段赢得盛赞的告别辞。在这段告别辞中，他将"山巅之城"一段作为其中的核心段落。[38]到第二届任期结束时，罗纳德·里根也用起了"山巅之城"这一比喻，他用的是这么频繁、这么有效——根据文字分析家威廉姆·萨菲尔（William Safire）的估算——乃至于使它变成了美国政治生活中的"标准结尾语"。在肯尼迪和里根之间，以及此后，有大量的杰出的政治人物［林登·约翰逊（Lyndon Johnson）、马里奥·科莫（Mario Cuomo）、沃尔特·蒙代尔（Walter Mondale）、迈克尔·杜卡基斯（Michael Dukakis）、比尔·克林顿、特伦特·洛特（Trent Lott）、鲁迪·朱利安尼（Rudy Giuliani）、乔治·布什、阿诺德·施瓦辛格（Arnold Schwarzenegger）］统统都倒向温斯罗普和他的文字，认为它给出了这个国家最迫切的道德义务和最响亮的公民目标的具体形式与明确表达。[39]

他们每个人都用不同的方式使用同一份材料，并且是合法地扩大或限缩温斯罗普原本含义的边界。然而，无论这些人从温斯罗普的讲话中借鉴了什么，包括共同情感、济贫、自治政府、普遍教育、物质繁荣、道德正直、精神赐福、防御力量，或者作为公民美德和正直的国际榜样的美国梦，他们每个人讲话的基础都是这篇讲话的丰富内涵，当然他们都是在这基础上做一些延展。这并不是说这篇讲话对所有人来说都涵盖了一切问题，但这至少说明，它明确包含了一整套复杂的概念和自我理解，基于此，我们才被普遍地界定为美国人。但不幸的是，这篇讲话还有另一个层面的含义。

温斯罗普慈善观的政治风险

在很多方面，温斯罗普的慈善观使他成为一个比他的清教徒伙伴要伟大得多的政治人物。他对人和上帝深切的爱使他对几乎所有选民都投注了真切的关爱。在温斯罗普担任英国法律官员时，人们对他的能力做出了评价。根据这些评价，我们发现他保持了仁慈和高尚的品性。[40] 在他担任马萨诸塞执政官时，类似的评价就很多了。我们可以看到，从他最早在英格兰格尔顿市刚成年开始——在那里，政府禁止教区居民庆祝圣餐，因为他们心中藏着对邻人的"恶与恨"——温斯罗普就决定要在任何情况下，对所有人都怀着慈善的情感。他并非一直都是成功的。对所有的人完美的爱，作为一个目标，他从未实现过，虽然他终其一生都在为此努力，并且他在这么做时也确实取得了足够的成绩，乃至于人们在回想起他的生命和领导业绩时，普遍会提到他对人们的深切的关爱。[41] 然而，就算这一点得到了认可，但我们还是必须承认，"典范"演讲和他的日记都凸显了一种令人烦恼的紧张关系，即一种存在于堕落后世界中的理智的政治统治与对 *caritas* 的"纯正宗教"的大胆实践之间的紧张关系（《雅各书》1∶27，2∶8）。

无论温斯罗普有没有意识到这一点，他都已经在"典范"演讲所列举的关于慈善的例子中提供了这样的证据。在这些例子中，有一个《旧约》的约拿单的例子。约拿单发现自己的精神和大卫十分相似，乃至于他发现自己"他爱他如爱自己的灵魂"，并且"不惜剥去自己的"衣服，去"装点他挚爱的"朋友（第31段）。在这么做的时候，他富有象征性地除去了自己对王位的继承权，扫清了大卫前进的道路；扫罗王（约拿单的父亲）愤怒地警告约拿单说："耶西的儿子若在世间活着，你和你的国位必站立不住"[《撒母耳记（上）》20：31]。但是，约拿单的爱是如此的深切，所以，他选择在荒野里与大卫交谈，而"不愿在他父亲的宫殿里与那些伟大的朝臣交谈"，因为"他父亲的王国对他来说还不如他所挚爱的大卫珍贵"。虽然这可能是一个不经意的信息，但问题是，虽然慈善会使人对他人或上帝产生深切的爱，但与之相对的是，这么做的话，这个残酷的世界上政治层面的利益和效率也就会随之烟消云散。我们可以看一下马克斯·韦伯的观点，他说一个成功的政治领导人的心理特点应该是：

> 有一种能力，让现实作用在自己身上，并能保持自己内心的专注与平静。因此，他对人和事都保持一定的距离。"缺少距离"本身就是每一个政治家身上的一种致命的罪恶。[42]

在温斯罗普的生命中，关于这一理念，确实曾有一些惨痛的记忆。弗朗西斯·布莱姆纳提出，温斯罗普在臭名昭著的、腐败的监护和财产让渡法庭（Court of Wards）工作时，曾有一段重要的痛苦经历。那时，他试图维持自己对上帝的虔诚，以及对所有人诚实，这给他带来了"良心的痛苦"，而这在他后来被任命新职位时依旧在起作用。同样，在温斯罗普的日记的最后几页，也即他生命的最后5年的记录中，他写了一系列历史上的事例，这些事例都证明"大规模"的公众行动"产生了恶果，甚至造成了公共危机"。温斯罗普日记的编辑猜测，他列出这样一个单子的主要动机是证明自己1643年决策的合理性。当时，查尔斯·德·拉·图尔（Charles de La Tour）和查尔斯·希尔·德奥尔内（Charles Sieur d'Aunlnay）就新英格兰北部的法属阿卡迪亚的控制权产生了争议。温斯罗普在这一争议中支持了前者。温斯罗普在他的日记中记录了他支持前者的主要原因是，爱的"至尊的法律"命令我们，"如邻人在受苦难，我们当帮助他"。但是，对拉·图尔采取好撒玛利亚人的策略是温斯罗普一生中后悔不迭的决定之一。这不仅是因为拉·图尔要比德奥尔内弱小很多（最后放弃了挣扎），而且是因为拉·图尔是一个彻头彻尾的海盗。到这一年夏天的末尾，温斯罗普在日记中写道，自己在处理局势时犯了不少错误，所以，他罕见地做了自我批评，责备自己在行动时违背了"理智"，"决策时过于鲁莽"。[43] 在这一事例中，温斯罗普的慈善观念当然不是导致他自己承认政治上鲁莽行事的唯一原因，但这一观念在他的决策中还是很突出的，而这本来是他不应该有的。如果我们要从温斯罗普的一生借鉴什么的话，那么我们会发现，在一个世俗的统治者心中熊熊燃烧的慈善之火可能强化某些政治德性，但它也会催生不审慎的冲动，到最后，他只能悲剧性地承认某些必要的政治决策与个人对道德纯粹性的追求无法契合。

温斯罗普按照他对慈善的理解全身心地投入其中，这还造成了其他几个问题。第一个问题关系到马萨诸塞的盟约与这一盟约所对应的摩西盟约之间的差异（关于马萨诸塞的盟约，温斯罗普认为它是因为对博爱的共同践行而生发出来的，而关于摩西的盟约，温斯罗普也曾在演讲中反复提及）。在以色列人早期，上帝起草了一份盟约，然后借助受膏的先知摩西的口说了出来。"这是*耶和华*在摩押地*吩咐*摩西与以色列人立约的话*。*"（《申命记》29:1，斜体为作者所加）与摩西相比，温斯罗普可能是一位广受爱戴的总督，却不是一位为人们所广泛接受的先知——他或者任何清教徒都不曾说过自己是先知。因此，温斯罗普提出，是"我们"为马萨诸塞起草盟约并说了出来，但这个"我们"是没有限定的（第44段）。温斯罗普告诉他的听众，"耶和华准允*我们起草自己的条款*"（斜体为作者所加）。温斯罗普围绕这一表述用了一些代词和动词，进一步强调了这个观点：

> 为了这项工作，我们和他订立了契约。我们已领受了一项使命……我们已宣布要从事这些行动，要达到这样和那样的一些目的，我们在此恳求他的垂青与祝福。

这便引起了一个理论上的困境。而温斯罗普从未彻底摆脱这一困境，该殖民地又正是建立在这一困境之上的。这里的"我们"要罗列、传播盟约的条款，并监督它的实施，那"我们"到底是谁呢？事实上，对这一问题，温斯罗普给出了一个清晰的答复：经过合理程序选举出来的贵族式的行政长官们。但是，这一答案逐渐变成了一个诅咒，甚至对于普遍同情殖民地正统的自由人来说，也是如此。它如何能在没有"同意"的强大影响力的支持下，持续地在这一体系中运转呢？而且，公民盟约的各项条款是谁制定的，是如何制定的？这些都是制造矛盾的永恒根源。当温斯罗普还在世的时候，还有影响力，他能熟练地牵着殖民地转向，不会一头撞上民众的要求、牧师的宣告，以及残存的英国传统——贵族的、法律的和政治的——等冲突。但是，在温斯罗普身后，殖民地就没有能力再次同意这一制定盟约的"我们"了，因为这使得他们缺乏凝聚力，无法抵抗母国英格兰的军队。殖民地的人们部分希望在相互竞争的小团体之间构建秩序，以获取对殖民地更为主动的控制权。

最后，温斯罗普提出的《圣经》中慈善的概念，也即作为政治原则的那个概念，是无法与认识论的对真理的认知相隔离的，但是，他却无法令人信服地确定，或合理地构建出一个社会架构，也即对发展和促进这些认知十分关键的那个架构。结果，这些对于支持共同体的慈善十分必要的"真理"就失去了稳定的根基和明确的引导，特别是在他去世后。由此，人们发现，马萨诸塞永远也无法在清教徒中平息生活中产生的各种争执，并基于对同意的基础性的遵循而得到提升。最终，温斯罗普所期望的慈善的典范变得更符合哈钦森的唯信仰论（反律法主义）了，而不是温斯罗普的独裁主义。

对于温斯罗普的慈善的、典范的、最终的，也是最麻烦的指控，指涉的是这篇演讲的结尾部分。在这一部分里，温斯罗普强调了他所认为的源于博爱的、重大的、共同的使命，也即马萨诸塞不能认为"上帝会容忍我们一手造成的失败，如他忍受那些我们曾生活于其中的人的失败"（第41段）。因为有了广博之爱（agapic love）的关切他人的纽带，人们便与上帝和他人联系到了一起，而这种联系注定会给我们提供大量的回报。但是，这种特殊的联结也带来了重大的义务。在温斯罗普的话中，他生动地展现出了这一观念，即以慈善为中介，上帝和马萨诸塞海湾殖民地之间的关系，将会成为在世俗之爱的、可以找到的、关系的形式中最强的一种形式，即联盟关系："更为亲密的婚姻关系。"（第42段）这既不是第一次，也不是最后一次温斯罗普用婚姻联盟的形象，甚至是男女之爱来形容神人之间的关系。温斯罗普自己结了四次婚——他早期的两任太太死于分娩，第三任太太死于疾病——而他每一次婚姻关系，根据记录，在不同程度上都是柔情款款、相互尊重、性趣盎然的。在婚姻的纽带中，温斯罗普认为 eros（性爱）是博爱的上帝认可的一种表达，而且，他不止一次用激昂的文字来形容他所经历的上帝的不断变换形式的爱。

> 我十分着迷于他（上帝）对我的爱，远远超过最好的丈夫所能向婚姻中投入的感情，我慢慢地意识到这在我心里产生了深远的影响，乃至于在很长一段时间里，我都不由自主地放声啜泣，并比之前对基督的爱有了更为生动的感受。[44]

温斯罗普确信，就像人们所期望的那样，相比于其他人，夫妻之间的忠贞和神圣的奉献是更为浓烈的。受到这一观念的影响，他推理道，马萨诸塞全国性的博爱的盟约使得上帝特别"热衷于我们的爱和服从"（第 42 段）。虽然其他人不听从上帝的教导，且没有受到惩罚，但该殖民地必须遵从上帝的话，否则就要面对一个遭遇背叛的爱人的惩罚，而这一爱人是愤怒、万能的。这解释了在这篇讲话的最后段落中，温斯罗普为何要重复"严格"这一主题：他们要依照"最严格和特殊的方式"来遵循与上帝的盟约（第 42 段），"确保人们严格遵守其中的每一条款"，因为上帝"希望我们严格履行其中包含的条款"（第 44 段）。

在这里，这篇演讲用了一种非常不祥的语气。"违反这样一个契约要付出的代价"，他严肃地许诺道，那是上帝会"向我们发烈怒"。当时，这群听众正坐在 17 世纪的木船上，要穿越大西洋。他们在听到下一句话，即"避免覆船的唯一途径"是遵从所有的对人和上帝的博爱的义务时，该有多么惊慌啊——这一警告从文字穿越到了现实之中（第 45 段）。而且，这篇演讲的最后一句提出，如果他们侥幸没有死于覆船，却又在目的地踟蹰而不做 caritas 之事，那么，他们就必然要在"良土上灭亡"——这是对前面两行中所提到的"在那片良土上被吞噬殆尽"的绝佳的回应（第 45～46 段）。是否选择做慈善是一件关乎"生和善"或"死和恶"的事，这是文字上的威胁，而不仅仅是文字上的夸张——因此，在下面这个段落里满是各种节奏紧凑、振聋发聩的祈使句：

我们生活在英格兰时所做的或者本该做的，我们到了要去的地方也要照做，而且更应如此做……我们必须付诸日常的持久的实践，这种爱的义务就是这么要求我们的。我们必须毫不矫情，如兄弟般去爱；我们必须以一颗纯洁的心热烈地彼此相爱。我们要互相担当各人的重担。我们不要只顾盯着我们自己的东西，我们弟兄的东西也要看好，我们也不要以为，上帝会容忍我们一手造成的失败，如他忍受那些我们曾生活于其中的人的失败（第41段）……我们必须在这项工作中团结起来，合为一人。我们必须以兄弟般的情谊相待，我们必须欣然捐弃自己身上多余的东西，以满足他人之所需。我们必须以最大的温恭、柔顺、耐性和慷慨建立一种亲密的交流。我们必须为彼此感到高兴，设身处地为别人着想（第45段，斜体为作者所加）。

这一段表述的问题是，它与仁慈之心激烈地对抗，乃至于上引段落——以及整篇演讲——为之哀号涕泣。这解释了为何甚至连温斯罗普，所有早期新英格兰行政长官中最善良、仁慈的人之一，有时也会使自己化身为霍桑笔下的恐怖的"理性的铁框"，促使清教徒领袖们开展冷酷无情的、严厉的"公共道德监护职责"。因为严格遵守他们的国家和教会的盟约是使共同体存活下去的一项紧急且绝对的事务，所以，马萨诸塞海湾殖民地的领导人们不敢有任何闪失，生怕因为自己的疏忽而导致盟约的破裂。换句话说，就是温斯罗普所构想的紧密的博爱的团契要求人们严格地、广泛地共同顺服于上帝，或曰对上帝的爱——慈善的纵向层面——而这会极大地减弱慈善的横向层面，或曰对人的爱。关于这一点，在温斯罗普的一生中，没有什么比他处置安妮·哈钦森更为明显的例子了，因为在那时，他心中好像燃起了一股怨恨的火焰，而且从未减弱过。

哈钦森强调直接的、个人的启示优于牧师的教导或共同的同意。但温斯罗普担心，这么做会极度弱化法律的重要地位，并摧毁马萨诸塞稳定的、唯一的"我们"的盟约，将之变为无政府的、大量的"我"的盟约。这个共同体的存活，依靠的是构建一种完美的彼此相爱、遵从上帝的结构，而哈钦森的灵恩的唯信仰论正击中了温斯罗普的观点的这一中心，这是从未有过的情况，因此也就导致了温斯罗普采用了一些卑劣的手段，而且这些手段是在各种记载中，他所曾采用的手段中最卑劣的手段。虽然在审讯哈钦森时，温斯罗普没有像波士顿的高级牧师——约翰·威尔森（John Wilson）一样破口大骂，但他在打击哈钦森时，还是犯了傲慢的罪恶。[45]甚至到这一庭审结束，双方争得面红耳赤，而哈钦森也终于被太平地驱逐到罗德岛之后，温斯罗普还是不能完全平复自己的敌意。他听说她为一个妇女助产，而这个妇女生了一个死胎，而且还是一个"怪物"，便命人"将这个怪物从坟里刨了出来"，并将这个可怕的畸形儿记录下来，还将之归咎于哈钦森的"畸形的信仰"。[46]后来，哈钦森自己生了一个"怪胎"，温斯罗普便跑去找她的医生，从他那里索问到了细节，并仔细地记在了他的日记里。而且，他还把这份记录传阅给约翰·科顿（John Cotton），让他在两篇布道中用到这些内容，宣布她的异端的可怕后果。

虽然温斯罗普的日记主要证明了他如何善待他人，但这也记载了他在哈钦森这件事上所展示出的那种严酷，而且这还不是偶然地偏离正轨。在一篇日记中，他有点懊悔地写道，有一对男女被抓到通奸，他们"十分懊悔"，但还是被毫不留情地处死了。在他最后一篇日记的最后一段，温斯罗普用毫无感情的文字描述了一个 5 岁的小女孩死亡的事件。这个小女孩在黑夜中失足掉进了一个窨井，然后就淹死了。温斯罗普平静地将之归咎于上帝的天命，因为这个女孩的父亲犯下了罪恶。她的父亲在修理当地的水闸时，在安息日那天，竟然抽了一小时，继续干周六没干完的活。[47]

我说这些东西，不是为了暗示在慈善与任何形式的道德判断及惩罚之间存在一种内生的紧张关系。我再明确一次，博爱的主张不能与真理的认知相分离。对于基督徒而言，爱上帝就是爱真理，因为上帝是"道路、*真理*、生命"（《约翰福音》14：6，斜体为作者所加）。这也就是为何对于温斯罗普，他一起移民的同伴，以及大量其他的基督徒信仰者团体而言，会如此关心像这样的事情，如上帝所说的何为罪、何为圣事等。对上帝的激情感觉，应被解释为，人们理解上帝对人类的下述教导后而产生的一种激情感觉，即上帝关于教义、诫命和崇拜的形式——有关幸福和拯救的真理的道路——的教导。从这个角度来看，对一个处在真理的团契之外的人而言，人们可以帮他做的最慈善的事情就是把他带入这一团契。对一个处在真理的团契之内的犯错的兄弟或姐妹而言，人们可以帮他或她做的最慈善的事情就是以某种形式约束他的行为。后者不仅展示了对罪人的爱，使他或她可以更好地看到和依循真理的道路，还展示了对真理的团契中其他成员的关心与爱，保护他们免受那些会对他们与上帝的纽带造成破坏，会阻碍他们的救赎的事情的影响。至于这一约束的程度有多么严厉，则基本上取决于设定了真理的道路的上帝本人的严苛程度。

温斯罗普确立了这么一个观点，即道德判断及惩罚与 *caritas* 间不存在内在矛盾。基于这一点，我们可以更为清楚地看到，通过强调马萨诸塞海湾殖民地能够生存，关键在于能否准确地源于上帝与他的圣徒之爱的不规则的延展的盟约中的条款，温斯罗普才得以奋力界定基督徒美德的运行范围，如怜悯和宽恕，而这些美德也是《新约》中博爱观念的重要元素。正是因为如此小心谨慎地遵守一个要求颇高、涉及广泛的社会盟约，不仅是一件关乎爱的事情，也是一件关乎如何在荒野里，在那个危险使命中活下来的事情，所以，马萨诸塞海湾殖民地的领袖们才会如此严厉地对待那些偏离盟约的做法。一旦这种偏离的做法流行起来，那么殖民地的毁灭就会接踵而至。所以，共同体需要对异端和逾越的行为迅速做出反应，并在很多情况下严厉对待之——换句话说，它必须毫不留情。

基于上述视角，我们有必要重新审视我们之前分析过的温斯罗普的怜悯和正义观念。在第一章中，我们看到，相比于正义这个概念，温斯罗普更为丰富、透彻地阐释了怜悯这个概念。但是，现在我们可以看到，虽然在某些方面，温斯罗普对怜悯这个概念的解释是生机勃勃、引人入胜的，但在其他方面，这一解释还是太窄了。他只把怜悯理解为"宽恕"（第 16~17 段）。通常来说，宽恕被人们视为基督教中最温暖、最宏大的一个神学概念。但是，在这篇布道中，温斯罗普只是以经济概念来解读宽恕，将之缩小为在某些情况下，愿意免去他人的债务。当然，这一概念还是很大的——比现今某些基督徒限缩成的概念要大很多。但是，这一概念比人们在《新约》中所看到的还是要小得多了。在《新约》中，我们可以看到，一个忏悔的淫妇被免去了投石之刑（《约翰福音》8：3-7），耶稣许诺一个将死但正义的盗贼将进入天堂（《路加福音》23：39-43），耶稣赦免了兵丁将他钉上十字架的行为，因为他们对自己的所作所为不知情，甚至在这两个兵丁没有提出这一请求的情况下（《路加福音》23：33-34）；等等。当然，之后，温斯罗普给出了一个理由，解释他为何将对怜悯的解读限定为钱财事项，那是因为在经济活动这个领域中，马萨诸塞海湾殖民地的成员可以表现得慷慨，可以宽恕彼此，而不至于危害他们的生存，对他们神圣的社会实验的成功产生影响。而要慷慨地宽恕或耐心地改变下列人，如散布神学异端者、通奸者、不纪念安息日者、不敬的嘲弄五月柱者，至少对于早期的马萨诸塞来说，则是一件完全不同的事情了。[48] 人们认为，道德上太过宽松和自由会毁掉一切。所以，温斯罗普关于立约的慈善的范式，在极为猜疑且要求极高的上帝的主导之下，将拓展怜悯的范围视为一项在道德上有害的行为，除了在经济领域以外。与此相应，在清教徒的理解中，经济上的福利援助变成了一种对人的爱的展示，这一展示与对上帝的爱的展示和谐共存。

因此，我们看到，温斯罗普间歇性的严苛，以及整个早期马萨诸塞经常性的严苛，不是与温斯罗普对慈善的团契的呼召没有关系的，而是正源于此。正是清教徒对上帝的爱，以及对上帝的本性的理解，才驱使他们在他们的团契之上加上了一系列强硬的上帝诫命。所有这些，有时在温斯罗普那里，以及经常在他的很多同伴那里，激起了一种动不动就对人评头论足，时不时就滥施报应的做法，而这是与温斯罗普所大力倡导的，一直实践的心怀同情和感情的精神背道而驰的。这与其说是证明了温斯罗普身上的伪善、精神分裂，甚至人类的缺陷，倒不如说是证明了一个人的虔诚。他出于对上帝的敬仰，而奋力地关心他的邻人，他所有的邻人，而他之所以这么做，是因为他是真正理解上帝的。有时，温斯罗普在处理某些人际关系时，很是严厉，这主要是因为他感知到上帝在处理这些事情时，也是严厉的。诚如温斯罗普在"典范"布道中解释的那样，他们的上帝毁灭了扫罗的国家，因为扫罗未能恪守上帝的委托中"最微不足道的一项条款"，这其中包含了一个命令，即"毁灭亚玛力人"（第44段）。

诚如前述，有一种观点认为，温斯罗普的慈善的典范的最终崩溃，是因为激进的民主冲动导致人们关于幸福生活的梦想快速膨胀，乃至于到最后，清教徒正统中的任何理念都没有办法控制住它。然而，在这里，我们还可以得到一种解释，认为慈善的典范是从内部崩溃的，这是因为 caritas 对市民身份提出了太多的要求，而使得典范不堪重负。由于这一清教徒试验的要求不断提高，不仅要求它取得成功，还要求它能做到影响深远，外加上殖民地长期无法为这些标准的提出给出一个统一的体系性的神谕，随着时间的流逝，清教徒主义也就随之消亡了。虽然温斯罗普和他的布道有力地构建出了，并依旧还代表着，一个国家性的神话，即人类是社会性的生物，彼此依赖，不仅是为了生存，也是为了共同繁荣，但是，他关于一个凝聚的、慈善的团契的界定却已然不再起作用了。我们可以清楚地看到，他这篇著名的布道在一片荒芜上撒下了种子，以催生出感情的纽带，为此，他亲自在与他同行的殖民者中大声疾呼，亲手培育，并将之作为每一代成功的人们共同的鼓舞人心的目标。

　　这些都在提示我们某些事情，而这些事情在温斯罗普，以及他帮助创立的国度身上，全然是真实的。温斯罗普和早期马萨诸塞具有一种双重特性，但这一双重特征却都源于博爱的核心观念。到最后，温斯罗普的基督徒慈善的典范是在同时为山巅上的两座城市勾画蓝图。一方面，关于早期马萨诸塞，现代人可以正确地赞美说，它从下述事务中汲取力量：对穷人真切的关爱，广泛的民主参与，市民同伴热切的联合，遇到巨大困阻时的乐观主义和积极奋进，对于超越人的寿命和地域的人类的共同使命的奋勇观念。这些东西都是直接源于清教徒对上帝和人真切的爱的，而这又与自由新教徒对个人良心和同意的承诺密切关联。另一方面，在这里，关于马萨诸塞，还有另一个更为恶名昭彰的面向，这一面向已经被人们过度刻画、过度强调了，但这些都是真的。在这一面向中，一种在某种程度上的公共的偏执狂——邻人注视邻人，而不是注视上帝——引发了不计程度的惩罚，对个人信仰和喜好的严重压制，以及对那些违反殖民地广泛的盟约的人，毫不留情面，没有怜悯之心。[49] 这也是清教徒的慈善观念的一种表达形式，这与他们对严厉而喜好惩罚的上帝的认知，以及基于这一认知而产生的对其他人的责任感密切相关。

　　温斯罗普在两座城里都扎下了根，虽然他在前者的根基要比在后者稳固得多。当然，这也就帮助我们理解和确定霍桑对温斯罗普和他清教徒国度的复杂刻画的含义。关于这一刻画的内容，请参见本章的引言部分。对于海丝特和珠儿，以及现如今的很多美国人而言，温斯罗普对于基督徒之爱的理解，以及他的真切的承诺，使得他看似值得人们尊重，但却又问题不少。但是，爱，以及领导地位并不能完满地矫正马萨诸塞海湾殖民地过度压制性的、严厉的国内结构，这主要是因为这一结构本身就是一种对爱的表达。可能到最后，关于温斯罗普的最明智的评价，是霍桑这段对清教徒主义的评价，那就是：

> 让我们感谢上帝赐予我们这样的先祖；让我们的万世子嗣皆感谢于他，满怀激情，因为他在历史的洪流中迈出了坚实的一步。[50]

注释

[1] 几乎每一个在 1630 年来到这里的成年男性（除契约奴以外）都加入了新英格兰教会，但是对其中有些人而言，他们在航行中加入的宗教派别要更重要。参见 Bremer, *John Winthrop*, 164 – 165, 209。休·道森（Hugh Dawson）十分重视这一段中的这句话："尽管我们相隔千万里。"他认为，不管其他段落如何表述，但这句话的意思是，温斯罗普的慈善的典范还包括了尚且留在英格兰的马萨诸塞海湾公司的圣徒们。我认为这个观点很有可能是对的。参见"Rite of Passage"和"Colonial Discourse"。但是，这也没有排除这一事实，即温斯罗普讲话的力道，不是用在英格兰和留在那里的人身上的，而是用在那些跟他一起离开的人身上，以及"要去的地方"（第 41 段）的生活之上的。

[2] 恩典的做工是逐渐进行的，并给外部的教导、矫正、激励留下空间。这一观点并非温斯罗普所特有的。威廉姆·珀金斯（William Perkins）曾大力宣扬这一观点。威廉姆死于 1602 年。参见 Miller, *Errand*, 59 – 60。同时参见 Bremer, *Puritan Experiment*, 90。

[3] Tocqueville, *Democracy in America*, 33. 这一段以及接下来的数段的内容，都来自埃蒙德·摩根（Edmund Morgan）关于早期马萨诸塞殖民地政教关系的一章（62 – 85），载于 *Roger Williams*，以及 Bremer, *Puritan Experiment*, 89 – 94, 102。

[4] Morgan, *Roger Williams*, 63. 科顿的表述值得全文引述。"将共同体做成上帝的家，即他的教会，这种做法是不错的，比将教会调整成世俗的状态要好。我不认为上帝曾经下令，将民主政体作为合适的政府形态，说其适合教会或共同体。如果人人都来做统治者，那谁又来做被统治者呢？至于君主政体或贵族政体，它们都明确得到了《圣经》的许可和指示，因此，我们应将之作为共同体和教会的最好的政府形式，将主权授予它，并建立*神权体系*。"（*Letter to Lord Say*,

1636, as found in Hall, *Puritans*, 172, 斜体为作者所加)

[5] Hall, *Faithful Shepherd*, 122. 参见第六章全部内容，该章对清教徒国家做了详细探讨。

[6] 转引自 Morgan, *Roger Williams*, 66。

[7] Winthrop, *Journal—Abridged*, 170.

[8] Morgan, *Roger Williams*, 63；Dreisbach, "Sowing Useful Truths," 71, 76–79.

[9] Winthrop, *Journal—Abridged*, 280–284.

[10] 关于"小演讲"，参见 Winthrop, *Journal—Abridged*, 281–282。关于对这一点的精彩分析，参见 Schaar, "Liberty/Authority/Community," 495–505，这一观点也获得了布莱姆纳的支持，参见 Bremer, *John Winthrop*, 305–306。

[11] 亚里士多德认为，要想将社会奠基于道德真理或善之上，则人们所能想到的最好的办法是为目标性的善划定一个不那么精确的、一般性的框架（*Ethics*, I.2）。那些有"实践智慧"的人能最有效地实现这一点，并随后执行之（VI）。

[12] Winthrop, *Journal—Abridged*, 89.

[13] 关于《红字》中温斯罗普形象的解释和维护，特别是他死的时候，与海丝特和珠儿在一起的场景，更为详细的内容，请参见 Holland, *Remembering John Winthrop*。但是该文在多个方面与下文的观点不同，参见 Lauren Berlant, *Anatomy of National Fantasy*。贝兰特同时还认为温斯罗普死的时候的场景和形象，标志着他"庄严的价值"，同时也标志着他权威式的政权中不断减弱的"压力"（特别参见第二章）。

[14] Hawthorne, *Tales and Sketches*, 1033（"Mainstreet"），546（"Endicott and the Red Cross"），and 22（"Mrs. Hutchinson"）.

[15] 这一观点也可见于迈克尔·温希普（Michael Winship）的分析，他详细地研究了安妮·哈钦森的事迹以及相关事件，*Making Heretics*, 138, 237。同时，两名最有见地的温斯罗普传记作者也提出了相关的看法，他们是埃德蒙德·摩根（Edmund Morgan）和弗朗西斯·布雷默（Francis Bremer）。

[16] 关于温斯罗普的国家民主化的深度解读，参见 Miller, *Rise and Fall of Democracy*, 21–49，并与下文对该国家专制化的解读作对比，参见 Foster, *Their Solitary Way*, 67–98。我的观点借鉴了这两者以及观点处于两者之间的一些材料。

[17] 就在查理解散他最后一届议会之前，这一王室特许令批了下来。可能是因为特许令是匆忙批下来的，该特许令上并未对该公司应在哪里召集治理股东们，召开会议做出规定。这一个意外的——有人认为是神奇的——剧情翻转，意味着马萨诸塞海湾公司不用像其他殖民地公司一样，必须在伦敦，在王室监视之下开展运营。拥有王室许可的保障（他们都享有不列颠臣民"完全的自由和豁免"）的恢宏前景，以及不同寻常的自治权限（他们只是被禁止通过与英格兰法律相抵触的法律）是使依旧在犹豫中的温斯罗普达到确信的关键原因，即确信这家公司真的值得他投身其中。现在，在正式地、全面地向移民者做出了承

诺后，他积极地推动这家公司不按照英格兰的公司来运作，而是按照新英格兰的殖民地来运作。参见 Morgan, *Puritan Dilemma*, 31, 40, 75。

[18] 该段引自 Morgan, *Puritan Dilemma*, 75 – 82; Bremer, *John Winthrop*, 196, 209, 214 – 215, 218, 241; Foster, *Their Solitary Way*, 67 – 98。

[19] Bremer, *John Winthrop*, 209.

[20] Winthrop, *Journal—Abridged*, 81.

[21] *The Colonial Laws of Massachusetts*, 29 – 68.

[22] Brown, "Freemanship". 关于温斯罗普的早期共同体有多么激进，最近的相关研究，参见 David Hall, "Experience of Authority"。

[23] Foster, *Their Solitary Way*, 83.

[24] Winthrop, *Winthrop Papers*, IV: 383; Brown, "Puritan Concept of Aristocracy".

[25] Winthrop, *Papers*, III: 422 – 423. Michael Zuckert, *Natural Rights Republic*, 267, 否定了这些话的重要性。他说这些话与更为宏观的"自然权利"学说没有联系，不是美国传统的建国基础。而且，他还指出，温斯罗普讲这些话的目的是防止移民们加入共同体。的确，温斯罗普并不具有学院派的自然权利观念，不同于杰斐逊或洛克。我在第二章中曾提出，杰斐逊的思想，与温斯罗普做了根本性的决裂。但是，我们很难认同这样的观点，即"除了依靠同意……没有人拥有凌驾于他人之上的合法权利"这句话，与那些主张自然平等的言论毫无相似之处。如果到最后，温斯罗普的观点不支持自然权利观（我也认为它不是），这也是因为他所提出的关于同意的核心观念和另一些与自然权利相抵触的概念联系在一起，即那些与多数自然权利学说不同的，不在自然权利学说范围内的概念；但是，同意的核心观念依旧是自然权利学说的核心——因此，将之与自然权利思想联系到一起应该是看似合理的。同样，自由同意的市民们，在形成了共同体后，又想有效地控制其范围，但这也不能说明这就是一个不自由的共同体。哪怕是现代美国也有这样的认识，即仅仅因为你和其他的市民同伴们基于自然权利，同意接受一个共同体的统治，也不是说共同体必须允许任何申请加入者成为其成员。Thomas Hooker, "Two Sermons," I: 20.

[26] 著名的"新英格兰模式"是每个教会都与其他教会平等，且不向更高一级的教权机构报告。每个教会都宣称自己有"司钥权"——意即所有人共同掌握权力，决定教会政府的方方面面。通过男性成员的投票，加上牧师们的引导，每个教会都可以决定下列事项，即接纳谁、驱逐谁、在有争论的教义中选择较好的那种说法等。虽然牧师和长者能够得到普遍的尊重和敬仰，但最终做决策的是教会，它可以遴选所有的僧侣职位，或解除他们的职务。参见 Hall, *Puritans*, 5 – 6; Bremer, *Puritan Experiment*, 97 – 105。

[27] Tocqueville, *Democracy in America*, 32.

[28] 关于美国社会契约论的盟约论先驱们，更为详细的内容请参见 Niebuhr, "Covenant and American Democracy," 126 – 135; Elazar, *Covenant and Constitutionalism*, 17 – 45; Lutz, "Covenant to Constitution," 101 – 133。

[29] 作为比较，请参见日内瓦版《圣经》"申命记"第30章（早期清教徒美国的标准《圣经》）。

[30] 这一国家性的盟约指的是温斯罗普所认为的，由全体信徒有效签订的盟约。这些信徒是自我选择，决定要移民的，并清楚知道这一公司的正式目的。其他的盟约包括——最著名的是教会的盟约，由各个具体教会的成员提出正式申请加入，第二个是公民盟约，在马萨诸塞，这通常指的是社会盟约，申请者加入该盟约便可获得自由民身份。每一个殖民者除了要同意上帝的一般律法和国家性盟约的目的以外，他还有一个机会决定他或她是否接受教会或政府机构施加的额外义务和限制。参见 Morgan, *Puritan Dilemma*, 78 – 84；Bremer, *Puritan Experiment*, 21 – 22；Miller, *Errand*, 28。"差旅"这个词，来自佩里·米勒（Perry Miller），他借用了塞缪尔·丹弗斯（Samuel Danforth）在1670年选举日布道的题目。参见 Miller, *Errand*, I。

[31] Winthrop, *Journal—Abridged*, 280 – 284.

[32] Adams, *Revolutionary Writings*, 24, 59 – 60, 61 – 71.

[33] Winthrop, *Winthrop Papers*, IV, 383.

[34] Perry, *Puritanism and Democracy*, 191 – 192.

[35] "世界的中心"一句来自 Baritz, *City on a Hill*, 17。逃亡理论见于 Delbanco, *Puritan Ordeal*, 以及 Bozeman, *Ancient Lives*，他在文中总结了很多当时其他人关于"山巅之城"这一形象的乏味的运用。

[36] Bremer, "To Live Exemplary Lives," 27 – 39，他关于历史上对这一问题的争论，做了一个出色的调查。我在这里的解读受到他的观点的很大影响，他解读了温斯罗普这一代清教徒真实的使命观，虽然这可能不是他们唯一的使命观。

[37] Mencken, *A Little Book*, 624；Brooks, *Early Years*, 194.

[38] 至于为何温斯罗普和他的讲话被人们遗忘，然后又突然获得两党一致拥抱，更为详细的信息，参见 Holland, "Remembering John Winthrop"；Kennedy, *Let the Word*, 57。詹姆斯·卡罗尔（James Carroll）在他1978年发表的小说中，全文摘录了肯尼迪的这篇演讲。这部小说进入了《纽约时代》杂志最畅销小说榜。卡罗尔是这样描绘这一场景的，即肯尼迪的简短的讲话让现场的听众感觉自己像全身通了电一样："这栋房子的天穹也在屏气听他讲话……议员们之前都听过这些文字，但它们从未显得如此简洁，如此直白。正是肯尼迪讲话的简洁性让他们感觉震撼……他们都是历经风雨的政客，各种阵仗都见识过，但是眼前这个人的无邪形象之伟岸却深深地扎进了他们的心灵。" 497 – 498。

[39] 关于里根、肯尼迪和约翰逊，参见 U. S. President, *Public Papers of the Presidents of the United States*；关于"标准结尾语"的表述，参见 Safire, "Rack Up That City on a Hill"；Cuomo, "A Tale of Two Cities"；Taylor, "Mondale Rises to Peak Form"；Dukakis, "The Democrats in Atlanta"；Clinton, "Commencement Address at Portland State University"；Lott, *Response to President's Radio Address*；UN General Assembly, *Mayor Rudolf W. Giuliani, Opening Remarks*；Bush, "Experts from President Bush's Th-

anksgiving Day Proclamation"；Kasindorf，"Governor Schwarzenegger Takes Office"。

[40] Bremer，*John Winthrop*，208.

[41] 1864 年，罗伯特·温斯罗普（Robert Winthrop），即约翰·温斯罗普的直系子孙，首次公开发表了大量的原始文件，这些文件都来自温斯罗普的日记，以及他个人的手稿。该书名为《约翰·温斯罗普的生活和书信》（*Life and Letters of John Winthrop*）。在书的前言中，罗伯特解释说："不只有少数人提出质疑，说这些马萨诸塞的先祖们在多大程度上是慈善的呢？不只有少数人感到害怕，因为基督教的三个卓越恩典的伟大力量只在人们心中产生十分微弱的认同，而其原因则在于，此前，使徒的文字的最宝贵的财富已经倾泻而出，几乎耗尽了能量。他们这些人秉性严苛、性格严酷、行为严厉，并因此在历史中常受指摘，时受排斥，甚至连他们的子嗣也不能容他们。我们很高兴地相信，《约翰·温斯罗普的生活和书信》一书到目前为止，得以在某种程度上调和，虽然无法消除这种偏见。它们展示出至少一位最重要的马萨诸塞始祖的丰沛的柔情和爱……我们的确可以看到他的严厉的一面，但这一面并不是针对其他人，而是针对他自己。我们看到他对自己的缺点，他自己的'罪、过失和疏忽'毫不留情；却对他周围的人十分仁慈，充满感情。"参见 Winthrop，*Life and Letters*，2 – 3 of vol. Ⅱ。这种说法的确是有点过于推崇先人了，但在布莱姆纳最近的一部作品中，我们还能清楚地看到类似的说法。布莱姆纳对温斯罗普的人生做了一次非批判性的、大规模的研究。他总结道：温斯罗普的文字和行为所含有的"持久的信息"是，我们必须"用纯洁的心去热切地爱彼此"（Bremer，*John Winthrop*，385）。

[42] Weber，*Essays in Sociology*，15. 在美国，对于这一主题有过各种讨论，最早是乔治·华盛顿做过讨论，最近是乔治·斯特凡诺普洛斯（George Stephanopoulos）。在著名的告别演讲中，华盛顿警告美国人说，虽然我们和其他国家之间应建立起"公正和友好"的关系，但我们应该"杜绝对他国的情感上的依附"（Washington，*Collection*，523）。斯特凡诺普洛斯是克林顿总统的高级顾问。在他的回忆录中，他感谢道，他在白宫学到的最重要的经验之一是政治决策必须避免"关切太多"（*All Too Human*，221）。

[43] 关于温斯罗普的"痛苦"，参见 Bremer，*John Winthrop*，145。关于"产生了恶果，甚至造成了公共危机"的公众行动，参见 Winthrop，*Journal—Unabridged*，772 – 774。在他写给几位地方行政长官的信中（这些人公开反对他在这个问题上的决策），他提出，帮助拉·图尔"首先"依据的是"我们的义务，即我们受苦的邻人要求我们的帮助"，还有就是上帝的天命，以及"我们慈善的良好观念将他带到我们面前"，需要我们出手相助；参见 Winthrop Papers IV：405。关于为何温斯罗普觉得，拉·图尔比德奥尔内更算是自己的邻人，我们只能从如下事实中找到证据，即德奥尔内经常在北面和清教徒殖民者发生摩擦，而且，在两人之中，拉·图尔更为积极地寻求温斯罗普的支持。参见 Winthrop，*Journal—Abridged*，228。关于"决策时过于鲁莽"，参见以上引文，236。

[44] 关于约翰和玛格丽特的关系的相关信息，参见 Rutman，"My Beloved"。引文见于 Bremer，*John Winthrop*，97，同时参见 98，320 – 321，373。上述柔情款款、相互尊重、性趣盎然等特点，在温斯罗普第三次，也是最长的那次婚姻中，是全然具备的。第三次婚姻，是他与玛格丽特·廷德尔（Margaret Tyndall）的婚姻。玛格丽特在精神和理智上都与他相匹敌。他的第一次婚姻，即与玛丽·福斯（Mary Forth）的婚姻，在上述特点方面就稍显逊色的。玛丽在精神和理智方面并没有那么严谨，而这经常是让约翰感到沮丧的原因。但是，甚至在这种情况下，他依旧能接受这种差别，并能维持稳定的关系。引自 *Winthrop Papers* I：166。

[45] 有一份匿名的关于哈钦森庭审记录的教会报告显示，在当时，威尔森高声尖叫："我以耶稣基督的名义和教会的名义，命令你这个可鄙的人，主动退出这个教会。" Hall，*Antinomian History*，338.

[46] Winthrop，*Journal—Abridged*，142；Moseley，*John Winthrop's World*，86.

[47] Winthrop，*Journal—Abridged*，247，345.

[48] 在"典范"演讲的这一部分中，我们同样可以看到，温斯罗普的怜悯的另外两种形式——施舍与出借——也几乎是经济的含义的。斯科特·迈克尔森（Scott Michaelsen）提出，为何这些关于怜悯的段落要在经济利益上纠缠不清呢？这是因为马萨诸塞海湾公司说到底是一家经济企业，采用的联合持股的形式（Michaelsen，"John Winthrop's 'Model'"）。当然，迈克尔森的确有理由谴责对这篇布道做"激进的鼓吹公有社会的解读"，因为这么做，就是使自己限定于关于"纯真的爱和互惠关系"的段落之中，而没有看到"令人困惑的第一部分"论及经济上的怜悯和正义的内容（91）。但是，诚如遭到迈克尔森批评的这些学者犯下了这样的错，即过度重视爱与共同体，而没有认识到温斯罗普对于商业之道的重视，迈克尔森和安德森（Anderson）（A House Divided）也犯下了类似的错，即太重视温斯罗普思想中的"企业之道"。迈克尔森和其他鼓吹公有社会的解读者们（出于不同的原因）都漏掉了这一点，即论怜悯的"令人困惑的第一段"是与之后的论爱的段落紧密相连的，而且这些之后的段落对这一段（至少部分的）做出了解释。

[49] 对很多人来说，他们对清教徒新英格兰的偏执狂的认识主要源于臭名昭著的塞伦（Salem）女巫审判事件——这一事件好像成了 17 世纪清教徒新英格兰性格的缩影。我们需要记住的是，塞伦女巫案是一个孤立的事件，发生在温斯罗普死后 40 年，此后再没有类似的事件发生了。此外，在欧洲的多个地方，也曾出现过类似的审判。关于巫术的讨论，参见 Macfarlane，*Witchcraft*；Levack，*Witch-Hunt*。

[50] Hawthorne，*Tales and Sketches*，1039.

第二卷

杰斐逊和建国

杰斐逊的原则是自由社会的基本定义和公理……向杰斐逊致以最崇高的敬意。

亚伯拉罕·林肯，1859 年 4 月 6 日

要从耶稣教导的话中抽象出纯粹的原则……我们就必须将手中的书卷视作单纯的福音传道者，然后从中只选择耶稣说的那些话……然后我们就可以看到，剩下的内容是耶稣给予人们的最庄严的、最仁善的道德法典。

杰斐逊致约翰·亚当斯，1813 年 10 月 12 日[1]

1776 年

——另一份宣言

1776 年 5 月，乔治·梅森（George Mason）起草了《弗吉尼亚权利宣言》。一个月后，弗吉尼亚代表会议只做了少数几处修改，便一致通过这份宣言。这份文件的影响是直接的、广泛的。托马斯·杰斐逊在费城构思《独立宣言》时，很明显为这份宣言所引导。9 个其他殖民地跟随弗吉尼亚的领导，将类似表述用于它们各自的新宪法，或通过了类似的法律。数年以后，当詹姆斯·麦迪逊为美国《宪法》起草《权利法案》时，也更多地借鉴了这篇宣言。孔多塞认为，梅森完全应该得到"人类永久的感激"，因为法国的《人权宣言》借鉴了《弗吉尼亚权利宣言》的套路。[2]

人们通常如此正确地评价该宣言的巨大影响，即它是独立战争中人们关于基本自然权利的主张的原型。这些自然权利所对应的是关于下述事项的需求：人民主权、权力分立，以及某些基本的公民自由等。但是，人们很少认识到，这一重要文本揭示出了基督徒慈善在美国独立之初所具有的政治地位。《弗吉尼亚权利宣言》最后一条的最后一行所宣称的不是一项权利，而是一项义务，也即"所有人都相互有责任以基督的克制、博爱和仁慈对待他人"。要想确证这句话不是一句冠冕堂皇的套话，那我们就应该研究一下，这最后一条在起草的过程中，被删去的和没有修改的内容。

梅森宣言的初稿在通过委员会表决时，只做了微小的改动。但是，在最后一段，却有几处不大的，但十分重要的改动。以下是改动之后的最后一条（被删除的内容加下划线，添加的内容则以斜体标示）。

宗教，亦即我们对创世主所负有的责任以及尽这种责任的方式，只能由理智和信念加以指引，不能借助于强力或暴行。因此，*任何人都应按照良心的指示，在信仰宗教时，获得全面的宽容，任何人都有按照良心的指示，自由信仰宗教的平等权利；不受行政长官的惩罚和限制，除非以宗教为幌子，扰乱社会治安，破坏社会幸福，危害社会安全；*所有人都相互有责任以基督的克制、博爱和仁慈对待他人。[3]

可能和这些改动一样重要的是做出这些改动的人。是詹姆斯·麦迪逊设计了这些非常重要的修改，虽然他当时还很年轻（只有 25 岁），而且除这些修改外，他对这次表决没有做出太多贡献。麦迪逊担心"任何人……在信仰宗教时，获得全面的宽容"一句用语程度太轻，乃至于不足以保护他所认为的道德上的基本自由。所以，在面对他所称的"这一爆炸性问题上涌动出来的巨大能量"时，他成功地用"任何人都有……自由信仰宗教的平等权利"代替了代表会议草案中令人不安的文字。在这么做的时候，他将宗教信仰自由从一种由传统权威授予的特权改为一种内在的、普遍性的权利。著名历史学家乔治·班克罗夫特认为，这是"弗吉尼亚最聪明的平民的第一项成就"。[4]

没有任何正式记录表明麦迪逊是如何考虑这一条的最后一句的，即正式承认"所有人都相互有责任以基督的克制、博爱和仁慈对待他人"。可能是麦迪逊并不关心这一句，而是觉得自己已经在调整前面的条款时花掉了够多的政治资本，而前面的条款才是他最关心的。也可能是他愿意为这一句背书。无论是哪一种情况，值得注意的是，在麦迪逊和整个弗吉尼亚代表大会仔细地审查和编辑了最后一条之后，乔治·梅森的最后一句没有受到任何改动。这一情况至少说明了这样一个事实，即基督徒之爱的公共义务的理念绝非单个思想家古怪的想法，而是由早期合众国最著名的民选议会大力宣扬的基础性政治法令。

当然，我们应该认识到，这里提到的内容与《基督徒慈善的典范》这篇演讲中的内容是有着巨大不同的。温斯罗普的慈善观念以严格的盟约为重点，该盟约在宗教上对人的行为做出诫命，并要求人的信仰依循正统。另外，无论慈善还有什么其他内涵，对于梅森而言，它指的都只是官方的宗教"宽容"，而对于麦迪逊而言，它指的是为法律所保护的"自由信仰"宗教的权利，或者至少允许这一权利与慈善同时存在。这不仅开拓了以非正统的形式和高度个人化的方式信仰上帝的可能性，也使得不信仰上帝，即不爱上帝，成为可能。然而，梅森的文本，以及麦迪逊的修改，都依旧表明，在温斯罗普的船上布道近一个半世纪后，基督徒慈善的概念，作为公共"义务"，在美国政治中的重要时刻发挥了巨大影响。所以，关于这种说法，即其他人认为的1776年宣言更为著名，影响力更为持久与巨大，而《弗吉尼亚权利宣言》的含义和重要性就不值一提的说法，对有的人来说或许是新闻，但对其他人来说，却完全是一种陈词滥调。

注释

[1] 关于上述题词，参见 Lincoln，*Collected Works*，3：375 – 376，and Jefferson，*Jefferson's Extracts*，352。

[2] 在第三章中，笔者将详细讨论《弗吉尼亚权利宣言》对于《独立宣言》的影响。关于其他州借鉴《弗吉尼亚宣言》的情况，参见 Rutland，*George Mason*，66 – 67。关于《弗吉尼亚宣言》对《权利法案》和《人权宣言》的影响，参见 Banning，*Jefferson and Madison*，104。孔多塞的话转引自 Mason，*Papers*，276。

[3] Mason，*Papers*，290. 转引自 Ketcham，*James Madison*，73。

[4] Mason，*Papers*，289.

第三章　自然权利的典范

在生命的晚年，托马斯·杰斐逊宣布《独立宣言》不是"从任何具体的、之前的文本中抄袭而来的"。但是，通过将杰斐逊的"初稿"和乔治·梅森的《弗吉尼亚权利宣言》逐字逐句比对，我们可以发现这两个文本在语言和逻辑上十分相似（见表 3 – 1）。[1]

表 3 – 1　《弗吉尼亚权利宣言》和《独立宣言》"初稿"中的相似段落

《弗吉尼亚权利宣言》 （代表会议版）	《独立宣言》 （初稿）
所有人都是生来同样自由与独立的，并享有某些天赋权利，当他们组成一个社会时，他们不能凭任何契约剥夺其后裔的这些权利。也就是说，享受生活与自由的权利，包括获取与拥有财产、追求和享有幸福与安全的手段	我们认为下列真理是神圣的和不容否认的：所有受造之人自始平等和独立，而从这平等的受造，他们获得了内在的和不可剥夺的权利，其中包括对生命、自由、追求幸福的保障
所有的权力都属于人民，因而也来自人民。长官是他们的受托人与仆人，无论何时都应服从他们	为了实现这些目标，人们之中成立了政府，并经由被统治者的同意而获得公正的权力
政府是为了或者应当是为了人民、国家或社会的共同利益、保障和安全而设立的。在所有各种形式的政府当中，最好的政府是能够提供最大幸福和安全的政府，是能够最有效地防止弊政危险的政府。当发现任何政府不适合或违反这些宗旨时，社会的大多数人享有不容置疑、不可剥夺和不能取消的权利，得以公认为最有助于大众利益的方式，改革、变换或废黜政府	无论何时，如任何形式的政府成为这些目标的破坏力量，则人们都有权改变或废除这个政府，并成立一个新的政府。新政府所根据的原则及其组织权力的方式，务必使人民认为，唯有这样才最有可能保障他们的安全与幸福

杰斐逊一抵达费城参加大陆会议，就被委以起草宣言的重任。当地

三份不同的报纸刊发了梅森文本的"委员会版",而梅森,这位革命了的弗吉尼亚著名的"知识阶层叛党首领",便成了托马斯·杰斐逊和詹姆斯·麦迪逊在政治理论事务上的关键的启蒙导师。所有事情都确证了一点,即杰斐逊在起草他的宣言"初稿"时,读了梅森的文本,并在某种程度上依赖这一文本。[2]那么,我们就可以很明显地看到,杰斐逊是故意在他的文本中没有提及梅森的最后一条的,即关于实践基督徒之爱的义务的内容。

对于这一提法的合理回应是,杰斐逊的宣言是要与英格兰正式决裂,因此他是在号召人们打仗——这里绝不是倡导公众要遵奉 *caritas*。而梅森的文件,虽然没有明确割裂与大不列颠的关系,以及宣战,但等于是干了同样的事情,也非常清楚地表达了当时的革命狂热。而且,在进入战争数年后,在面临英国破坏和焚烧他们占领的城市的威胁时,大陆会议发布了一份警告,说人们会"采取同样的报复行动,以阻止他人采取类似的行为",从而"保护人权",但是,他们在采取这些行动时,很明显不是处在"愤怒和仇恨"情绪中,而是处在巨大的痛苦和遗憾情绪中,因为"大陆会议认为它们应该爱他们的敌人,就如父亲爱他们的孩子"。[3]所以,问题是,杰斐逊本来可以像其他处于类似情况的革命委员会那样,在宣言中嵌入基督徒之爱的原则,但是他却没有这么干。这其中的理由绝非用 1776 年夏天的军事目标可以全然解释,而且,这一点的重要性是十分巨大的。

这份宣言很快就得到了数位关键领导人的认可,他们认为这份宣言不仅是用吸引人的、富有感情的文辞宣告了与英国国王的正式决裂,还含有某些更为巨大的、更值得注意的内容。约翰·汉考克(John Hancock)发送了一份该宣言给当时已经参加独立战争的乔治·华盛顿将军,并称之为"政府的基石与地基"。虽然《独立宣言》在随后的 15 ~ 20 年变得默默无闻(因为它反对宣布独立的行为),但是,汉考克的观点最终却在市民中得到广泛传播。到《独立宣言》发布 50 周年的时候,即1826 年 7 月 4 日——令人震惊的是,杰斐逊与亚当斯两人也是在这一天双双撒手人寰的——这一文本被人们誉为"美国圣经",神明般地道出了美国的本质和目标,一道闪耀着光辉的标准。有了这一道标准,人们便可以评估任何政府的正义性与合法性。[4]最后的结果是,杰斐逊的宣言没有吸纳任何与梅森最后一条类似的内容，却为美国建立了一套杰出的政治标准，但这套标准又与成为"基督徒慈善的典范"的想法相去甚远。

至于杰斐逊在 1776 年将美国从 *caritas* 这个明确的公共理想上带跑出去有多远，我们只要比较一下他的《独立宣言》的"初稿"和温斯罗普的"典范"演讲，以及这篇宣言之后修改的各个版本，即由起草委员会、全体大陆会议各自编辑和通过的版本，就能看出更多的内容了。回归杰斐逊早期的版本，能使我们避免一个常见的错误解读，也就是将正式通过的版本视为杰斐逊个人思想的表达。虽然杰斐逊认为起草委员会对其原始版本只做了微调（很多修改是他自己操刀的）而心态乐观，但是他对大陆会议的最终修改却很明显表示了失望。[5]

杰斐逊的《独立宣言》和对上帝的爱

在《独立宣言》"初稿"的开头，杰斐逊重新构造了世界，因为在这之前的世界中，政治是为像温斯罗普这样的人而运转的。他的第一句指向的结论是，上帝真诚的爱——温斯罗普的核心思想——将要被有效地清空了，至少从美国民主的公共领域中被清空了。温斯罗普的第一句话将自己的选民离开英格兰的做法置于这样一个前提下，即上帝的天命在任何地方，"任何时候"都在运行，而杰斐逊令人难忘的开头一句话则是："在人类历史事件的进程中。"杰斐逊的意思是，就算是像美国独立战争这样的地动山摇的政治运动，都不是由神力所驱动的，而是一场没有任何剧本的，由凡人主导的大戏。温斯罗普主张"万能的上帝"根据他的意愿将人们置于不同的位置，而杰斐逊则只主张"一个民族有必要摆脱他们至今维持的从属地位向前迈进"。这个民族自己应该看到，他们是"在众多列强中领受"他们配得上的政治环境。温斯罗普努力满足猜疑的、介入人世的上帝的所有要求，而杰斐逊的目标则只是"对人们观念"表示"尊重"。在这第一句中，杰斐逊反复强调，政治的边界是人世间。

不过，在杰斐逊的政治观念中，上帝并未全然退场。在同一句话中，杰斐逊主张，是"自然法和自然之神授予"人们抛开从属地位，获得在世界民族之林中"平等和独立的地位"的权利。这里提到人们被授予某种权利，这就意味着存在一种标准，基于这一标准，人们可以确定某人是否对某一事物拥有权利。在杰斐逊看来，这一标准是存在于"自然之神"那里的，并且是通过"自然之神"而存在的。这便将杰斐逊置于温斯罗普与马基雅维利的世界观之间的巨大空隙之中。温斯罗普的世界观认为，传统基督教的全能的上帝建立了一套统治的道德体系，并根据这一体系设计了政治生活的运行方式。而马基雅维利的世界观则认为，关于对错，世上并无明显的至高的来源或绝对的意志，世上只有关于获得权力、保持权力的原始需求，以及由之而来的道德回报。[6]杰斐逊的自然之神是世界上无处不在的一股力量，该神曾经发布一部万民法（a universal law），基于这部法律，在任何时候、任何地点，人们都可以对基本的政治安排做出评估。然而，这个"自然之神"似乎是站在世界之外的，允许人类自己命令和决策政治该走哪条"道路"。这个神既不去看，也一动不动——他维持着整套基本的道德体系，根据这套体系，人们可以判断政治之正误，但是他自己却既不惩罚违反道德者，也不赐福依循道德者——由此，杰斐逊和其他人就没有理由促进人们对神表示恭顺、公共的爱了。[7]

所有这些都反映了，包括但不限于，如下事实：杰斐逊出生在一个英国国教徒家庭，并从小接受国教的教育，所以在十几岁的时候，他经历了某种"宗教危机"，而到他起草《独立宣言》的时候，他基于理性树立起了一种"边界模糊的自然宗教"观念（尽管如此，终其一生，他依旧参加圣公会的仪式）。在杰斐逊小时候，一场大火烧毁了他的家和他的所有值得纪念的东西，而且他曾在一次公开讨论中闭口不谈自己的宗教观点——"关于我的宗教信仰，没有什么好说的"，有一次，他告诫一个传记作家说："只有我的神和我自己知道。"鉴于上述这些情况，我们需要在杰斐逊的《文学摘录簿》（*Literary Commonplace Book*）（简称《摘录簿》）中去找他早期宗教信仰的完整形象。这部作品包含的段落是杰斐逊煞费苦心地从各种诗人、戏剧家和哲学家那里抄来的——这个计划开始于他十多岁的时候，在他 30 岁的时候基本完成了，然后在他一生中，他曾反复参考其中的内容。[8]

在《摘录簿》中，最早的，也是最长的一个选段来自博林布鲁克勋爵（Lord Bolingbroke）的作品，他写了《天启神学的合理批判的真正总结》。尤金·谢里丹（Eugene Sheridan）证明说，"基本可以确定的是"，这反映了杰斐逊自己的观点。[9] 在摘录的段落中，博林布鲁克攻击将基督的奇迹作为证明他拥有神性的证据的做法，因为它们是"模棱两可的"，只有在"满是愚昧或迷信"的情况下，人们才会信这一套，而且最重要的是，因为耶稣根本就不是神。[10] 博林布鲁克进一步提出，基督教教义中所讲的"人的堕落"，以及耶稣为罪所做的救赎性的牺牲，与"明智、正义、善良等理念都是完全矛盾的"。[11] 他还以同样的方式，否定了整个"启示"的概念体系，认为没有真凭实据证明"启示"的存在，以至于"每一个头脑健全的人都应拒绝承认它"。[12] 因此，他也拒绝承认《圣经》是上帝的话，他说，《圣经》几乎每一页上都充斥着"粗鄙的漏洞，明显的错误"。[13]

当然，杰斐逊的《独立宣言》的很多编辑者——起草委员会和全体大陆会议的成员——所秉持的是更为传统的基督教世界观，结果，他们拒绝在《独立宣言》中加入杰斐逊式的新派神学观念。在"初稿"中，杰斐逊只在两处提到宗教观念。第一处是上述"自然之神"——这是一个没有具体面目的神，与《旧约》或《新约》中的神有较大不同。第二处是杰斐逊轻蔑地称乔治国王是"大不列颠基督国王"（着重号为杰斐逊原有）。并且，杰斐逊宣称，乔治国王通过在殖民地上强行开展殖民地所不愿进行的奴隶贸易，而"发动了有违人的本性的残忍战争"。

但是，起草委员会修改了杰斐逊原稿的第二句话，也就是将"所有受造之人自始平等和独立，而从这平等的受造，他们获得了权利"改为"所有受造之人自始平等和独立，而从造物主那里，他们获得了内在的和不可剥夺的权利"（最后，全体大陆会议将第二个半句改为"获得了不可剥夺的权利"）。这里增加了关于神的表述，而且这一表述看起来更像是在说《圣经》中传统的造物之主——上帝。这也就将自然权利的来源，变成了造物主上帝，而不是平等受造这一事实。进而，全体大陆会议删除了关于奴隶贸易的这一整段，由此，它便剔除了杰斐逊对于"基督徒"这一概念的挖苦式的使用，也是唯一一处此种使用。他们还改写了他原来的结尾，加入了两处比较接近传统的对上帝的提法。他们从杰斐逊的同伴弗吉尼亚的理查德·亨利·李（Richard Henry Lee）（于 1776年 6 月 7 日提出要宣布独立）那里借鉴了一些提法，在《独立宣言》中加入了"向世界最高裁判者申诉"，以及"坚定地信赖神明上帝的保佑"。所以，哈利·嘉法（Harry Jaffa）的评论，即"《独立宣言》提到了自然神学，而不是天启神学"，更适用于杰斐逊的初稿，而不是代表们之后修改的最终版。[14]在上述每一处，杰斐逊都与那些代表不同，也与约翰·温斯罗普有所差异。他想要替换掉犹太－基督教传统中那个积极干预的、万能的上帝，换成一个对人世漠不关心的、不求回报的自然之神，并将之作为美国公共生活的神圣力量。这一做法明显剔除了在政治上十分重要的博爱的纵向层面，或曰对上帝的爱。而且，杰斐逊关于自然权利的核心教义——他在那很长的第二句中简洁地提到了这一教义——也发挥了一样的效果。这第二句在美国政治思想界是非常著名的。[15]

"不言而明的真理"

在杰斐逊的初稿中，著名的第二句的开头是"我们认为下列真理是神圣的和不容否认的"。这一句话的确含有一些宗教信仰的意味。不过，可能的情况是，正是杰斐逊自己在起草委员会版本中将"神圣的和不容否认的"改为"不言而明的"（也可能是富兰克林改的）。[16]有些人主张，之所以改为"不言而明的"真理，是为了清楚地将《独立宣言》的认识论牢牢地建立在理性之上，而有的人则认为，这些真理需由内在的"道德感"来确证，这一点在苏格兰启蒙运动的关键文本中有提到，而杰斐逊本人是清楚地知道这一点的，且完全尊重这种观点。[17]这两派的实力都很强，而且两边都巧妙地整理、剪辑杰斐逊的文字来支持自己的观点。所以，在某种程度上，认为杰斐逊将理性和感觉作为真理观念的确证的依据，都看起来是合理的。在写完《独立宣言》数年后，杰斐逊在担任华盛顿总统的国务卿时，写了一封信给华盛顿。这封信的内容是关于与法国在一些条约上的争议。在这封信中，他说道：

> 所有有关自然法的具体表现的"自然权利问题"都是以其与人的道德感与理性的一致性作为评判依据的。那些撰写文章、高谈阔论自然法者，他们的文字只不过讲述了他们在其所称的特定情况下的道德感和理性。其中个别人的感觉和道理恰好与那些明智且诚实的人们一致，那这部分感觉和道理就受到人们的尊重和引用，作为对具体事例之道德对错评判的标准。格劳秀斯、普芬道夫、沃尔夫（Worlf）、瓦特尔（Vattel）就是其中的个别人。我们承认他们是权

威的，但是，他们也有与我们不同的地方，而且他们经常有与我们不同的地方。对于这些不同的地方，我们必须诉诸自己的感觉和理性来决定到底该听谁的。[18]

那么，杰斐逊到底是否真的更偏向"神圣的和不容否认的"，而非"不言而明的"呢？或者在他的心中，关于理性/道德感的争论是否真的就已经有定论（我们可能永远也不能准确知道实情）了呢？真实的情况是，杰斐逊认为《独立宣言》中所主张的基本真理是显而易见的真理，根本无须进一步证明。特别是，我们不需要上帝的话，即《圣经》的启示或者圣灵的微风——温斯罗普"慈善的典范"认识论的基础——来确证这些真理；就算真需要什么的话，杰斐逊也认为，我们所需要的，可以用来认知《独立宣言》中的真理的东西，是各种形式的道德知识。同时，我们还可以注意到，这些真理的内容也与温斯罗普的"典范"有重大区别。除了提出下述观点以外，也就是将上帝重塑成为既不主动地去爱他的创造物，又不希望受造者们主动向他回报顺从的爱，以及不再将神圣的启示作为世俗政治的真理来源，杰斐逊还提出了一系列真理主张，这些主张在政府的行为与向上帝献身之间形成了一道重要的区隔。

杰斐逊提出的第一个真理是"所有受造之人自始平等"。数年之前，加里·威尔斯（Garry Wills）曾提出，杰斐逊这句话的意思是所有人的头脑和道德能力是基本平等的，足以独立做出正误判断。其他人，从19世纪20年代的一场运动开始，相信杰斐逊的这句话是在说，所有人都应该享受基本均等的财富数量，以及平等的机会。[19]但是，严格地来说，杰斐逊的这句话并不是一句经验主义的评论，认可人们头脑或物质的状况，也不希望设定规范标准，做普天之下所有人社会平均主义的黄粱美梦。更为精确地说，这是一句关于标准规范的评论，是对有关人类的普遍道德事实的接受。

杰斐逊认为，有的人可能拥有身体、智力或精神方面的超人天赋——这个人将成为杰斐逊之后所称的"美德和天赋方面的……自然贵族"中的一员——但是，事实上，这个人并没有统治其他人的权利。[20]杰斐逊在"初稿"中明确强调了这一点，即诚如前述，他说"所有受造之人自始平等和*独立*"（斜体为作者所加）。解读者在引用其他人的文章，来证明一个思想家的观点——特别是在杰斐逊思想研究界，这种做法十分常见——时，必须十分谨慎。不过，在这里，我们可以很恰当地引用洛克在《政府论》（下篇）中的话，因为这部作品对杰斐逊影响很大。在这部作品中，洛克用了几乎一样的词："平等和独立"，来形容处于"自然状态"下的人们。他提出，"完全自由的状态"是人们不受"他人意志"控制的自然的自由状态。[21] 而在"初稿"中，杰斐逊也强调了自然平等相当于自然自由。在文中，他提出，"从这平等的受造，他们获得了内在的和不可剥夺的权利"，即"生命、自由、追求幸福"的权利。[22] 绝大多数人同意，拥有这里提到的这些权利，便等同于拥有了不受他人统治的自由。

有人提出，上文中所述的著名的三大权利，事实上指的是政府的一项提供幸福的义务。但是，这搞混了《独立宣言》中提到的追求幸福的权利和其中没有提到的享受幸福的权利。杰斐逊此后曾解释说，同一个神"使人有追求幸福的本性"，同时又让人可以"自由选择（享受幸福的）地点和方式"。这一点有助于我们解释，为何杰斐逊没有在《独立宣言》中对幸福下定义，同时说明下述严肃的学术讨论是没有意义的，即杰斐逊之所以采用上述关于追求幸福的表述，是不是他在用一些委婉的说法，来替换洛克之前提到的财产权或理性的生活。[23] 幸福的含义在《独立宣言》中是被刻意模糊化了的，而杰斐逊自己关于幸福的思想在很大程度上又是与此不相关的。罗纳德·哈姆威（Ronald Hamowy）对此做了完善的总结：

> 当杰斐逊论及追求幸福这一不可剥夺的权利时，他的意思是，人们可以根据自己的选择，寻求轻松、舒适、幸福和优雅。他追求的方式可以是持有财产或不持有财产、积累财富或分发财富、追求物质成功或过苦行生活。用一句话来说，就是决定他们自己认为合适的实现自我的世俗和神圣拯救的道路。[24]

在论自由的"小演讲"中，温斯罗普强有力地主张，马萨诸塞这个政体的基础是一种"道德"或"市民"自由，即只做善的事情，而不是一种"自然"自由，即根据人们的意愿选择善或恶。而在杰斐逊那里，确保这种基础性的"自然"自由才是政府唯一的合理目标。内在的生命、自由，甚至追求幸福的权利留下了大量的关于自我选择和决断的可能性，其中甚至包括选择很多人们认为是恶的事情（杰斐逊关于自然权利的概念不是一个完全的道德自由的概念——这可能是温斯罗普的观点——而应该是这样一种自由，即根据自己的倾向，遴选和忽略大范围的宗教和道德原则。对于这种说法，温斯罗普肯定不会接受，并会认为这种说法接近所谓的"自然"自由）。正如杰斐逊在他下一个真理中解释的那样，"为了保障这些权利，人们之中成立了政府"。[25]事实上，杰斐逊的原文将这一点讲得更透、更为有力。他没有说"为了保障这些权利"，而是说"为了实现这些*目标*，人们之中成立了政府"（斜体为作者所加）。在杰斐逊眼中，政府的目标，政府存在的合理性，是保障基本自然权利的安全使用，这样一来，个人可以尽可能根据自己的判断，界定何为幸福，并追求幸福。

这句话中有关宗教的含义是十分重要的。简单地说，《独立宣言》的不言自明的真理规定，宗教目标和实践应脱离政府的行为和控制。这是一项基本政治原则。人们是完全自由的，有权追求他们个人倾向于的幸福，所以，在涉及宗教问题时，政府只能设定一个外在环境，即一个和平、有序的环境。其中，基督徒可以信仰基督教，印度教徒可以信仰印度教，无神论者可以不信神。杰斐逊在他唯一公开发表的著作，也即《弗吉尼亚笔记》中，记录了这个令人难忘的观点：

> 政府的正当权力只涉及那些损害别人的行为。我的邻居宣称有20个上帝，或者一个上帝也没有，但是这对我并没有损害。这既不偷走我的钱包，也不打断我的腿。[26]

这最后一句的确揭示了杰斐逊的某些观点，即剔除了清教徒所信仰的万能的上帝（在杰斐逊的观点中，没有这样的威胁，即一个猜疑的上帝会炸死他懒惰的、信仰异教的追随者，从而导致全国的覆灭）。但是，我们需要强调的是，杰斐逊的自然权利学说的核心自由观念不必然是反基督教的，更不是反宗教的。在当时，在大陆会议场内、场外，有很多虔诚的美国人高度赞同这一基本政治学说，即政府不再根据某些宗派观念，来驱使人们向善。对于杰斐逊而言，市民作为个体化的私人，可以根据自己的意愿崇拜和爱上帝。这是为何美国人如此热切拥抱《独立宣言》的一个重要原因。无论如何，杰斐逊部分地受到他对任何传统宗教真实性的强烈质疑的驱使，且更多地受到他对《独立宣言》的核心真理及其含义的坚定确信的驱使，于是将他的政治生涯的大部分用于"在教会和政府间建立一道区隔墙"。这一事业的最高成就是使弗吉尼亚州教会从政府中脱离出来。杰斐逊在《独立宣言》通过后数月就开始着手做这件事。人们认为这件事，连同起草《独立宣言》、创建弗吉尼亚大学，是他一生中的三大成就。[27]

在现存的杰斐逊去世前所写的最后一封信中，他诚恳地拒绝了罗杰·韦特曼（Roger Weightman）请他前往华盛顿特区的邀请，因为韦特曼说要举办庆祝《独立宣言》签字 50 周年的活动。在信中他说，他看到《独立宣言》变成了"全世界"的信号，并称赞它"唤醒人们起来打破因为僧侣式的愚昧和迷信而心甘情愿套在自己身上的锁链"，不再屈从于威权统治。他继续说：

> 所有的眼睛都对人的权利睁开了，或正在睁开。科学知识的普遍传播已经向每一种见解揭示了一个明白的事实，即人生下来并不是背上装着马鞍，也没有受青睐的少数人靠着上帝的恩典，理当穿着马靴、套着靴刺，堂而皇之地骑在他们背上。[28]

杰斐逊认为，理性（"科学之光"）与普适的道德感（"可感知的真理"，意即被感觉到的真理）一起，都拒绝启示神学里那些无知和迷信的传统，因为长期以来，这些传统遮蔽了人们的双眼，使人们难以看到"所有受造之人自始平等"。现在，"所有的眼睛"都看到了，或即将看到，美国的核心是什么——这多亏了《独立宣言》——那便是没有任何自然的政治权威存在，由此，人们便可以自然地自由自治了。

到杰斐逊去世的时候，他已经成功地改变了温斯罗普的《基督徒慈善的典范》——温斯罗普说这吸引了"所有人的眼睛"[29]——的里里外外。到 1826 年 7 月 4 日，温斯罗普主义，以及它的下述根基，包括《圣经》和圣灵、人类天定的不平等、一直存在的崇拜上帝、积极关爱邻人的要求等，在公共话语中基本上被杰斐逊主义摧毁了，而杰斐逊主义的根基则在于理性、世俗道德感、自然的人类平等、将个人视为一个主体的优先需求等。随着这一改变的演进，现在，美国作为自然自由的典范，正期望成为另一座山巅之城，向世界其他地方闪耀光芒。虽然没有证据证明弗吉尼亚的创始人熟悉约翰·温斯罗普的故事，但是，毫无疑问的是，约翰·亚当斯的确是记得温斯罗普这篇著名的演讲，因为在 1780 年，他在写到他的同伴新英格兰人，并夸耀独立战争的将军纳萨尼尔·葛林（Nathanael Greene）时，曾说"美国是一座城市，建立在山巅之上"。他这么说的目的是强调整个世界都在看着美国，在看美国大胆地追求共和国独立的举动到底会变成什么样子。[30]

由于《独立宣言》对美国大范围的政治和道德精神产生了巨大的影响，所以，说乔治·梅森的《弗吉尼亚权利宣言》读起来有点不合时宜，也就在情理之中了。梅森的最后一段论及慈善，这在那些读着《独立宣言》长大的现代读者们看来，是非常别扭的，因为《独立宣言》的逻辑是要使法律文件避免做出宗教宣言——不论及任何强制性的宗教事务。这可能是杰斐逊与温斯罗普的基督徒慈善的典范的目标和设想之间最明显的，也是最根本性的断裂，但他和温斯罗普在其他细节，以及在基督教整体层面的差异，我们也不应予以忽视，特别是在博爱的下述诫命方面："爱你的邻人如爱你自己。"

杰斐逊的《独立宣言》和对其他人的爱

在前文中，我已经提及，在《独立宣言》中，没有出现基督徒之爱的说法，这与杰斐逊的导师乔治·梅森的做法是不同的，即在结尾温和地、略略地说到这一问题，我们就更不用说这与温斯罗普的做法之间的差异了，也就是将之作为宏大的、首要的公共目标。杰斐逊的"初稿"的确没有提到任何的"慈善"或基督徒之爱。有人甚至说宣言中有几处满是恶意。但是，这一文本——至少杰斐逊的"初稿"——的确用了人的"感情"的概念，作为相关的公民理想。

前文也曾提到杰斐逊轻蔑地谈及乔治国王的事情。约翰·亚当斯很快就批评这段"太感情用事，看起来非常像是谩骂"。数年之后，丹尼尔·韦伯斯特在他那篇著名的对杰斐逊和亚当斯的悼词中提出，有必要将这一段放入具体的情景中加以解读，因为很多人还是认为这一段"很粗暴、很愤怒"。现在，人们普遍认为，在这一段中，杰斐逊夸大了某些外围事件的重要性和残暴程度，并将某些由英国议会或地方殖民地行政官员做的事情栽赃给乔治国王，而这些主体的行为其实是独立于国王的。[31]

除了指责乔治国王以外，杰斐逊还将他的笔对准了美国的"英国弟兄"。他提出殖民地一直积极地试图"与他们达成永久联盟和友好关系的基础"，但是，英国却"经常对正义和同族人的声音充耳不闻"，并经常破坏"我们的和谐安定"，结果"这些事情都成了令我们的*感情痛苦不已的最后那根尖刺*"（斜体为作者所加）。所以，杰斐逊的语气不断加强，提到美国必须"宣布放弃这些无情的兄弟。我们必须努力忘记之前对他们的爱"。随后，杰斐逊宣布与大不列颠"永久地别离"。

杰斐逊的同伴委员们认为，这些话都太过了，所以他们将他攻击乔治国王的语气改得柔和了一些，以中和他的戾气。他们从那段要与英格兰愤然决裂的文字中，删去了超过 2/3 的篇幅，也就是将原稿的满篇谩骂删得只剩下了一句话。这样一来，英格兰就成了"与其他人同样对待，他们是战争中的敌人、和平中的友人"！

当然，这种态度上的反差可以部分用年龄来解释。杰斐逊是其中最年轻的委员之一，理应受到其他人的约束，这些人虽然没有他那样的纯真的善心，但是年岁更长，也更为明智，在处理事情时更老于世故。约瑟夫·埃利斯（Joseph Ellis）认为，杰斐逊就乔治国王编的那些假话（"历史上和知识上的胡话"），以及满是敌意的绝交声明，是一种文字策略，为的是激励美国人，让他们起来和英国战斗。但他同时也认为这是一个证据，证明杰斐逊心中"满是恨意"，讨厌所有和英国有关的东西。[32]

为何杰斐逊要对英国如此怨恨呢？这部分可以用杰斐逊看世界时两分的倾向来解释：在一头，都是接受《独立宣言》理想的，并着力加以实践的人；在另一头，都是拒绝这一理想的人。杰斐逊一遇到这类人，即没有很好地实现自然权利理想的人［英国人、基督教宗派主义者、高派联邦党人（High Federalists）］，或者不切实际地将该理想推得太过的人（激进的反联邦党人、废奴主义者），就会变得没有耐心，义愤填膺，虽然他很少公开表达这种情绪。[33]

但是，杰斐逊的"初稿"也显示出，他对英国的愤慨同时还源于其他一些事情。初稿中透露出来的信息是，英国之所以会遭到杰斐逊的深深怨恨，是因为它在美国的"感情"上扎上了一根令人"痛苦不已"的尖刺。至少在杰斐逊早年，英国人不是所谓的外国人，没有引发当地人排外的厌恶感，也不是独裁的暴君，恶行不断。他们的独裁统治，在很多事情上，没有像其他很多君主那样残酷，这里有很多例子杰斐逊都应该是知道的，因为他很熟悉历史。而真正使他们显得残酷（虽然程度稍轻），且使杰斐逊痛苦不已的是，英国是他们的"兄弟"，这个民族和美国人之间存在一种关系，那就是"爱"。但是，现在这种爱已经无法再带来更多的记忆，也无法带来更多的互惠，因为"一长列"的积极的恨意、消极的不正义最终揭示出英国是"没有感情的"，不配获得美国人心中流淌出来的感情。杰斐逊在他的《英属美洲民权概观》（杰斐逊在《独立宣言》之前写的最著名的，也是最重要的一部作品，写于1774年）中写了他的伟大的愿望，即"兄弟之爱与和谐"将会最终代替冲突，在英格兰和美国殖民地之间成为主流，但这个愿望最终被证明是不可实现的。所以，他在这时就像一个被哥哥背叛了的弟弟，他的愤怒是要远超面对之前不存在任何关系的敌人之时的。[34]

年轻的托马斯·杰斐逊满怀激情地倡导关于个人自由的新秩序，但他同时也是一个多愁善感的人，他是苏格兰道德感派的信徒，信奉要对其他人怀有自然之爱、关切和情感的教义。[35]但是，我们看到，在《独立宣言》中弥漫的是一种相反的情绪，即对英国人的仇恨与敌意，这是因为如下事实，即在杰斐逊看来，英国破坏了双生子最基础性的伦理根基。他们不仅有违他所秉承的自然权利的教义，而且主动地破坏了双方情感的纽带，但在杰斐逊眼里，这一纽带曾占上风，而且应该一直存在下去，因为它是一个有德行的人的标志。

在年轻的杰斐逊的道德视野中，爱与情感的明确的理想是一项重要元素。但我们也应看到，杰斐逊在说这些理想时，并没有有意识地联结到基督徒的教义那里去。[36]博林布鲁克勋爵对传统宗教进行了诸多批评，杰斐逊在他的《文学摘录簿》中摘录了其中一部分内容：

> 耶稣没有解释全部道德，以作为来自理性原则的自然法，或涵盖生活的全部义务。如果人类想要获得这样一部法典，这样一来，

每遇到事情就可以翻查这部法典，搜寻作为道德义务的每一个部分的颠扑不破的规则，那我们就只能失望了；因为福音并不是这样一部法典。[37]

《文学摘录簿》中的另一份材料显示，至少在 1762 年底之前，甚至可能早在 1758 年——那时杰斐逊还只是十五六岁的年纪，正跟着一个古典学者詹姆斯·莫里（James Maury）读书——杰斐逊便对伊壁鸠鲁学说和斯多葛主义产生了强烈的兴趣。在之后的岁月中，他依旧以某种形式专注于这两种学说。杰斐逊相信，相比于《新约》，由提倡这两大学说的"古代异教徒的道德家们"所提出的"道德体系"是"更为完善、全面、连贯的，且是从有关知识的确定无疑的原则中更为清楚地推导出来的"。[38]

但是，1771 年，杰斐逊给自己一个年轻的姻亲，罗伯特·斯基普威思（Robert Skipwith），写了一封信。这封信揭示出在杰斐逊早年知识萌芽时期，他的道德观已经超越了他所接受的古代希腊 - 罗马道德家们的理性个人主义。在这封信中，杰斐逊提到了一些推荐读物。他大加赞赏这些"小说给人带来的消遣"，说它们将"我们嵌入美德的原则和实践之中"。他继续说：

> 比如，当任何关于慈善或感恩的行为被活生生地呈现在我们面前，或在我们脑海里形成想象的时候，我们会为它的美丽深深地吸引，并产生强烈的愿望，想要亲身去做慈善和感恩的事情。[39]

值得注意的是，杰斐逊在这里写美德原则的时候，首先提到的是"慈善"。但是，如果认为杰斐逊用到这个慈善概念，就表示他认可了基督教义，那就大错特错了。首先，这封信清楚地表明，杰斐逊对于慈善的理解是基于道德感的哲学话语体系的。在杰斐逊笔下，慈善是某种可以被"活生生地呈现在我们面前，或在我们脑海里形成想象"的东西，我们为之所"深深地吸引"，并"产生强烈的愿望"想要跟随它。杰斐逊继续解释说，在这个过程中，我们可以看到慈善的行为在我们之中产生积极的情绪，这"是我们的美德天赋的运作，是我们思想的倾向，就像我们身体的四肢通过运动获得力量一样"。这是经典的苏格兰启蒙运动的思想，是杰斐逊 1771 年以前所依凭的思想，也是与他那个时代的标准的基督神学相去甚远的一种思想。[40]

此外，杰斐逊还附了一份推荐读物名录，在这份名录中，《圣经》被列入了"古代历史"系列中，作为一部有用的历史文献而得到推荐。在"宗教"系列中，最接近标准的基督教文本的东西是英国非正统牧师、后又转行做小说家的劳伦斯·斯特恩（Laurence Sterne）编写的布道辞集。斯特恩对杰斐逊早期慈善观的影响是十分巨大的，但真正产生影响的不是他的布道辞，而是他的小说，因为相比于布道辞，他的小说没有那么正统。约 16 年后，杰斐逊给他喜爱的侄子，彼德·卡尔（Peter Carr）写了一封信，信中写道："斯特恩的作品是道德教育方面最好的作品。"在同一封信中，他还告诫卡尔不要浪费锻炼自己的品性的机会，以使自己变得"慷慨、慈善和仁慈"。在 1771 年致斯基普威思的信中，杰斐逊特别提到，斯特恩的类自传体小说《感伤之旅》（*A Sentimental Journey*）中的一段文字对他的慈善的冲动产生了巨大的影响。斯特恩如果能听到这一说法，可能会感到欣慰，因为他自己在书中说，他的目标是"教会我们要更加爱这个世界和我们的同伴"。[41]

在杰斐逊提到的这一段文字中，虚构的斯特恩一到法国的加来市，就有一个穷僧侣前来为他的修道院行乞。这个僧侣还没开口，斯特恩就扣紧了他的钱包，决定"不给他哪怕一个苏"。然后，在听完僧侣的请求后，斯特恩讲了一番话，一开口就特别感人——"如果一个人什么都没有，只有世界的善意，那天堂就是他的资源"（斜体为作者所加）——但很快，他话锋一转，变得非常刻薄：

> 我们要做区分，我亲爱的圣父啊！要区分这两类人：一类人吃着自己辛苦挣来的面包，一类人吃着别人的面包，对人生没有任何其他打算，懒惰和愚昧地度过一生，就这样去爱神。[42]

这个僧侣听完这番话，态度和善地离开了。在此之后，斯特恩坦言："在他关门的那一刻，我的心也被狠狠地揪了一下。"在接下来的几个小时里，他不断暗示自己这么做是合理的，以免自己追出去，向那个僧侣道歉，并且，他决定要推迟"学习更好的行为"。不久以后，他再一次遇到这个僧侣，他迅速向他表示了歉意，说自己言辞过于苛刻，并把自己昂贵的鼻烟盒送给了这个僧侣，作为一项"友好的赠品"。[43]

这个虚构的情节对杰斐逊产生了难以磨灭的影响，所以也值得我们细细品读。[44]首先，这个故事与道德感哲学相一致。其中，是感觉，而非理性，在牵引着斯特恩的伦理观念。是"心"，而不是脑袋，揪了他一下，让他做出慈善的行为，而他的脑袋则在一开始就让他不要做出任何施舍僧侣的行为，并阻止他立刻做出补救。同时，斯特恩的形象也明显是世俗性的。虽然他的心被改变了，但这一改变却不是因为神圣恩典的重生经历而造就的。而且，斯特恩最初满心厌恶，不愿对该僧侣施以慈善，这部分是因为他认为，该僧侣"对神的爱"会导致他在世俗生活中"懒惰和愚昧"。后来，虽然斯特恩对讲出这番恶语内心愧疚，但是，这并不意味着他改变心意，认为对上帝禁欲式的热爱真的能有什么好处。而尽管斯特恩的想法没有改变，他还是打开了皮夹。所以，这件事里有一个教训，即他人"对神的爱"不应成为自身支持或反对慈善行为的根据。这一道德诫命成了杰斐逊毕生致力遵奉的一项准则。杰斐逊对宗教组织十分慷慨，虽然他并不支持它们的教义。关于这一点，历史上有明确记录。[45]

斯特恩的慈善概念的主要内涵就是做慷慨的施舍，因此，斯特恩和杰斐逊的道德感使他们反对斯特恩最初的吝啬行径。杰斐逊同时还对斯特恩最初讲的那番"不友好的"指责感到"难过"，并"暗暗地下定决心"，永远也不要做出像他那样的行为。[46]所以，很重要的一点是，在杰斐逊的一生中，他讨厌大多数的政治辩论，并且几乎不在公开场合对任何人说出一个否定的词——现在有人诋毁他，说这是他不诚实、精于算计的证据，虽然在某种程度上可能是这样，但这还是主要证明了杰斐逊是一个坚强的人，有着坚定的观念，而这些观念在他青年时代决定成为一个公众政客时就已经确立了。此外，杰斐逊对斯特恩"赎罪"的努力感到"欣慰"，这意味着杰斐逊勇于承认错误，并努力做出"正当的补偿"。因此，斯特恩和杰斐逊的慈善观是一致的，这包括人的同情观念、社会文明观念等，以及在必要时，还包括谦卑的和解行为。

所以，我们可以说，在起草《独立宣言》时，杰斐逊很清楚自己不赞同乔治·梅森关于在公共领域中遵奉基督徒的慈善义务的做法。不过，在杰斐逊的政治和个人的道德体系中，更为偏向于世俗的 *caritas* 的概念却是其中的主线。这一概念可能带着一丁点基督教的根基，但主要来自斯特恩的小说以及苏格兰哲学。因此，无论理由是什么，杰斐逊"初稿"中过度的怨恨的来源，不是因为他有意识地拒绝慈善作为一项美德价值而存在，而是因为他不认为慈善是他的社会伦理观念中的一部分。青年时代的激情很可能在这里产生了影响。如果这算是虚伪的话，那这应不是杰斐逊第一次，或最夺目的一次表演。而且，诚如上述，仇恨经常是杰斐逊道德观的另一个侧面——不列颠之所以遭到憎恨，是因为它反复拒绝延伸的兄弟之情。杰斐逊在《独立宣言》中否定了 *caritas* 理念，甚至是那种非基督徒式的 *caritas* 理念。但他之所以要这么做，主要原因是慈善的"更好的行为"应从属于确保自由的自然权利这一目标，而且在必要时，还可以抛开慈善，直接动用激烈的言辞和武力。他对慈善的遵循是重要的，但不是最重要的。对于杰斐逊而言，最重要的是，在自然权利的基础上建立一个共和国，也即自然自由的典范。

从"金苹果"到"银画"

在《独立宣言》中，杰斐逊并没有明确论及政府的具体形式问题，即自然自由典范需构建哪种形式的政府。[47] 他只是沿着前述著名的第二句中所述的真理的逻辑延伸下去，坚定地认为政府应"经由被统治者的同意而获得公正的权力"。在一个自然平等的世界中"任何形式"的政府要想成为合法的，都必须以同意为基础，由此，自然平等的主体便能基于相互同意，选择一种政府的形式，这种政府"最有可能"保障"安全"，保护人们追求他们个人所认为合适的幸福。但是，在自然自由的环境下，每一个人都被平等地授予追求他或她所偏好的幸福的自由，而权利主张的冲突也就随之出现了。杰斐逊非常关注这一情况。在其生命的晚年，他曾引用一个未署名作者的一句话："正当的自由是根据自己的意志毫无阻碍地做出行为，但应在拥有平等权利的他人为我们划定的范围之内。"[48] 因此，自然自由的典范的一项重要内容是每一个人基本的、内在的权利的行使都受到某种程度的限制，以使各方相互协调，并使权利得以实现。

　　这在任何层面都不代表放弃权利，甚至是部分权利，因为权利是"不可剥夺的"。这只代表自然平等主体，根据自己意愿，同意由一个盟约性质的权威来划定和执行对他们权利的限制，以使他们可以在安全和有序的环境下行使那些权利，而且这些限制还是在盟约中约定好了的。正是因为自然平等主体不能放弃或被剥夺他们的如下权利，包括生命、自由和追求幸福等，所以市民们便拥有一项额外的权利，即一旦这个政府变成了"破坏"他行使这些权利的力量，他们就有权"改变或废除"政府，并建立一个能保护他们的新政府。[49]在杰斐逊坐在位于费城市场和第七大街的拐角的家中二楼的客厅里，在那里写作的时候，以及在华盛顿准备妥当，加入英国军队，登上由数百艘船组成的舰队，开赴纽约市的时候，他们所做的就是这样的事情。

　　约翰·温斯罗普勾画了一幅山巅之城的图景，这取自"山上宝训"。在这一经典文本中，耶稣放弃了摩西提出的"以眼还眼"的法则，反而提出如下道德诫命："不要与恶人作对；有人打你的右脸，连左脸也转过来由他打……有人强逼你走一里路，你就同他走二里。"（《马太福音》5：38-41）温斯罗普在驶出英吉利海峡的时候，正准备领导一股狂暴的力量，这股力量反对的是马萨诸塞海湾公司崛起之路上的进犯者们。这说明了在自然状态下，人们是如何用武力来捍卫他自己和他的生活方式的，在这种情况下，人们甚至抛却了对博爱深切而真诚的依循。

　　所以，在"典范"演讲和《独立宣言》之间，有一个关键的差异，是温斯罗普约束自卫式的暴力行为，因为这些行为与耶稣的话相违背，而杰斐逊则讲了完全不同的一番主张。耶稣鼓励人们在遇到暴力和压迫时"不要反抗"，而杰斐逊则宣称人们"有权"和"*有义务*"去"推翻独裁"的政府（斜体为作者所加）。[50]耶稣赞美"温柔"的精神（《马太福音》5：5），而杰斐逊则赞美"男子气概"。[51]耶稣赞颂和睦的生活（《马太福音》5：9），而杰斐逊则赞颂"以无畏的坚毅态度反对（暴君）"。值得一提的是，在杰斐逊的观点中，也有某种"将左脸也转过来"的内涵，即为自由而进行武装反叛只在"长期的滥用职权"之后才是合理的。但是，杰斐逊指出，是"审慎"，而不是慈善，唤起了上述默默"承受罪恶"的隐忍。所以，世俗的历史，可能和上帝一样，都在呼吁大家要克制，但它的理由却更为实际，没有那么道德化。

　　关于杰斐逊的著名的第二句，我最后要谈到一点是，它明确地提出，成立政府的目的是"保护"自由的自然权利。说到需要保护权利，而且这些权利是内在的、不可剥夺的，这句话听起来有点矛盾，除非我们不对权利之拥有和权利之行使做出区分。杰斐逊并不认为成立政府的目的是保护权利之拥有；很清楚的一点是，他主张权利是内在固有的。相反，他宣称，成立政府的目的是保护自由，以及这些内在固有的权利之行使。他在这么说的时候，隐含了一个意思，即政府要保护这些权利，因为在对立面有一个强大的固有的威胁，正在威胁着这些权利的自由行使，这个威胁十分强大，乃至于需要政府这个解毒剂来整体性地"保护"权利。除了理性劝说以外（《独立宣言》是一个理性的文本，写作的目的是劝说理性的人们为正义的美国事业而奋斗）——这说明采用温和但重要的方式，理性劝说是有助于保护自然权利的——杰斐逊甚至没有提到还有其他任何东西是适合用来保护权利之行使的。在《独立宣言》中，杰斐逊既不认为宗教原则、传统美德、公民教育能作为一项核心的解决措施，以对抗那些对权利的行使构成威胁的对象，也不认为社会的第三方机构可以承担这一职能（虽然他认为这些事物有很大的价值）。

　　这个威胁来自哪里呢？从杰斐逊《独立宣言》的开头，我们发现，他并不认为这个真实的威胁来自"自然神"，这个自然神监督着政治，却在政治之外。正如他在《文学摘录簿》中记录的那样："神给了我们生命，同时也给了我们自由；有力量的手能够毁灭它们，却不能将两者分开。"[52]杰斐逊从未提到，特别是在"初稿"中没有提到，自然之神会成为一股力量，毁灭生活或自由，或者将一开始合在一起的自由和生命分开（这一点与温斯罗普的"典范"不同。在"典范"中，上帝掌握着死亡惩罚的威胁力，并拒绝支持自然自由的广泛实践，也即在马萨诸塞人所说、所为中时有体现的那种实践）。那么，剩下的一个能够掌握这一"力量"的候选者就只能是人自己了。

　　可能最具威胁性的暴政的元凶是拥有独裁统治天赋和能力的人。在《独立宣言》中，杰斐逊将他所有的恶言都投向了同一个人。根据杰斐逊的说法，美国发表《独立宣言》的主要诱因是乔治国王"建立专制的暴政统治""他的每个行为都已打上暴君的烙印"，而且在12年中，他"做出如此之多的毫不掩饰的暴君行径"，因此，他"不配做注定要获得自由的人民的统治者"。但是，在《文学摘录簿》中，杰斐逊却清楚地提出，暴政的威胁要大于君主严厉地管制所产生的威胁。他说："历史告诉我们，人类团体或个人都容易受到暴政思想的感染。"暴政的来源不仅限于激进的、有天赋的暴君，更来源于所有的普通人。顺便说一下，这个观点不是某些现代自由主义理论家们的观点，即认为人主要是自私的，而且这种自私是与生俱来的。暴政，或想要统治人民的欲望，或许也会受到取得更多的权力或财富的自私之心的驱使。但是，暴政也可能从无私之心中喷涌而出。借用切斯特顿（Chesterton）的一句话来说，有时，"专制的罪恶和悲惨并不是因为它不爱人们，而是因为它爱人们爱得太深切，却又相信人们相信得太寡淡"。的确，温斯罗普的马萨诸塞的暴政所用的名义就是关注人民的拯救和幸福，虽然它的本意可能并非想要搞什么暴政。[53]

在杰斐逊的《文学摘录簿》和《独立宣言》之间，我们可以看到很多基础性、相互矛盾的概念。而后来，即1787年夏天，杰斐逊出使巴黎时，制宪者们费尽心力，试图将这些概念组合在一起，使之成为一个切实可行的概念体系。而通过揭示自然平等是人类基本的普遍事实，《独立宣言》保障了人类自由作为社会的一项基本的现实目标。就像林肯在1861年所说的那样，这是美国的一项鼓舞人心的目标——"金苹果"式的概念环绕在实用性的《美国宪法》这幅"银画"周围，其中后者是依据前者量身定做的，而不是相反。[54]为了确保人类自由的安全实现，政府要采取特定的形式，并需要基于被统治者的同意。自由的人们会要求统治者协调各种相互冲突的权利主张，使之归于一致。但是，如果杰斐逊在《文学摘录簿》中提出的观点是正确的话，那么人类的思想，无论是一群人，还是一个人，都会出于各种原因（高尚的或低贱的）而很容易变得倾向暴政。因此，政府就有了一项双重义务。麦迪逊在《联邦党人文集》第51篇中清楚地总结了这一项义务，即"保护自由之必要性"是这样一项原则，指的是"你必须首先使政府能够控制被统治者，然后迫使它控制它自己"。[55]

如果说麦迪逊在18世纪90年代将这一点弄得过于简单的话，那是因为制宪者们看到了他们关于构建一个保护个人权利的政府的首次尝试的局限性。《十三州邦联宪法》主要依托于各州的下述意愿，也就是使不同州的人民之间的"友谊永世长存",但这一点被证明太弱了,不足以处理各州间权利主张的冲突。各州间的情感纽带明显是无法将各殖民地维系在一起,组成一个和平、自由的整体的。全国性政府应该变得更强。但同时它还需要避免成为暴政的载体。在《美国宪法》中,为创造一个基于同意的有限政府(足够强大,能够保护自由,但又受到足够制约,不会侵蚀自由),制宪者们采用了一些主要的和辅助的机制,对此,在这里我们就不再重复了。不过,值得一提的是,他们采用了一些关键性的设想,以构建一个巨大的代表制的共和国,外加上一个强大的全国性政府,以及一套完善的制约和平衡体系作为政府的形式,这非常适合于将同意制度化,并保护美国前殖民地中个人的自由。

对于我们的研究而言,《联邦党人文集》第 10 篇和其他文本一样,是非常重要的文献。在这一篇中,麦迪逊解释了如何解决权利主张冲突的问题。他提出要给所有人"同样的主张、同样的热情和同样的利益"是一种痴心妄想。有很多事情会将"人划分为不同的党派",使人们卷入冲突和压迫之中,而非为共同的善而相互合作。麦迪逊继续说道:"人类互相仇恨的倾向是如此强烈,以致在有充分机会表现出来时,最琐碎、最怪诞的差异就足以激起他们不友善的情感和最强烈的冲突。"在这众多导致派别分立的事项中,最主要的一项是下述几样东西的强力结合,即人"易犯错误的"理性和自然的"自爱""获取财产的各种不同才能",以及"热心于有关宗教和政体的不同意见"。所有这些都是源自"人的本性"。[56]

有很多人想要构建一个基督徒之爱的乌托邦,在其中所有人都完美地联结在一起,组成了一个有着温暖的情感和高尚的精神目标的无私的联合体。但是,麦迪逊推理说,务实的政治家当然会接受"党派思想"是"政府必要和日常的运作"机理。派别的根源深深地扎在人性之中,难以去除,所以,我们所能期待的最好的解决措施是控制它们所造成的影响。但是,我们虽然知道病因所在,却没有确定的治疗方案。政府尝试强制重新分配财富,或因为某些人有"能力"挣得更多而惩罚他们,这些做法都被认为是不切实际的、偏执的。麦迪逊同时断言:"很清楚的是,道德或宗教的动机都不能作为适当控制的依据。"他总结道:"有人说,开明的政治家能够调整这些不一致的利益,使之有利于公共福利,这是一句废话。"因为就算真的能完成这种复杂的利益调整——这一说法本身就是存疑的——我们也没有把握能找到这样有能力的、可信的政治家来"经常执掌大权"。[57]

杰斐逊看到《美国宪法》后，最初的心情是复杂的——他感到很焦虑，因为《美国宪法》没有提及权利法案，而总统职位也不是轮流当的。但是，很快他就看到了其中的真意，这主要是因为他读了《联邦党人文集》，特别是麦迪逊写的那些信。1788 年，他曾这样形容《联邦党人文集》："这是我见过的写得最好的关于政府原则的评论。"在他生命的晚年，他命令每一个到他心爱的弗吉尼亚大学求学的学生，在上政治学的课程时，都应将《联邦党人文集》作为主要的学习文本。[58]根据这一点，我们可以说，杰斐逊是接受《美国宪法》的，而且他背后的逻辑是《美国宪法》符合他的自然自由的典范——虽然之后与联邦党人就宪法解释的斗争会进一步检验这一接受的牢固程度。

无论如何，他和其他接受与支持《美国宪法》的人一样，都承认这部法律是经过有意识地设计的，为的是创造一个巨大的、并不协调一致的共和国。由此，在这个国家中，道德实践和对金钱利益的追求并不受到约束，结果在这个国家里，充斥着各种派别和小集体利益的思想。这个国家对于宗教理想是没有限制的，也没有精神领袖扮演限制人们精神的角色。这部宪法之所以会起到这样的作用，是因为制宪者们拿了杰斐逊的金苹果——所有人都有自由权——然后又加上钢铁般的保护（很多人虽然没有那么认同政府保护的作用，但依旧认为基于人类已证明的倾向，这是必要的）——宪法的银质框架。按照这种方式去构建国家，则杰斐逊的自然自由的典范看似与温斯罗普的基督徒慈善的典范并无太多区别。而事实上，两者是不同的，两者从根子上就是不同的。虽然清教徒慈善的典范比温斯罗普本人要更为倾向于自然自由，但博爱式的理想却涂满了他们的国家根基，因为这些理想是蔑视对自然权利自由主义的完全世俗的、个人化的理解的。

最终稿对杰斐逊的"初稿"做了大量修改，但对其中有几句没有做修改。其中有一句是他的最后一句："（我们）以我们的生命、我们的财产和我们神圣的荣誉，互相宣誓。"这一誓言，是"为了拥护此项宣言"而做出的，所以并不是一句废话。这是因为每一个签名的人在签下自己的名字时，就犯下了叛国的罪行，都应该被绞死。他们面对的是世界上最强大的军事力量，所以，独立战争很可能失败，而他们每个人也都可能会面临一个相当悲惨的命运。杰斐逊在战时担任了弗吉尼亚总督时，仅仅差几分钟，就差点被蒙蒂塞洛的英国军队抓到。在那一次，杰斐逊和蒙蒂塞洛都躲过了毁灭的命运。但是，其他签字人就都没有那么幸运了，他们失去了自己的房子、家人，甚至是自己的生命。

《独立宣言》最后一句里说到的牺牲生命、财产和荣誉之事，听起来比基督徒还要传统。毫无疑问，最后一句反映出了更古老的罗马思想，这一思想通过 18 世纪英国反对派思想，在殖民地美洲复活了。[59]但是，同样值得肯定的是，在这句话中，也含有博爱的内涵。《约翰福音》记录了这么一件事：在最后的晚餐的那天晚上，耶稣和他的门徒相见，安排了很多事情，包括对他之前所教授的慈善观做了一项重大的修正。在那天晚上，他给他的门徒们下了一项"新的诫命"，以修正老的诫命。那一项老的诫命是：爱你的邻人如爱你自己。而现在，他说，门徒应该"彼此相爱；我怎样爱你们，你们也要怎样相爱"（《约翰福音》13：34）。他在说这句话的时候，预测到自己将要遭受刑罚，在十字架上代赎人们的罪，代人们牺牲，而这就发生在数小时以后。"爱人如己"曾是而且现在依旧是一项要求非常高的道德标准。但是，耶稣要求他的追随者们再往前走一步，上升到他的爱的高度。在那个高度上，哪怕是自我的想法——人与生俱来的权利，如果人们愿意的话——都要从属于更高的目标和他人的需求。之后，在同一个傍晚，耶稣重申："你们要彼此相爱，像我爱你们一样，这就是我的命令。"然后，他又立刻加了一句，以更为详细地说明上面这句话："人为朋友舍命，人的爱心没有比这更大的。"（《约翰福音》15：12-13）

在独立战争时期，有大量的人为他人献出了自己的生命。据估计，在独立战争时期，有足足 1% 的美国人献出了生命——这仅次于内战，所以，这场战争的死亡率在美国历史上排名第二。这种性质的牺牲和为他人的奉献，是无法用自然权利自由主义做合理解释的，因为自然权利自由主义的开始和结束都以个人权利的表达、追求和保护为内容。加入这场战争的动机甚至不能用对他人的无私奉献来解释——尽管无私奉献经常是一项动机，但它不纯粹，也非主要动机。这种性质的牺牲更不可能用赤裸裸的自我利益来解释。所以，难道我们能说约 2.5 万个美国人放弃他们的生命，就是为了捍卫自己的生命、自由和追求幸福的权利？这种说法很明显是荒唐的。他们这么做难道主要是为了自己，想的是自己直接的欲望、需求、家庭和未来吗？对有的人来说，可能是这样。而对其他人来说，则不是这样。我们只要思考一下就会发现，情感纽带，以及对他人的自我否定式的关切——无论其来源为何——在这场战争的关键点上都起到了决定性的作用。

1776 年的最后一天在历史上赫赫有名。历史学家们一致同意，就在数天以前，也就是 1776 年 12 月 26 日，发生了华盛顿在特伦顿的成功奇袭，这是整场战争的转折点。在那场大捷之后，华盛顿，在一个不同寻常的谈话时刻，（根据记录）以"最大的真挚和情感"正式地感谢了他的士兵，因为他们在圣诞节的午夜做出了勇敢和英雄般的努力。但是，直到此时，战争还没有结束。这只是刚刚出现了转折。在特伦顿战役后数天，华盛顿就遇到一个困难的任务，也就是劝说其中很多士兵继续坚守岗位，因为在普林斯顿可能发生一场大战，此外还有其他几场战斗要打，而这些士兵的服役期在这一天就要结束了。而且，他们都穿着破衣烂衫，忍受着饥饿和严寒的痛苦。据记录显示，华盛顿"以最深切的情感"对他的军队发表了一番讲话。他解释了现在的处境，并要求他们全体延长服役期。但是，现场没有一个人说话或走上前。华盛顿承认他们身体上忍受了巨大的痛苦，而且他自己也不知道在未来如何解除他们身体的痛苦，所以他的讲话很明智，没有触及个人权利的问题。但就算是在这个绝望的一小时中，他在表示对这些权利的尊重时，也只是提出请他们"*同意多待一个月*"（斜体为作者所加），而不是号召他们出于必要而继续服役。在没有获得国会授权的情况下，他便承诺他们只要继续待下来，继续战斗，就能得到额外的奖金。但是，直到华盛顿讲完第二段话，依旧没有一个人走上前去重新入伍。到最后，华盛顿说了第三段话。他讲了很多充满感情的呼请，提及他们的国家和家庭，以及他们所爱的一切，都面临着危险。这个时候，他们开始一个个往前走，再次入伍，参加了至少一个月的战斗。这后来成为影响整场战争的一个决定性的转折。纳萨尼尔·葛林（Nathanael Greene）曾如此评价华盛顿的第三段话："全能的上帝开启了他们的心扉，使他们听进去了这番请求，所以他们再次应征入伍。"[60]

以奇闻逸事来述说历史可能会产生误导。所以，我在这里说的并不是整场独立战争（包括华盛顿在1776年最后那天的那番演讲）的中心指向什么其他方向。但是，仅就这一时刻而言，华盛顿做了一番深情的演讲，号召人们以自我选择式的放弃和献出生命式的奉献作为回应。这告诉我们，《独立宣言》号召人们做出巨大的牺牲，而很多美国人也确实做出了此类牺牲——甚至最终牺牲生命，这是爱邻人之慈善的"最伟大"的展现。它与美国人完全唯利是图、自私自利的形象相反，并超越了美国人小团体、小派别的思想。

在杰斐逊眼中，独立战争是为建立自然自由典范而战的。在这一典范中，对于个人的幸福追求而言，自然权利显得十分突出，是一项核心原则。而到战争结束时，最伟大的战士，乔治·华盛顿很清楚地看到，仅靠上述原则显然不足以实现全国性的广泛幸福。华盛顿并不死守现实主义的态度来看待人性。他看到独立战争中双方有很多人都堕落下去了。于是，他给各州写了一封信，宣布自己退役，然后结束了自己对美国无可替代的军事服役。这封信的结尾提到了"真诚的祈祷者"：

> 上帝……会改变市民们的心……让他们怀有兄弟般的感情和爱，对彼此，对全体合众国的市民同伴，特别是对他们那些在战场上拼杀的兄弟。最终，我们会优雅而主动用慈善、谦卑、平和的脾气来使自己躬身而行，这些是我们那被赐福的宗教的神圣的创始人的性格，如果不能谦卑地模仿这些秉性，我们将很难期待能创立一个幸福的国度。[61]

甚至麦迪逊，在发表了《联邦党人文集》第10篇一周之后，在对人的自私之心有着明确认识的情况下，又发表了名气较小的第14篇。在这一篇中，他劝告人们：

> 切勿听信那种不合情理的说法，它告诉你们：被许多感情的联系结合在一起的美国人民，再不能像一个家庭的成员那样生活在一起。[62]

　　无论情感纽带在多大程度上将美国独立战争的士兵、市民和指挥官联系到一起——由此，便为自然自由的典范的发展提供了一个历史机遇——但很清楚的一点是，在战后，美国沿着《美国宪法》所秉持的低层级的人性观一路下坠。但即使在《美国宪法》中，主要领导人依旧号召在市民之间构建真实的情感，而且，这种情感对于构建宪法联合体是十分重要的，凭借这一宪法联合体，对杰斐逊的自然权利共和国来说十分必要的关键性政府框架才得以建构起来。随着时间的流逝，连杰斐逊本人也站出来说全国性的情感纽带对于维持自由的美国民主体制有多么必不可少。在某一时刻，他甚至求助于基督教，以图改变美国人的性格，因为他们很明显缺少对彼此的情感，而这又危及他所珍视的自然自由典范目标的实现。

注释

[1] Jefferson, *Writings*, 1500 – 1656. 杰斐逊的"初稿"的准确版本，见于 *The Papers of Thomas Jefferson*, 1：423 – 428。这一版本并不是杰斐逊最早的、完整版的草稿，而是他提交给起草委员会的正式稿。这一稿经过杰斐逊自己，以及亚当斯和富兰克林的多次修改。杰斐逊在向全体委员会正式提交初稿之前，咨询了亚当斯和富兰克林的意见（Boyd and Gawalt, *Declaration of Independence*, 25 – 27）。尽管如此，学者们依旧将这一版稿件作为"初稿"，而且这一文本也是现存的最接近杰斐逊未经修改的原稿的版本。

[2] 关于委员会版的情况，参见 Maier, *American Scripture*, 126；Mason, *Papers*, 1：276 – 286；关于梅森作为启蒙导师，参见 Rutland, *George Mason*, xii；Ketcham, *James Madisn*, 71。关于梅森对于杰斐逊"初稿"的影响的两种透彻的分析（但两种分析有轻微的差异），以及杰斐逊宣称自己没有抄袭梅森，参见 Maier, *American Scripture*, 124 – 126, 268；and Boyd and Gawalt, *Declaration of Independence*, 21 – 22。

[3] Niles, *Principles*, 404.

[4] 参见 Maier's chapter, "American Scripture," in *American Scripture*, especially 154 – 155，汉考克的内容引自该书。同时请参见 Zuckert, *Natural Rights Republic*, 14。

[5] 关于这三个版本的文本（"初稿"、委员会版和最终版），参见 Jefferson, *Papers of Thomas Jefferson*, 1：315 – 319, 423 – 432。请注意，起草委员会修改版是杰斐逊在大陆会议上的会议记录。而最终版则是由大陆会议在 1776 年 7 月 4 日所

正式采用的版本。杰斐逊不止一次说过这个故事，当时全体会议在修改杰斐逊的成果，本杰明·富兰克林注意到杰斐逊的表情明显很痛苦，于是就侧过头，告诉杰斐逊一个帽匠的事情。有一个帽匠想给自己的店做一个标志，他想出来的标语是"约翰·汤普森，帽商，制作和出售帽子，现金交易"，然后在旁边画上一个帽子的图案。他的朋友批评这个想法，认为这不好。于是，剩下的东西就成了"约翰·汤普森"，然后旁边是一个帽子的图案。

[6] 关于马基雅维利非道德观点的精彩简洁的讨论，参见曼斯菲尔德（Mansfield）在其译作《君主论》中的前言，vii。

[7] 杰斐逊经常这么干，即写下与上述观点相矛盾的话。其中，最著名的一个例子见于他《弗吉尼亚笔记》的"第18问"。这一问中，在涉及奴隶制度时，他提到了在美国政治中可能存在"超自然的干预"，并主张："当我反省上帝是公正的时候，我为我的国家而颤抖；他的正义绝不会永远沉睡……在这场竞争中，万能的主并没有袒护我们这一边。"（Jefferson, *Writings*, 289）当然，如果在这里杰斐逊对正义之神的态度是真切的话，那在他心里想的应该是上帝的正义观念在此时沉睡了。但是，杰斐逊的态度并不坚决，乃至于并未说要解放他自己的奴隶。他可能有——事实上的确有——提出过，奴隶制是错误的。但是，他从未感觉到个人的、直接的威胁，即上帝要对拥有奴隶者施以神罚。最后一点，也是最重要的一点是，如果杰斐逊真切地相信这个神的话，那神又没有出现在《独立宣言》中。而恰恰是《独立宣言》，而不是《弗吉尼亚笔记》对美国政治产生了深远的影响。

[8] 关于在杰斐逊早期生活中宗教所扮演的角色的讨论，参见谢里丹（Eugene R. Sheridan）在下书中的引言，*Jefferson's Extracts from the Gospels*, 5。关于杰斐逊早年的宗教观点的相关引文，见于他致约瑟夫·迪拉普兰尼（Joseph Delaplaine）的信，1816年12月25日。*Extracts from the Gospels*, 382.

[9] Sheridan, Introduction to *Jefferson's Extracts from the Gospels*, 6.

[10] Jefferson, *Literary Commonplace Book*, 33.

[11] 同注10，42。

[12] 同注10，24 – 25。

[13] 同注10，55。

[14] Jaffa, *American Revolution*, 35.

[15] 事实上，"自然权利"这个词在《独立宣言》中没有出现。但是，下述事实证明了杰斐逊在这一句中所提及的权利是"自然权利"：前文提到的"自然法和自然之神"是世界上不同民族——或国家——平等地位的来源；杰斐逊终生将"自然权利"的概念与个人自治政府相结合（参见 Jefferson, *Selected Writings of Jefferson*, 38, 50, 112, 219, 271, 288, 291, 293, 307, 449, 486, 576 – 577）；他在1817年致约翰·曼纳斯（John Manners）的信（这封信经常被人们忽略）中指出，生命、自由和追求幸福的权利与放弃国籍的"自然权利"相联系（参见 Jefferson, *The Writings of Thomas Jefferson*, 15：124）。

［16］ 卡尔·贝克（Carl Becker）认为是富兰克林改的（Becker, *Declaration of Independence*, 142），而朱利安·博伊德（Julian Boyd）和艾伦·珍妮（Allen Jayne）则强烈怀疑是杰斐逊自己做的这一修改（参见 Boyd and Gawalt, *Declaration of Independence*, 27 – 28；Jayne, *Jefferson's Declaration*, 118）。

［17］ 默顿·怀特（Morton White）和迈克尔·朱克特（Michael Zuckert）都认可洛克在杰斐逊不言自明的理性的承诺这一问题上的解读，虽然这两人对于洛克的解读又互不相同。参见 White, *Philosophy of the American Revolution*；Zuckert, *Natural Rights Republic*, 45 – 69。针对"道德观念"这一观点，有很多评论和主张，艾伦·珍妮对此有一番精彩的评述，载于 *Jefferson's Declaration*, 109 – 138。

［18］ Jefferson, *Papers of Thomas Jefferson*, April 28, 1793, 25：613.

［19］ Wills, *Inventing America*, 210 – 213；Maier, *American Scripture*, 191, 214 – 215.

［20］ Jefferson, *Writings*, 1305.

［21］ Locke, *Second Treatise of Government*, 8, 9. 根据威尔斯的观点，"没有证据证明，杰斐逊仔细读了《政府论》（下篇），或者从中获得启发。事实上，没有直接证据证明他读过这本书"（Wills, *Inventing America*, 174）。关于对这一观点的彻底的、可信的驳斥，参见 Ronald Hamowy's "Jefferson and the Scottish," 503 – 523。

［22］ 诚如上述，在最终版中，权利并非"来源于""造物主"，而是由"造物主"所"赐予"。这一观点杰斐逊没有完全拒绝。杰斐逊称他的《英属美洲民权概观》（*Summary View*）是"用真理的语言写作的"。在这部作品中，他说道："神和法律给予的权利是平等的，独立的。"（Jefferson, *Papers of Thomas Jefferson*, 1：121）杰斐逊的神不仅仅是《圣经》中的造物主上帝。

［23］ 关于政府有提供幸福的义务的争论，参见 Schlesinger, "Lost Meaning," 325 – 328；Wills, *Inventing America*, 251。关于追求幸福和幸福本身之间的差异的更为完整的分析，参见 Zuckert, *Natural Rights Republic*, 31 – 40；Hamowy, "Declaration of Independence," 457 – 458；Maier, *American Scripture*, 136。关于杰斐逊自己对于追求幸福的解读，参见 Jefferson, *The Writings of Thomas Jefferson*, 15：124。关于洛克权利观念的争论，参见 Boorstin, *Lost World*, 53；Diggins, *Lost Soul*, 37。关于洛克与理性的生活，更多的信息请参见 Koch, "Power and Morals," 478。

［24］ Hamowy, "Jefferson and the Scottish," 519. 同时参见 Lucas, "Justifying America," 85。珍·亚伯勒（Jean Yarbrough）对这种解释提出了看似最合理的反对意见。他提出，虽然杰斐逊自己关于幸福的看法没有限制追求幸福的权利，但更大范围的"美国人"关于幸福的理解却做出了限制。不过，在结尾，就算是她也承认"按照我们（现在的）理解，在《独立宣言》中，没有什么东西没有否定了我们追求幸福的权利"（*American Virtues*, 14）。同样，理查德·马修（Richard Matthews）发现有一种强大的、非自由的、公共幸福的成分嵌入了杰斐逊更大范围的政治思想中。他也同意，杰斐逊在《独立宣言》中的表

述果断地使用了一种更为模糊的"普遍的"幸福感，由此，幸福被归于"私人领域"（Matthews, *Radical Politics*, 88 – 89）。

[25] 杰斐逊的原文是"为了实现这些目标"，但是因为这些"目标"的前身是三大权利，所以，最终版用了一种更清楚的表达，但依旧能反映杰斐逊原稿的意思。

[26] Jefferson, *Writings*, 285.

[27] 关于政教分开的著名段落，见于致丹伯里浸信会协会（Danbury Baptist Association）的信，1802 年 1 月 1 日，参见 Jefferson, *Writings*, 510。关于弗吉尼亚州教会与政府分离，参见 Jefferson, *Papers of Thomas Jefferson*, 1：525 – 558。

[28] Jefferson, *Writings*, 1516 – 1517.

[29] Winthrop, "A Model of Christian Charity," Chapter 45.

[30] Adams, *Papers of John Adams*, I：192，II：382 – 383，IX：62.

[31] 引自 Maier, *American Scripture*, 122；同时参见 Webster, *Papers of Daniel Webster*, 1：251；Maier, *American Scripture*, 105 – 122。

[32] Ellis, *American Sphinx*, 125.

[33] Ellis, *Founding Brothers*, 231. 参见 Helo and Onuf, "Jefferson, Morality"，作者颇具说服力地解释了杰斐逊对于自然权利的执着，但是这只能在具体的历史情境中，在实践这些理想的现实状况中，才能感觉得到——这是一个十分关键的解释，说明了为何杰斐逊会原谅他自己和其他人蓄奴的行为，而这种行为恰与《独立宣言》的理念相冲突。

[34] Jefferson, *Papers of Thomas Jefferson*, I：135.

[35] Burstein, *Inner Jefferson*，作者在书中深入地介绍了杰斐逊个性中的多愁善感的一面，以及养成这种个性的影响因素。

[36] 请注意，在这里，杰斐逊和温斯罗普一样，所使用的爱和情感这两个词是可以相互通用的。这也符合韦伯斯特的 1828 年词典中对这两个词的定义。这部词典是杰斐逊死后不久出版的。在这部词典中，情感的主要含义是有"伟大的爱"，而爱的主要含义是"待人以情感"。不过，诚如本书下文所述，这两个概念的基础是有着巨大差异的。参见 Noah Webster's *American Dictionary of the English Language*, 1828 vol. 1, s. v. "affectionate," "love"。

[37] Jefferson, *Literary Commonplace Book*, 35.

[38] 参见 Jefferson, *Literary Commonplace Book*, 5 – 8, 267 – 268。艾德丽安·科赫（Adrienne Koch）在她经常被人们忽视的经典作品《托马斯·杰斐逊的哲学》（*The Philosophy of Thomas Jefferson*）中提出，《文学摘录簿》几乎摘录了所有伊壁鸠鲁关于幸福的箴言，以及斯多葛学派关于控制意志的警告（2 – 3）。虽然杰斐逊不是这两个学派的名义上的门徒，而且尽管这两个学说之间存在一些观点的差异——科赫指出这种差异"在理论上比在实践上更难抹平"——但杰斐逊"深深地感受到了这两种学说中内在的道德优越性"（2，4）。在杰斐逊看来，斯多葛主义和伊壁鸠鲁主义并不是互相排斥的道德类型，相反，两者是

同等必要的，虽然在有时，有一些关于良好生活的元素是相互矛盾的。伊壁鸠鲁主义关注的是物质主义、物质享受、个人幸福（在杰斐逊的一生中，最好的标志可能是他大举借债，在蒙蒂塞洛追求美感、饮食和身体上的享受），这极大地影响了杰斐逊对幸福生活的看法。另外，斯多葛主义提出，至少杰斐逊是这么认为的，要实现这一幸福生活，必须要有规训（最好的例子可能是杰斐逊这句名言："无论我上床睡觉的时间是早是晚，我都会在太阳升起时起床……而且有一个习惯，就是每天早上在冷水里洗脚，过去 60 年来莫不如此"）（Jefferson，*Writings*，1417）。关于"道德体系"的更多信息，参见 Jefferson，*Literary Commonplace Book*，35。

[39] Jefferson，*Literary Commonplace Book*，332 – 333，斜体为作者所加。

[40] 引自 Jefferson，*Literary Commonplace Book*，330。在杰斐逊在威廉和玛丽学院读书时期，他的导师们，特别是亚伯丁培养出来的威廉姆·斯莫尔（William Small），让他阅读了大量作家的作品，包括：法兰西斯·哈奇森（Francis Hutcheson）、凯姆斯勋爵（Lord Kames）、亚当·斯密（Adam Smith）、戴维·休谟（David Hume）等——这些都是苏格兰启蒙运动及道德感论的领袖人物（Wills，*Inventing America*，175 – 180；Jayne，*Jefferson's Declaration*，66 – 67）。加里·威尔斯（Garry Wills）是第一个呼吁大家注意苏格兰思想家们对杰斐逊所产生的影响的人。但他的观点，即认为杰斐逊受到苏格兰道德感思想家们的影响，并由此排斥了约翰·洛克思想的影响，前文已经予以驳斥了，参见注 21。关于这一学派是如何影响杰斐逊的，相关更好的解读，请参见 White，*The Philosophy of the American Revolution*；Yarbrough，*American Virtues*；Jayne，*Jefferson's Declaration*；Frank Balog，"The Scottish Enlightenment and the Liberal Political Tradition，" in *Confronting the Constitution*（Allan Bloom，Steven Kautz eds.）。现在，如果人们要想研究杰斐逊的话，就应该首先清楚，杰斐逊吸收了大量不同的思想家们的观点（而非只是盯着一个流派），然后将这些观念凝聚成为一个整体，所以，要想证明有哪一个具体的人物是杰斐逊思想的最终来源，是徒劳无益的。

[41] 关于杰斐逊推荐读物目录的详情，参见 Jefferson，*Papers of Thomas Jefferson*，1：78 – 81。关于杰斐逊写给他侄子的信，参见 Jefferson，*Writings*，902；Sterne，*A Sentimental Journey*，vi。同时参见 Burstein，*Inner Jefferson*，especially chapter two，"Sensitivity and Sterne"。

[42] Sterne，*A Sentimental Journey*，5，8 – 9。

[43] 同注 42，34。

[44] 这个故事对杰斐逊深远的影响在 15 年后得以显现，当时他作为大使出使法国，路过加来市。他在备忘录中写道："给了加来市斯特恩僧侣的继承人 1 个法郎 4 个苏。"（Jefferson，*Literary Commonplace Book*，183）《文学摘录簿》的编者提到，当时杰斐逊在重读他年轻时非常喜欢的斯特恩的文学作品和布道辞。一年后，杰斐逊写了前文提及的给彼德·卡尔的信，推荐了这些作品。编者同时

还提醒读者，虽然杰斐逊对斯特恩的作品致以最高的敬意，称之为"最好的道德教育"作品（Jefferson, *Writings*, 902），但这还是应该放在具体环境下去理解，即在当时，杰斐逊是向年轻的读者们推荐一些他认为值得像他过去一样"记忆和品味"的作品。

［45］Gaustad, *Altar of God*, 5.

［46］Sterne, *A Sentimental Journey*, 77.

［47］在提到乔治国王时，他说："一个君主，当他的每个行为都已打上暴君的烙印，是不配做注定要获得自由的人民的统治者的。"乔治国王不适合统治，是因为他的个性，而不是因为他的职位，这说明如果换一个个性不同的国王，可能就可以合法地统治本可以成为自由人的人民了。至少在《独立宣言》中，杰斐逊在反对君主政体时，并不像他在反对暴君时那样激烈——无论是什么形式的君主政体。

［48］引自 Jayne, *Jefferson's Declaration*, 126。

［49］杰斐逊很清楚"出于慎重的原因，不应因为微不足道的和暂时的原因而改变一个建立已久的政府"。事实上，美国的反叛的权利完全是因为英国人"长期滥用"他们基础性的权利。

［50］这一点最早由珍妮提出，参见 Jayne, *Jefferson's Declaration*, 126 – 128。

［51］见"初稿"。

［52］Jayne, *Jefferson's Declaration*, 126 – 128。

［53］同注 52, 124; Chesterton, *Wisdom of Father Brown*, 99。

［54］Lincoln, *Collected Works*, 4：169.

［55］Hamilton, Jay, and Madison, *The Federalist Papers*, 289 – 290.

［56］同注 55, 45 – 47。

［57］同注 55, 47 – 49。

［58］关于杰斐逊对《美国宪法》的关注点，相关讨论，参见《致麦迪逊的信》，Jefferson, *Writings*, 914 – 918；关于杰斐逊对《联邦党人文集》的评价，参见《致麦迪逊的信》，Jefferson, *Selected Writings of Jefferson*, 418；关于要求学生学习《联邦党人文集》一事，参见 Jefferson, *Writings*, 479。

［59］Banning, *Jeffersonian Persuasion*, 70 – 83.

［60］McCullough, 1776, 113, 282, 285 – 286, 289.

［61］Washington, *Collection*, 249.

［62］Hamilton, *The Federalist Papers*, 71.

第四章　"达到幸福圆满"

托马斯·杰斐逊的一生，一直都把《独立宣言》作为美国政治的卓越指引。[1]相反，他对《新约》这一基督徒至高指引在公共和私人生活中的相关性的重视程度，却随着时间的变化而有巨大的改变。这一改变，以及随后形成的杰斐逊最重要、影响最深远的政治演讲，即他的第一次就职演讲，发挥了关键性的作用，引导着杰斐逊对《独立宣言》中提出的自然自由的典范做出了一次规模不大，但十分正式的修正。杰斐逊的第一次总统就职演讲并未彻底地离开他所主张的民主政府以权利为本位、有限政府的观点，但同时展示出了他的一个新的观点，即理性化的基督徒慈善形式对于美利坚合众国的稳定和幸福而言，是必需的。

杰斐逊辞职与华盛顿的告别演讲

1789 年 12 月，杰斐逊很不情愿地接受了乔治·华盛顿请他出任国务卿的要求，从法国回到了家乡。虽然在杰斐逊上任的前几个月里，因为华盛顿花了很大力气来建立和谐的行政部门，内阁中的关系还算融洽，但是没过多久，杰斐逊就跟华盛顿颇具威望的财政部部长亚历山大·汉密尔顿相持不下。杰斐逊的内心很确定，他认为汉密尔顿的行为和意见暗藏心思——总是偏爱一个强大的、中央集权的政府，凌驾于各州和各地之上；偏爱大城市和制造业，凌驾于美国乡村的农业利益之上；偏爱帝王威严、辉煌典雅、华丽壮阔，而非民主的简约朴素；偏爱英国王室，而非法兰西共和国——想要改变美国民主共和国的走向，而偏偏民主共和国才是杰斐逊穷尽一生想要追求的目标。结果，这些小摩擦引发了长达十多年的政治冲突，并导致了世界上最早的现代民主政党的产生——

汉密尔顿、约翰·亚当斯的联邦党和杰斐逊、麦迪逊的共和党——而且，这在历史中也是美国政治斗争最激烈的时期之一。[2]

虽然有人提出，杰斐逊对汉密尔顿的反对从某种意义上来说直接导致了随后的党争，但实际上，首先组织起来的，在两个阵营间挑起恶毒的人身攻击的是汉密尔顿的联邦党追随者们和他的牧师盟友们。1792年，甚至在还没有举行大选的情况下，联邦党人就发布了一份小册子，抹黑杰斐逊，说他是一个危险的哲学梦想家，胸怀独裁的野心，说他应该对法国大革命中泛滥的暴力负直接责任，还说他这个人"没有良心，没有信仰，没有慈善之心"（斜体为作者所加）。杰斐逊对此类公开攻击感到受伤，特别是那些对他道德品行的攻击，同时，他也对华盛顿日渐倾向于依循汉密尔顿的建议，而不是他自己的建议的做法感到失望，所以，1793年，他辞去了内阁的职务。[3]

就算是杰斐逊从国家政治里悄然退去，在蒙蒂塞洛定居下来后，乔治·华盛顿依旧发现党争是一个日渐严重的问题，危害到了共和国的安全和良好运转，所以，他才在那篇著名的《告别演说》（事实上是给全国的一封公开信）中坚定而详细地谈到了"党派思想的恶劣影响"。在这份演讲中，他宣布自己不再寻求第三次总统任期，虽然有很大压力在推动他这么干。根据华盛顿的说法，党派思想是民选政府"最危险的敌人"。"党派轮流执政"必然伴随着"仇恨的思想"，两者一起将使得人们"从个人的绝对权力处寻得保障，并寄居在这一绝对权力之下"，结果就会导致"可怕的专制"。[4]华盛顿绝望地想要在事情发生之前，即建制化、大规模的政党发展之前，先发制人。

华盛顿的主张再次揭示出他关于人性的悲观的看法。他跟麦迪逊很像，承认党派思想是"与本性不可分割的"，因此，这一思想"以各种不同的形式存在于所有政府机构里"。[5]他同时还提出，要"正确地评判人们对权力的爱，以及滥用权力的倾向，因为这在人的心中占据主导地位"，正是这一倾向造就了更为危险的党派思想。[6]然后，他总结说，一般的党派思想不可能被消除。但是，正是因为这一点，他相信，"人们有利益，也有义务限制和阻止它"。[7]他推荐了一些措施，这些措施都很著名。

在这篇演讲中的前面部分，华盛顿承认联合的好处是"幅员辽阔"[8]，然后，他继续以甚至更加类似于麦迪逊的口吻兜售《美国宪法》体系的优点，即"相互制衡"，以及权力"分割和分配"，从而能疏导汹涌的个人利益和相互倾轧的党派思想。[9]这种政治安排是如此成功，以至于他强烈建议市民们"谨慎地抵制"任何"想要创新"宪法基本原则的"动念"。[10]事实上，要想实现"自由"以及美国各地"个人和集体幸福"，至关重要的一点正是保护这一庞大的、宪法性的、相互制衡与平衡的共和国。所以，华盛顿总结说，人们应该像爱自由一样去爱这个联合体，人们应该将他们的"感情"凝聚在它身上（斜体为作者所加）。任何人胆敢"削弱该纽带"或"破坏联结"，都应被视为叛国者。[11]从这里我们可以看出，在华盛顿的主张里，美国是一个自然自由的典范，融合进了《联邦党人文集》第10篇和第14篇的观点。这就是说，他认为，美国个人的自由之爱，以及在宪法性制衡的大型共和民主国之下，虽然有发自人性的自私之心和党派暴政，却被全体市民间的情感的"绳索"（麦迪逊）或"纽带"（华盛顿）联系到一起，组成了一个完整的联合体。但是，如果人们天然就是自私的，在某些个人或党派统治其他人的时候，这种感情又会从哪里流露出来，并将这个国家凝聚为一体呢？华盛顿并未解释清楚这一点，这部分是因为他未能清楚地提及这一问题（这毕竟是一封泛泛而谈的全国性的政治公开信，而不是一份精巧设计的政治理论专著）。当然，这个问题依旧是若隐若现的，而它的潜在的答案也并不太难梳理出来。

在《告别演讲》中，华盛顿提出，"政府的统一，使大家团结成一个民族"，这是美国自然自由典范的"主要支柱"（"标志着你们真正独立的大厦，它支持你们国内的安定、国外的和平；支持你们的安全、你们的繁荣，以及你们如此重视的真正自由"）。[12]然后，他进一步宣称："在导致昌明政治的各种精神意识和风俗习惯中，宗教和道德是不可缺少的支柱。"华盛顿认为，道德不同于宗教——前者在本质上奠基于后者——并共同代表着"人类幸福的支柱"，是"私人和公共幸福"的不同层面的来源，因此，它们里面有很多东西是值得"虔诚的人"和"纯粹的政治家"予以珍视的。[13]他随后在这篇演讲中反复重复这一基本点，并提问道："难道苍天没有将一个民族的永久幸福和它的品德联系在一起吗？"[14]在这篇《告别演讲》中，华盛顿承认国民幸福和广泛的宗教道德之间的关系"写一本书也说不完",所以,他决定冒险不对这一问题做出解释。但是,在独立战争结束时,在他的《告全国人民书》(*Circular to the States*)的最后一段里,他提到了这一问题(参见本书第三章)。在那一段中,他敦促美国人如果没有"彼此间的兄弟般的感情与爱",没有"慈善的"强大的实践,以及"我们天佑的宗教神圣创始人"的其他品格,那将"很难期待能创立一个幸福的国度"。

根据华盛顿的说法,如果美国联合体是美国自然自由典范的"主要支柱"的话,那么宗教和道德,即人类普遍幸福的防护壳,就是这一"主要支柱""不可缺少的支撑力量"。宗教和道德会产生"兄弟般的感情",如果没有这种感情,那人类更底层的、自然的,故而也是不可避免的、自私的党派冲动就会控制整个国家体系,将国家搞得四分五裂。自然自由的典范接受甚至促进下述自然事实和自然权利,即人类可以根据他自己的兴趣、抱负和理想,为自己而活,并认为这是首要原则,而且无论这些理想在多大层面上唤起了人们对他人的关心,它的实质依旧是如此。但是,这种说法只应在一定程度上成立,这也是华盛顿的看法。他认为,以及他的一些著名的参加了独立战争的弗吉尼亚老乡也这么认为,如梅森和麦迪逊等。在某种程度上,只有情感的慈善纽带才能将美国的自然权利共和国联结到一起,而这是受到宪法保护的自我利益原则所无法单独实现的。

第四个造反的弗吉尼亚人——托马斯·杰斐逊,得出了同样的结论。但是,十分有趣而且令人意想不到的是,虽然他早年对所有宗教,特别是基督教很敌视,但是,他后来却提出,《新约》关于爱的教导是全国的情感纽带的支柱,并为人们的权利提供了具有说服力的道德基础。具有讽刺意味的是,杰斐逊的观念转向这一方向的时候,正是华盛顿写《告别演讲》的那段时期。在那个时候,杰斐逊开始苦苦地重新思考基督教信条,对于这些信条,他年轻的时候是拒绝的。这是一个很长的思考过程。这个思考过程的终点是他改变了自己的观点,但这绝不是说杰斐逊坚定地拥抱了传统基督教,而是说他吸收了《新约》中关于爱的理想,并据此形成了他政治生涯中最重要的一次演讲。

杰斐逊"拥抱"基督教

诚如前面一章所述,值得注意的是,在杰斐逊早年,他迷恋伊壁鸠鲁主义和斯多葛主义。1819 年，在写给威廉姆·肖特（William Short）的一封信中，他提到自己毕生遵循这两种前基督教哲学的事情——肖特之前曾给杰斐逊写了一封信，提到伊壁鸠鲁是"古代哲学家中最有智慧的一个"，对"在这个糟糕的世界如何实现幸福"这个问题提出了终极的建议。[15] 作为回应，杰斐逊断然地说道："我也信奉伊壁鸠鲁哲学。我认为在真正的（不是冒牌的）伊壁鸠鲁学说中，包含了希腊和罗马留给我们的道德哲学中所有一切合理的东西。"他接着说道："的确，爱比克泰德①给了我们斯多葛学派的精华。"但是，在数行以后，杰斐逊总结道：

> 但是，最伟大的改革家……是拿撒勒的耶稣……（从他那里）我们就有了一个人类有史以来最崇高的道德体系的提纲，我们一直都没有掌握这一体系。爱比克泰德和伊壁鸠鲁制定了控制我们自己的准则，耶稣则补充规定了我们对别人应尽的义务和善行。[16]

杰斐逊完全颠倒了博林布鲁克的观点，这些观点杰斐逊在年轻的时候曾激动地记录了下来。他在这里（在他去世前 7 年）提出，伊壁鸠鲁主义和斯多葛主义就其运用状况来说还算不错，但是，它们最终未能涉及"生命的所有义务"，因为它们以自我主义为中心，无法就我们对他人的道德义务提出任何建议。[17] 为了提出这些建议，现在，杰斐逊断言，我们必须求助于基督教的慈善观念。这一冗长的哲学和神学之旅以杰斐逊在慈善观念里发现美德告终，而这一慈善观念是以他理解和接受的基督教为基础的。对于这一思想旅程，历史上有完整的记录，虽然不常被人提及。[18] 在杰斐逊当上总统前 10 年，一系列决定性的经历改变了杰斐逊关于基督教和基督徒慈善在国家的公共道德中所应发挥的作用的看法，而在此后不久，他就要负责管理这个国家的公共道德了。

虽然我们无法确定具体的时间，但可以肯定的是，杰斐逊在离开华盛顿内阁后，读了英国理性主义神学家（原为化学家）约瑟夫·普利斯

---

① 爱比克泰德（Epictetus，55～135 年），古罗马新斯多葛派哲学家，宣扬宿命论，认为只有意志属于个人，对命运只能忍受。——译者注

特里（Joseph Priestley）的《基督教腐败史》（*An History of the Corruptions of Christianity*）。正如他之后说道："我一遍遍地读（普利斯特里写的）《基督教腐败史》和《针对耶稣的早期思想史》这两本书，我将它们作为我信念的基础。"[19]普利斯特里提出，早期的使徒以及教会的领袖用神秘的教义败坏了耶稣原本的教导，如三位一体、原罪、赎罪等。普利斯特里从基督教中剔除了一些内容，这些内容也是杰斐逊长期认为不能接受的、神秘和非理性的东西。

在重新塑造杰斐逊的宗教思想方面，另一个无可争议的有着巨大影响的人物是本杰明·拉什博士（Dr. Benjamin Rush）。1798 年，杰斐逊担任了亚当斯的副总统。但是，他被边缘化了。他开始定期拜访拉什，而拉什则虔诚地决定劝说杰斐逊相信基督的神性，并将美国建国实践的成功视作神的宏大设计的一部分。他说真这么做，是为了构建上帝在尘世的王国。同时，他还劝说杰斐逊重视基督教关于爱的教义在道德上的必要性，以及重视该教义政治缓和剂的属性。虽然杰斐逊从未接受拉什的耶稣救世论，或者他的美国千禧观，但这些保守的观点，加上他读到的普利斯特里的观点，极大地改变了他关于某些基督教理想的有效性和重要性的看法。在这几次费城会谈后不久，他写信给拉什说：

> 我对基督教的腐败当然是反对的，但是对耶稣本人的真正戒律并不反对。我是一个基督徒，但仅在他希望人们变成的基督徒那种意义上是基督徒；我真诚地信奉他的教义，而不信奉其他一切教义。[20]

这些戒律是什么呢？杰斐逊在 1803 年 4 月 21 日写给拉什的信中，随信附了一份"耶稣的教义与其他教义功过比较评估提纲"。他在其中列出了这些戒律。这份提纲以及这封信本身都证明杰斐逊不接受耶稣的神性、人的堕落、耶稣的救赎或三位一体等神学观念——但他依旧秉持一神论的观念，而且这个神更加强健，更多地介入人的生活，而不是如《独立宣言》初稿所述的那样是一个遥远的、漠不关心的自然之神。杰斐逊的"提纲"还在如下这个方面依循普利斯特里的观点：他也主张《圣经》的一些段落被耶稣的使徒和早期教会的创立者们搞得乱七八糟，难以理解。但是，现在杰斐逊也承认，他发现《新约》中有很多段落——特别是耶稣讲述爱的那几段——能使道德教义"更纯粹和完美，远超那些哲学家最正确的教义"。[21] 在杰斐逊看来，这些教义在如下方面，远超其他的道德-伦理体系：

> 灌输普世的博爱观念（universal philanthropy），其对象不仅包括情人和朋友，邻人和同胞，还包括全人类。它在爱、慈善、和平、共同需求、相互协助等纽带下，将所有人都融为一个大家庭。[22]

有了这个开始后，杰斐逊对《新约》教义的兴趣不断地增加。大约在他寄给拉什"提纲"后一年，在他担任总统期间，杰斐逊从"烦琐的政务"中抽身，花了数个晚上，从数本《新约》中剪下一些他认同的语句段落，贴在白纸上，钉在一起，取名为《拿撒勒的耶稣的哲学》（*Philosophy of Jesus of Nazareth*）。此后，杰斐逊如此评价这本书："这是我所见过的最漂亮的、最珍贵的道德言说。这份材料证明我是一个*真基督徒*。"[23]

毫无疑问，杰斐逊的《耶稣的哲学》一书只包含从"四福音书"里摘录的段落。其中，从深奥的"约翰福音"里摘录的内容很少，并彻底剔除了下列内容，即有关耶稣的神秘观念、他的出生、他传道中的各种神迹，以及最值得注意的是，关于他死亡的救赎性、牺牲性的观念。所以，该书最主要的戒律来自"山上宝训"和《路加福音》中关于慈悲的寓言（"迷失的羊""浪子的比喻""好撒玛利亚人"）。在目录中，杰斐逊将这些内容标为"真正的仁善"。杰斐逊也摘录了《马太福音》第22章中关于基督教"最大的诫命"的段落——"你要尽心、尽性、尽意、爱主你的神"，以及"你要爱你的邻人如爱你自己"——杰斐逊将之取名为"总的道德诫命"。[24]

杰斐逊从未接受过任何类似于温斯罗普的慈善观，将之视为公共生活的杰出理想，虽然，我们可以说他的看法确实接近于乔治·梅森或乔治·华盛顿的主张——这两人正式提出，《圣经》中关于 *caritas* 的教义在道德上是有约束力的，在政治上也十分重要，尽管在那些重要的政治领域也是如此，它要从属于自由民主主义的目标和理想。不过，我们还是要强调一点，即杰斐逊没有全然接受传统的慈善观念。事实上，任何关于 *caritas* 的传统的神学解释都强调，人爱上帝和邻人只有在上帝首先爱人的情况下才是可能的，才会变成一项义务——所以耶稣为人们的罪所做的代赎性的牺牲才会被神化。[25] 而正是因为杰斐逊从未接受基督的神性，或救赎的教义，所以，很明显，在他关于 caritas 的理解中，没有上帝的恩典和恳切的爱等内容。1814 年，在他写给托马斯·劳（Thomas Law）的信中，他解释说，他不认可很多基督教的观念，认为人们"爱上帝"是"道德的基础"，相反，它仅仅是"我们道德义务的一个部分"。[26] 而这到底是什么意思，杰斐逊从未给出解释。

不过，在给托马斯的信中，杰斐逊却解释了我们之所以要对他人行善，是因为"造物者""在我们心中灌输了一种对他人的爱"。杰斐逊认为，上帝给了我们一种"天性"，或曰"道德直觉"或"道德感"，这种天性"促使我们感受他人的痛苦，帮助他们解除痛苦"。[27] 换句话说，杰斐逊关于 caritas 的观念明显是立足于苏格兰的道德感思想之上的，也就是他在威廉和玛丽学院时期所热切追寻的那种思想，以及他从劳伦斯·斯特恩那里读到的那些内容。这些思想家从哲学角度传播对他人的仁善和爱的观念。在杰斐逊重新思考基督教以前，这些人无疑对他产生了重大的影响。但是，杰斐逊却又投入"四福音书"的世界，"四福音书"给他提供了新的话语和权威。在利用这些东西时，他表达的却是自己之前认同的观点。不过，这也给了杰斐逊的慈善观一个明晰的宗教外壳，以及更大的政治关联性，这些是他年轻时所没有的。在写给托马斯的信中，杰斐逊解释说，就算人们接受慈善的基础是道德感，但人们的慈善观念的"不完善或缺乏"也需要有一个"传道士"经常鼓励人们去爱。[28] 很清楚的一点是，早在 1800 年，杰斐逊就认为耶稣，而非斯特恩或其他著名的苏格兰人，为这一思想理念的杰出的道德家——这一立场他从未动摇过。在他死前几年，他写信给本杰明·沃特豪斯，说道：

> 耶稣的学说很简单，所有内容都指向人的幸福。①只有一个上帝，他是完美的；②未来会有回报和惩罚；③用你全部的心去爱上帝，爱你的邻人如爱你自己。这是这一宗教的全部内容。[29]

如果杰斐逊是想要用道德感改造基督徒慈善，使之合理化，并将这种改造后的慈善作为宗教道德的基本要素、人类幸福的锁钥的话，那这里就有一个问题，即这种观念是如何改变他对《独立宣言》中自由典范的依循的（如果确有其事的话）？再也没有什么文本比杰斐逊的第一次就职演讲更适合回答这个问题了。

杰斐逊的第一次就职演讲——文本内容及其重要性

杰斐逊发布他的第一次就职演讲的时间是 1801 年 3 月，当时他正在激烈地反思基督教。弗莱德·吕布克（Fred Luebke）曾指出，在杰斐逊当选为总统的前 15 年里，他所写的公开文件和私人文字都没有提及宗教主题。"从 1800 年 1 月到 1801 年 8 月，杰斐逊写了很多涉及宗教内容的信件，数量超过了他前半辈子的总和。"在写给拉什和普利斯特里的信中，杰斐逊都清楚地提到，在当总统之前，以及当总统的早期，他"经常"反思自己"对基督教体系的观点"。[30]

还有一点很重要，那就是杰斐逊的第一次就职演讲可能是他发布的关于美国政治的基础性理念的最完善的，也是最有启发性的一份公开演讲。杰斐逊只以总统身份做过两次演讲——也就是他的两次就职演讲。在这两次就职演讲中，杰斐逊本人认为，相比于第二次就职演讲，第一次演讲在基础性和理论性方面，都要做得更好。而且，当时他和起草《独立宣言》时不同——那时他还只是一个 33 岁的政治新人，为一个多元化的、代表制的议会写作——而他在写第一次就职演讲时，已经是一个政治经验丰富的 58 岁的老人了，口才出众，能充分地展示自己。他的第一次就职演讲充分展现了一个纯粹的、成熟的杰斐逊。学者们广泛认为这是杰斐逊一生中最好的一次演讲，也是"美国历史上的一次重要演讲"，并称赞这次演讲"智慧渊博""感人肺腑"。尽管如此，关于这次演讲的解读的二手文献却少得可怜，直到最近才有一些相关文献出现。[31]

值得注意的是，杰斐逊的第一次就职演讲是紧跟在 1800 年的总统竞选之后的——这是美国历史上竞争最激烈的一次竞选，因此也是最肮脏的一次竞选。从担任华盛顿政府的国务卿开始，到 1800 年的总统大选结束，杰斐逊眼睁睁地看着联邦党人攻击民主措施、地方自治，以及与法兰西共和国（美国独立战争期间的重要盟友）间的密切的邦交关系。他认为他们的这些做法彻底地撕碎了他最为珍视的政治信条，也即《独立宣言》。正是出于这样的原因，尽管杰斐逊很反对党争（"如果我不跟随党派就不能进入天堂，那我宁可不进天堂"），他还是出任了美国第一个现代政党的领袖。这个政党在进攻性和诋毁对手方面丝毫不逊于联邦党人，虽然在这 10 年间是联邦党人先开始这些玩法的。而且，这个政党在 1800 年的整场总统大选过程中都富有活力。按照惯例，杰斐逊和亚当斯都没有直接参与或组织竞选活动。但是，在杰斐逊的阵营和亚当斯的阵营之间，却产生了深重的恶意，没有人比亚当斯嫉恨满怀的联邦党人同盟，亚历山大·汉密尔顿，在政治上伤害他更深，因为汉密尔顿给全国写了一封长达 54 页的公开信，处处中伤亚当斯。但是，很明显，杰斐逊也没有尝试提升竞选的格调，改变他支持者的伎俩，而且我们也知道杰斐逊以某种方式支持了下三烂的记者詹姆斯·卡伦德，支持他以恶毒的，而且经常是没有根据的文字攻击约翰·亚当斯，说他不适合担任总统——对于这一攻击，阿比盖尔·亚当斯在此后很多年间都难以释然。[32]

联邦党人在攻击杰斐逊时，对他著名的不信神的观念方面指责最多，而且不断重复；这些指责的声音从 18 世纪 90 年代开始就已经断断续续地出现了，一直到 1800 年达到鼎沸之势。[33]在听到杰斐逊最终竞选成功后，这些攻击的作用就成功地显现出来了：有的新英格兰家庭主妇赶紧把《圣经》埋了起来，害怕被他没收。在杰斐逊方面，这些经常性的尖酸、不公正的指责也向我们解释了为什么他会如此热情地拥抱基督教道德的内容，但又对基督教狂热的宗教形式深深地厌恶。并非只有杰斐逊单方面认为正统的牧师在理智上或神学上是错的；也有很多牧师对他个人进行攻击，深深地伤害了他。1819 年 6 月 25 日，在一封写给埃兹拉·斯蒂莱（Ezra Stile）的信中，杰斐逊承认他与基督教道德观念之间存在不同，很多教士心中对他有怨气，并承认"有时，我对（某些基督教牧师）很生气，而对（耶稣）讲授的赐福的慈善则没有太多怨言"。[34]

恰恰是这种激烈的党争使得拉什的努力最终打动了杰斐逊，让他相信基督徒慈善能在稳定整个联合体方面发挥关键性的作用。联邦党人的指责对杰斐逊产生了很大的影响，让他更为精确地知道，自己要相信基督教的哪一个部分。[35]有的人可能据此认为杰斐逊在这个时期"拥抱"基督教是一种政治手腕。这种观点的问题在于，在 1796 年和 1800 年的竞选中，杰斐逊从未试图公开利用他在宗教信仰上的转向。我们只在私人信件中看到他说自己改变了看法。如果他的目的纯粹是赢得竞选的话，那么，这个超级天才政治家就太不会利用他的新主张了。

到 1801 年 3 月初他就职的时候，联邦党人和共和党人间愈演愈烈的争斗——这彻底撕碎了他与约翰·亚当斯之间长久的、密切的朋友关系——使得杰斐逊停下来思考，即除联邦党人的政策之外，还有一个东西在威胁着 1776 年提出的那些真理。杰斐逊认为，现在在破坏自治实现的东西是美国市民心中没有爱。这一点是十分危险的。杰斐逊在首次担任总统数周后，写了一封信。这封信是写给埃尔布里奇·格里（Elbridge Gerry）的。在信中，他写道："如果我们能再一次在我们的市民中重建和谐和*社会的爱心*，那这对于我们的国家来说真是一个莫大的福祉啊。我承认，对于我自己来说，这几乎是我心中的第一大目标，为了实现这一目标，我愿意牺牲一切，除了基本原则不能让步以外。"[36]

这个声明展示了，在这一时期，在杰斐逊心目中，有两种相互冲突的政治价值在同时起作用。他谨慎的用词（"*几乎是第一大目标*"和"*牺牲一切，除了基本原则*"）（斜体为作者所加），说明他在这里号召重建"社会的爱心"的做法，是从属于对《独立宣言》中的原则的保护之下，而保护《独立宣言》的原则才是他心中真正的"第一大目标"，也是他的政治学中的不可动摇的地基。这个"第一大目标"解释了为何杰斐逊要在 1800 年大选中开展疯狂的党争，他是要用明里暗里的手段来捍卫自由，因为他感觉到这一价值在联邦党人的统治下受到了攻击。不过，虽然"社会的爱心"是第二序列的，但信中依旧说它具有相当的政治重要性——这种爱的感觉布满了福音书的教诲——这解释了为何杰斐逊在第一次就职演讲中表现得如此像一个政治家。

第一次就职演讲——自始至终

杰斐逊是以一段自谦来开始他的第一次就职演讲的。他说道，"诚挚地说"，在他眼前的这项任务，"非（他）能力所及"。然后，他比较了自己的能力限度和他的这项工作的超凡责任——这项工作的责任远超凡人的能力。这就是，他将要执掌一个"向着世人无法预见的天命疾奔"的国家，这个国家的目标和活动都是"超凡的"。[37]在美国政治演讲中，当人的有限能力与职责的超凡这两者并列时，经常会导致人们向上帝乞求赐福。但是，令人震惊的是，杰斐逊在这里根本就没有提到上帝。杰斐逊只说"面对这宏图大业时，（是他自己让自己）感到自惭形秽"，而不是上帝。而且，"无论遇到什么困难"，我们都可以"向宪法规定的另一高级权力机关寻找智慧、美德和热忱的源泉"，而不是上帝。如果在杰斐逊近来拥护的 *caritas* 观念中，上帝之爱依旧是一个元素的话，那么，这种爱几乎就没有创造任何政治上的标准表达，即表达对神的尊敬和依赖。

在上面一句加上"几乎就"这个界定是十分重要的。这是因为这份演讲的结尾是一段祈祷："愿主宰天地万物命运的上帝引导我们的议会臻于完善，并为大家的和平与昌盛，赐给它一个值得赞许的结果。"这看似是杰斐逊随手写就的，只不过是一些漂亮文字，用来讨好那些更为虔诚的选民们。约瑟夫·埃利斯（Joseph Ellis）认为，杰斐逊实实在在地"创造出了一种领导形式"，这是成功的普选制民主政体所必需的形式——这种形式"安抚了各种矛盾"，并且"所讲出的话使不同的选民都能听到自己想听的内容"。如果我们回头去翻翻杰斐逊的《独立宣言》初稿，就能看到这里面没有这样的漂亮文字，这是因为他在写这份初稿时年纪要小得多，在政治上的野心也要大得多。此外，杰斐逊的最后一句读起来很像是总统在公共节日，如斋戒日、祈祷日或感恩节上的讲话，但这些活动当时只有华盛顿和亚当斯办过，而杰斐逊则是拒绝举办这类活动的——为此，他承担了一些政治上的代价——因为他认为这违背了宪法上的政教分离原则。[38] 如果杰斐逊是真的遵循绝对的、没有缝隙的政教分离原则的话，那他完全可以抵制压力，拒绝在公开场合和文件中谈及任何宗教言论，那么，他这个刚刚被选举成为国家最高领导人的人物在这里又为什么要服软呢？

可能更为合理的结论是，虽然在杰斐逊的政治神学中——甚至在受到普利斯特里和拉什的影响之后——犹太-基督教的神并不被视为一个值得国家领导人以最重要的方式祈祷、感恩和乞求的人物，但杰斐逊著名的分隔墙理论却比公众们所认为的要松动得多。很明显，杰斐逊认为，官方的宗教宣言，以及祈祷日并不符合宪法的规定。但是，他好像很愿意以政府领导人的身份，公开讲出这些温和的文字，指引他的选民的心转向对神圣力量的感谢与感激。

为共同的善联合起来

在讲完引言性的第一段后,杰斐逊的第一个举动是将仁善的橄榄枝伸向他之前的联邦党人对头们。杰斐逊在第二段一开头就说道"在我们过去的意见交锋中"。杜马·马隆(Dumas Malone)解释说,这是对这个国家里刚刚过去的肮脏的竞选争斗做了"最客气且又宽宏的解读"。[39]如果拿这个与1776年的杰斐逊相比,当时他正饱受批评,因为他在起草《独立宣言》时用了最不客气的、最不宽宏的文字来解释与大不列颠之间的抵牾,那这真是天壤之别了。

除了用温和的辞藻掩盖1800年的激烈斗争以外,杰斐逊在第二段中还直接断定:"大家当然会服从法律的意志,自己妥为安排,为共同的利益齐心协力。"(斜体为作者所加)杰斐逊这么一说,就推动了上述安排走向现实。一方面,值得称赞的是,被打败的联邦党人平和地听从了选民的意愿,虽然免不了还要公开表达下不满。[40]另一方面,杰斐逊甚至连提都没提到联邦党人在竞选活动、公开政策中的丑事,他安抚他们的恐惧情绪——对他们说,虽然在共和国中,"多数人的意志是起决定作用的",但"少数人享有同等权利,这种权利必须同样受到法律保护"。在这次演讲的结尾部分,杰斐逊直接对那些没有把票投给他的人说,他决定"在(他的)职权范围内为其他各位效劳"以"博得"他们的好评。至少,这意味着杰斐逊不打算将联邦党人用来对付共和党人的那部恶名昭彰的《移民和镇压叛乱法》重新用到联邦党人身上。

在第二段中,杰斐逊说的最著名的一段话是:"但是,意见分歧并不就是原则性的分歧。我们以不同的名字呼唤持同一观点的兄弟。我们都是共和党人,我们都是联邦党人。"有很多人,包括埃利斯在内,都不太重视这番话在调和矛盾方面所发挥的重要作用。他们强调说,杰斐逊在这里提到"共和党人"(republican)和"联邦党人"(federalists)时,用的都是小写字母。他们说,杰斐逊并没有做一番宏大的、高尚的演讲,论及两个党派——联邦党人和共和党人——"重合的目标"或"共同的基础"。相反,他是在说,所有的美国人,不管属于哪一个党派,都是在心底里支持民主政府的"共和形式"的,也是支持各州间"联邦的纽带"的。[41]

在一定程度上，这当然是真的。在接下来的一段中，杰斐逊直接将"我们自己的联邦与共和原则"分别对应于"联邦与代议制政府"。当然，杰斐逊也没有天真到忽略联邦党和共和党两者施行的政策间的巨大差异，提议人们可以同时向两党的理想效忠。但是，埃利斯的观点过于轻视了杰斐逊话语中传递出来的统一的力量。他没有看到这一点，即杰斐逊毫无疑问知道在那个早晨，他的听众（明显包括国内所有有影响力的政治人物）不会听出是否用大写字母这一细微区别，而之后的读者们在看公开的文稿时，则能很明显地看出这一差异。鉴于这场竞选活动是一次痛苦的经历，所以，杰斐逊一定认为，听众们会听成大写的"所有的联邦党人"（all Federalists）和"所有的共和党人"（all Republicans），而不是小写的文字。

杰斐逊的这番话并不是套话，相反，它传达出这么一个意思，即希望两党联合，而不是分立——使大家成为真正的"持同一观点的兄弟"。埃利斯甚至认为，杰斐逊的"纯共和主义"并不是要激进地去除联邦党的所有目标和官员，而这恰恰是某些联邦党人所担心的，同时，埃利斯还认为，杰斐逊的两个最大的敌人——汉密尔顿和马歇尔，都被这番柔情脉脉的话给打动了。[42]本杰明·拉什是长年向杰斐逊传福音的朋友，也是基督徒慈善的政治价值最热心的支持者。他很高兴地发现，在这次演讲的文稿在费城公开以后，很多长年分属于不同阵营的老朋友们又和好了。[43]

在杰斐逊的统治下，党派差异之后会再一次出现，击败他第一次就职演讲中提出来的慈善与调和精神。但是，这次演讲，以及它的影响力却不能仅仅因为党派和谐的单薄与昙花一现而被就此抹去。当时的美国，作为一场自治之下的伟大实验，正处在一个历史转折期，而杰斐逊的演讲正是这一转折的顶点。它的标志就是在两个之前敌对的民主政党之间，完成了一次和平的、文明的政治权力转移。在1796年的大选中，由亚当斯来和平地继任乔治·华盛顿的职位，对于所有人来说，都是不可避免的，也是可以接受的，包括亚当斯的主要对头——托马斯·杰斐逊。但是，到了1801年3月4日，这样的平静的继任就成了不可能的了。这是第一次真正的测试，测试美国的国家权力是否可以在没有事前的暴力抵抗、事后的恶毒报复的情况下，顺利地实现转移。美国顺利地通过了这次测试，这是因为除杰斐逊和他的演讲以外的很多其他的人和力量在起作用。[44]但杰斐逊的演讲也立下了相当大的功劳，因为这次演讲成功地构建了一条路径，即政敌之间在互相伤害之后，如何能文明地，甚至是慈善地接手对方的权力——这为这个国家未来各党派间职位的继任树立了一个卓越的先例。[45]

修改后的《独立宣言》

杰斐逊第一次就职演讲对于塑造美国民主制的贡献，不仅在于它在民主制分化和不稳固的时期，展现了政治上的和谐，也在于它对《独立宣言》的民主内核做了精细的修正，这对于很多人来说，依旧是美国政治神圣的起点。

在第一次就职演讲的开头一段中，杰斐逊说道："这个可爱的国家……的幸福。"这是这篇演讲中七次提到幸福（或类似的词）中的第一次。从开头到结尾，国家幸福是第一次就职演讲的主题词。尽管如此，令人难以理解的是，学者们还是忽略了这篇演讲的这一主题，没有将之作为认识杰斐逊的幸福观，以及他关于幸福与国家之间的联系的观念的基础文本。[46]事实上，这篇演讲证明了杰斐逊将美国的幸福融入了美国人普遍具有的、实践性的 *caritas* 观念之中。

在第二段中，杰斐逊请求说：

> 因此，公民们，让我们同心同德地团结起来。让我们在社会交往中和睦如初、恢复感情，如果没有这些，自由，甚至生命本身都会索然寡味。让我们再想一想，我们已经将长期以来造成人类流血、受苦的宗教信仰上的不宽容现象逐出国土，如果我们鼓励某种政治上的不宽容，其专横、邪恶和可能造成的残酷，血腥迫害均不亚于此，那么我们必将收获无几。

这一段话内在的强大力量在于，它用精巧的文字，凸显了国家统一、和解的实质性内涵。每一句的头几个字都是"让我们"，这种句首的排比，表达出了一种温柔的劝说的语气，并展示了对所有听众的意愿的尊重或关切。但是，这一段绝不仅仅是在做恭顺的、柔情的请求，企望分属于不同党派的市民们能变得心慈手软、相互尊重。其中其实藏有一项对《独立宣言》的"追求幸福"条款十分重要的，也是令人吃惊的补充性内容。在第二句中，杰斐逊解释说，没有"*感情……自由，甚至生命本身都会索然寡味*"（斜体为作者所加）。在这里，杰斐逊将《独立宣言》中三大重要权利中的两个（生命和自由）提取出来，然后再勾画出一幅没有感情（一种爱的形式）的凄凉场景，最后将上述两者与这一凄凉景象（幸福的对立面）联系起来。通过这么做，杰斐逊清楚地证明了：在一个没有爱的社会——哪怕是在一个自由的共和国里——对幸福的追求多半会流产[47]（值得注意的是，2000 年，耶鲁大学发表了一项实证研究成果，也提到了同样的观点[48]）。

在某一层面上，这种观点总结出了这样一个结论，即在杰斐逊的道德和政治观念中，起作用的大体上是关于情感的世俗道德感观念。这一点可以追溯到他起草《独立宣言》初稿之时。在该宣言中，他斥责英国兄弟用"痛苦的"马刺伤害了曾经弥漫在双方之间的"感情"。但是，在这篇演讲中，有证据证明，杰斐逊在这一段中对于情感的观点，以及关注，是与宗教（基本上是基督教）的 *caritas* 观念联系在一起的。在下一段中，事实上，杰斐逊也明确主张，更偏向于《圣经》定义的、广泛实践的 *caritas*——就像他就"情感"所做的主张那样——对于一个幸福的自由共和国而言，是十分必要的。

在下一段中，杰斐逊自问自答了这一问题："我们还需要什么才能够使我们成为*幸福*而兴旺的民族呢？"（斜体为作者所加）。而在提出这一问题之前，杰斐逊指出了几项"赐福"，他认为这些赐福对于实现幸福是必要的。其中一项赐福是：

> *我们受到仁慈的宗教的启迪，尽管教派不同，形式各异，但它们都教人以正直、忠诚、节制、恩义和仁爱；我们承认和崇拜全能的神，而无意表明，它乐于使这里的人们得到幸福，今后还将得到更多的幸福*（斜体为作者所加）。

鉴于杰斐逊在年轻的时候对宗教的表态，上述主张还是很令人震惊的。杰斐逊现在公开祝贺美国，祝贺它的人民普遍虔诚信教，特别是祝贺它通过培育人们的"仁爱"和"崇拜"上帝——基督徒慈善概念中的核心元素——而实现了幸福。不过，关于这些元素，杰斐逊本人还是保留某些非常不同于传统看法的观念。而且，杰斐逊还继续坚持他的信条，即政府不应为某种信仰背书，或是促进这种信仰，所以他小心地赞扬所有"宗教"，而不是特指基督教。在提到宗教信仰的对象时，他用了含混的"神"（Providence）这个词，之后又用了非特指的"它"，而没有用传统的、人们常用的"上帝"或"圣父"。在这次致辞前后，杰斐逊曾与拉什、普利斯特里等人交流。根据他们交流的内容和时间，我们可以判断，他在这一时期对基督教的重新思考，对他做出这番演讲起到了推动作用。

杰斐逊在这一段结尾处提到，还有一样赐福"是我们达到幸福圆满之必需"。这一句话是很重要的，这是因为它再一次强调了如下事实，即他曾提到的以宗教为导向的爱，是美国幸福的构成要素。杰斐逊接下去讨论什么是达到幸福圆满之必需，而这也暗示出他所赞美的仁爱和神是公民幸福圆满的必要组成部分。[49] 而且，这一点在另一方面也很重要，因为理解了这最后一样赐福，有助于我们提炼出，在杰斐逊的思想中，*caritas* 在美国政治中到底扮演了什么样的角色。这最后一样赐福是：

> 　　贤明而节俭的政府，它会制止人们相互伤害，使他们自由地管理自己的实业和进步活动，它不会掠夺人们的劳动果实。

对于杰斐逊而言，"这就是良好政府的集萃"。这也回应了杰斐逊在这一段前面提到的另一项赐福："我们对权利平等的看法恰如其分，包括发挥个人才干、争取勤劳所得。"这两项赐福合在一起，重申了《独立宣言》中核心的自由主义观念。在这一观念中，政府的基本职能是使市民们"自由地管理自己的……活动"，包括幸福、勤奋、修养，以及其他任何事情，只要他们不伤害或不侵犯他人的权利。

虽然基督徒之爱对于国家的幸福很重要，但它——至少杰斐逊对它的理解是这样的——并不要求政府设定一项职能，即重新分配财富，或者管理人们，要求他们努力提高自我修养。在接下来的一段中，根据政府的实际运作情况，杰斐逊提出慈善的地位是边缘性的。在这一段中，他更为详细地提出"我们的政府的基本原则，以及我们需要依此搭建的行政管理"。

杰斐逊提到的第一条原则是"实行人人平等和真正的公正"。真正的公正，也即平等地保护所有市民的基础性的自然权利，是政府运作的基本理念。在这一段中，杰斐逊提都没提慈善或传统价值（如怜悯、慷慨、仁慈或虔诚）应在政府中发挥什么样的作用。他的确是赞美了"同所有国家和平相处、商务往来、真诚友好"，但随后，他却提出"不与任何国家结盟"（人们经常搞错，以为这是由华盛顿提出来的）。如果像杰斐逊在他的"耶稣的教义与其他教义功过比较评估提纲"中说的那样，慈善是所有人类家庭的所有成员都应背负的义务的话，那么，慈善显然未能转化成为美国人对其他国家市民们的一项重大的国家性承诺——至少在美国这一历史节点上未能如此。很明显，人们都很清楚，在国际政治中，现实是很残酷的（正如杰斐逊在演讲开头所说的那样，多数国家"自恃强权、不顾公理"）。这命令人们奋起抵抗外敌，优先保护自己的权利。所以，威尔森·凯瑞·麦克威廉姆斯（Wilson Carey Mc-Williams）曾提出，尽管杰斐逊的慈善理念提出了一个明显的宏观方向，但"针对不同类型的人，却会有不同的义务"。[50]

顺带说一下——但是这一点很重要——在这个脉络中，很遗憾，杰斐逊新近的对基督徒之爱的理念的遵奉，很明显比不上他之前的关于自然权利自由主义的遵奉，因为是在后者的驱动下，他才做出了更为激烈的尝试，要终止美国的奴隶制度，甚至要关掉他自己的种植园。虽然杰斐逊所犯的错误是可叹的，而且是令人很难理解的，但在这一层面，他也并非全然是伪善的。这一道德原则的大杂烩使得他成为一个在各个方面比同时期的很多人都更为人性化、更为可爱的大师。并且，早在他写《独立宣言》初稿之时，他就曾满怀激情、言辞激烈地反对过奴隶制，想要发动一些公众来终止这项制度。关于这后一种做法，肖恩·威伦茨（Sean Wilentz）曾尖刻地提问：

> 那么，下面两种政治领导人，到底谁更可爱呢？第一类政治领导人（如杰斐逊），在他职业生涯早年就反对奴隶制，坚定地表达平等主义理想，但他很快就在政治实践中收拢了他的船帆，于是，

就偏离了他的航线，也未能成功地释放他自己的奴隶；第二类政治领导人（如华盛顿），他从未提出过什么平等主义理想，他只是在自己的私人信件中默默地提到他新近想到的反对奴隶制的观点，最后，只在去世的时候，他才安排释放自己的奴隶。那到底谁更可爱呢？[51]

杰斐逊的做法，即在各种时候，大胆而有力地说出自己反对奴隶制的观点，虽不可能对他自己的奴隶有什么直接的帮助，但从长期来看，这相比于华盛顿的处置方式，即平静地释放自己的奴隶，却是一个更为有力地反对奴隶制的举措。

杰斐逊在这一段中讨论的关于一个好政府的其他几项原则，建构了一种诺齐克①式的"守夜人政府"，即仅限于保护和平、安全、社会和谐、法制和基本自由。杰斐逊总结说，这些原则"应当是我们的政治信条"。[52]所以，根据杰斐逊的理解，*caritas* 在推动他的公共政策发展方面，最好应扮演一个温和的角色。而个人的天生权利，即按照他们的意愿生活，拥有自己挣到的财产等，则会对政府的行为构成重要的限制。在第一次就职演讲一年多以后，杰斐逊致信托马斯·库柏（Thomas Cooper），解释说：当涉及政府时，

> 如其采用一种寂静的方式，不搅扰于他人之事，也不引人注目，这就是通向幸福的社会的标志。如果我们能防止政府以关心人民为借口浪费民力，那他们就必然是*幸福*的。[53]

所以，当读到杰斐逊在结尾处坚定地宣誓要"为所有同胞们的幸福和自由而尽力"之时，我们便可以得出如下结论：尽管杰斐逊认为全民的 *caritas* 感对于形成全民的幸福是十分重要的，但这并不代表人们就能合法地使用政府机器来构建广泛的福利国家，或用政府将市民们变成受天国感召之人。简言之，第一次就职演讲的确对《独立宣言》中传统的

---

① 罗伯特·诺齐克（Robert Nozick，1938~2002年），美国著名哲学家，哈佛大学教授。代表作有《无政府、国家与乌托邦》。——译者注

自由内核做出了修正，但这仅仅是一些轻微的修正。

不过，我们必须记住，守夜人政府观念对杰斐逊的联邦主义观念产生了巨大影响，他认为多数政府事务都应由州和地方层面负责。第一次就职演说主要，但非全部，论及了联邦政府的活动。但杰斐逊也的确认同地方政府的作用，比如他认为地方政府在积极帮助穷人方面有重要作用。[54]他努力推动通过了一部法令，以更新1775年弗吉尼亚法令，向"穷人、瘸子、虚弱者、失明者和本郡无能力养活自己的居民"提供帮助和照顾。[55]新旧法律的主要不同在于遵循了杰斐逊所主张的更为严格的政教分离，将照顾穷人的事务从圣公会的教区委员那里移到了郡参议员。同样，1785年，杰斐逊从法国寄了一封信给詹姆斯·麦迪逊。在信中，他反思了他在欧洲看到的因为严重的财富分配不公而导致的"悲惨景象"，并得出结论说，在这种情况下，"立法者采取再多的措施来细分财产都不为过"。他着重澄清说，这并不意味着他倡导强制的均贫富。他的目标要温和得多，而且也更为适应时代。比如，在开始时，他废除了长子继承权制度，让"所有的"孩子，而非只有长子，继承财产，这样就能让财产分布得更广，而且还依循了"人类观念中的自然情感"。他同时认为，应对所有未达特定标准的人一律免税，同时向财产以几何式速度增长的人征税，这将会是"另一种*悄悄地减少财产不平等的方*式"。[56]

尽管如此，杰斐逊在第一次就职演讲中的理论点还是很清楚的，且可以适用于各级政府，那就是基督徒之爱的要求并没有彻底改变对自由个人主义原则的依循，而这也是政府的基础。事实上，在第一次就职演讲后三周，杰斐逊曾致信摩斯·罗宾逊（Moses Robinson）。他主张："当我们剥除了基督教的重重外壳，展露出它最仁善的创立者的原初的纯洁和单纯的时候，它就是所有宗教中最亲近自由的一个了。"1814年，在写给迈尔斯·金（Miles King）的信中，杰斐逊再次提到，他认为所谓的宗教的仁善，必然是与下述内容密不可分的：将尊重权利和他人的自由放在首位。在信中，他指出：

> "神"将我们塑造成了道德主体……所以，我们能以这样的方式，来促进那些上帝共同安置于社会之中，与我们一起为伴的人们

的幸福，即诚实地对待所有人，仁善地对待出现在我们生活中的人，庄严地尊重他们的身体和精神权利，特别是珍视他们的良心自由，就像我们珍视自己的自由一样。[57]

这最后一句清楚地引出了我们正在讨论的有关杰斐逊的思想观念。在晚年的时候，杰斐逊认为，"神"希望人在尘世幸福，因此，他将人塑造成道德主体，由此，活跃的人就可以促进"所有人"的"幸福"了。一个人如何可以有德性地行动，以促进人们的幸福呢？其中一项是，他应该仁善地行动，而这又无法摆脱与对人们天生权利的"虔诚的"尊重之间的联系——这需要为其他人摒弃自己大块的自由，以使他们可以为自己思考和行动。

不过，人们开始怀疑，在这一点上，到底杰斐逊的第一次就职演讲与《独立宣言》在理论上有什么不同呢？如果我们说两者之间的差异微乎其微，可以忽略不计，虽然这更容易被接受，但明显不够正确。事实上，在杰斐逊的思想的这两个阶段，存在某些细微的，但并非不重要的差异。

杰斐逊的另一个比喻

从杰斐逊执政开始，以及在他告别早期生涯之时，他就在公开和私下场合主张，《新约》中关于人和神的爱的理解，在经过理性修正后，能成为人类的道德，以及一个健康的共和国的基础元素。因为杰斐逊曾否定诸多传统的基督教理念，所以，他在吸纳 *caritas* 的观念时，也要求它不能沾染任何传统信念或行为。然而，它事实上还是容纳了为公众所接受和重视的在美国事务中起作用的神圣力量——而在早年，在杰斐逊所写的正式文本中，极少存在此类情况。对于杰斐逊来说，更为重要的是，它也引入了一种关心他人的情感形式，而且是一种鼓舞人心的形式，这一爱的概念能够超越满怀仇恨的政治分立，避免如下风险：将一个共和国搞得四分五裂，或永久地撕裂曾经亲密的朋友关系［其他人早已指出，正是靠着这一种爱，最终弥合了亚当斯和杰斐逊之间的裂痕。本杰明·拉什不断地倡导基督徒慈善在美国政治中的重要性。他耐心地驱使这两人走向由衷复合——他警告亚当斯说，亚当斯和杰斐逊将很快会死去，会站在一个"裁判者面前，对于这个裁判者来说，是否原谅和爱敌人是（亚当斯）是否会被接受的条件"[58]）。进一步来说，杰斐逊之后的关于 *caritas* 的观念，对于以个人权利为基础的政府来说，是一种宗教上的补充。这一政府之前主要是奠基在世俗性的哲学自由主义之上的。

之前我们曾提到，杰斐逊个人的幸福观念基本上与《独立宣言》中的幸福观念，以及其中三项著名权利没有关系。这一点依旧是对的。杰斐逊的第一次就职演讲明确无误地再次确认了《独立宣言》中的自由主义观念。但是，这篇演讲也指出，杰斐逊的实践经验使他相信，只是广泛地、自由地运用《独立宣言》中的核心权利，而不带有任何 *caritas* 式的品性，将只会造就一个惨淡的共和国。所以，虽然杰斐逊的基础性的自由主义观念依旧阻止政府强行支持基督徒慈善的理想，但他的第一次就职演讲却论证和支持明智而审慎地运用非强制性的、非立法性的，而是政治性的、仪式性的行政权力，来正当而有效地促进基督徒慈善的美德中的重要元素在公众中广为传播。杰斐逊认为，政府通常是一个更为世俗的实体。但是，杰斐逊新发现的 *caritas* 观念的政治重要性却改变了他的世俗主义观念——虽然并不彻底——他用略带宗教色彩的文字，企盼地劝说市民们明白下述两者之间的重要联系：公共幸福的宏观目标和广为传播的《圣经》中爱的元素。

在这些问题上，可能没有什么能比在他的第一次就职演讲中提出的一个形象来更为精准地阐释杰斐逊成熟的思想精髓了，而现在这个形象被人们严重低估了。杰斐逊主义中有关宗教和政治的最著名形象是"教会和国家之间的分隔墙"。这个比喻不是杰斐逊自己发明的，但是，他却超越了其他人，使这个形象成为我们普遍运用的政治词语中的一项卓越且常年使用的内容。但这也不是他就这一主题所做的唯一的比喻。在他的第一次就职演讲中，杰斐逊还提到了全国"幸福圆满"，并且明确提出至少其中有一环是全国的宗教道德，这一宗教道德会唤起人们对他人的爱，以及对神的景仰。

当然，第一次就职演说中的幸福圆满一说并不能成为取消"政教分离之墙"的根据。在第一次就职演讲10个月后，杰斐逊写了一封信给丹伯里浸信会协会。在信中，他再一次提到了后一个形象。而且，诚如本书所反复强调的那样，第一次就职演讲明确认可杰斐逊在《独立宣言》

中提出的自由主义观念，这种观念是他政教分离哲学的基石。同时，我们也可以看到杰斐逊的幸福圆满之环的最后一环是政府，这样就能给个人留下自由空间，让个人规范他们自己的道德修养，只要他们不伤害他人即可。

但是，我们也应看到，在杰斐逊的所有作品中，"政教分离之墙"这句话只出现过一次——而且是在一封私人信件中——而"幸福圆满"的形象则出现在杰斐逊最重要的、最著名的政治演讲中。如果杰斐逊关于政教两大实体之间的墙的比喻可以独立存在的话（这一形象的运用远比幸福圆满之环广泛），那这就掩盖了部分事实，而对于这一事实，杰斐逊是有自己的成熟看法的。这一事实就是：在宗教和政治之间存在一定的空隙。因此，杰斐逊关于全国幸福圆满之环的比喻是对政教分离之墙形象的适当补充或矫正。人们通常讽刺他，说他将犹太－基督教理念和启蒙式自由主义观念之间的关系搞得势不两立。而上述形象针对这一问题做出了更为完善的阐释。

在去世前，杰斐逊依旧十分严厉地批判各种基督教的派别，讨厌偏激的宗派主义，向往现代化的、世俗的"理性"，并将之作为最终的"真理裁判者"——一个人如果是深深地信仰宗教的话，是不会提出这一观点的。[59]但是，在了解了他第一次就职演讲的行文、用语和其中塑造的形象之后，我们又确信，杰斐逊相信某种以宗教为基础的爱与美国的政治健康和幸福密切相关。杰斐逊真正的愿望是自由民主和理性的基督教能够合力，共同赐福于美国，并最终取代基督教的所有派别，取代那些以宣言神启、正统教条、主动的上帝而著称的基督教派别。

杰斐逊在这一方向上所做的努力远比旁人想象的要艰苦得多，持续时间也要长得多。杰斐逊为实现基督教培根式的大复原——重构和重建——而努力的时间不少于 20 年。[60]杰斐逊认为，他在当总统的时候编辑的那一版《新约》"太仓促了"，所以，在 15 年后，他又做了第二版，并反复吹嘘——用十分骄傲的语气，甚至以他超级自信的标准来看都算是骄傲了——自己从后来者篡改的文字中提炼出耶稣纯正的、原始的教义，就像"从粪堆里找出钻石"一样容易。[61]同样，在他当总统的时候，他曾悄然地委托约瑟夫·普利斯特里，结合他之前所做的合理化了的基督教版本，来编辑一部扩展版。但是，普利斯特里的作品让杰斐逊很失望，而且普利斯特里在这之后很快就去世了，所以杰斐逊不得不把这个项目停了一段时间。1816 年，他开展这个项目的希望再次被点燃了。那时他发现一个荷兰学者，名为艾德里安·范德坎普（Adrian Van der Kemp），有兴趣做普利斯特里没能做成的事情。但不幸的是，杰斐逊发现范德坎普比普利斯特列还要不靠谱。[62]

杰斐逊未能成功地推广彻底革新过的新约教义，与之相反，他却成功地构建了自由民主，而这倒为他曾希望消除的各种基督教的派别提供了一片丰沃的土壤。[63]现在，美国依旧是世界上最多样化的、最具有活力的基督教信仰和各种宗教信仰的大本营。

这至少让人很好奇：杰斐逊在 1800 年之后是怎么想的？如果一个稳定的、幸福的自由共和国需要 caritas 的具有塑造性的、持续的影响力，那难道只有合理化之后的版本才能够发挥这样的作用吗？

杰斐逊提出的非神秘化的 caritas 观念成了一股重要的政治思想源泉，温暖了冷冰冰的美国宪政自由主义，它在避免温斯罗普的基督徒慈善的典范中出现的严厉且轻率的裁断主义方面，发挥了巨大的作用。但是，杰斐逊的这一事业是奠基在修正过的慈善观念之上的，这一慈善观念对慈善的传统根基做了巨大的调整，由此，凭着《圣经》中的慈善观念，便能促进民主政治。而林肯则更为有力地、雄辩地支持了这一点——他接着杰斐逊思想的终点，开始了他的哲学思考。

注释

[1] 托马斯·杰斐逊作为弗吉尼亚大学的创始校长，老年的他要求必须向学生"反复灌输"《独立宣言》的内容。他认为这是"独特原则"的四大"最佳指引"中的第一项，而这些"独特原则"是美国政府的基础。参见"Minutes of the Board of Visitors," March 4, 1825, in Jefferson, *Writings*, 479。杰斐逊讲的最后一句还能听得清的话是："这是第四个吗？"他说这句话的时候是 1826 年 7 月 3 日，在他陷入昏迷之前。第二天他就离世了，即《独立宣言》发表 50 周年纪念日当天。他说的最后一句话戏剧般地凸显了他强烈的愿望，使得他的生命，乃至死亡都与《独立宣言》及其内容紧密地联系到了一起。

[2] 关于杰斐逊与汉密尔顿的关系，参见 Peterson, *Thomas Jefferson*, 396；关于这一时期双方的敌意，参见 Aldrich, *Why Parties*, 68 - 69；Lerche, "Jefferson and the Election," 467 - 468。

[3] 关于汉密尔顿政治攻击的更多情况，参见 Lerche，"Jefferson and the Election,"
468 - 470；关于杰斐逊的辞职，参见 Peterson，*Thomas Jefferson*，516。

[4] "Farewell Address," in Washington，*Collection*，519 - 520.

[5] 同注 4，519。

[6] 同注 4，521。

[7] 同注 4，520。

[8] 同注 4，517。

[9] 同注 4，521。

[10] 同注 4，519。

[11] 同注 4，515 - 517。

[12] 同注 4，515。

[13] 同注 4，521。

[14] 同注 4，522。

[15] Jefferson，*Extracts from the Gospel*，390.

[16] 同注 15，388，斜体为作者所加。

[17] 在前一章中，曾引用过这一段："耶稣没有解释全部道德，以作为来自理性原则的自然法，或涵盖生活的全部义务。如果人类想要获得这样一部法典，这样一来，每遇到事情就可以翻查这部法典，搜寻作为道德义务的每一个部分的颠扑不破的规则，那我们就只能失望了；因为福音并不是这样一部法典。"（Jefferson，*Literary Commonplace Book*，35）

[18] 关于这段时期杰斐逊重新思考基督教的事情，相关历史分析，我主要借鉴了（但不是全部）尤金·谢里丹（Eugene Sheridan）精彩的介绍性文章，载于"*Jefferson's Extracts from the Gospels*"的序言部分。该书搜集了杰斐逊摘录的《圣经》选段（本章下文将对其进行分析），以及相关的通信，于 1983 年由普林斯顿大学出版社出版，是《杰斐逊文集》附件部分专题类第二系列中的一本。《杰斐逊文集》是一套重要的、尚未完成的、多卷本的编年体丛书。

[19] Jefferson，*Extracts from the Gospel*，348（letter to John Adams，August 22，1813）.

[20] 关于拉什的情况，参见威尔森（Wilson）在杰斐逊的《文学摘录簿》中写的引言，*Literary Commonplace Book*，16 - 17。同时参见 Donald J. D'Elia，"Limits of Philosophical Friendship," 336 - 337。拉什在自传中写道：人们指责说，杰斐逊在起草《独立宣言》时，"对基督教是不友好的"。这种说法"可能是对的。他的笔记中记载了某些这类的文字，都倾向于这一观点"。但是，在费城会谈期间，拉什感觉到"（杰斐逊的）仁善和他的学问一样广博。他不仅是这个国家的朋友，也是所有国家和宗教的朋友"。（Rush，*Autobiography*，152，151）关于杰斐逊致拉什的信，参见 Letter of April 21，1803，in Jefferson，*Extracts from the Gospels*，331。

[21] Jefferson，*Extracts From the Gospels*，334.

[22] 同注 21。

[23] 杰斐逊死后不久，这本《耶稣的哲学》就失传了，而迪克森·亚当斯（Dickson Adams）天才般地把它重新编写了出来。参见 "The Reconstruction of 'The Philosophy of Jesus'," in Jefferson, *Extracts from the Gospels*, 45 – 53。这本书对于杰斐逊很重要，所以在他退休后，他又重做了一遍［取名为"耶稣的生命和道德"（"The Life and Morals of Jesus"）］，因为他感觉自己第一遍做得"太仓促"了（Jefferson, *Extracts from the Gospels*, 37 – 38, 369, 352）。上述"真基督徒"的引文，参见 letter to Charles Thomson, January 9, 1816, 365（斜体为作者所加）。

[24] Jefferson, *Extracts from the Gospels*, 57 – 59.

[25] 《约翰一书》（4：10 – 21）——杰斐逊所用的《新约》没有收录这一部分——写道："不是我们爱神，乃是神爱我们，差他的儿子为我们的罪做了挽回祭。这就是爱了。亲爱的弟兄啊，神既是这样爱我们，我们也当彼此相爱。……我们爱他，因为他先爱我们。……爱神的，也当爱弟兄，这是我们从神所受的命令。"

[26] Jefferson, *Extracts from the Gospels*, 355.

[27] 同注 26，356 – 357。

[28] 同注 26，357。

[29] 同注 26，405（letter of June 26, 1822）。

[30] Luebke, "Jefferson's Anti-Clericalism," 344, 352; Jefferson, *Extracts from the Gospels*, 327（letter to Joseph Priestley, April 9, 1803）, 320（letter to Benjamin Rush, September 23, 1800）.

[31] 关于杰斐逊承认第一次就职演讲比第二次好，参见 letter to Judge John Tyler, March 29, 1805, in Jefferson, *The Writings of Thomas Jefferson*, 11：69。杰斐逊的传记作者们——他们通常都只用寥寥几页来写他的第一次就职演讲——纷纷盛赞这次演讲。埃利斯（Ellis）认为它"洋洋洒洒"地展示了"渊博的智慧"，是"美国历史上的一次重要演讲"，值得"反复阅读，不停受益"（*American Sphinx*, 192，同时参见第 181 页）。马隆（Malone）说它"感人肺腑"，因为其中的思想蕴含了"幸福感"，"永恒不朽"（*Jefferson the President*, 17）。彼得森推荐说：它是"一份值得研究的，值得冷静思考的演讲"，因为杰斐逊从未"有这样卓越的能力，将一整章的内容整合成几句格言，从而显得更加精彩绝伦"（*Thomas Jefferson*, 655）。不过，直到最近，才有几个政治理论家和明智的历史学家开始重新研究这一文本。彼得·欧努夫（Peter Onuf）证明了，第一次就职演讲是一份重要的文本。他提出，这次演讲确认了美国的"情感的纽带"，并号召人们构建这样的纽带。参见 Jefferson's Empire, *the Language of American Nationhood*, 106 – 107。此外，更多值得阅读的有关这一文本的分析，参见 Stephen Browne, *Jefferson's Call for Nationhood*; Noble Cunningham Jr., *The Inaugural Addresses of President Thomas Jefferson, 1801 and 1805*。

[32] Letter to Francis Hopkinson, March 13, 1789, in Jefferson, *Writings*, 941; Ellis,

Founding Brothers，210；Ellis，*American Sphinx*，218 – 219；McCullough，*John Adams*，536 – 537；Aldrich and Grant，"The Antifederalists，" 295 – 326；Lerche，"Jefferson and the Election，" 468 – 469；Weisberger，*America Afire*；Ferling，*Adams v. Jefferson*，esp. chapter 10.

［33］ Lerche，"Jefferson and the Election，" 470n4；Jefferson，*Extracts from the Gospels*，10；Luebke，"Jefferson's Anti-Clericalism，" 344 – 347；Ellis，*American Sphinx*，130.

［34］ 关于新英格兰妇女埋圣经的事情，参见 Driesbach，*Wall of Separation*，18；关于杰斐逊对牧师的看法，参见 Luebke，"Jefferson's Anti-Clericalism"；Jefferson，*Extracts from the Gospels*，387。

［35］ 参见 D'Elia，"Limits of Philosophical Friendship，" 以及谢里丹（Sheridan）的引言，载于 *Jefferson's Extracts from the Gospel*，特别是第 12 ~ 17 页。

［36］ Jefferson，*Writings*，1089，斜体为作者所加。

［37］ 本节前后所引皆来自杰斐逊的第一次就职演讲，参见 "Jefferson's Inauguration Address，March 4，1801"，in *Papers of Thomas Jefferson*，33：148 – 152，附件C。在这篇演讲的中部，即杰斐逊将美国比作"一个被选中的国家"，"世界上最好的希望"（这是《圣经》上的说法，之后林肯也用到了这一说法）时，他提到了类似的观点。

［38］ Ellis，*American Sphinx*，301；关于年轻的、更有政治野心的杰斐逊的相关评论，参见 *American Sphinx*（119），该书还引述了对杰斐逊的文字的评述（301，119）。德赖斯巴赫（Dreisbach）解释说，在著名的致丹伯里的信中，杰斐逊解释了"政教分隔墙"的比喻，但他写这封信的目的是解释说他不再继续这一传统了，参见 *Wall of Separation*，57。同时，也参见 Driesbach，"Sowing Useful Truths，" 462 – 466。

［39］ Malone，*Jefferson the President*，18.

［40］ 同注 39，18；约翰·亚当斯公开表示了对杰斐逊不满。他在杰斐逊首次就职演讲前一周，也即他赢得大选之后，任命了一批联邦党人作为联邦法官，也即著名的"午夜"任命；而且，他还在 1901 年 3 月 4 日一大早就离开了镇上，故意错过杰斐逊的就职演讲。午夜任命中最让杰斐逊感到不爽的一个人是约翰·马歇尔，他是一个高派联邦党人，也是最高法院的大法官，以及杰斐逊的临时国务卿。他曾公开表达他对杰斐逊当选的不满，并被共和党人视为对共和党的"永久的威胁"。所以，杰斐逊专门给马歇尔写了一个纸条，提醒他要在 12 点整来典礼现场，以免他在主持就职宣誓时故意迟到，搞坏整场典礼（Ellis，*American Sphinx*，176 – 177）。

［41］ Ellis，*American Sphinx*，182.

［42］ 除了努力消除国家债务（对很多联邦党人来说，这是一个意料之外的惊喜）以外，杰斐逊还允许很多联邦党官员继续担任他们的政府职务（Ellis，*American Sphinx*，194 – 199）。埃利斯详细地说明了这一点。他引用了杰斐逊写的一封信的内容。在那封信里，杰斐逊说他相信，通过"安抚联邦党人中最靠谱的

那一群人，并将长久失去的公正还给他们，我期待能消除联邦党人和共和党人这两个名字，或者把这两个名字合到一起"（Ellis, *American Sphinx*, 198）。这封信的语调，以及信中在提到两党时用的是小写字母，都进一步摧毁了埃利斯的主张，即在第一次就职演讲中，杰斐逊用小写字母写"联邦党"和"共和党"这两个单词这一点是很重要的（Ellis, *American Sphinx*, 183）。

[43] Peterson, *Thomas Jefferson*, 659.

[44] 有一个目击者写信给她的小姨子说："统治者更替，在每一个政府、在每一个时代，都是最混乱的、罪恶的、血腥的时期，而在我们这个幸福的国家里，却没有出现任何的分裂或混乱。在这一天里，一个最和蔼的、最杰出的人担任了总统，他被誉为他这个国家的喉咙。"（引自 Malone, *Jefferson the President*, 17 - 18）

[45] 在 2000 年的大选中，乔治·W. 布什，在确定胜利后，召开了第一场新闻发布会。在发布会上，他引用了杰斐逊第一次就职演讲中的文字和观点，来帮助高度分化的美国人继续向前（CNN, "Governor George W. Bush Delivers Remarks," December 19, 2000）。

[46] 珍妮·亚伯勒（Jean Yarbrough）对杰斐逊所做的颇具思想性的分析恰恰吻合本章的结论。她提出："杰斐逊从未系统性地研讨过他所谓的幸福，无论是在一般意义上，还是在特殊意义上。他几乎所有的关于幸福的评论都出现在私人信件中的，致信的对象也是五花八门，包括家人、朋友、熟人，甚至陌生人，这就意味着他在关于幸福的含义的认识上是很随意的。"（*American Virtues*, 14 - 15）

[47] 杰斐逊在第一次就职演讲中反复使用了"让我们"这一祈使语气，而安德鲁·杰克逊在第一次就职演讲中则使用了以自我为中心的、自负式的语气。杰克逊的演讲的篇幅只有杰斐逊的一半左右，却反复 6 次提到了"我应该"（U. S. Congress, *Inaugural Addresses of the Presidents*, 61 - 64）。诚如前文所述，在韦伯斯特 1828 年的词典中，"感情"一词出现在对"爱"与"慈善"的定义界定中。同时，凄凉，或者"凄凉的"，指的是"孤寂的、阴郁的"，这从另一个层面强调了如下意思，即缺少幸福是与缺少人情纽带相关的。

[48] Lane, *Loss of Happiness*, 273.

[49] 在韦伯斯特 1828 年的词典中，关于"幸福"的第一项解释是"快乐，或者更为精确地说，是巨大的快乐"。

[50] 在写给华盛顿的"关于法国条约的一些看法"（"Opinion on the French Treaties", 1793 年）中，杰斐逊提出："自我保护的法律优于承担对他人义务的法律。"参见 Jefferson, *Writings*, 423。上引文，参见 McWilliams, *Fraternity in America*, 212。

[51] Wilentz, "Details of Greatness," 31.

[52] 杰斐逊认可的其他原则是"维护各州政府……作为我国最有权能的内政机构""维持全国政府……作为国内安定和国际安全的最后依靠""人民的选举权"

"绝对同意多数人的决定""一支训练有素的民兵""文职权高于军职权""节约政府开支，减轻劳工负担"（第三次提到要为政府募捐，并节省开支），"诚实地偿还债务""鼓励农业，辅之以商业""传播信息""保护人身自由""由陪审团审判"。加上"宗教自由"和"出版自由"，杰斐逊认为这些原则"构成了明亮的星座"，指引美国"推翻"了英国的统治，现在也会指引美国人"重构"联邦党人的统治。在上述清单中，唯一的例外是杰斐逊所认为的"鼓励农业，辅之以商业"。这凸显了一个我们至今没有论及的点。杰斐逊的后普利斯特里/拉什道德世界并非全然是自由/理性－基督教式的。在这一混合体中，传统共和党人的一股重要的趋势是关注如下美德，即在田间辛苦劳作，并享受田园生活。通过抬高农业，将之置于商业之上——但不排除后者——杰斐逊也遵循了自己的观点，即人们应有权自由地选择他们的追求目标，但他又认为农业民族比商业民族更有可能实现《独立宣言》中的自由和理想。1785年，在写给约翰·杰伊的一封信中，杰斐逊说道："耕种者是最有价值的公民。他们是最活跃、最独立、最道德高尚的，他们被最耐久的纽带同他们的国家连接在一起，并且与国家的自由和利益融为一体。"（Jefferson, *Writings*, 818）

[53] 同注52，1110，斜体为作者所加。

[54] 在退休后，杰斐逊依旧坚持写作。1816年，杰斐逊致信约瑟夫·卡·卡贝尔（Joseph C. Cabell）："让全国政府处理国防以及对外关系和联邦关系；州政府处理公民权利、法律、治安以及与州有关的事务；县政府处理县的地方性事务；区政府处理区的事务。"（同注54，180）

[55] Jefferson, *Papers of Thomas Jefferson*, 2: 420.

[56] Jefferson, *Selected Writings of Jefferson*, 361–362，斜体为作者所加。

[57] 第一段引文见于 Jefferson, *Writings*, 1087–1088；第二段引文见于 Jefferson, *Extracts from the Gospels*, 360，斜体为作者所加。这里提到"道德主体"。这再一次提醒我们，杰斐逊晚年关于基督徒之爱的观念是建立在他早期以"道德感"为理论体系而形成的对爱的理解之上的。当时，杰斐逊还在大学里读书，而且，这还早于他起草《独立宣言》的时间（Yarbrough, *American Virtues*, 17–18）。这告诉我们，在起草《独立宣言》的时期，杰斐逊认为"社会之爱"和哲学自由主义是能共处的，而1776年之后，在杰斐逊眼里，社会之爱日渐带上明显的基督教色彩，且占据越来越大的政治重要性，于是两者间便出现了差异。

[58] 参见 Butterfield, "The Dream of Benjamin Rush," 297–319; Cappon, *The Adams-Jefferson Letters*, 284–286; Peterson, *Thomas Jefferson*, 953; and Ellis, *Founding Brothers*, 206–248。

[59] Letter to Miles King, Sept. 26, 1814 in Jefferson, *Extracts from the Gospels*, 360.

[60] 在《知识大复原》（*Great Instauration*）中，弗朗西斯·培根——杰斐逊认为，他是"世界上最伟大的人"之一——很不谦逊地提出，有一个知识大师在"适当的基础上"，计划重构人类所有的智慧（Jefferson, *Selected Writings of Jef-*

ferson，558；Bacon，*New Atlantis*，2）。培根在这里使用"大复原"这个词，意
思只有一个："建构、建立或创建"某些东西——在培根这里，就是在世界范
围内创建一种全然是新的、科学的归纳推理认识论。但是，"大复原"也可以
指另一个意思，即"重复或重建的行为"（*Oxford English Dictionary* Ⅶ，1043）。
在第一次就职演讲的开头，杰斐逊试图*同时*依据这个古老的词语的*两层意思*，
来实现美国基督教的"复原"。一方面，杰斐逊想要将基督教*恢*复到原来的样
子，回复它的纯正的原则，从它身上剥离掉他认为是早期使徒、教会神父和
他所处的时代的各教派的牧师们断章取义编造出来的东西。另一方面，因为他
相信基督教在耶稣说出口之后，就已经腐败了，所以，他希望重构原始的基督
教，"构建真正的基督教的*根基*"，而它此前是没有根的（Jefferson，*Extracts
from the Gospel*，383，斜体为作者所加）。

［61］ 参见 Jefferson，*Extracts from the Gospel*，352，369，388；杰斐逊将这部作品的
第二版命名为《耶稣的生活与道德》（*The Life and Morals of Jesus*）。这部作品
是他在 1819～1820 年编辑完成的。这部作品现在依旧还在，并且非常像《拿
撒勒的耶稣的哲学》，虽然它更专注于耶稣生命的细节内容，并在平行的行列
中列出了从希腊、拉丁、法国版的《新约》中挑出来的对应的段落。

［62］ 1816 年，约翰·亚当斯警告范德坎普，说让他注意杰斐逊的观点。范德坎普
联系了杰斐逊，向他要了一份《文学摘录簿》，以完成他关于耶稣生平的写
作。于是，杰斐逊的希望再次受到冲击，因为他原本可以派一个有能力的学者
来帮他偷偷地完成合理化基督教的想法的，但是，他还是很高兴地向范德坎普
送去了《文学摘录簿》和《拿撒勒的耶稣的哲学》（参见上述），但提出一个
严格的条件，即范德坎普不得说出杰斐逊是真正的作者。为杰斐逊所不知的
是，范德坎普一直在计划一些大的学术研究项目，但是几乎没有一样能够最终
实现。这一情况在他许给杰斐逊的那个项目上再一次出现了。过了很长一段时
间，杰斐逊失望但明确地发现范德坎普做不出来任何有用的东西（Jefferson，
Extracts from the Gospel，383）。

［63］ 参见 Noll，*America's God*，174。

第三卷

林肯与美国的再造

（林肯）比他的国家伟大——比所有的总统加起来都要伟大。为什么呢？因为他像爱他自己一样去爱他的敌人……他就是在世的耶稣，人间的圣徒，他的名字会永世流芳。

——列夫·托尔斯泰（Leo Tolstoy），1909 年 2 月 8 日

凡是打算在内心了解美国真谛的人，都能在亚伯拉罕·林肯的一生中找到答案。

——罗纳德·里根，第一次就职演讲

从汤姆到亚伯

在 1860 年的大选中，哈丽雅特·比彻·斯托对林肯的支持并不算太热情。林肯的第一次就职演讲留给她的只是寒冷。她发现里面没有神。他就职之后的头 18 个月也只给她带来了失望——有时甚至是愤怒——她发现在奴隶制这个问题上，他秉持保守主义，总是十分消极，偶尔还有些倒退。但在 1862 年的秋天，她却振奋地听到《解放黑人宣言》。然后在 11 月的时候，她去了一趟白宫，请求总统采取行动。根据家族传统，林肯对她做了一番评论，作为对她的欢迎："你就是写了这本书的小妇人，却搞出了这场大战争！"

就算是林肯没有说过这句话，但这个夸张的传闻，还是有一些真实性的。斯托是一个新英格兰的家庭主妇［她是莱曼·比彻（Lyman Beecher）的女儿；她的姐妹包括爱德华、亨利·沃德（Henry Ward）和凯瑟琳·比彻（Catharine Beecher）；这些人都是著名的牧师和改革家］。由于发自内心地反对《1805 年逃奴法案》，斯托开始以小说的形式攻击奴隶制度。斯托的作品名为《汤姆叔叔的小屋》，出版于 1852 年 3 月，刚一发行就获得巨大的成功。在一年的时间里，这部作品卖出了史无前例的 30 万册（当时的人口约为 2400 万人），当年在销量上唯一超过它的图书就只有《圣经》。这也是第一部销量超过 100 万册的美国小说，而且，根据 19 世纪的传统，收费图书馆也大量地传播了这部书，家庭和朋友间的网络也广泛地传播了这部书，他们经常大声地朗读给家人们听。此外，还有很多证据证明《汤姆叔叔的小屋》完全地渗透进了北方的日常生活之中，包括油画、瓷器、戏剧、刺绣、其他艺术作品等都受到了这部书的启发，影响很大。历史上有非常完善的关于这些作品的记录。在这部书发行的第一个年头里，有超过 300 个波士顿的新生儿被取名为"伊娃"（Eva），其中很多个新生儿之所以取这个名字，是为了纪念这部书中的女英雄。因为这部作品十分流行，其中所涉事件又非常具有纪念意义，所以《汤姆叔叔的小屋》就成了美国历史上最具有政治影响力的一部小说。[1]

如果说当代大多数的读者认为这部作品没有那么伟大的话，那是因为现在很少有老师将这部书列入阅读名录了。而老师们之所以要这么做，主要是因为这部小说敬爱的英雄的绰号——"汤姆叔叔"——带上了那一点儿让人腻味的多愁善感，还有一些种族贬低的意味。但是，这部小说比人们通常认为的要好得多，也要深刻得多。其中广为流传的"汤姆叔叔"的形象之所以会变成一个四处寻找白人支持的黑人马屁精的形象，主要是因为黑人说唱团受到这部小说的启发，大量表演所致，与这部小说本身并没有太大关系。现在只有很少的人愿意再去读这部书。在这些人看来，斯托原版的汤姆叔叔是一个强有力的耶稣的形象，他对于博爱的理解及高尚的实践，是这部书之所以能产生巨大吸引力的关键要素，也是这部书取得如下成功的重点所在，即揭露了奴隶制的不正义，乃至于战前美国以《圣经》为主导的文化认为这一不正义是无法接受的、丑陋的事物。[2]

慈善，是斯托整个故事的核心内容，而不仅仅是汤姆个人的品性。列夫·托尔斯泰指出了这一点。托尔斯泰十分器重这部书，这主要是因为他认为这部书是"从上帝和人的爱之中流淌出来的"最精彩的艺术作品之一。[3]在这部书的前言部分，斯托提出她的目标是"唤醒对于同我们一起生活的非洲种族的怜悯与同情"，并希望她的作品能揭示出"一个更加美好的时代，这个时代已经露出了曙光"。在这个时代里，"基督教义中'热爱人类'的伟大主旋律"会消除南部在奴隶制方面的所有残酷制度。[4]换句话说，斯托的目标是改变美国白人基督徒之爱的观念，将之前不被作为人类的、近乎被人忽视的人种，纳入关于人的观念中来。[5]

为了达到这个目的，斯托用了很多办法，其中一个办法是向读者提供了很多吸引人的人物，这些人物都抛开了种族之见，具有伟大的人类同情心。那些具有纯真的宗教情怀的人能最好地实践这种不论肤色的同情观念，而这种观念则以不同的方式和程度挑战了南部奴隶制之下最糟糕的偏见和实践。[6]不过，斯托最有效的办法是，在小说中，将西蒙·勒格里（Simon Legree）这一白人种植园主的卑鄙的、灵魂败坏的恶行与汤姆叔叔这一黑人奴隶的基督式的令人敬佩的爱并排放在一起。

西蒙·勒格里是所有美国小说中最恶毒的人物之一。[7]他的堕落是如此的罪恶和昭彰，甚至要毒死他的奴隶。在勒格里的种植园上——不像小说中的其他种植园，在那些种植园中，人类共同体的充满生机的感觉在奴隶群体中弥散——奴隶们住在一起，却组成了一个近乎野蛮的社会，人们相互间几乎没有爱、信任或互相帮助。当汤姆来到这里的时候，他

> 曾试图寻找，希望能够找到一张友善点的面孔。但他所看见的只有抑郁凶狠、愁眉不展的男人和虚弱不堪、万分沮丧的女人，或者说不像女人的女人。弱肉强食——这种人类生存上的竞争本能、如同动物般赤裸裸的自私心在他们身上表现无遗。在他们那儿，休想得到丝毫善意，更无法找到高尚的东西了。人家像对待禽兽那样地对待他们，他们从根本上已经失去了人类的情感和尊严，早已堕落到了近乎禽兽的地步。[8]

在小说里，颇具象征意义的是，勒格里的种植园位于最南边。这真是一座人间地狱。在小说的开头，当汤姆更具有人情味的主人谢尔比先生被迫卖掉他的时候，读者们会发现，汤姆正慢慢地滑入这座人间地狱。

汤姆的目的地的糟糕之处不仅是环境恶劣，激发人们的暴行，还有就是像汤姆一样的无私和仁善的人要被迫忍受残忍和耻辱。在小说的开头，汤姆被描写成为这样一个人，即不仅拒绝一些出逃的绝好机会，还同意将自己卖给"下游"的人，以保存他主人的产业。[9]莱昂内尔·特里林（Lionel Trilling）多年前曾首次指出，正是因为汤姆叔叔的这些行为和性情，人们在之后编写舞台剧本的时候，才会对"汤姆叔叔"的性格做出了如此巨大的扭曲——他被塑造成为一个屈服的人，卑躬屈膝、满脸堆笑、谄媚不已。[10]但是，这种讽刺漫画式的刻画明显与斯托对于汤姆的认识相违背，因为汤姆是这样的一个人：

> 他身材魁梧，胸膛宽广，身体强壮，皮肤黝黑发亮，他的脸庞

是典型的非洲式的，他脸上表情严肃、稳重，同时又流露出善良和仁慈。他的神态显示出某种自尊，然而又显得对人坦诚，兼有忠厚和纯朴的气质。[11]

关于之所以愿意服从谢尔比出售自己的决定，汤姆自己的解释是，这涉及一个原则，这个原则引出了善良与力量，而单纯的功利主义，以及自我贬低式讨好主人是不会产生这种善良与力量的。对他那心烦意乱的妻子，汤姆解释说"最好我自己走，而不是关掉这个地方，卖掉整个庄园"，因为这样无疑就意味着毁掉了很多奴隶家庭，无论这对谢尔比先生意味着什么。[12]在这里，在这种慷慨的自我牺牲式的精神的笼罩下，耶稣的身影首次降临到汤姆身上，并随着故事的不断推进而不断变大。

在汤姆准备离开家的时候，他摇醒了正在睡觉的孩子，"做最后的道别"，好像基督和他的使徒在客西马尼园（Garden of Gethsemane）（《马太福音》26∶40）时一样。随后，汤姆"将他沉重的箱子放在他的肩头"，就像一个十字架，"温顺地"跟着他的新主人走了（《约翰福音》19∶17）。一登上运输马车，汤姆的腿就被戴上了镣铐。这引起了聚拢起来的奴隶和他的前主人谢尔比夫妇一连串低声的抱怨。但是，汤姆像耶稣一样缄默。他默默地接受了这一对待（《马太福音》15∶1–5；《以赛亚书》53∶7）。[13]小说最终向人们揭晓，这里之所以会出现这一段情节，全是因为谢尔比先生出于对金钱利益的考虑，压制了自己对汤姆的情感和尊重，于是便引发了一系列事件。故事的最高潮是汤姆在勒格里的种植园遭受致命的鞭打。由此，这些之前的情节和描述就变成了一个现代版的耶稣遭到犹大背叛，落入残忍的罗马人之手的故事。[14]

汤姆身上满是耶稣般的力量和爱，这最终在勒格里的种植园严酷的考验下充分地展示了出来。他第一天在田间劳作的时候，伸手帮助了露西。露西是一个精疲力竭的奴隶。他看到露西的样子，于是把自己摘的棉花塞进了她的麻袋里，并且不顾她的反对，虽然她说他这么做会受到惩罚。不幸的是，勒格里想要把汤姆塑造成一个没有感情的监工，所以当露西和汤姆将他们的麻袋过秤的时候，勒格里依旧宣称露西的麻袋不够磅，并命令汤姆鞭打她。但是，让勒格里和种植园的其他人惊讶的是，汤姆拒绝了。汤姆以尊敬但又断然的语气告诉勒格里说：

只要我还有一天活着，我就愿意日日夜夜地为你干活，但是这件事情我觉得不对，我不愿意干。主人，打死我，我也不会干，永远都不会干，你休想让我屈服。……主人，如果你真想要我动手教训这里的人，我肯定做不到，就算要了我的命，我也绝对做不到！（斜体为作者所加）[15]

勒格里勉强控制着他"野兽"一般的愤怒，对汤姆大喊道：我买了你的"身体和灵魂"，并说，汤姆的《圣经》要求他"做仆人的，要坚决服从你们的主人"。汤姆再一次牢牢地站定，并且他这么做也是有《圣经》的依据的。在保罗写的文字中，有这么很清楚的一句："你们是重价买来的，不要作人的奴仆。"（《哥林多前书》7:23）所以，汤姆泣声喊道："主人，不！不！不！我的身体属于你，但我的灵魂不是你的，金钱根本买不到它，因为它属于有能力保护它的主人！"听到这句话，勒格里放出了"恶魔般的"桑博（Sambo）和昆博（Quimbo）——两个奴隶兼监工，这两人互相憎恨，并很快也开始憎恨起汤姆来——给汤姆一点"颜色看看"。[16]

但是汤姆没有屈服。事实上，勒格里对他的态度越是严酷、暴力，汤姆对人和神的爱就变得越是伟大。直到最后，书中写道，他自己的意志"彻底地融进了圣灵之中"。[17]此后不久，卡西——勒格里的一个奴隶姘头——找到汤姆，给了他工具，并鼓励他杀了勒格里。汤姆断然拒绝。然后，卡西又说她自己会去杀掉勒格里，但汤姆也禁止卡西那么干，他当时所用的强烈的语气和语言与他拒绝勒格里的鞭打露西的命令时一模一样。

不能，不能这么做呀！……你千万不能这么做呀！你这忘了归途的小羊羔。仁慈的上帝宁可让自己流血流泪，也不让他人受罪。即使对待他的敌人，他也依然如此。上帝！请睁眼看看我们吧！给我们援手，让我们瞧着你走的那条路去爱别人，也爱我们的敌人吧！[18]

当卡西决定出逃，而汤姆再一次被殴打的时候，他的这一信念无疑遭到了最大的挑战。他这一次被打的原因是拒绝告诉勒格里，卡西藏在哪里，而他实际上是知道地点的。[19] 勒格里命令桑博放干汤姆的"每一滴血"，只要能撬开他的嘴，搞出他知道的信息就行了。这个命令与汤姆之前对勒格里所做的无条件的承诺形成了鲜明的对照：

> 老爷，要是你生病有灾或是快死了，我愿意救你一命，把自己心里的血都给你。要是我这个可怜老头子的滴滴鲜血，能够拯救你宝贵的灵魂，我愿在所不惜，把滴滴鲜血都奉献出来（参见《路加福音》22：44）。[20]

在该书其中一幕最感人的场景中，当无情的殴打快要把汤姆给打死的时候，他睁开他红肿的眼睛，抬头看了看勒格里，说道："你这个可怜的受造物！……除了这个，你还能干什么？我以自己全部的心灵，饶恕你！"（参见《路加福音》23：34）[21]

这一幕场景的力量，以及该书的全部结论都同时指向两个不同的方向。桑博和昆博，"两个野蛮人"，负责执行对汤姆最严酷的肉体惩罚，结果却被感动得涕泪横流，对他们"邪恶的"行为忏悔不已，并在汤姆将死的时候温柔地照顾他。[22] 靠着汤姆的"被鞭打，（他们）心中对人们的恶意被消解了"，这种恶意一直是破坏他们与他人的人际关系的重要原因——这明显是基督救恩论的形式（《彼得前书》2：1，16，21，24）。乔治·谢尔比是谢尔比先生的儿子。乔治·谢尔比从小时候开始就很尊重汤姆，并且一直尽全力保护和帮助汤姆与他的家人。乔治·谢尔比刚刚好赶到，听到了汤姆最后的话。谢尔比感到了一股不同的力量。他被这股力量给征服了：

> 啊，乔治少爷！天国来临了！我已经得到了胜利——是主耶稣给予我的胜利！光荣属于主的名字！……我爱他们大家！我爱每一个地方的每一个人！我只有爱！啊！乔治少爷！做一个基督徒是多好啊！（斜体为作者所加）[23]

汤姆慢慢地死去，而乔治心中则对"令人憎恶的"西蒙·勒格里充满了怒火。然而，他发现"汤姆临死时候的某些东西，正在阻碍着他内心怒火的迸发"，所以他悄悄地走开，尽可能一言不发。[24] 汤姆的影响力，其至在他死的时候，都能唤起人们的克制、温顺、怜悯和宽恕。这些都是基督徒对他人之爱中最卓越的品质，也是汤姆一直祈祷，并终身严格奉行的品行。

但是，乔治·谢尔比在离开前还是说了几句话。这几句话里就包含对勒格里的直接的威胁。他"强压着内心情绪，以平稳的口吻"说道："无辜者终究会得到公正的裁决。"乔治在汤姆的墓前再一次发誓："我祈求上帝作证！从今以后，我将致力于铲除奴隶制，把这魔根祸胎从我们国家彻底根除！上帝为我作证！"（斜体为作者所加）[25] 到故事的结尾，作者明确地将汤姆叔叔视为一个理想的慈善的典型，一个有信仰的、长期忍受苦难的灵魂，他的耐心、怜悯和宽恕到达了基督的高度。就算是这样，在这一幕场景的凄婉动人之中，还是不可避免地表达了一个明确的主张，即要求司法来主持正义。秉持着这种理念，斯托的最后几行字明白无误地向所有美国人发出严厉的警告：

> 北方和南方在上帝面前都有罪……要想拯救这个共和国，不能靠勾结起来袒护不义和残暴行为，不能靠利用罪恶牟利，而要靠忏悔、正义和恻隐之心；因为磨刀石必沉海底固然是一条永恒不变的法则，然而不义和残暴行为必将招致天谴则是一条更加有力的法则，其颠扑不破的程度绝不亚于前者![26]

很明显，斯托的作品在美国人心中引起了共鸣，而且当时是一个非常关键的时刻。在内战之前，处于酝酿期的那 10 年中，《汤姆叔叔的小屋》通过生动地刻画一个栩栩如生的被排除在主流文化之外的人物，深刻地展示了奴隶制度的残酷，揭露了奴隶制的不人道。斯托同时还将奴隶制的不人道与一个近乎完美的基督徒慈善的实践者，但同时又是非洲裔的美国人（而很多新教徒、白种美国人虽然信奉之，却没有实践之）的形象进行了对比，由此有效地使人产生对奴隶制的嫌恶。然而，讽刺的是，相比于之前的关于正义理念的理论上的探讨所起到的微小的作用，小说中虚构的汤姆叔叔的宽恕和怜悯——生发于他心中的在《圣经》引导下的对神的爱和对人的爱——却塑造出一个现实的案例，这在很多北方人心中真实地树立起了对黑人的正义观念。

这让我们回到了温斯罗普"典范"演讲中的视角，即基督徒慈善作为一种美德的形式，不能仅仅等同于同情、怜悯、宽恕，或这些东西加起来，因为慈善也号召正义。换句话说，汤姆对上帝和其他人纯真而又源源不断的爱，使他在面对南方人的非正义的时候，表现出一种毫无恶意的、甘心忍受的忍耐，而很多读者在读到汤姆的事迹的时候，他们那基督徒般的同情心也就随之变得浩瀚了起来。他们因此受到激励，认为南方奴隶制度所造成的不公正的苦难是绝对不可容忍的。但这里有一个巨大的、悲剧性的困局，即这新激发的慈善的冲动，试图消灭奴隶制的不正义，却激起了滔天血海——它引发了无数的暴力行径，而汤姆叔叔本人是绝不会做出这样的行为的。关于这一悲剧性的困局，有一个重要的观察视角，那就是《汤姆叔叔的小屋》的场景和语言神奇地预示了林肯"第二次就职演讲"中的布道式的言论，林肯的这番演讲是在内战中北方胜利的前夕，以及他自己基督般的牺牲之前做出的。斯托在这部著名小说中提出的慈善观念，几乎预言了林肯这篇最精彩的演讲以及他的最终结局的慈善内涵，这也说明基督徒之爱强有力的、复杂的观念在领导美国踏入血腥的争斗，然后又领导美国走出血腥的争斗方面具有十分重要的作用。这个国家因此在这场战争中存活了下来，并启动了美国民主制度的建设过程。

注释

[1] 斯托对林肯的态度，更为详细的内容，参见 White, *Lincoln's Greatest Speech*, 92 - 94。关于林肯的评论，参见 Stowe, *Harriet Beecher Stowe*, 203。关于这部小说的流行程度以及影响力，最好的研究，参见 Gossett, *American Culture*；同时参见下述分析，Pinckney, introduction to *Uncle Tom's Cabin*, by Harriet Stowe, ix, xiii, xvi。关于这部小说无可匹敌的政治影响力的其他讨论，参见 Tompkins, *Sensational Designs*, xi, 122；Donovan, *Evil, Affliction*, 3；Valiunas, "The Great American Novel," 31。

[2] 参见 Andrew Delbanco, *Required Reading*, 49 - 66，关于这部书的文学水平的分析，以及安德鲁依旧将《汤姆叔叔的小屋》列入了推荐名录，这打破了大家不再将这部书纳入阅读名录的做法。

［3］ Tolstoy，*What Is Art?* 242.

［4］ Stowe，*Uncle Tom's Cabin*，v.

［5］ 同时参见 Donovan，*Evil，Affliction*，47；and Delbanco，*Required Reading*，59。

［6］ 有一些值得纪念的人物，他们展示了这种对他人的关心，包括：乔治和谢尔比太太（Mrs. Shelby），他们帮助自己的奴隶伊莉莎（Eliza）出逃，并且不断努力解救汤姆，把他从其卑鄙的主人手里救出来（*Uncle Tom's Cabin*，44 – 60，115 – 117，442 – 448）；俄亥俄州的贵格会成员，他们帮助伊莉莎和她的丈夫乔治团圆，并帮助他们逃到了加拿大（*Uncle Tom's Cabin*，148 – 157，204 – 221）；还有小伊娃（Eva），她对托普西纯纯的爱改变了这个奴隶小女孩，使她变成了一个信教者，同时也改变了奥菲莉娅小姐（Miss Ophelia）对托普西严厉的家长作风，使之化为一种纯真的情感（*Uncle Tom's Cabin*，304 – 305，310 – 319，321，330）。

［7］ 关于西蒙·勒格里的品性，参见 Donovan，*Evil，Affliction*，13；Tompkins，*Sensational Designs*，138。

［8］ Stowe，*Uncle Tom's Cabin*，372.

［9］ 同注 8，12 – 13，49 – 50。

［10］ 相关讨论，参见 Pinckney，introduction to *Uncle Tom's Cabin*，by Harriet Stowe，vii。

［11］ Stowe，*Uncle Tom's Cabin*，32.

［12］ 同注 11，50。

［13］ 同注 11，107，111 – 112。

［14］ 同时参见 Delbanco，*Required Reading*，59；Tompkins，*Sensational Designs*，134。

［15］ Stowe，*Uncle Tom's Cabin*，381 – 382.

［16］ 同注 15，382 – 383，438。

［17］ 同注 15，419 – 420。

［18］ 同注 15，423。

［19］ 同注 15，438 – 439。

［20］ 同注 15，440 – 441。

［21］ 同注 15，441。

［22］ 同注 15，441 – 442。

［23］ 同注 15，445 – 446。

［24］ 同注 15，446。

［25］ 同注 15，448。

［26］ 同注 15，476 – 477。

第五章 "暴君垮台！理智称王，
万万岁！"

亚伯拉罕·林肯现在依旧是历届美国总统中最杰出的语言大师。在他所创作的、被最多引用的、满怀感情的总统演讲中，最历久弥新的一篇是他的第一次就职演讲。他当时面对的是一群依旧"爱着合众国"的人，他们小心翼翼地看着他，看他如何处理气氛紧张的奴隶制问题，到底会将这个国家引向何方。面对这样一群人，他请求道：

> 我们不是敌人，而是朋友。我们绝不能成为敌人。尽管目前的情绪有些紧张，但绝不能容许它使我们之间的亲密情感纽带破裂。回忆的神秘琴弦，在整个这片辽阔的土地上，从每一个战场，每一个爱国志士的坟墓，延伸到每一颗跳动的心和每一个家庭，它有一天会被我们的良知所触动，再次奏出联邦合唱曲。[1]

人们很少发现这一点，即林肯的这番讲话是在遥相呼应杰斐逊的第一次就职演讲中关于"情感"的呼吁，林肯也感觉到对于保存一个秩序井然的合众国来说，情感是十分关键的。事实上，林肯结尾一段的大体框架，包括"情感纽带"这一句，是由威廉姆·西沃德（William Seward）提供的。当时，西沃德是即将就任的美国国务卿。他在一份冗长的就职前备忘录中建议林肯说，他的第一次演讲应包括一些有关"情感的词汇"；西沃德明确提出，杰斐逊的第一次就职演讲是一个参考模板。[2]

这个建议对林肯来说并不难落实。早在他著名的写给史蒂芬·道格拉斯（Stephen Douglas）的第一封信中——是 1854 年，而非 1858 年——

林肯就提出宪法是按照"兄弟情感的精神"来"勾画的"，结合了"合众国的社会纽带"，并立足于"兄弟友谊的全国性情感"之上。[3]甚至在此之前，在他政治生涯早期的两篇最精彩的演讲中，也即著名的"演讲厅演讲"（Lyceum Address）和"禁酒演讲"（Temperance Address），他提出了一个深度的理论解释，即市民与他们的代表（政府）之间的情感的联系与相互关切，如何能成为推动民主制社会长期成功和健康的构成要素——林肯研究者们长期忽视这一点，没有看到这些观念一直是林肯政治哲学的重要核心。[4]所以，他不仅接受斯沃德关于结尾一段的建议，做了完善，还额外提及他的强烈的期望，即"重构"美国的"兄弟间的同理心与情感"。[5]

从他的政治职业生涯一开始，林肯就表明他对下述情况怀有一个巨大的、深沉的忧虑，即人们的仇恨对民主制会造成危害。他同时还表明自己在一个合理的程度上欣赏基督教爱与情感的理念，虽然在他的职业生涯中，在多数情况下，这种欣赏被宗教怀疑理性主义给屏蔽了。与此相应，在他两次最著名的早期演讲中，他使用了很多《圣经》中的意象和诫命来打击仇恨，维持兄弟间的情感和爱，因为他认为这些东西对于保护美国的自由民主制度是十分关键的。但是，他在这么做的时候，所主要凭据的是"政治宗教"，即对法律和人类理性的尊重，并排除了基督教中对上帝与圣灵启示的尊重。那为什么会是这个样子呢？这是本章关注的重点。在接下来的章节中，我将揭示如下命题，即关于 caritas 的高度理性化的理念，以及"政治宗教"虽然支撑着林肯在他早期生涯中做出这些努力，但两者最终让位于一个深刻的有神论的观念（当然，到最后，打击仇恨、维持情感纽带、守护法治等内容依旧是林肯的政治哲学中的必要元素）。而林肯的第二次就职演讲正是这一转变的加冕致辞。

演讲厅演讲

1838 年 1 月 27 日，林肯——还有几周就到他 29 岁的生日了——在伊利诺伊州斯普林菲尔德青年演讲厅做了一次演讲，名为《我们的政治制度永世长存》。[6]林肯在演讲的开头用了一段说唱歌词来祈祷美国的"根本福祉"，包括"和平地占有着地球上最美好的一部分"和有史以来最有助于实现"公民自由和宗教自由"的政治制度。虽然林肯演讲的开头颇像是赞美诗，但是这篇演讲到处都是世俗的内容，因为他并没有建议人们将上述国家的"福祉"归因于上帝，并感谢上帝。相反，这种感谢所指向的对象是已经故去的祖先们的"坚强、勇敢和爱国"的集合体。温斯罗普认为，他的殖民者同伴是这片由圣父提供的神圣土地上的盟约缔约者。而与温斯罗普明显不同的是，林肯认为他的市民同伴是这片由人间的"祖先们"开创的"美好国土"的"合法继承人"。林肯在这里提到的祖先，指的是那些为美利坚合众国的缔造而勇敢战斗、冥思苦想的人。[7]

在这里，林肯将世俗的先祖们所"做出的"伟大事迹的"遗产"与他的听众的无所作为做了鲜明的对比（在第一段中，林肯4次提到现在这一代人只是"发现"这个国家是被赐福的）。林肯这是在给他的听众做铺垫，以便讲述下面的内容：呼吁——准宗教性的呼吁——人们更积极、更热诚地依循法治原则。林肯认为，这一呼吁是十分必要的，因为创始那一代人的伟大贡献是让人惊叹的，这与现在这一代人的有限的、暗淡的，因此也是平淡无奇的贡献形成了对照。其中，创始一代人的贡献是"卓越地"构建起了一座无与伦比的"自由和权利的政治大厦"，而现在这一代人的贡献"*仅仅*"是将这些福祉"传给"了"下一代人"（斜体为作者所加）。但是，我们需要注意的是，无论这一世俗的使命到底有多么的无聊，完成这些使命依旧是一项道德诫命，是由"对父辈感恩，对我们自己公正，对子孙后代尽责，还有对全人类的*热爱*"的动机来驱动的（斜体为作者所加）。

在林肯看来，美国的自由制度之所以能永久存续，在根本上是因为爱的做工，这超越了时空的界线——这种爱是对所有人的爱，无论他身在何处，出生与否。在这里，我们听到了温斯罗普的话语的回响。诚如我们所知，林肯从未明确提及美国是一座"山巅之城"，但是他的确相信美国的宪法联合体是"世界上最好的希望"，甚至是"尘世之中最后的希望"。[8]另外，林肯的主要目标却不是传播和保护爱或慈善，而是个人自由，这一使命明显更像是杰斐逊式的，而非温斯罗普式的。虽然在林肯心中，爱的原则所设定的使命是保护自由，使之永续长存，但很可能它受到了基督徒慈善的强大观念的影响，并在最后止步于这个观念。而在这种基督徒慈善观念中，对人的爱是被包含在对上帝的爱之中的——所以，在林肯的第一段中，虽然（在林肯的时代）上帝显而易见缺位了，但他依旧暗示了这一点。

林肯继续他的演讲。他发现了要维护自由，需要解决的主要威胁是什么。这不是外国的入侵。美国拥有诸多的天然优势，包括财富、地理位置、人力和爱国主义，所以外国的威胁可以被忽略不计。[9]他认为，更大的威胁来自内部。更为具体地说，主要的罪犯是人们"越来越罔顾法律"。林肯将之称为"自杀"致死的"不祥之兆"。但是，林肯继续说，很清楚的是，之所以人们会不遵循法治原则，是出于一个更深层次的原因，同时这也会导致比不公正更为致命的后果。林肯接下去立刻谈到了这一更为深层次的原因，他谴责人们"越来越倾向于以野蛮和喧杂的激情去替代法院的冷静裁判"。但在更为深入地探索这一观点之前，林肯首先讨论了暴民行径所导致的更为致命的后果。当时，暴民的行径在全国已经"司空见惯"，南北皆有。

他首先讨论了南方的情况，即最近发生在密西西比州的事件。在那里暴徒们首先吊死了一些赌徒，接着又吊死了一些被怀疑参与谋反的奴隶和白人共犯。这件事完全脱离了控制，乃至于"直到每条路边触目皆是悬挂在树枝上的死人，其数目之多足以同土生的寄生藤相比，构成了树林的帷幕"。接下来，他又讨论了北方的情况。他讲到圣路易斯州的"令人胆寒的一幕"。在那里，有一个"黑白混血儿"被指控杀死了一个杰出的市民。于是，他"在大街上被抓获，强行拖至城市的郊区，用铁链捆绑在树上，然后被纵火活活烧死"。林肯在这里没有提到第三个事件，虽然他在之后顺口暗示了一下这件事。相比于其他事，这件事跟他的听众更为相关。[10]1837年11月，就在演讲厅演讲两个月前，在圣路易斯州的北方，也即伊利诺伊州奥尔顿市的附近，有一群暴民杀掉了激进的废奴主义者和反天主教人士——伊莱贾·P. 洛夫乔伊（Elijah P. Lovejoy）主编，并将他的印刷机扔进了密西西比河。在随后的演讲中，林肯提到了这个事件，虽然他没有提到奥尔顿市，也没有提到洛夫乔伊，而只是随口讲了一句"将印刷机丢弃在河里，枪杀报纸编辑"。

林肯断言，这些暴民的犯罪的"直接后果"还"只是很小的恶"。失去一群赌徒（"全无用处的那部分人"）或者一个可能的谋杀犯［在这里，林肯嘲弄了一把他的听众们，用了"黑鬼"（negro）这个词，而不是"黑白混血儿"（mulatto）］"不会形成什么影响"。但是，在他们的死亡背后是对法律的罔顾，而这正是他所认为的大恶。一旦法治原则不再为人们所遵循，那就不仅仅是赌徒或杀人犯"会被吊死或烧死"了。暴民们打着矫正非正义行为的旗号，所做出的行为却相同于或远超最初的非正义行为。但是，甚至连这些事都还算不上是"罪恶的全部"。"暴民私刑"最大的罪恶，最为致命的后果是它打击了"政府最坚强堡垒"，也即"人民对政府的感情"。

林肯用来形容这种情感的词很发人深省。当"人民中恶的那一部分"获得许可，去构建他们自己的正义，他们也就可以随着自己的喜好去"破坏和抢劫"了。如果这真的发生了，那么"政府将不能长久"。为什么呢？因为"最诚实的公民在*感情*上会同政府产生疏离"（斜体为作者所加）。在这种情况下，政府就会变得"没有朋友"。就算能剩下个把朋友，也会因为人数太少，而不足以"让他们的友谊发挥实效"。当暴民政治的精神统治了这片大地，美国人民将会发现"人民对政府*感情*上的疏远就是自然而然的结果"（斜体为作者所加）。林肯认为，这是"威胁"到美国自由的真正关键。在接下去的演讲中，他再一次强调和阐明只有当人们未能"相互联合，对政府抱有感情"，暴君才有机会统治美国。在这里，我们会想起托克维尔的一句话："一个独裁者可能会宽恕他的臣民不爱他的行为，如果他们彼此并不相爱的话。"[11] 总的来说，在林肯看来，暴民法律的最糟糕的影响是它破坏了作为一个联合体的市民，撕裂了他们之间，以及他们与作为他们整体的代表的政府之间的情感联系。这里需要再一次强调的是，造成这种破坏的最深刻的缘由不在于暴民法律本身，而在于驱动暴民正义的"狂暴情绪"。诚如林肯在第一段中所指出的那样，如果对人的爱要求现世的一代将自由传给未来所有的后代的话，那么对人的恨则对此构成了现世的最大威胁。

为了保护自由，消灭这种威胁，遏制这种狂暴的情绪，维持兄弟关系，林肯呼吁建立所谓的"政治宗教"。林肯仔细地分析了什么是政治宗教，以及为什么要建立政治宗教。林肯将之视为一项必要的保护措施，因为美国再一次证明了他深切的忧虑——这源自一个小小的政治萌动，即在美国人胸中不断泛滥的复仇的愤怒与邪恶的渴望对完善的民主统治构成了最大的威胁。林肯自己总结了什么是他所说的最好的"政治宗教"：

让每个美国人，每个自由的热爱者，每一个子孙后代的祝福者，都以革命的鲜血起誓，绝不丝毫违反国家的法律，也绝不容许他人违反法律。如同 1776 年的爱国者以行动表明对《独立宣言》的支持，每一个美国人也要用他的生命、财产和神圣的声誉起誓，捍卫宪法和法律——让每一个美国人记住，违反法律，就是践踏父辈的鲜血，就是撕裂他自己的人格以及子女的自由。让每一位美国母亲，对在她膝上牙牙学语的婴儿，灌输对法律的尊重——让法律在小学、中学和大学得到讲授——让法律写进识字课本、缀字课本和历本——让法律在布道坛上布讲，在议会厅内宣讲，在法庭和法院中得到执行。简言之，让法律成为这个民族的政治宗教；让男女老少、富人穷人，各种语言、肤色和阶层的人们在法律的祭坛上献身，永不停息。

关于这一段，我们想问的第一个问题是林肯的政治宗教在多大程度上是切实地奠基于犹太 – 基督教传统之上的？有些人发现在两者之间存在强力的联系，即林肯在呼吁建立政治宗教时，提到了很多《圣经》中的宗教元素。[12] 不过，这种解读的问题是，林肯还是坚持认为《圣经》中的超人事物是不存在的。他的政治宗教有他自己世俗的"祭坛"和偶像。以色列的长老完全被"1776 年的爱国者"所替代。作为神圣的中保的基督的宝血被"革命的鲜血"所替代。甚至在传统的宗教的"讲坛"上，林肯推荐的布道内容还是"对法律的尊重"，这些法律是由人制定的，其中没有一个字是关于对上帝的崇拜的，而且这也不是先知的律法。

一直到林肯的最后第二段，人们才看到出现了有关宗教上的来世的一些内容。但是，这些形象却来自美国的根基，而非基督教。以色列的"至高无上的上帝"的神庙被替换成了美国的"自由神庙"。关于基督的复活，以及第二次降临的预言，让位于美国会"永远保持自由……直到最后审判日的号角声唤醒我们的华盛顿之时"的预言。[13] 林肯说的最后一句话是他所说的最偏向于《圣经》的内容："让壮丽的自由大厦奠基于这些之上吧，就像那磐石一样作为它的基础。正如那曾对唯一更伟大的机构所讲的那样：'地狱的权柄，也不可以战胜它。'"这里提到的"唯一更伟大的机构"，在林肯的价值体系中，看似将基督教置于美国民主制度之上。[14]但就算是这句话，如果通篇来考虑的话，它也从根本上否定了任何此类观点，即林肯的政治宗教是立足于宗教方向之上，并最终依赖的是犹太－基督教上帝的权柄的。在一开篇，这篇演讲并没有任何文字提及上帝。此外，这一句话的文字基础（《马太福音》16：18："你是彼得，我要把我的教会建造在这磐石上，阴间的权柄不能胜过他"）的含义与林肯使用它时所表达的意思是相当不同的。

在通常对传统基督教的理解中——新教和天主教——关于《马太福音》第 16 章 "磐石" 一词有很多种不同的解释。其中包括这么几种解释：认为磐石指的是基督自己，即信基督为弥赛亚（如彼得在诗文第 16 篇中所称）；认为这是耶稣世俗的教导；以及认为这是指彼得自己，即作为基督被钉死在十字架上之后其他使徒的启迪者与领导人。[15]无论是哪一种解释，关键的事情是每一种解释都灌注了天启的观念。无论它的内涵是基督向教会揭示自己，或是揭示基督的教导，甚或是揭示彼得对弥赛亚基督的神圣见证 ["这不是属血肉的指示你的，乃是我在天上的父指示你的"（《马太福音》16：17）]，或者是他对其他使徒的精神领导地位（彼得在圣临节那天向其他人解释说，圣灵会奇迹般地浇灌下来——参见《使徒行传》第 2 章），"磐石" 都是天启宗教的基础性象征。

但是，我们来看一下林肯是如何使用这个形象的："让壮丽的自由大厦奠基于这些之上吧，就像那磐石一样作为它的基础。"要想知道在这种情况下，支持自由的 "磐石" 指的是什么，我们必须先知道前面那个代词 "这些" 指的是什么。关于这一点，我们必须回头去看看前面一段。在那一段中，林肯提到这样一句话："普遍的智慧、健全的道德，特别是化为一种对宪法和法律的尊重。"那这些东西又是从哪里来的呢？林肯说，它们是由下面这些 "材料" 形塑而成的，即 "从有节制的理性这一坚实的采石场中开采出来" 的材料。如果在这篇演讲中，创始人的世俗的政治学与先知和使徒的《圣经》宗教实现了真正融合的话，那这里至少需要留下一些空间，让凡人的理性和神圣启示一起做工。但是，林肯却强调说："理性——冷静的、审慎的、不动感情的理性——必须为我们支持和保卫" 自由政府 "提供全部的材料"（斜体为作者所加）。换句话说，演讲厅演讲中提到的政治宗教这个教义是奠基在从独立运转的人类理性中开采出来的磐石之上。[16]

这一解读与林肯研究者关于林肯在这一阶段的宗教观点的共同意见是一致的。林肯是非常熟悉基督教的。他偶然也承认有一个更高的权力者存在。他有时称之为主或上帝，但在更多的时候则称之为天数或必然性。但是，很明显，他从不去教堂，也从未承认自己信什么教，还公开批评把《圣经》作为一种无懈可击的道德真理来源的做法，并严重地倾向于理性主义怀疑论。[17]关于这一问题，我们可以从林肯那里获得的唯一确实的、实质性的表述是他在做完演讲厅演讲之后8年，也就是1846年在他竞选国会议员席位的时候。当时，受欢迎的循道宗巡回牧师彼得·卡特莱特（Peter Cartwright）给了林肯以致命的攻击。卡特莱特将林肯描绘成为一个不信教的"无信仰者"，并说他曾"公开嘲笑基督教"（这一指控给了林肯以提示，即在尘世上，做出每一个政治举动时，它的动机都要是确认对基督的信仰）。作为回应，林肯发表了《对不信神指控的回应》（"Handbill Replying to Charges of Infidelity"）一文。[18]在这篇文章中，有一段是这么写的：

> 说我不是基督教会成员，这是真的，但我也从未否认《圣经》中的真理；而且我也从未故意不尊重地谈论任何宗教，或特意贬低基督教。诚然，在早年间，我确实相信我所理解的所谓的"必然性的教义"——那就是人的思想受到必然性的驱使而做出行为，或受到某些力量的控制而静止不动，对于这些行为，人自己的意志是无法控制的。我有时（跟一个、两个或三个朋友讨论过，但没有公开讨论过）试图在争论中坚持这一观点。但是，我已经有超过5年再没有这种争论的习惯了。同时，在这里，我还要再加上一句，即我经常能够理解基督各教派也持有这一种观点的做法。前述的内容是我关于这个问题的全部真实情况，在这里简单说一下。[19]

关于这个事情的"全部的真实情况"，最突出的一点是，虽然林肯没有否认《圣经》中的真理，但他也从未肯定地说过它们是真的。他说他从未贬损过任何宗教，但他也从未赞赏过任何宗教。而且，虽然他拒绝"公开"与宗教为敌，但他也对平静的不信教者不置可否。所以，上述表态非但没有质疑下述结论，反而在很大程度上支持了这一结论，即年轻的林肯在很大程度上是一个友好的怀疑论者，而不是一个虔诚的基督徒。

关于林肯的政治宗教，还有一个看似更为合理的解释：它是共和党人针对公民人文主义（civic humanist）斗争而做出的一个有效的回应，这场斗争的对象是当时的时弊，以及市民们的漠然态度。[20]在林肯演讲的第一段中，他确实关注那一代人的消极性的问题。在那一段中林肯还摧毁了投向美国自由的威胁之刃，他说美国的自由"并没有因为时间的经过而受到侵蚀"（斜体为作者所加）。但这些主题，以及它们相互之间的关系，则主要是在这篇演讲的后半部分做了重点讨论，即正好是在他号召建立政治宗教，并对此做出解释之后。在那一部分中，林肯对美国的奠基做了两个精妙的评论。

林肯是这么介绍他的第一个评论的：他提出美国的宪政民主能够走得这么远实在是有一点"令人好奇"。一直到现在这一代人之前，美国的建设工作成功地占据和引导了那些有能力和雄心，又"渴望和期盼与众不同"的人的能量，因为"所有追求名声、威望和卓越的人们都期盼着将自我的成功建立在政府这场试验的成功之上"。但现在，林肯提出，时间已经带着美国"穿过了那个时期"，因此，在这个历史性的工程中，"已经没什么要继续建设的了"。结果，那些拥有"卓越天才"的人——历史告诉我们说他们必然崛起，而且他们显然都"不屑于走旁人走过的路"——现在没有任何其他资源来满足他们的雄心，而只能"转而做毁弃"美国伟大而成功的民主事业这一"任务"了。[21]因为时间已经让人们收割完了"播种着荣耀的麦田"，建立自由的功勋也已然被领取完了。所以，我们就需要建立一套政治宗教，来唤起那些没有太多雄心、漠然对世的市民们，让他们聚到一起，为了他们的自由政府而反对那些为了博得荣耀而"满心想统治这个国家"的人，以免他们带着大家毁灭了美国的自由。虽然建设国家是一个有效引导人们雄心的渠道，可以避免雄心壮志将人变成暴君，但是，现在这个渠道被关闭了。

林肯同时还说了"另一个理由"，即美国的构建，特别是独立战争，在对抗时间的力量方面只有有限的能量。在这里，他首先提到，在独立战争时期以及之后不久，这场战争以及对战争的回忆，对"人们的激情"产生了"强力的影响"，并在政治上产生了积极的效果。对于人们的激情，在这里我们或许可以称之为民众激情，以便将之与"有雄狮和鸿鹄的志向"的人的追寻荣誉的激情相分别。民众的激情是不同的，它分为两类。林肯认为，第一类包括"羡慕、嫉妒和贪婪的心理"。对此，林肯主张，这"附属于"人的本性。它们是人所固有的，但效果更为轻微，因此在和平、繁荣和强盛的时期，这种心理是"普遍存在的"。林肯还提出，这第一种民众激情由于"美国革命的影响"，"在很大程度上受到抑制，处于休眠状态"。第二类包括"仇恨……和复仇动机"。林肯认为，第二类激情相比于第一类激情"更为深刻地根植于"我们的本性。[22]这种激情并没有因为美国革命而被简单地抑制住，而是直接向外喷涌，它所指向的对象"完全是英国民族"，而不是美国同胞。根据林肯的推理，独立战争运用了"我们本性中"最普遍的，也是"最基本的原则"，而且，这场战争的贡献是，它压制住了我们的某些激情（就像羡慕、嫉妒、贪婪），或将某些激情变成了"推进最崇高事业的积极力量——这就是确立和守护了公民自由和宗教自由"（就像仇恨和复仇动机）。在做上述推理时，林肯将下述两者归因于独立战争：一个高尚的目标——保护自由；一个高尚的效果——令民众没有将普遍的恶意冲突的矛头对准美国同胞。但他同时也主张，这个高尚效果的持续时间并不会太久，而且正是由于它不可避免地衰减了，所以才使得这场战争的高尚目标的实现处于危险之中。

它的效果之所以衰减，是因为时间抹去了人们心中对这场战争的鲜活的记忆。在这场战争之后，"丈夫、父亲、儿子或兄弟"身上留下的"伤痕"成了独立战争"活生生的历史"，这在"每一个家庭里都可以看得到"，而且"我们所有人都可以读懂和理解，无论他是聪明还是愚钝"。只要这些指向自由的高尚目标的鲜活标志还经常在市民们的眼前闪动，那它们就构成了"力量的堡垒"，可以对抗任何对自由构成威胁的事物，因为它们是有效的视觉媒介，将我们最深刻的仇恨与复仇的激情引向外国的敌人。这一点是十分关键的。正如我们对这篇演讲的第一部分所做的分析那样，之所以美国会有不断增长的轻视法律的问题出现，从更为深层的根源来说，是因为有"狂暴和愤怒的激情"在背后驱使，这一点构成了对美国自由民主制度的最大的现实威胁。而独立战争的伤疤和伤痕，通过将这种自然的、愤怒的民众激情引向外面，便减少了内在的恶意违法行为。不过，这也提出了一个问题。

根据这篇演讲开篇的说法，美国当时已经变得非常强大，足以抵御外国入侵。这也就堵死了任何有效的渠道，由此民众激情再也不能被引向高贵的目的了。而且，不仅是入侵的威胁没有了，独立战争也已经过去了，甚至关于它的记忆也"必定消退，正在消退，已经消退"。具体而言，战争伤痕的鲜活历史"已经不再能读到了"，因为这些历史已然湮没不闻。[23] 因此，"无声的时光做到了""入侵的敌人未能做到的"事情。它摧毁了美国自由城堡最重要的支柱，也即大量的强力的肉体标志——这些标志能有效地唤起市民同胞们心中的仇恨和复仇动机。

对于所有这些，林肯总结说："激情曾经帮助过我们，但是现在已经不再能起作用。未来，激情反而会成为我们的敌人。"在这里，林肯指的是追求荣誉的统治激情（现在已经不再能被引导到建立自由政府的荣誉之上去了，因为这项荣誉已经被人占满了），以及两种最深刻的民众激情，也即仇恨和复仇（现在已经不再能被引向外面，反对国际上的敌人了）。林肯在这里并没有考虑羡慕、嫉妒和贪婪等较低等级的民众激情，因为它们在一开始并没有"什么用处"，而是遭到了抑制。不过，在追求荣誉的统治激情和满怀仇恨的民众激情之间，林肯认为主要的敌人是后者。野心勃勃的统治激情明显要小于满怀仇恨和恶意的民众激情。而且，正如这篇演讲的第一部分明确提到的那样，只有当满怀仇恨与复仇的民众激情，即"狂暴和愤怒的激情"，失去控制，打破了人民和他们的政府之间的纽带时，野心勃勃的统治激情才可能尝到肉的腥味。

然后，要解决对民众激情——仇恨与复仇的动机——的忧虑，林肯总结说，必须要传播他"严肃理性的""冷静、审慎、不动感情的理性"政治宗教，因为这样能构建起"对宪法和法律的尊重"，将这种尊重奉为神圣的做法。在很多方面，这种解读与林肯的想法是十分契合的。这种解读将他视为一个公民人文主义者，想用理性的政治宗教来对抗时间——这一宗教矫正了美国建国过程中出现的很多缺陷，使美国不再因为逐渐失去力量而无法维持自己的运行。毫无疑问，林肯更关心随着时间不可避免地流逝而引发的政治困境，以及在面对暴政时市民们普遍的麻木，而不是人们没有认出和拥抱神圣的智慧——对于这一点他似乎一点都不担心。

但是，以严格的公民人文主义的角度来解读林肯，有一个问题是，这搞错了一个事实，即对林肯来说，最主要的、最深刻的问题并不是时间的流逝或不服从法律，也不是人们的妒忌或贪婪的自然冲动与共同的善相违背（与很多符合公民共和主义传统的人不同的是，林肯很坦然地接受后一个问题是人类政治的"通病"，并认为这种情况在出现危机或在必要时很容易予以压制）。相反，主要的罪犯是人的恶意，即"狂暴和愤怒的激情"，是"人性中根深蒂固的仇恨本能以及强烈的复仇动机"。这一错误并未对解读林肯的演讲厅演讲造成太大影响。它至多是没有说明林肯在之前提到的，但又缄口不言其中细节的那个事件，即在演讲厅演讲之前数月发生在奥尔顿附近的暴民事件。虽然林肯痛恨奥尔顿暴乱，但他也不是拉夫乔伊激进的反天主教、废奴主义言论的拥趸。奥尔顿暴乱和拉夫乔伊的煽动是相同的，它们都对理性的法治做出了情绪化的反应，从而对其造成了恶意的伤害。因此，林肯需要找出一条道路来同时否定奥尔顿事件和拉夫乔伊。所以，林肯只是提到了这场暴乱，但没有提到它的细节。他以这种方式巧妙而又清楚地谴责了奥尔顿事件，但同时又含蓄地指责了——明确地拒绝捍卫或尊敬——拉夫乔伊和他的运动。[24]

不过，用公民人文主义的视角来解读林肯，其中真正的问题是它用了一个透镜，通过这个透镜来看林肯的政治哲学，随着这一哲学体系日渐成熟，它所看到的景象就会越来越扭曲。这种视角削弱了林肯的政治宗教在促进人们尊重纯粹人定法（人们在制定这些法律时，精心设计，以希望能超越时间）方面发挥的作用，于是它也阻隔了林肯研究者发现林肯随后发展出来的更为纯真、更为正统的宗教精神，而正是这种宗教精神对他的政治学产生了巨大的影响。它同时还阻隔了研究者认识他的政治哲学是在多早的时候，有多么经常地、连续地根植于对人类仇恨问题的关注——在他早期的其他重要演讲中，他以略有不同的方式反复提及了这一主题。[25]

禁酒演讲

1842年2月，林肯对华盛顿禁酒协会斯普林菲尔德分会发表了一番讲话。这家协会是一家全国性的改革协会，由一群康复之后的酗酒者们发起成立。[26]在讲话的开头，林肯提出虽然禁酒运动已经开展20多年了，但它"只是在现在"才开始变得有点效果。因此，他在这篇演讲中提出的目标是，想要说明这新近的成功之后有什么样的"合理原因"。这一目标与林肯的信念，即他4年前在演讲厅演讲中提出来的"冷静、审慎、不动感情的理性"的观点相一致。不过，鉴于林肯再次重申了他对于冷静的理性的信念，而他又在这篇演讲的第三句中赞扬禁酒运动不再是一个"冷静抽象的理论"，而是一个"鲜活的、生动的、积极的"代表，推动人们做出正面的改变，所以这就成了一件很有趣的事情。略有一些讽刺意味的是，在这么做的时候，他提出，虽然在寻找最近成功的改变的根源时，需要使用冷静的理性，但这一根源看起来却比冷静的、理论化的论证要温暖得多、鲜活得多。

林肯说，之所以禁酒运动在之前十分冷清、效果不明显，主要是因为之前的"领导人"及其"策略"有问题。之前的领导人——主要是牧师、律师或雇来的代理人——的关键性缺陷是他们"缺乏同情或兴趣"，这一点他们是不会改变的。他们采用高度的以自我为中心的方式，追求宗教上的狂热、虚荣、贪婪，乃至于使他们自己与"广大群众之间"明显"缺乏可接近性"。相比之下，新的领导人——主要是自己曾经与毁灭性的酒瘾做过斗争的人——时刻准备着"规劝和说服"人们，而且还不从中获取任何个人利益的补偿。因此，新的领导人拥有老的领导人所不具备的力量，他们的"真诚"和"同情心"是无法被否定的。林肯认为，"这里有一个逻辑和说法"是"很少有人能在自己的情感上抵御这些"情感。接下来，林肯从分析老的领导人的特点入手，一直到分析他们的"策略体系"，由此，他更为详细地描述了关心他人的真切情感是华盛顿人取得成功的合理理由这一观点的逻辑合理性在哪里。

林肯解释说，在老的领导人所用的方法中充斥着太多的"谴责"之声。"这既不高明，也有失公平。"林肯认为，激进的谴责是一个不高明的策略，因为它忽视了人的本性的真实情况，这一本性是"上帝决定的，永远也改变不了"。事实上，这一本性总是倾向于为友好的"恳请和劝说的口气"所"驱使"。被驱使在这里并不必然意味着被逼迫，但它的确含有在文字上进行犀利的指责和毁誉的意思。但就算是这样，林肯还认为，这是一个坏的策略，因为它并不起作用。因为要说服人，就必须心灵相通，所以，谴责只会遇到"谴责，犯罪只会遇到犯罪，诅咒只会遇到诅咒"。因此，当一个"高傲的法官"对酗酒行为发出强烈愤怒，认为它是"这块土地上所有罪恶和悲惨"的根源时，那我们可以就此期盼得到的最好结局是，这些犯错的人会非常迟缓地"承认这些谴责中的真理"，如果真有的话。

华盛顿人能取得成功的逻辑在于，他们的个性和策略反映出一个道理，即理性告诉我们，人类真诚而又温暖的同情心和仁善之心能大量地影响人们，并会产生持续的影响，而且其所采用的方式是个性冷淡的、以贬低为策略的老改革者们所不会采用的。林肯夸张地表达了这一观点。他宣称，哪怕是"明明白白的真理"，磨成了一根锋利而又沉重的铁矛，以"赫拉克勒斯之力"扔出去，如果没有"真诚的友善"，那也不会"刺穿"犯错者的心智。林肯认为："要影响人们的举止行为，就应该采用劝说的办法，亲切地而不是装腔作势地劝说。"在几行文字之后，林肯再一次强调了这一观点。他总结说："这就是人，谁要引导他，哪怕是为了他本身的最好利益，*就得*这样来理解他。"（斜体为作者所加）

这几行文字是非常通俗的（如"要影响人们的举止行为"），这说明林肯的这些话不单单是指禁酒运动本身。在接下来一段话中，林肯也是这么干的。在那一段中，他褒奖了新的领导人，因为他们是"实践的博爱者"（practical philanthropists），而不是"没有感情的""纯粹的理论家"。林肯继续说道：

> *仁慈和慈善完全占据了他们的心；心里充满了，口里就说出来了。"他们的所有行为都充满爱，他们说的所有话都很温柔。"*基于这种精神，他们说话、做事，同样是出于这种原因，人们倾听他们说话，尊重他们。当我们使用的是这样的禁酒倡导的时候，当我们的听众是这样对待倡导者的时候，那还有什么善良目标是不能成功的呢？（斜体为作者所加）

不只是禁酒运动，而是所有的善良目标，包括美国的民主目标，要想取得最好的进展，都需要领导人的个性及其策略奠基于对他人的真诚的爱和关心之上。

　　道格拉斯·威尔森颇具说服力地提出，在移居到斯普林菲尔德之前，林肯挑衅了生活在美国狂暴、混乱的前线的人们，从而证明了"伤害的能力"——语言上的伤害和肉体上的伤害。这一件事是有清楚记录的。但是，当林肯移居到新塞勒姆后（也即他移居到斯普林菲尔德之前），他已经"完全放弃这一斗争，成为一个和平主义者"。[27] 戴维·唐纳德（David Donald）证实，到林肯发表他的禁酒演讲时，他很清楚"想被人们视为是一个有雅量的对手"，正是从这一想法出发，他才常常"不愿意伤害同僚们的感情"。由此，我们便能理解为什么林肯在讲话中用了那么多的幽默。林肯经常带着幽默的口吻说一些困难的事情，或者以最好的方式获得政治上的优势。有一个记者曾经这么形容林肯"处置"他的政治对手的方式，说这是"如此的和善和欢愉，乃至于连被处置的人自己也发不出火来"。甚至连史蒂芬·道格拉斯（Stephen Douglas）——这个对林肯的成功最为仇恨的人，在与林肯的辩论到了最激烈的时候，也不得不承认他是"一个仁善的、和蔼的……值得尊敬的对手"。[28]

　　上述那段引文揭示了林肯个人的政治领导风格和政治哲学，提出华盛顿人的仁慈和富有同情心的办法是值得民主领袖更为普遍借鉴的。除此以外，那段话还强调说，一个真诚且富有同情心的领导机制并不简单等同于人们自我选择中所缺乏的中肯的判断机制。从禁酒运动的本质来看，应存在这样的情况，即人们——当地的酗酒者或民主大众——无法看到，或无法独立地追求他们"最好的个人利益"。在这些情况下，那些比他们更聪明的、更为自制的人，应该和善地向他们展示自己真正的个人利益，而他们也应该接受对方的劝告，追求自己真正的个人利益。从这篇演讲开头到结尾，有一个经验是，那些想要改革社会的人，包括政治改革家们，应该将人类热情的同情心和精于计算的冷静的理性结合起来使用。林肯提到的"实践的博爱者"同时是一个实践的哲学家。真理，无论它有多么犀利和切实，如果使用它的是一个心不在焉的人（"纯粹的理论家"），那它就是一个无用的工具。不过，显而易见的是，只关注空泛的真理（关于什么是对其他人的真正的、合理的好这一问题的理性的理解）也不是解决问题之道。

　　林肯相信，谨慎的理性必须和激情相调和，才能给人们想要的东西，就像慈善对施舍者的要求一样。关于这一观点的经典事例，见于林肯1848

年致他的同父异母的兄弟——约翰·D. 约翰斯顿（John D. Johnston）的回信之中。当时，约翰斯顿向林肯要钱，林肯回复说：

> 亲爱的约翰斯顿：你要我借给你 80 美元，我认为现在最好还是不借给你。过去我屡次给你微小帮助的时候，你总是对我说："现在我们可以很好地生活下去了。"可是过不了多久，你就陷入了同样的困境。这只是因为你行为有缺点。什么缺点，我想我是知道的。你并不懒惰，不过仍然是一个游手好闲的人。自从我认识你以来，我不信你有哪一天曾经好好干活、一直干活。你并不是一点不喜欢干活，不过你还是很少干活，原因就在于你以为干活挣不了多少钱。问题就出在这种白白浪费时间的坏习惯上面。你应该改掉这种习惯，这对你是非常重要的，对你的子女尤其重要。之所以对他们尤其重要，是因为他们今后活的日子长，在没有养成懒惰习惯之前加以预防，要比养成习惯之后再改掉容易得多。你现在需要一笔钱，我建议你"全力以赴"为一个愿意出钱雇你干活的人去干活。让父亲和你的孩子们在家里照顾你的事情，种好庄稼并且收割庄稼，而你则去做工资最多的工作，或者靠做工来抵债。为了使你的劳动获得相当好的报酬，我答应你，从现在起到 5 月 1 日止，你劳动每挣 1 美元，无论是现金还是抵还你的债务，我就另外再给你 1 美元。[29]

林肯的慈善行为仁慈而不严厉。他提供了一个慷慨的对价，却对约翰斯顿的本性做了直率的评论，并对个人的兴旺做了一些分析，提出要辛苦劳作，并承担个人责任。

正如之前提到的那样，林肯感觉到，做不仁善的谴责不仅"不高明"，而且也"有失公平"。在这里，问题并不出在谴责与基本的人类本性相抵牾，而在于谴责与普遍支持这些有问题的行为的外在环境相矛盾。林肯认为，老的领导人的策略是"有失公平"的，这是因为他们与"人的普遍意识"相对立。这种意识在历史上一直容忍，甚至促进人们使用酒精。因为这一普遍意识"关于这一问题，形成了一种观点，或至少产生了一些影响，不能被轻易推倒"，所以，人们根据这一意识做出的行为都应该——在一定范围内——得到原谅。请注意，这一意识要成为一种正当理由，未必就必须是正确的，或是真理。这一事实的存在，无论其正确与否，都在某种程度上证明了这种行为的合理性。同时，它也限制了这样一种情况，即在对方没有宏观视野，足以看透关于这一事项的普遍意识是错误的情况下，领导者不能正当地谴责对方的这些行为。

有趣的是，针对手头上的这个案例，林肯却反对普遍意识，提出自己就不是一个酗酒者，同时，就像这篇演讲的结尾所展示的那样，他看到并憎恶严重酗酒的结局。[30] 不过，当周围的大量信息告诉一个人说某件事是正确的时候，那他的道德上的负罪感也就会随之被削弱。所以，林肯认为，那些没有看明白这个道理的老的领导人也是不公正的。基于他的观点，即就算是正义也会要求在一定程度上做出调整，以应对带来不公正结果的行为（在这篇演讲的结尾，林肯会详细论及酗酒带来的不正义的结果），林肯提出，如果社会普遍支持或接受这些行为，那么像林肯这样的禁酒主义者应克制自己，不采取老的改革者们的做法，即公开地、激进地谴责酗酒者们。

在这一观点的结尾，林肯提出了一个附带意见，指出"统治世界的神的存在"这一观点之所以能够取得成功，主要是依靠了普遍意识的认同。换句话说，林肯将上帝存在这件事变成了一种"观点"的普及，而这种观点之所以能够普及，主要是因为"普遍意识"的认同。这种普遍意识既可能是对的，也可能是错的。由此，林肯提出，赞同神的存在的观点——看起来这一讨论对他的观点的其他部分而言，并非必需的——与支持酗酒的普遍意识是一样的，而林肯又是强烈反对酗酒的，所以这也就说明了他在演讲厅演讲中提出的宗教怀疑主义，在这篇禁酒演讲中依旧在发挥作用。当然，18 世纪美国的普遍意识倾向于接受《圣经》中上帝的存在。故而，林肯认可广泛流行的普遍意识，即《圣经》中的上帝是存在的，而且在这里，以及在其他地方，他都努力实践自己的观点，拒绝谴责神学，甚至努力适应正统基督教信徒提出的对上帝的基本信仰。

不过，林肯的确对某些正统基督教的观点进行了较为严厉的批评。在下文中，林肯提出老的改革者的另一个巨大"错误"是他们在对待"习惯性酗酒者"时所采取的做法。林肯说，这些老的改革者们说，这些酒鬼是"完全不可救药的"，"应该永远被打入地狱"，不配获得任何救赎的"恩典"。既然人们想要在未来取得禁酒运动的成功，那么，他们就应该放弃和遗忘这些做法。在这里，林肯清楚地将老的改革者们的立场与加尔文主义者的某些显著的观点相等同——温斯罗普和其他人留下的恩惠——这些观点也主张放弃堕落的人，并认为只有那些在上帝拣选的恩典中得到救赎的人才是有希望的。在这里，林肯发表了某些他早期政治生涯中最激烈的言论，并提出应仅限于使用他提出的原则，即用耐心与爱来改造那些任性的人。

> 这种态度含有一种和人性很不相容的东西，那么苛刻，那么冷酷无情……我们不爱提倡这种主张的人——我们不能耐心听他说教。心灵不能为它敞开门户。宽宏大量的人不能采纳这种主张……这种主张看上去自私到极点……心灵高尚的人对这种主张所表现的卑鄙感到吃惊。

林肯认为，新的改革者们为"所有"现在活着的人和"所有未来出生的人"而工作，给"所有人"希望，且"从不"将绝望给任何人，这形成了一个鲜明的对比。在林肯看来，这一做法并非源于与基督教截然不同的主张，而是源于基督教观念的更好形态，即优于他在改革宗/加尔文主义神学和（如他所说）"不可宽恕的罪恶的教义"中发现的那些顽固的观点。对于这些顽固的观点，他是予以谴责的。同时，林肯将新领导人与基督教传统相联系，强调说（诚如他指出的）："当路灯点燃，最卑鄙的恶人将能找到回家的路。"他借用了艾撒克·沃茨（Isaac Watts）创作的著名的英国赞美诗中的一句话。沃茨是18世纪的非国教徒的加尔文主义者，他的举止行为比多数人要温和得多，也更具有广泛的同情心。

这篇演讲中提到的慈善概念和《圣经》中的慈善概念相互之间的暧昧关系，在下一段中得到了进一步凸显。在下一段中，林肯再一次转向基督教，将它作为一个衡量新的改革者的个性与行为的标杆，以及他们个性和行为中的爱的促进者。林肯呼吁每一个人都要签署华盛顿人的禁酒承诺书，以给予无法自制的酗酒者以全部的"道德支持和影响"。同时，这也再次肯定了之前的一个观点，即富有广泛同情心的领导者无须限制自己的能使道德上正确或社会上有用的行为变得更受欢迎，使道德上错误或对社会有害的行为变得"更不受欢迎"的言论或实践行动。林肯号召所有人签订禁酒承诺书，如此一来，酗酒者将会看到他周边的人都"真诚且急切地指引他向前，没有人喊他回来，让他回到之前那种悲惨的'在泥泞中打滚'的状况"。这里有一个观点，即对于人来说，什么是好的，什么又是不好的。林肯不吝于使用刻板的道德套话，说："向前"指的是节制，向下指的是醉酒者"在泥泞中打滚"——直接引自《彼得后书》（2：22）。在该篇经文中，过去的罪人重新犯罪被比作狗转过来又吃自己的呕吐之物，猪洗净了又回到泥里去滚。虽然林肯像老的改革者一样，对于醉酒做了最大的污名化的强调，但他却很快地跳过了狗吃自己的呕吐物这一形象，而是继续呼吁公众签署禁酒运动的承诺书，以推进禁酒的普遍流行。

林肯不能理解，并强调说，这些不愿意签署承诺书的人，又如何能在真的有酗酒问题的时候，还认为自己是一个基督徒呢。他说：

> 的确没有一个基督徒会赞成这种反对。如果他们真像嘴里说的那样，相信上帝亲自屈尊化为一个有罪的人，并以这种身份为他们屈辱地死去……

请注意，林肯是如何使用第三人称代词"他们"的。他这么用，是为了将他自己与正统的基督徒相区分。然而，尽管林肯自己不相信基督的屈尊和代赎观念，但他的评论，依旧展示了他对这一观念某种程度的尊重。这种尊重强化了他的观点，即民主改革必须抵御道德伪善，并以慈善之心从事改革活动，甚至冒着名誉受损，以及受世俗侵染的风险。这也展示出林肯与杰斐逊的立场的截然不同。就算在杰斐逊晚年倾向于"基督教"的阶段，他还是认为耶稣的代赎观念在道德上是令人生厌的。

林肯在这一篇演讲的结尾做了一个总结，他深入地解释了耐心和慷慨的精神。在谈到酗酒时，他说：

> 依我看，我们这些从未说过喝酒之害的人之所以幸免，多半还是由于不喜欢喝，而不是由于理智上或道德上比那些受害者强。

林肯不愿意认为规律的节制者就比习惯性的酗酒者具有内在的"道

德上的优越性"，这也就解释了林肯自己为何会对酗酒者持有如此的
"扩大的博爱观"。如果人们的缺点是因为天生的状况产生的，那这个人
就是值得同情的，而不应遭受无尽的谴责。不过，尽管酗酒嗜好博得人
们的同情，但有问题的不恰当行为却不应该被无脑地容忍。正是出于这
一原因，林肯才会在之前呼吁所有人"仁慈（但）忧虑地指引"偏离正
道的灵魂"向前"，走向正确的方向，同时，也正是出于这一原因，在
同一段中，林肯才提出，酗酒应被清楚地标明是一种"罪恶"，甚至被
视为是一个吸血的、贪婪的"魔鬼"，活像"埃及的死神"，杀死每个家
庭中的最主要的或者最重要的顶梁柱。

　　林肯决定将酗酒归为一种昭然的罪恶。这反映出他对酗酒行为的恨
十分深切，同时也反映出他想要谴责这种恶行的意愿，尽管他倡导和请
求人们对罪人们更为仁慈，给予他们更多同情。当然，这种罪行应该不
能算是一种反对《圣经》中的上帝的罪行，因为对于林肯而言，上帝是
否存在都是一个悬而未决的问题。不过，这场对抗酗酒的战斗是林肯发
起的一场明确被提升到宗教高度的战斗。但是，这后面一段中的《圣
经》的意象只不过是前面第二段的回响，在第二段中，酗酒被作为一个
"巨大的对手"，它有自己的"神庙""祭坛""人类牺牲"，以及"偶像
崇拜的仪式"。

　　酗酒一点都不亚于嗜血的异教，所以林肯也就纠集了一支强大的反
对力量。这股力量不是基督教，虽然到现在为止，很清楚的一点是，这
股反对力量明显裹挟了《圣经》的气息，从基督教的救赎和爱的教义中
吸取了很多元素。林肯真正用于称呼这一力量的词是"革命"。只不过，
在详细描述这一革命的内容时，林肯在它上面增加了一些博爱的内涵。

　　林肯推断说，革命的规模是由革命所引起或减缓的人类的苦难的量
决定的，所以，他冒险提出，禁酒运动——如果成功开展的话——将会
成为"世界上未曾见过的规模最大的一场革命"。更为明确地说，这也
就是要比1776年那场革命更为巨大。林肯不像所有其他现在的或过去的
野心勃勃的政治家们，他毫无畏缩地讨论了美国独立战争中重要的"罪
恶"。关于这一问题，即战争，在任何情况下，是否与基督徒慈善的理念
相一致的问题，一直为基督教神学圈所热议。一般来说，慈善的理念是劝
阻人们发动战争的，而且就算它原谅了战争行为，也是从战争行为中抽离

出道德的根基，并且还要加上一些限制。[31] 林肯同样也偏向于这一方向。对于战争将会引起的高昂的人类成本和附带的伤害，林肯表示十分关切与同情。所以，他绝口不提美国的战争。比如，他十分反对墨西哥战争。[32] 不过，他不是反战主义者。他非常敬仰美国独立战争，称之为——就像他在这篇演讲中所说的那样——"绝对值得人们自豪的行为"，并赞扬它取得了"光荣的成就"，包括：美国无与伦比的"政治自由"，历史上最棘手的问题（自治政府）的解决方案，以及在全世界播撒"人类普遍自由"的最具生命力的种子等。但是，对于这些"赐福"的"不可避免的代价"，他政治上独一无二的、道德上极度敏锐的感觉——人们或许会说，这就是他对无辜者的强烈同情，因为这些无辜者的生活被战争搞得一片狼藉，哪怕这是一场公平的战争——促使他不带有任何矫饰地说了一番话，即关注美国独立战争如何"带来饥荒，血流成河，战火遍野，很久很久以后，孤儿的啼叫和寡妇的恸哭还会冲破随之而来的忧伤的寂静"。相比之下，在禁酒革命中，他发现：

> 一个更强的桎梏打破了，一个更可恶的奴役解放了，一个更大的暴君打倒了；在这场革命中，更多的需要获得满足，更多的疾病被治愈，更多的悲哀得到宽慰。进行这场革命，没有孤儿挨饿，没有寡妇哭泣。进行这场革命，没有人感情受到伤害，没有人利益受到损失；连酿酒和卖酒的人也会逐步改行，改行的过程缓慢得一点儿觉察不到变化。

林肯痛苦地认识到战争会引起不人道的结果。在众多的最糟糕的罪恶之中，他发现了——与战争造就诸多"光荣的"结果相对应——"孤儿的啼叫和寡妇的恸哭"的令人心碎的声音。但是，禁酒运动没有让"孤儿挨饿"，没有让"寡妇哭泣"。在这篇演讲的开头，林肯也提及了相同的主题。他提出，通过改造曾经酗酒的丈夫和父亲，禁酒运动可以挽救这些人，把他们还给"无衣无食的孩子们"，以及"长期悲痛抑郁，终日以泪洗面，揉碎了心的妻子们"。这些想法与基督教的"爱的忠诚律法"或慈善观念十分相近。在《雅各书》的开篇章节中，对邻人的主动、怜悯的爱——特别是看顾"在患难中的孤儿寡妇"——是对"清洁没有玷污的虔诚"的准确界定（《雅各书》1:27，2:8）。

林肯不仅是说说而已。对此，相关的证据载于记录周全的史料中，甚至在他更为刻薄和浮夸的青年时代，林肯已然显示出了"对无助者不能自已的关切"。而随着时间的流逝，他的这种性格变得越来越明显，在有时甚至不惜冒着失去社会地位、搞砸重要事业的风险。[33]在他早年的政治生涯中，林肯主张"向无助的年轻人和遭受苦难的人提供帮助"（如通过"孤儿院"和"慈善组织"），这虽然不是政府的首要目标，却是"政府的*合法性*目标"（斜体为作者所加）。[34]他同时还公开挑战史蒂芬·道格拉斯的观点，即政府任何的"仁慈的"项目都是"不公正的、不适当的和违宪的"。[35]在林肯心中，"理想的政治家"是亨利·克莱（Henry Clay），因为他的"美国体系"致力于开展一系列大规模的仁慈的公共事业。[36]在林肯成为总统之前所做的几次演讲中，有一次他对一群德国移民劳工的讲话。他说："我认为人活在这个世上，就有义务不仅改善自己的生存环境，还要帮助改善全人类的生存环境。"[37]在同一篇演讲中，他主张将政府所有荒地分出来，这样一来"每一个穷人，都可以拥有一个家"。

不过，这一观点必须加上下述观念的限制，即林肯关于政府应扮演更为主动、改善性角色的看法是与他坚信美国"过度扩张了"相关联的。他坚定地信奉杰斐逊在《独立宣言》中提出的人类自由的教义。这使得他十分关心政府的大小和范围。结果，他的政治哲学就变成了人们应该试图"做一些事情，但不能太多"。[38]他相信，"人们可以自己完成的事情，政府就不应干涉其中"[39]，并应该成为资本主义的坚定的捍卫者。1859年，他宣称：

> 那些勤奋、冷静和诚实的人在追求他们自己的利益时，在一段时间后会积累起资本，之后会平静地享受财富，并会选择用他们积累起来的财富雇用别人为他们工作，从而免去自己的劳作。这种做法是正确的。[40]

在他的整个职业生涯中，有两股力量一直在相互角力，以成为终极标杆，即乐于帮助有需要的人的公共的同情精神和对个人自由以及因为个人能力而"发迹的权利"的坚定捍卫。[41]到他成为总统的时候，这两股冲动的力量才合在一起，成为他所宣称的政府的"首要目标"。1861年7月4日，在一份写给国会特别会议的材料中，他宣称：

> 改变人们的状况——将所有肩膀上不必要的负担拿走——为那些胸怀大志的人清除前进道路上的障碍——给所有人，在他们的人生长跑中，一个没有枷锁的开始，一个公平的机会。

慈善和自由最为自然的汇流，是在清除人为的障碍之时，如废除奴隶制，或改变先天不足的人们的命运之时，如帮助孤儿，因为这对依靠自身的自由的努力而获得公平的、论功行赏的回馈体系构成了威胁。虽然他补充说，有操守的实用主义者，可能出于"必要性"而"部分地、暂时地偏离"这一理念，但他重申道，"这是政府的首要目标"。[42]

林肯还将禁酒革命中表现出来的同情心向前拓展，超越酗酒者和受到他们影响的家人，一直扩展到那些被认为是敌人的人身上。他赞扬这场革命，说"没有人感情受到伤害，没有人利益受到损失"。华盛顿人的策略不仅对酗酒者表现出巨大的同情，还对"酿酒的人"和"贩酒的人"表现出了巨大的同情，尽管他们的生计和个人利益与华盛顿人的目标相左。新的改革者们的渐进式的策略——改变一个人的生活，以及逐步地塑造公众观念（不让那些"不受欢迎的"东西进入禁酒运动之中）——"逐渐"地对整个系统做了彻底的改变，而且酿酒的人和贩酒的人也有充足的时间换到其他行业。他们的生计和幸福同样重要，而且，人们普遍认为，既然他们获得了合法的执照来出售酒品，那么采用激进的行动来毁掉他们的生计就是一种不正义的做法——尽管林肯指出，酗酒行为为酒品贸易所支持，而这是罪恶的、不正义的。

禁酒运动的这一理念在林肯此后的更宏大的政治思想体系中留下了深深的痕迹。其中最为明显的例子是，林肯认为，在对待酗酒者时应采用的最好的方式与他在处理奴隶制问题时使用的循序渐进策略，两者是相同的。关于奴隶制问题，林肯最喜欢的，也是首选的解决方式是逐步地消除它。他喜欢使用的一个比喻是，奴隶制就是一种"癌症"，要阻止它向其他领土扩散，就需要逐步地缓解症状，或减缓死亡，而不是试图激进地消灭它。[43]这不仅是一种"和平的方式"，它还能在改变南方的同时，减少冲突和混乱的发生。[44]他们的生计和幸福同样重要。同时，林肯还很关心南方的奴隶主们。他这么做，依据的是他在禁酒演讲中提出的平等主义观念。根据这一观念，林肯对酗酒者和贩酒者都表现得十分宽宏。"我对于南方的人民没有任何偏见"，他在1854年说道：

> 我们如果处在他们的地位，也会像他们那样做的。如果他们现在不实行奴隶制，他们就不会引进它。如果我们现在实行奴隶制，我们就不会立刻放弃它。[45]

1860年，他也曾说过："人性是一样的——除环境有所差异外，南方的人民和北方的人民是一样的。"[46]如果说酗酒者通常是出于遗传的原因导致酗酒行为的话，那奴隶主就是因为承继了特殊的地理条件，在那里，关于这一问题的普遍的（"普世的"）态度是，允许且鼓励蓄奴行为。林肯公开抨击奴隶制，就像他公开抨击酗酒行为一样，但他很少抨击奴隶主，因此他的行为更像是禁酒运动中的新的领导人，而不是老的领导人，在处理酗酒者和贩酒者时所采用的做法。此外，林肯对激进的废奴主义者十分愤怒，因为这些激进的废奴主义者跟禁酒运动中的老的领导人一样，老是假装虔诚地使用《圣经》中的主题和文句，来证明他们那潜藏于严苛、居高临下、不明智，有时还是残酷无情的立场中的"愤怒的激情"是合理的。

林肯谴责战争，宽容地对待他人出于不得已的原因而做出的丑陋行为，同情孤儿、寡妇，甚至敌人——这些都是在禁酒演讲中清楚地展示出来的——他的这些想法和《圣经》中关于爱的教导很相近。但是，这篇演讲的结尾却明确地告诉我们，林肯不是一个纯正的基督徒。在结尾部分，林肯使用了宗教力量来对抗国内的酗酒者的罪恶。这看起来更像是他在演讲厅演讲中提出来的世俗的"政治宗教"的扩大版，而不是向新约基督教"正统宗教"的投靠。[47]

林肯在这篇演讲稿的结尾，提出禁酒革命的真正伟大之处在于它扮演了一个关键性的角色，即引导美国人走向理想的自由状态。正如林肯已经解释的那样，禁酒革命帮助人们打破了一个不同的，"却又更为强大的束缚"，也即酒精成瘾的专制。他认为这既是一种"罪恶的奴隶制"，也是一个比乔治国王"更大的暴君"。林肯认为，酒精成瘾剥夺了人们"道德上的自由"，这种自由的重要性与独立战争建立起来的"政治自由"相比，毫不逊色。这并不是说，林肯会牺牲政治自由来单独换取道德的自由。这两者都是必不可少的；任何一方都是另一方的"高贵的盟友"。林肯认为，只有当禁酒革命的"道德自由"和独立战争的"政治自由"都"孕育成熟"的时候，"胜利才是完整的"。只有到那时，美国人才能品尝到"完美的自由的佳酿"。在这一时刻，林肯慷慨激昂地宣布："到了那幸福的一天——一切酒瘾被控制，一切劣酒被取缔，一切酒料被交出——理智、无往不胜的理智将作为世界的主宰生存和行动。功德圆满！万岁！暴君垮台！理智称王，万万岁！"

某些基督教教义宣称，真正的自由是远离罪恶，或战胜不道德——是成为善的自由。如果我们回忆一下，我们就会发现这也就是温斯罗普在"小演讲"中提出的关于自由的主张。但是，对于温斯罗普而言，这种自由的成型，以及它的特色都基于《圣经》启示的广泛禁令和义务。而林肯的主张则与此不同。首先，他的道德自由是与"公民自由"联合起作用的，对此，温斯罗普应会认为，在19世纪广泛的民主实践中竟然几乎没有神学的方向，这是一种诅咒。其次，林肯自己的道德自由的观念仅限于征服某些生理上的倾向，这些倾向本身不是错的，却因为压倒了另一样东西而犯了错，这就是人类的理性。具体而言，他认为失去控制的"欲望"（如在禁酒演讲中论及的酗酒行为），不受控制的"愤怒"的"激情"（这里也有提到，但演讲厅演讲做了更为详细的阐释）都与"这个世界上"真正的"君王"有着根本的矛盾，这个"君王"不是《圣经》中的上帝，而是"头脑，征服一切的头脑"，以及"理性的主宰"。在人的理性主宰一切，并受到人们的崇拜（"万岁"）的时候，欲望就会受到控制，愤怒就会平息，道德自由和政治自由便能充分、彻底地融合，并最终取胜。

向着这一伟大的目标，林肯集结了一支宗教层面的文化力量。虽然这一力量不是救赎的侍女，也不主张在上帝面前正直地生活，但这其中的确用了很多《圣经》上的语言、形象和理念——特别是与爱邻人相关的理念：超越恶意，给予同情；打破个人的孤立、冷漠，建立共同的联系；以怜悯之心调和正义观念。不过，这些语言、形象和理念都是服务于人类理性的，而且，到头来这些人类的理性还完全是世俗的、民间的。林肯在演讲厅演讲中提出了下述说法，此后他在禁酒演讲中再次提到了这一点，即把美国有助于政治自由、宪法秩序和道德自我节制的、伟大的、世俗的、民间的英雄奉为神明——这就是乔治·华盛顿。在华盛顿的诞辰，林肯对一群名叫华盛顿的人发表了一番演讲。在演讲的结尾，林肯说道：

> 我们集会来庆祝这一天。华盛顿是天下最伟大的名字，在公民自由事业上早就是最伟大的，在道德改良上仍然是最伟大的。对那个名字不必企望唱赞歌。这办不到。给太阳增添光辉，或者给华盛顿的名字增添荣耀，这都是不可能的。谁都别来尝试。让我们怀着敬畏的心情宣布这个名字，让它永远闪耀着灿烂的不朽光辉。

好像在演讲厅演讲之后，林肯再也没有提到"政治宗教"这个词。但是，禁酒演讲却清楚地表明，在4年之后，林肯依旧在使用这一概念，尽管这时他已经将这扩展到不仅指向政治自由，还指向更为宏大的道德自由，而且在没有道德自由的情况下，政治自由是无法取得成功的。更为准确地说，在林肯早期的演讲中，占主导地位的是政治或公民宗教的观念，而且这些观念依循的是卢梭指明的方向，尽管林肯没有达到卢梭的程度，即对基督教表示公开的敌意，或与基督教公开决裂，因为卢梭只是从基督教那里，给公民宗教借了一个外壳。卢梭相信基督教在上帝的国度和人类的国度之间划出了一道不可逾越的鸿沟，使得"在基督徒国度里良好的政治变成不可能"，并授权看似温顺的人民反抗"最暴力的世俗君权"，所以他认为一切东西，除去形式上和理念上是基督教以外，实质上应为公民宗教。林肯和卢梭都感觉到，共和国需要"公民的信经"，这种信经应带有一些简单的"社会情绪"。这种信经尽管应使用神圣的语言、披着美感的外衣，但构建和表达这种信经的主体却是世俗的政治主权，而且它的唯一目的是构建这些必要的美德来团结和维护国家。[48]在生涯的早期，林肯的政治宗教的目标是限制某些基本的冲动，因为这些冲动压制了冷静的理性、自我控制、对暴政的积极反抗和市民的团结——他认为这些美德对于完善、幸福的自治来说是十分必要的。如果说林肯早期的政治宗教,不同于卢梭,从基督教中吸取了某些标志性、实质性的灵感,特别是慈善的横向层面,或对邻人的爱的话,那他却剔除了基督教的纵向层面,或对上帝的爱。林肯从未提到上帝满怀爱心地启动道德的重建,或者要人们满怀爱心地依从上帝的诫命。对神的崇拜虽然还是被视为神圣的,却指向可朽的人造的神,即开国国父们,特别是华盛顿。在这个方面,卢梭也应会表示赞同。

然而,林肯在这里的全部主张,与他总统就职演讲之间存在明显的延续与差异。这是值得我们深思的。

注释

[1] Lincoln, *Collected Works*, 4: 271, 斜体为作者所加。

[2] 关于完整的、原始版的"情感盟约"的段落,即由西沃德(Seward)推荐,并由林肯精彩的编辑那段,参见 Lincoln, *Selected Speeches and Writings*, 489。西沃德给林肯的建议,以及对该建议的相关分析,参见 White, *Lincoln's Greatest Speech*, 74 – 75。

[3] Lincoln, *Collected Works*, 2: 252, 272.

[4] 有很多重要的作品赞同林肯的道德和政治观念,并分析他的这些观念是如何变化的,是如何与后来的各时代相联系的,但令人奇怪的是,很少有作品关注这些早期的讲话。就算是研究这些文本的作品,也很少从理论角度关注不同市民之间的人的情感联系,而这一点却是林肯毕生政治哲学的重要核心。理查德·卡沃丁(Richard Carwardine)在他的获奖作品中,将林肯视作道德政治的领导人,并多次提到他的这些讲话内容,不过主要是顺便提及而已(*Lincoln*, 11, 17, 28, 46, 54 – 55)。道格拉斯·L. 威尔森(Douglas L. Wilson)对林肯的早年做了详细研究,但也只对他的这些讲话做了简单的分析,简略地研究了(之后便未再提及)这一主题,即"演讲厅演讲"揭示出在林肯心中有一种拿破仑式的情节,并赞扬林肯在"禁酒演讲"中所表现出来的不断增长的同理心,以及对自我控制的尊奉(*Honor's Voice*, 195 – 197, 260 – 262)。威廉·李·米勒(William Lee Miller)为林肯所做的"道德传记"中,深入地研究了这两篇讲话,并且要比上述学者研究得更为仔细(*Lincoln's Virtues*, 130 – 153)。不过,关于"演讲厅演讲",他的观点集中在林肯是如何处理暴民事件的(拉夫乔伊事件, the Lovejoy incident),因为他将这篇演讲的后半部分分了出来,探讨可能出现的暴君,而且,他没有将这两个部分中的任何一部分与林肯对市民之间缺少情感纽带的关注相联系。他对"禁酒演讲"的研究主要集中在林肯对基督徒

的自以为是的伪善的攻击之上。关于这两篇演讲的两项最有价值的分析来自政治理论家格林·梭罗（Glen Thurow）（他提供了重要的施特劳斯式的解读，将林肯视为"一个处于上帝和人之间的向导"）和威廉·科莱特（William Corlett）（他提供了一项后现代式的解读，将林肯视为一个无神论的民主共和派）的研究。参见 Thurow, *Abraham Lincoln*, 19, 117; Corlett, "Lincoln's Political Religion," 520 – 540, *Community without Unity*, 91 – 118. 我的研究与这些学者之间的不同之处，在这一章以及第七章部分段落中会详细提及。在做这项研究时，我的观点也会回应另一个政治理论家卢卡斯·莫雷尔（Lucas Morel）的作品中的部分内容。卢卡斯在他的作品《林肯神圣的努力》（*Lincoln's Sacred Effort*）中仔细地研究了这两篇演讲，但是依旧未能注意到情感＼爱＼慈善的观念，这些观念是林肯早期和晚期讲话中内在暗藏和外在呈现的主题。

[5] Lincoln, *Collected Works*, 4：266.

[6] 同注 5，1：108 – 115。

[7] 科莱特（Corlett）对相关评论和论述做了仔细的解读。他的观点与梭罗（Thurow）相反，即认为林肯的政治宗教的源流是世俗的公民人文主义，而非启示的宗教神学。

[8] Lincoln, *Collected Works*, 2：126, 5：537.

[9] 林肯口头上描绘了一场不同寻常的战斗："我们是否应担心，会有大西洋彼岸的军事巨人远涉重洋，一举将我们摧毁？绝不可能！欧洲、亚洲和非洲的所有军队联合起来，以地球上的全部财富（不包括我们美国自己的）作为他们的军事费用，由一位拿破仑作为军事统帅，苦战 1000 年，也不可能通过暴力而在俄亥俄河上饮马或在蓝脊山上扎营。"（Lincoln, *Collected Works*, 1：109）

[10] Oates, *With Malice toward None*, 47; Donald, *Lincoln*, 82; Thomas, *Abraham Lincoln*, 72.

[11] Tocqueville, *Democracy in America*, 484 – 485. 我在这里引用这句话并不是想说林肯熟悉托克维尔的这句话。

[12] Thurow, *Abraham Lincoln*, 35.

[13] 参见 Morel, *Lincoln's Sacred Effort*, 38, 该书对此做了精彩的分析。

[14] Thurow, *Abraham Lincoln*, 36.

[15] Barker, *NIV Study Bible*, 1463; May and Metzger, *New Oxford Annotated Bible*, 1192 – 1193.

[16] 甚至连梭罗都感觉到自己的如下解读是如履薄冰的。他说，他将演讲厅演讲的基础与《圣经》宗教相联系只是一个"建议"，而且有一些东西只有在"葛底斯堡演讲和第二次就职演讲中"才能看到"全貌"（*Abraham Lincoln*, 36）。

[17] 参见 Wilson, *Patriotic Gore*, 99; Oates, *With Malice toward None*, 28 – 29; Temple, *Abraham Lincoln*, 24; Donald, *Lincoln*, 48 – 49; Wilson, *Honor's Voice*, 308 – 309; and Guelzo, *Abraham Lincoln*, 34 – 39. 甚至还可参见威廉姆·沃尔夫（William Wolf）的《林肯的宗教》（*Lincoln's Religion*）——首次出版时，名

为《天选的人民》（*The Almost Chosen People*，1959 年）——梭罗较多地参考了这个文本。该书介绍说，林肯早年比很多学者所认为的要更为信仰宗教。同时，它还认为，林肯在他居住在新萨勒姆的岁月中，也即在他的斯普林菲尔德演讲厅演讲之前，受到了他所阅读的潘恩和沃尔尼（Volney）作品的影响，从而对宗教产生了最大的"质疑和怀疑"，并认为自己是一个"不信神的托马斯"（Wolf，*Lincoln's Religion*，51）。此外，沃尔夫还通过这本书描述了这样一个情况，即这一激烈怀疑的时期很快就被他"之前对《圣经》暗暗的信仰"所代替，两位名为费伦巴赫尔（Fehrenbacher）的学者（他们费尽全力，调查了关于林肯讲话的所有重要的二手报道的可靠性）将这本书归类为"一段引证，它的真实性经得起质疑"（Fehrenbacher and Fehrenbacher，*Recollected Works*，iii，372）。

[18] Donald，*Lincoln*，114；Lincoln，*Selected Speeches and Writings*，54 – 55.

[19] Lincoln，*Selected Speeches and Writings*，54 – 55.

[20] Corlett，"*Lincoln's Political Religion*，" 521.

[21] 林肯的确建议说，"解放奴隶"有一个积极的贡献是，借此人们便可以获得与国父们相媲美的名望——针对这一主张，很多评论家都提出，林肯早早地自我暴露了他的企图，即正是因为这一点，他之后才努力做成了伟大的解放者。这种企图就算不是完全受到了马基雅维利式的博取荣耀之心的驱使，也是受到了它巨大的影响。参见 Richard Carwardine's dismissal of such a reading（*Lincoln*，11）。

[22] 多数解读者，包括莫雷尔（Morel），都将这两位民众激情合为一类，这种做法没有看到林肯对仇恨和复仇动机做了特别强调（*Lincoln's Sacred Effort*，36 – 37）。

[23] 当然，这场战争并不会被人们完全遗忘，但它免不了会"随着时光的流逝，变得越来越模糊暗淡"。

[24] Thomas，*Abraham Lincoln*，72；Donald，*Lincoln*，82. 这一做法还有一个好处，即因为斯普林菲尔德位于南部地区，是倾向于支持奴隶制的，所以，林肯这么做也能避免激起人们的不满。

[25] 公平地说，科莱特和梭罗都提出说，人类激情是林肯演讲中的重要主题（Thurow，*Abraham Lincoln*，31 – 32，36 – 37；Corlett，*Community without Unity*，106 – 108）。梭罗在他关于演讲厅演讲的那一章中，用了一节的篇幅，虽然是最短的一节，论及了这一主题，即"人民的激情"。但他通过分析，提出政治宗教并不是一个有效解决人们仇恨的举措，反倒是一个限制理性统治的方法。科莱特对林肯的"驯服狂暴和愤怒的激情"给予了更多的关注，并将之作为他那本书最长的一节的标题。但是，他没有像林肯和我一样，区分不同类型的激情，因此也就错过了人类仇恨和复仇问题上最重要的主题。此外，科莱特赞扬了林肯天才般的发明，说他"创造"了一个"传统"——一个文化遗产，可以代代相传——这个传统是以政治宗教的形式，通过"强迫市民们崇拜法律的集

合"，以"对抗时间的流逝"。这里的问题是，科莱特过于痴迷于林肯的解决方案在形式上（即一个不受时间影响的强力传统）的天才创造，乃至于没有看到他这一解决方案实质上（即世俗的法律崇拜）的功绩。在科莱特分析林肯的演讲厅演讲，以及他的其他早期作品时，这些东西一起——未能认识到林肯对人类仇恨问题的特别的、唯一性的关注，以及盲目地赞许下列内容，即认为林肯的政治宗教是一种对抗时间的形式设置，且只在支持人文主义的尊重法律方面算是实质设置——尚不至于让他找不到要点。但当科莱特涉及林肯之后关于内战的作品——第二次就职演讲——时，这些东西便将他拖下了正轨，致使他完全没有说到要点。

[26] Lincoln, *Collected Works*, 1：271 – 279.

[27] 引自 Wilson, *Honor's Voice*, 296，304，306 – 307。

[28] Lincoln, *Collected Works*, 2：377，2：512. Donald, *Lincoln*, 83；更多的关于林肯严重地依赖幽默的信息，ibid.，149；关于史蒂芬·道格拉斯的评论，ibid.，210。

[29] Lincoln, *Collected Works*, 2：15 – 16.

[30] Donald, Lincoln, 82.

[31] 关于在内战以前，美国的宗教情绪是如何一方面推动反战主义，另一方面又推动暴力废奴主义的，相关的详细文献分析，参见玛丽妮·罗宾森（Marilynne Robinson）的普利策获奖小说《吉利德》（*Gilead*）——虽然多数基督教美国人处于这两个极端之间。就算是对于那些认为战争在基督教教义上是合法的人，他们依旧在争论是什么提供了战争行为的合法性基础，而什么又是不合法的战争手段（*Elshtain, Just War Theory*）。

[32] 此后几年间，林肯在国会任职。他激烈地反对墨西哥战争。在一封为人们所不太注意到的写给赫恩登（Herndon）的私人信件中，林肯提到了一次由反战的辉格党人所做的演讲，林肯称之为"我所听过的最好的演讲，长达一个小时"（Lincoln, *Collected Works*, 1：448）。林肯听完这次演讲后，就在给赫恩登的信中提到了这件事。而且，平时不易动感情的林肯这次写道："我那苍老的、满是皱纹的、干涸的双眼，现在已是泪水涟涟。"

[33] Wilson, *Honor's Voice*, 296，304，306 – 307.

[34] Lincoln, *Collected Works*, 2：220 – 221.

[35] 同注 34，2：152。

[36] 同注 34，3：29。

[37] 同注 34，4：202。

[38] 同注 34，1：489。

[39] 同注 34，2：220。

[40] 同注 34，3：459。

[41] 贾博·鲍里特（Gabor Boritt）详细解释了对林肯而言，终其一生，在经济上取得成功的机会有多么重要（*Lincoln and Economics*）。从最开始，林肯的很多反对奴隶制的主张都是根据这一逻辑做出的，即这一制度破坏了自由的白人的一

般性的平等权利，使他们无法通过自由的劳动力市场，凭借自己的勤奋和能力取得成功。从最早期开始，他就主张"你费力劳动，我享受你的劳动果实"的理念就是原罪（Lincoln, *Collected Works*, 1：457）。在这里，我的观点与迪恩（Deneen）略有不同。我强调林肯的下述观念只是在他职业生涯的晚年才出现的，即奴隶制是"另一种形式"的原罪，是对"神圣意志"的直接违抗。而在他早年，林肯则认为奴隶制完全是错的，并使用了大量《圣经》中的形象来表达这一做法之严重错误，但是，至少在他的这一阶段，他依旧还是一个资本主义的人文主义者，并带有一些诗性的痕迹，而并不全然是一个虔诚的一神论者，即坚信《圣经》上说的所谓人类堕落的本性。参见 Deneen, *Democratic Faith*, 277-278。尽管后来他对《圣经》越来越确信，以及对他人的同情也不断增强，但是，他的资本主义观念并未因此退场。

［42］ Lincoln, *Collected Works*, 4：438.

［43］ 同注 42，2：274。

［44］ 同注 42，3：313。

［45］ 同注 42，2：255。

［46］ 同注 42，4：9。

［47］ 该引注来自詹姆斯国王版本的《雅各书》（1：27）。林肯是知道这一版本的《圣经》的。"在神、我们的父面前，那清洁、没有玷污的虔诚，就是走访在患难中的孤儿寡妇，并且保守自己不沾染世俗。"现代的国际版《新约》使用的语言更接近林肯的用语："神、我们的父，接受这样的清洁、没有玷污的虔诚：看顾在不幸中的孤儿寡妇，并且保守自己不沾染世俗。"

［48］ Rousseau, *Social Contract*, 298-309.

第六章　　"这个国家，在上帝之下"

　　林肯第一次就职演讲的结尾——"尽管目前的情绪有些紧张，但绝不能容许它使我们之间的亲密情感纽带破裂"——肯定了一个事实，即在林肯开始当总统的时候，也就是在他发表演讲厅演讲和禁酒演讲约20年后，他依旧很关注"激情"对美国宪政秩序所构成的威胁。在赞颂这个国家的"情感纽带"的同时，他还和之前一样，关注受到这一激情威胁的公民之间的团结和联系。他诉诸这个国家的"更好的守护天使"和"回忆的神秘琴弦"。在这么做的时候，他好像再一次变成了政治宗教的布道牧师。但问题是，这与林肯早期的立场是否有所区别？又有什么区别呢？

　　首先，很清楚的一点是，林肯谨慎地主张人们要依循宪法，并呼吁人们严肃地尊重宪法。这是他第一次就职演讲的主要内容。这反映出他的政治宗教的主要目的，和他在演讲厅演讲中最初构建的一模一样——这个目的就是打击不尊重法律的行为。林肯在他的演讲的开头向南方重申他没有想要——他已经正式地约束自己，明确地反对——"非法入侵"南方，以消除奴隶制，因为他并不会干预在当地被作为合法的制度。尽管"人们的道德感不完全支持"类似于宪法中的逃亡奴隶法这样的规定，但他的政府还是会继续执行它。他也不想"以任何过于挑剔的标准来解释宪法或法律条文"，同时，他也承认"为了大家更多的安全"，人们最好还是遵守"现在还没有废除的一切法令"。基于同样的逻辑，他否认南方各州有权反叛。他们只在这样的情况下才拥有这项权利，即"根据道德的视角"，当他们被剥夺了任何"生死攸关的"自然或宪法权利之时。但是，现在这些权利都得到了"良好的保障"，所以南方各州叛乱的基础便瓦解了。它们现在仅仅是凭借"无政府的"原则——或者，按照林肯在他前往华盛顿路上，在沿途各小镇所做的巡回演讲中那个引起哄堂大笑的说法，是凭借了"没有爱"的原则，而不是"正常的婚姻"原则。[1]

　　林肯对于宪法的不懈奉献，除了凸显他对于理性和法治的毕生献身以外，还强调了一个要点。关于这一点，我们目前还没有重点提到。那就是，从开篇到结尾，林肯更为宏大的政治哲学一直都秉持着关于人性的双重观念。

　　针对那些想要脱离宪政联合体的人——想要将退出变成一种通行权利的人——林肯问道，是否曾经存在一种社会环境，在这样的环境里"只有和谐"和"完美一致的利益"。他自己的答案是"全体一致是不可能的"。他的这个主张中关于退出联合体的内容其实并不太重要，而真正重要的则是里面蕴藏的意味——他发现，在自然状态下，人们会分裂成小集体。这就要求宪法来加以阻止和调和，因为：

　　　　一个受着宪法的检查和限制的约束，总是随着大众意见和情绪的慎重变化而及时改变的多数派，是自由人民的唯一真正的统治者。谁要想排斥他们，便必然走向无政府主义或专制主义。

　　这个推理是典型的麦迪逊主义式的，所以，它对于人性的描述也相应有一些黑暗面。但是，在整篇演讲中，林肯对人性的观点并不全然是黑暗的。诚然，他认为，法治和宪法性平衡力必须冷却和疏导美国黑暗天使所带来的冲击力，即易怒的、自私的、暴虐的欲望，因为这些欲望经常推着人们倒向无政府的混乱或独裁专制。但是，就在同一篇演讲中，林肯还做了这样的事情，即他反复地颂扬美国人"兄弟间的同情心和感情""美德""情感的纽带""更好的守护天使"，以及友好的精神（"难道在外人之间订立条约，比在朋友之间制定法律还更为容易吗?""我们不是敌人，而是朋友"）。而且，这是对他之前表态的直接回应，他曾公开主张，宪法的"构思"浸润在"兄弟情感的精神"之中，联邦的建立奠基在"全国人民的兄弟般的感觉"之上。[2]

　　在林肯看来，美国宪法联合体的建立，以及之后的存续，全倚仗人们的同情心和情感的好坏，但仅凭这些，又不足以作为宪法结构的承重支柱。在林肯早期的演讲中，也出现了同样的双重论。他提出，人的激情——从贪婪和嫉妒，到仇恨和怨恨——来自同一群人。他呼吁这些人在生活中遵照理性和法治。但也正是这群人，以对彼此的感情，对政府的感情，以及慈善般的关切，维持着法治，因为他们的激情对自由构成了威胁。

1861 年 3 月 4 日，有一个新的情况是，林肯的发言中没有什么内容是按照启示宗教的规矩来的。他没有对华盛顿做神圣的赞美。他没有呼吁公众崇拜理性、思想或法律秩序。不过，林肯的确特别说道（在结尾前三句）："明智、爱国主义、基督教精神，以及对从未抛弃过这片得天独厚的土地的上帝的依赖，仍然完全能够以最理想的方式来解决我们当前的一切困难。"

如此谈论上帝，如此特别地赞美基督教，在林肯之前的演讲中是很少见到的。只有在林肯当上总统之后，才出现了这样的情况。

1861 年 2 月 11 日，也就是林肯就职演讲的前一个月，在他离开伊利诺伊州斯宾菲尔德，前往华盛顿特区之时，在返程的列车上，他做了一段简短的告别演讲。同一天，在亚拉巴马州蒙哥马利，8 个新近宣布退出联邦的州的代表一起举行了一个制宪会议，然后不久就宣布杰斐逊·戴维斯就任该邦联的第一任总统。在这种情况下，林肯说道：

> 朋友们：任何一个人，不处在我的地位，就不能理解我在这次告别会上的忧伤心情。我的一切都归功于这个地方，归功于这里的人民的好意。我在这已经生活了 1/4 个世纪，从青年进入了老年。我的孩子们出生在这里，有一个孩子埋葬在这里。我现在要走了，不知道哪一天能回来，或者是不是还能回来，我面临的任务比华盛顿当年负担的还要艰巨。没有始终伴随着华盛顿的上帝的帮助，我就不能获得成功。有了上帝的帮助，我绝不会失败。相信上帝会和我同行，也会和你们同在，而且会永远是到处都在，让我们满怀信心地希望一切都会圆满，愿上帝保佑你们，就像我希望你们在祈祷中会求上帝保佑我一样，我向你们亲切地告别。[3]

　　林肯宣布他相信"上帝"。关于这一表态，有的人几乎没有看出来与林肯早年秉持的必要性的教义，或可能是自然神论的命运感之间存在什么区别。甚至连艾伦·古尔则（Allen Guelzo）——他颇有思想深度地辨识出了林肯之后倾向于基督教信仰的方向的举动——也提出，在斯宾菲尔德告别演讲之后，并没有太多信号证明林肯感觉"自己对万能的主有任何个人的兴趣"，而且在他第一次就职演讲中，唯一宗教性的表述也只是他的宣誓词，即"对天发誓"，以及结尾处塑造的形象，即"我们的本性的更好的守护天使"——这一构建更偏向尘俗，而非神圣。[4]

　　但是，这么说就忽视了我们刚刚引用过的第一次就职演讲中的那句话（"明智、爱国主义、基督教精神，以及对从未抛弃过这片得天独厚的土地的上帝的依赖，仍然完全能够以最理想的方式来解决我们当前的一切困难"）。此外，在林肯从斯宾菲尔德到华盛顿沿路各小镇的旅行中，他做了多次和他的告别演讲以及第一次就职演讲相同的表态。在离开斯宾菲尔德那一天，他对印第安纳州拉斐特的一群人说道："我们是联系在一起的，我相信基督教、文明和爱国主义，并归属于我们的国家，我们整个国家。"第二天，在辛辛那提，他说，美国是在"上帝天命的庇佑之下的，上帝从没有弃绝我们。"第三天，他在俄亥俄州哥伦布的立法会上发表演讲，并承诺说："上帝将头转向美国人民，然后看着他们，上帝从未放弃过他们。"并安慰道："我们所需要的只是时间、耐心和对上帝的依赖，因为上帝从未放弃过这一民族。"第四天，在俄亥俄州斯托本维尔，他遥相呼应了斯宾菲尔德的告别演讲，承认说，他的能力将无所效用，"除非能得到人民集体的帮助，上帝神圣力量的支持，否则我们将无所作为"。在这一旅程剩下的两周时间里，他不断做出这样的表态，即或者是美国人要依赖上帝，或者是他自己要依赖上帝："我必须相信至高的存在，他从没有放弃过这片可爱的土地。""如果我能成为万能的上帝手中的一样谦卑的工具，那我将无比快乐。"此外，他还在新泽西州纽瓦克市做过一番评论。这番评论简直就是他在斯宾菲尔德所讲的话的翻版。他说："我只靠自己的能力，却没有神圣的天意的支持，没有这个伟大、自由、快乐、智慧的民族的助力，我就不能取得成功。没有这些支持，我前路惨淡；有了这些支持，我绝不会失败。"[5]

　　这些情况印证了林肯的传记作家戴维·唐纳德（David Donald）和理

查德·卡沃丁（Richard Carwardine）的结论。他们认为，在竞选期间，林肯经历了某些宗教信仰方面的转变——可能是受到了丧子之痛，以及冲突不断升级的婚姻的影响。此外，他作为一个没有太多经验的政治人物，却承担着重申和延伸美国基础性理念的使命，并将面临地方主义的威胁，以及将四分五裂的联合体重新凝聚在一起的任务，这也给了他很大的压力。[6]不过，我们必须时刻谨记，林肯从未变成人们所谓的"正统的"信教者，而且他个人信仰的准确属性还是带有一些神秘性。他从未公开承认基督是他的救世主，从未接受洗礼，也没有参加过团契，或者正式地加入什么教会。正如玛丽·林肯所说，他"从本性上来说，是一个有信仰的人……但他的本性中却有着相当的诗性，他从不是一个地道的基督徒"。[7]这些评论，加上林肯早期的、历史中有详细记载的关于他更偏好理性，而非启示的观点，有助于我们理解为什么有很多学者不重视林肯之后在宗教信仰方面的变化和事实的情况。[8]但是，如果否认了在林肯最后的岁月中，明确清楚的圣经信仰和类似的道德观念在他心中不断地萌生——这始于 1860 年，此后，随着战争的不断继续而不断加强——那就忽视了在他一生中最接近于他的真实情况的报道，以及现今关于他的最好的编年史作家的作品。同时，这也否认了林肯自己的文字，特别是他在就任总统前后所发表的一些重要讲话和宣告中的内容，尤其是他的第二次就职演讲——林肯认为这是他所做的最好的一篇演讲。在他的这些作品中，我们可以清楚地看到，在林肯所有重要的执政岁月中，他越来越重视道德和政治的元素，而这些与《圣经》的"纯粹的宗教"关联更大，而与他早年的持怀疑主义的岁月中所提出的"政治宗教"却没有太多联系。具体而言，这就是他开始承认上帝，想要取悦上帝、跟随上帝——博爱的纵向层面——这种想法随着时间的流逝而不断增长，经年累月，日渐形塑和强化，早已融入人类的同情感——博爱的横向层面——正如林肯悲剧性地带着美国度过了它最暴力的内部冲突一样。[9]在其中，有三段插曲尤为发人深省。

感恩节

在内战期间，林肯向基督教的转向，留下了众多重要的政治－文化遗产，其中一项是设立了"感恩节"。这一传统不全然是由美国人独创的，虽然美国人以一种独特的宗教气氛和热情庆祝感恩节。在林肯的总统任期内，他先后 10 次呼吁设立一个全国性的感恩节，或祈祷日（9 次正式的，1 次非正式的）。其中，他的第一次呼吁是在他就任总统刚满 6 个月后做出的。[10] 然后，在李向格兰特正式投降两天后，即 1865 年 4 月 11 日，林肯发表了他最后一次演讲。在演讲中，他承认："我们已经准备呼吁建立全国性的感恩节了。"[11] 让我们来看一下从他发布的最早的几次公告中提取的这几段文字。

> 他们代表着所有在暴乱和内战的浩劫中受到伤害的人，在当时当地祈求精神安慰，而且他们恳切地祈求神的指引，为我们全体国民提供建议。（1862 年 4 月 10 日）

> 依赖上帝执掌的权柄，承认自身的罪恶和犯罪，这既是国家的义务，也是每个人的义务……根据上帝神圣的法律，这个世界上的所有国家和个人都要遭到处罚和惩罚……我国的人民数量的增长、财富的积累和力量的提升是其他各国所不曾有的。但是，我们却忘记了上帝……因此，我请求所有人在这一天，能够自我节制，不追求日常世俗的欲望，联合起来，在公共祈祷的地方或各自的家里，向主保持一天的圣洁，致力于谦卑地履践适合于这一庄严时刻的宗教义务。（1863 年 4 月 30 日）

> 呼召上帝的圣灵的影响力来平抑愤怒——这种愤怒引起了，并且在如此长的情况下维持了一场毫无必要的、残忍的叛乱——改变叛乱者的心，用足以解决国家危机的智慧来引导政府的理智，满怀温柔地关切与慰问地走访我们的土地的每一个角落，走访那些历经行军、航行、战斗和围攻的艰辛，承受了心灵、身体或财产的人们，最终带领整个民族，经过忏悔和向神圣意志的臣服，回来一起完美地欣赏联合和兄弟间的和谐。（1863 年 7 月 15 日）

有的人迫切地想要把林肯塑造成为一个在他那个时代的长期虔诚且正统的基督徒，所以他们经常会夸大这些公告的重要性。但是，现代学术研究却对这些公告不太重视。在现代的关于林肯的学术作品中，只有少数作品会偶尔提到这些公告，至于直接引述的就更少了。目前，在关于林肯思想的三本最重要的选集中，没有一本收录了这些公告。[12]

1863 年 10 月 3 日，为了回应萨拉·约瑟夫·黑尔（Sarah Josepha Hale，一份著名的女性杂志的编辑）提出的"设立一个全国性的、固定的合众国节日"，林肯发出了一份呼吁，号召确定一个日子，来"感恩和赞美我们慈善的住在天国之中的父"，这个日子就是 11 月的最后一个星期四——由此便创立了美国正式的 11 月的感恩节。[13] 在林肯的声明中，有这么一段：

> 人类的深思熟虑不能够讨论和设计出这样伟大的事情，凡人之手也不能够完成这些伟大的事情。它们都是位于最高位置的上帝的慷慨礼物，他对我们所犯的罪过非常生气，但同时并没有忘记对我们的慈悲。我认为我们应该做的是：全部美国人民应当以庄严、恭敬和感恩的心，同声合一地承认上帝的作为。……我也建议美国人民，在对上帝这样非凡奇妙的赐福而向天父献上感谢祭时，也谦卑地为我们国家的堕落与悖逆悔改。对所有在这场无法避免的悲惨内战中成为寡妇、孤儿、送葬者或受难者的人，祈求天父温柔看顾。强烈地恳求全能的上帝尽快伸出万能的手医治和修复这个国家，使国家符合神的旨意，以便享有完全的和平、融洽、宁静与团结。[14]

上述公告在设立美国这一重要的传统节日过程中发挥了非常重要的作用，所以这也是林肯最有名的一份公告。同时，这也有趣地联结了林肯早期和晚期的观念。声明中提到的对寡妇和孤儿的关切，揭示出自禁酒演讲以来他思想的连续性，而其中所探讨的超越"人类的深思熟虑"，在上帝"万能的手之下"，而不是在人类的"可朽的手之下"运行着的政治秩序，则是林肯的发言中新的内容。

很明显，林肯并不是第一个宣布要创设美国的感恩节的人。这一时间甚至早于约翰·温斯罗普，始于 1621 年普利茅斯殖民地的布拉德福德总督（Governor Bradford）的治下。乔治·华盛顿根据宪法发起了第一个正式的感恩节——具体而言就是向宪法表示感恩——并在成功平息威士忌叛乱（the Whiskey Rebellion）之后呼吁人们过第二个感恩节。但是，在华盛顿和林肯之间，只有约翰·亚当斯和詹姆斯·麦迪逊号召人们一起过祈祷日和感恩节，而且麦迪逊之后还很后悔自己这么做。这不仅是说林肯重新恢复了一个被人们遗忘的传统，而且还是说他恢复和确立了一个基本上是被托马斯·杰斐逊中断的传统。1802 年 1 月 1 日，杰斐逊写了一封信给他的首席检察官利瓦伊·林肯（Levi Lincoln）。他写道，他中断这一传统，是为了"倡导宗教自由"，而且他"一直想要找"一个合适的时间和地点来解释"为什么我没有像我的前任那样宣布斋戒和感恩"。在这么做的时候，杰斐逊说出了自己的心愿："在人们的心中植入有用的真理和原则，它们或许会生根发芽，变成他们所信奉的政治原则中的其中几项。"[15]

林肯还认为，他自己是一个宗教自由的坚定的拥护者——这与他在"演讲厅演讲"中所提出来的"公民*和*宗教自由"相呼应，更不用说他在第一篇呼吁斋戒日的公告中赞美美国的"公民*和*宗教自由"了。林肯认为，这些公告在某种意义上体现了宗教自由。西沃德国务卿的儿子曾开玩笑地鼓励林肯从各州州长那里"偷"一个权力来命名感恩节。他记载说，林肯是这么回复的，总统"有和州长一样的感谢上帝的良好的权力"。[16]林肯采用了很多种方式来调整他带领美国做出忏悔与感恩行动的愿望，使之与他对宗教自由的遵奉相协调。其中有一个方式是抵制萨拉·黑尔的要求，即要求林肯发出一道行政命令，适用于所有在总统直接控制下的领域（包括华盛顿哥伦比亚特区、联邦直辖地区，以及军队），并向各州的州长施压，要求他们有样学样。相反，林肯仅仅是请求而没有命令他的"市民同伴们"加入这个纪念活动，并由此绕开了立法权等相关事项。[17]

但是，比林肯创立感恩节这个传统的复杂过程更为重要的，是他创立感恩节这个行为本身。在这里，他和杰斐逊之间的差异，主要体现在林肯通过这一点在美国政治中发展出了一种与杰斐逊截然不同的关于上帝所扮演角色的观点。对于杰斐逊而言，就算是在他晚年的一神论阶段，上帝依旧是一股在政治中遥远的、静止不动的、不会施行惩罚的力量。而林肯，至少是在内战期间，越来越支持温斯罗普的观念，认为美国政治的健康和存续取决于谦卑地认知在天上存在一个更为积极主动、不断干涉人间、赏罚分明的上帝，并决定依从于他。如果说林肯在 1860 年就任总统时就已经开始倾向于这个方向，那么在 1862 年，又发生了一系列事件，更是极大地加快了这一宗教转变。

解放奴隶宣言

对林肯夫妇而言，1862 年是以悲剧开场的。2 月，他们的儿子威利死了。这可能是因为白宫供水系统受到污染而导致他患上了伤寒。玛丽·林肯的情绪变得非常不稳，不过她和很多其他人都注意到，她的丈夫却变得更加信仰宗教了。此后，关于林肯虔诚信仰的相关观察变得越来越频繁，也越来越可信，其中包括很多第一手记录：有人听到总统谈起自己很多次在祈祷中"情不自禁地下跪"，或者有人在林肯祈祷时撞见他——而在林肯担任总统之前，从没有类似的可信的记录。乔舒亚·斯皮德（Joshua Speed）是林肯最好的朋友，也是林肯从伊利诺伊州时期开始不信教方面的同伴。他清楚地记得，在这一时期，有一次，他撞见林肯在白宫里专心一致地读《圣经》。斯皮德直抒胸臆，说道："好吧，如果你已经改变了你的怀疑主义，那我要抱歉地说我可没有改变。"林肯严肃地回复说："你错了，斯皮德，尽可能地把这本书从你的理性上面拿开，放到更上面，用信仰平衡你的理性，这样你活着和死去时都是一个更加快乐、更加好的人。"戴维·唐纳德描述说，林肯"经常"把《圣经》摊在他的办公桌上，"当他完成工作，稍有空闲之时，他就在这些翻旧了的书页中找寻他心中问题的答案"。[18]

在同一个时期，林肯日渐谨慎地看待奴隶制问题，特别是解放奴隶。林肯认为，鲁莽地解放奴隶会毁掉整个联合体，也就是将保守的共和党人、主战的民主党人和关键的边境州的代表们变成自己的敌人，所有这些人都是维持统治联合体的关键力量，而且他们多数人都激烈地反对解放奴隶。不过，到 1862 年夏天，联军的表现十分糟糕，而且在北方，有一种观点在快速传播，即要想保存联合体，就必须解决奴隶制问题。由此，林肯便确信现在已经是时候改变他自己的立场了。1862 年 7 月 21 日，林肯向震惊的并因此而快速分裂的内阁宣布说，他准备解放叛乱各州的所有黑奴，将之作为一项"合理且必要的军事举动"，唯一合宪的法律措施。[19]

根据西沃德国务卿的建议，林肯应一直等到合众国取得了一项重大的胜利之后才可以向全国发布这项宣言，以免外国势力认为这是一个虚弱和绝望的举动。8月30日，这一机会好像终于来了。波普（Pope）将军报告说，他在马纳萨斯打了一场狠仗——就在华盛顿特区东西方向5公里的地方——并将李将军的军队赶离了战场。不幸的是，李的军队离开战场的目的是绕到波普军队的后面，进行奇袭，并将他们赶回到华盛顿的郊区。林肯收到第二份让人极度失望，又使人十分担心的报告后，陷入了一种近乎神经质的绝望状态。两天之后，数名内阁官员签署了一份请愿书，反对他将波普将军换成乔治·麦克莱伦（George McClellan）。当时，有人记述说，林肯看起来"经受了极度痛苦的折磨"，并且他公开向内阁官员宣布说，他"感觉已经准备好吊死自己了"。[20]

在同一天，林肯给自己写了一份备忘录，名为"关于神圣意志的沉思"。这份备忘录是他第二次就职演讲中的思想和用语的雏形。以下是备忘录的全文：

> 上帝的旨意一定会成就。在这个大战争中，每一边都宣称自己是按着上帝的旨意行动的。当然两边都有可能是，但是一定有一边是错的。上帝不可能同时赞成和反对同一件事。在目前这场内战中，很有可能的是，上帝的目的与两边的目的都不相同——然而，人的手段，运作起来后，也只不过是实现上帝的旨意的工具。我几乎可以肯定说这是真的——这场战争是上帝的旨意，而且他的旨意是，它并不应马上结束。他就算只以静止的力量，作用于现在对抗双方的心智，也可以拯救或者毁灭合众国，而不需要人类本身的对抗。而现在他又让对抗开始了。在开始之后，他可以在任何时候将最终胜利给予其中一方。现在，这场对抗还在继续。[21]

相比于其他人，林肯的秘书尼古拉（Nicolay）和海（Hay）更为熟悉林肯，也更为了解他在担任总统期间最深层的思想。而且，他们都不信教。他们注意到，这份小备忘录"不是写给人看的。这是一个极端诚实的灵魂以令人肃然起敬的真诚书写的，这个灵魂想要将自己带到造物主面前，与他做更为密切的交流"。[22]

　　在林肯写出他的"沉思"一文后，李侵入了马里兰州，挫败了整个北方的锐气。在这个背景下，林肯走访了一群芝加哥的基督徒，这群基督徒敦促他赶快解放奴隶。林肯少见地愤怒不安，责难说："我也迫切想知道上天在这件事情上的意志，而且如果我能搞明白的话，我就会那么干！"艾伦·古尔则清楚地记得，9月17日，也就是安蒂克姆河战役当天——内战中最血腥的一天，同时也是逼迫李结束他对北方的入侵的那一天——林肯立刻感觉到他最终听到了上帝在这件事情上的神圣的声音。9月22日，林肯会见内阁成员，开始起草解放奴隶宣言。根据多份可信的报告显示——有一份是他的秘书威尔斯（Welles）所写——林肯曾经说道：

　　　　他曾经发了一个誓，即一项盟约，说如果上帝在接下来的这场战斗中赐予我们胜利的话，那他就会将这视为神圣意志的指示，并且认为他有义务为推进解放奴隶而向前迈进。人们可能会认为，当他心里还不清楚到底要怎么做的时候，这样来处理问题是很奇怪的。但上帝决定了在这个问题上应该支持奴隶们。他很满意这么做是正确的，并且在他的行动中还得到了誓言与结果的确认和强化。[23]

　　与这一相当虔诚的背景相反的是，林肯真实出具的《解放奴隶宣言》是这样一份文件，理查德·霍夫施塔特（Richard Hofstadter）曾称之为"一张宏大的道德提货单"。[24]

　　这份文件读起来与林肯的想法完全一致——是一个严格的法律主张，完全在宪法的范围之内，仅解放反叛州的奴隶，并仅仅是出于军事的需要。所以，有些人嘲讽林肯，认为他这么做完全是出于政治计算的需要，在日渐扩大的废奴主义者的声音与他麾下反对干涉奴隶制的人的声音之间走钢丝。众所周知，虽然林肯在这一举措上的精神痛苦可部分地解释这一批评意见，而且，这一意见也反映出了另外一个重要的情况，即林肯的政治理想和他的真实行为有时会猛烈冲撞。毫无疑问，林肯这么做，的确是迫于双方的政治压力，但他是一个有着很多雄心的人。他的律所合伙人赫恩登（Herndon）曾说，林肯的雄心是一台引擎，永不熄火。在与史蒂芬·道格拉斯那场著名的辩论中，林肯承认："我个人的雄心一如既往。"不过，他的确曾辩解说，他挑战道格拉斯的决定，以及召唤老辉格党－新共和党的力量的想法，都并非"仅仅是，或甚至不主要是为了个人的目标"。他的主要愿望是反对道格拉斯和民主党人的做法，也就是使人成为奴隶，而不是给人以自由，"普遍的，永恒的"。[25]随后，1861年，林肯在从斯宾菲尔德到华盛顿的路上曾这么说："我的政治感都源于一些情绪，这些情绪都具体呈现在《独立宣言》之中。"[26]

现有记录也清楚地显示了，林肯反对奴隶制，不仅仅是出于哲学思考。从伦理学的角度来看，奴隶制也是不公正的，而且有违人们真诚的同情心。林肯曾宣称奴隶制和它的捍卫者都是"全然自私的"，并且制造了与"（人类）心中的和弦"全然不和谐的杂音，破坏了"正义感和人类的同情心"，有违"人们心中向往正义和怜悯的趋向"，而且最重要的是，违背了"慈善的基督徒准则"。林肯很敬仰亨利·克莱①，并经常提到他。故而，林肯认为，任何人想要拥有维护奴隶制，那他就不得不"压抑自由人全部的同情心，所有人的人性，以及所有的仁善的努力"。[27]

对林肯而言，挑战是，他不像其他极端社会改革家那样可以恣意妄为，如参议员查尔斯·萨姆纳（Charles Sumner）——萨姆纳经常想要林肯在反对奴隶制方面走得更快、更远——他认为就这样解放奴隶而不考虑后果，明显是一种不负责的，也是危险的举动，其结果必然事与愿违。而结果是很重要的，特别是当这关系到保护民主自由的脆弱的善的时候。林肯知道，他不能让他的自由正义感和对奴隶真切的关心击败他对冷静计算的追求，即计算解放奴隶是否符合法治，是否契合于公众观念——对维持有效的民主统治而言，十分必要的公众观念。

林肯在这里的观点，与他早期在"演讲厅演讲"和"禁酒演讲"中所表达的观点之间，再一次出现了明显的分野。在起草《解放奴隶宣言》时，林肯将他对自然权利自由的坚定信念，他热情的人类同情感，关于法律和政治必要性的冷静推理，与对神圣指示迫切的追寻和依从合

---

① 亨利·克莱（Henry Clay，1777 年 4 月 12 日至 1852 年 6 月 29 日），美国参众两院历史上最重要的政治家与演说家之一，辉格党创立者和领导人，美国经济现代化的倡导者。他曾任美国国务卿，并 5 次参加美国总统竞选。尽管均告失败，但他仍然因善于调解冲突的两方，并数次解决南北方关于奴隶制的矛盾维护了联邦的稳定而被称为"伟大的调解者"，并在 1957 年被评选为美国历史上最伟大的 5 位参议员之一。——译者注

并到了一起。《解放奴隶宣言》中的真实用语可能并没有透露出太多的道德意味，但林肯在书写这些文字时，胸中却不断地涌动着博爱的理念，因为他从对身为奴隶的人类的真切同情出发，演化成为虔诚地希望追寻上帝旨意。对于林肯而言，这份文件是他对人和上帝的爱的清楚的公民表达，且采用了一种极为谨慎的方式，而之所以要如此谨慎，是因为他十分重视政治和宪法的限制。这是林肯的新慈善观念的早期政治表达——这满足了人们深情的欲求，使这种欲求能将自己原本已经十分深切的对人类同胞的关切变得更为符合神圣的指令，因为他认为这里的人类同胞（自由人和奴隶，北方和南方）天然就应拥有自由，而且所有人，包括他自己在内，都有义务遵守这片土地上的法律制度——特别是宪法。

不过，有一个关键点是，无论林肯在担任总统后前几年里经历了什么样的宗教方向上的调整，他依旧信奉《独立宣言》和美国宪法联合体。这一点在他于1863年11月19日在宾夕法尼亚州葛底斯堡发表的演讲中看得最为分明。

葛底斯堡演讲

在林肯的第一次就职演讲中，他提出，当前与南方可能因为一件事情而产生冲突——保护联邦。一直到1862年8月，也就是他费尽心力，试图解决解放黑奴问题的时期，他公开对霍勒斯·格里利（Horace Greeley，影响力巨大的《纽约论坛报》的编辑）解释说："在这场角力中，我首要的目标是拯救这个联邦，而不是拯救或摧毁奴隶制。"这一点恰好与我们在前文中谈到的关于林肯依循《独立宣言》的观点相违背。这一观点至少在1852年他为亨利·克莱所做的悼词中已经展现得十分鲜明。根据这一观点，人类自由的"事业"和"进步"都在很大程度上"依赖美利坚合众国之延续。"[28]但也有信息表明，到1863年秋天，在葛底斯堡战场——这是8000个殉难的战士的最终安息地——人们提出要他"做几句简短的评论"。作为回应，林肯发表了一篇演讲。在这篇演讲中，他公开地修正了他将内战的最深层的目的曝光于世的做法。[29]

很多人认为，葛底斯堡演讲在政治智慧的表达和文学水平方面都是无与伦比的。而事实上，具有讽刺意味的是，这一次演讲在智力上带来冲击力的同时，所用的却是一些力度不大的词（"力度有限"），这在当时的情境下是无法满足人们对林肯的期许的。[30]林肯临时被要求发表演讲，他随口讲了这一篇由266个单词组成的短小精悍的经典作品。他认为，举办一场仪式，将葛底斯堡战场的"一块土地"作为神圣的安息之所，"奉献给"死去的先烈，这么做"是完全应该而且是非常恰当的"。但是，在接下来一句中，他又说不能这么做。为什么会这样呢？是因为这虽然表达了最高雅或最神圣的理念，却不能将葛底斯堡的战场圣化，因为这片土地已经被这样圣化了："那些曾在这里战斗过的勇士们，活着的和去世的，已经把这块土地圣化了，这远不是我们微薄的力量所能增减的。"

不过，林肯的确发现，"活着的人"可以使用一种方式来恰当地尊崇"这些逝者"。但是，只靠恰当的文字是不能实现这一点了，这需要靠恰当的行为来实现，即战士和平民都必须"下定最大的决心""不让这些死者白白牺牲"。他们这些生者，必须"在这里把自己奉献于勇士们已经如此崇高地向前推进但尚未完成的事业"。他们这些生者，必须"把自己奉献于仍然留在我们（整个国家）面前的伟大任务"。他们面前的"未完成的事业"和"伟大任务"是打赢这场战争，不过这场战争现在已经不只是为了维护联邦了，而且是为了美国在"47年前"创立时所"为之牺牲"的目标——这一年是1776年，在这一年里，这个国家"作为一个新兴的国家""孕育于自由之中"。也就是说，林肯再一次将这个联邦及其存续投入杰斐逊主义的原则和基本真理之中，即"所有人受造而平等"——这是人们"生命、自由、追求幸福"的自然权利的基础。[31]因此，这场战争的新加入的神圣目的是将在1776年创立的原汁原味的，但未能完全实现的"自由"延展开去，让"所有人"都能享有"自由的新生"。

当林肯讲到自由的新生的时候，他所指的可能不仅仅是将1776年的老的自由延展到某个地区的人民身上——这些人之前被褫夺了自然权利——虽然在他的话中至少一定有这样的含义。在林肯的这篇演讲中，有些东西给我们指明了"新生"之中有哪些新元素，这就是在这篇演讲中，生命和死亡两种形象相互纠缠，多次出现。在林肯的开头第一句中，美国"孕育于自由之中"，且是由"国父们""给予它生命"。在他说的最后一句话中，美国寻求"自由的新生"，且将"永世长存"（"演讲厅演讲"的主要目的）。在这两句之间，交替出现了多次生命和死亡的意象（"勇敢的人，活着的和死去的""我们这些活着的人……这些受到尊重的逝者"等），还有就是出现了很多次献出生命以给予新生的说法（"为使这个国家能够生存下去而献出了自己的生命"，"他们已经完全彻底为之献身"）。这些生命、死亡、重生的意象在西方文化中是十分普遍的。不过，在哲学的自由主义的相关表述中，人们很少能看到它们，因为自由主义将个人拥有权利视为一项不容动摇的、占据绝对地位的，且全社会普遍认可的理性观念。相反，在《圣经》中，人们则能反复地、形象地看到这些意象。在那里，新的、永恒的生命，代替了老的、可朽的生命，而慈善最高的呼召（"人的爱心没有比这个大的"）则是要求人们为朋友献出自己的生命，也就是按照耶稣基督的代赎的方式来做（《约翰福音》15：13；《约翰一书》3：16）。

　　这一点很容易被过度解读。葛底斯堡演讲中的意象，很像林肯在最早的演讲中提到的政治宗教中的意象，是以服务于公民为目的的，而不是服务于天国。不过，这些意象的加入确实也凸显了这一点，即葛底斯堡演讲的核心内容——这一观念：美国必须不倦地再次致力于保护"所有人受造而平等"的真理的实施，并不断拓展这一真理的实施范围——是以柔化的《圣经》为背景的，这一点在这篇演讲的前6个字中就传达出来了。"47年前"（Four score and seven years ago）这句话将林肯的听众们带回了1776年。同时，这句话也将他们带回了《圣经》，因为这里用了一个《旧约》里的计数方法。这可能是林肯有意为之的一个举动，因为这一计数方法哪怕在林肯的时代都应算是历史悠久的，他那个时候的民众都十分熟悉教会和圣经的文字，应该很容易就能认出这是根据《圣经》里的做法来的。此外，如果说这篇演讲是以一项隐含的《圣经》中的内容开场的话，那它也是以一项明显的《圣经》中的内容来收尾的。在林肯说的最后一句话中，美国的"自由的新生"直接指向的对象是"这个国家，在上帝的庇佑下"。

　　如果不是在林肯的第二次就职演讲中，我们再次看到耶路撒冷和费城碰到了一起，并且出现时空大转换的话，上述分析也就仅仅是推测了。在第二次就职演讲中，葛底斯堡演讲中的主题，即"所有人受造而平等"隐退成为大背景，而这个现任的总统则主要宣布了美国"这个国家，是在上帝的庇佑下的"，并且背负了很多博爱的义务。同时，人们只有反复咀嚼林肯在第二次就职演讲中所说的话，才能更为清晰地读出他在葛底斯堡演讲中略略提及的内容。那就是美国自由的新生，有一部分是新造就的，而且其得以成为可能，且得以永续存在的造就之力，全在于值得赞美的慈善的新生。

注释

[1] Lincoln, *Collected Works*, 4: 195.

[2] 同注 1, 2: 252, 272。

[3] 同注 1, 4: 190 – 191。

[4] Guelzo, *Abraham Lincoln*, 318 – 319. 古尔则发现了之后的改变。

[5] Lincoln, *Collected Works*, 4: 192, 199, 204, 207, 220 – 221, 236, 234。同时参见 4: 226, 241, 246, 在这里，林肯表示"尤其是……信仰全人类的最高的统治者"。

[6] Carwardine, *Lincoln*, 220, and Donald, *Lincoln*, 337. 通过对《亚伯拉罕·林肯作品集》全部 8 卷做电子检索（参见亚伯拉罕·林肯协会的网站），我们发现林肯共有 331 处提到过"上帝"，其中有超过 2/3（230 处）是他在他生命的最后 4 年提到的（差不多是全 8 卷的 4.5 卷），也即在他就任总统之后。

[7] 关于林肯从未正式成为"正统的基督徒"的说法，参见 Peterson, *Lincoln in A-merican Memory*, 218；关于玛丽·林肯的话，参见 Herndon and Weik, *Life of Lincoln*, 359 – 360。

[8] 我们在前面已经提到过科莱特的情况了。迈克尔·林德（Michael Lind），在他 2004 年出版的研究林肯的书中，即《林肯相信什么：美国最伟大的总统心中的价值和信念》（*What Lincoln Believed*: *The Values and Convictions of America's Greatest President*），比较详细地提出，林肯的上帝是纯粹的"哲学家的上帝"。这里的哲学家也即启蒙思想家，如潘恩和沃尔尼。同时，他还认为，林肯引用《圣经》上的话完全是出于工具性的目的，因为林肯完全将世俗的理性置于《圣经》启示之上，21 – 22, 48 – 56。奥兹（Oates）在他的《无所指向的恶意》（*With Malice toward None*），以及汤姆斯在他的《亚伯拉罕·林肯》（*Abraham Lincoln*）中，都只是以标准的传记作家的手法触及了林肯的宗教信仰问题，并没有讨论它是如何影响林肯担任总统的岁月的。政治科学家 J. 戴维·格林斯通（J. David Greenstone）在他的《林肯的劝告》（*The Lincoln Persuasion*）一书中，将林肯视为一个伟大的人道主义者和政治领袖，却总结说，林肯利用宗教，是因为他将宗教作为"他的文化资源"，而不是最合适的"实质性的信仰"，9，

34，218，28。威尔逊在他的《荣耀的声音》（*Honor's Voice*，309）中提出，林肯在年轻的时候对宗教的公开嘲讽，到他中年的时候已经被替换成了一种对宗教表示友好的政治性表态，但这并不是说林肯改变了他早年不信教的态度。值得称赞的是，威尔逊在最近对林肯担任总统期间的演讲做了一番分析后，转而认可卡沃丁关于在林肯心中有一个"新的宗教的立场"的观点（参见 *Lincoln's Sword*，261）。

[9]　老一派的学者认为："自从林肯去世后，有太多的口舌被浪费在关于他宗教信仰的讨论上，而非他生命的其他方面。"可就算是这样的学者，如兰德尔（Randall）和科伦特（Current）也总结道，在伊利诺伊州生活期间，林肯几乎没有显示出任何的宗教倾向，但在入主白宫期间，"林肯比其他美国总统都更具有强烈的宗教虔诚"（引自 Randall and Current，*Lincoln the President*，372，375）。有些同时代的历史学家认为，兰德尔是"各时代最伟大的林肯研究者"。参见 Neely，*Abraham Lincoln Encyclopedia*，255。威廉姆·李·米勒（William Lee Miller）在他的专著《林肯的伦理理论与实践》（*Lincoln's Ethics in Theory and Practice*）中，试图避免触及林肯的宗教信仰问题。但他也承认，林肯以某种方式改变了他年轻时代激进的怀疑主义，同时他以多种方式编制目录，凸显出在林肯的一生中，他的慈善的基督徒美德理念和实践日渐明显和显现，也即他的"宽恕""怜悯""同情"和"慷慨"（*Lincoln's Virtues*，85，90）。

[10]　Lincoln，*Collected Works*，4：482. 在之后两年里，林肯还签署了其他 3 份公告，号召为北方的胜利者过感恩节，以及另一个"全国性谦卑、禁食和祈祷"日。这 4 次呼吁做出的时间分别是：1861 年 11 月 27 日（5：32）；1862 年 4 月 10 日（5：185 – 186）；1863 年 3 月 30 日（6：155 – 156）；1863 年 7 月 15 日（6：332 – 333）。

[11]　Lincoln，*Collected Works*，8：399 – 400.

[12]　关于夸大林肯的正统基督徒观念的作品，有一个好的例子是希尔（Hill）的书《亚伯拉罕·林肯：神的使者》（*Abraham Lincoln：Man of God*）中的一章，名为《基督徒总统的公告》。关于 3 本最重要的林肯思想的选集，参见 Lincoln，*Selected Speeches and Writings*；Lincoln，*Lincoln on Democracy*；Lincoln，*Political Thought*。在写到这些公告时，尼利（Neely）宣称："它们的重要性经常被夸大了。"（Neely，*Abraham Lincoln Encyclopedia*，308）的确，在超过一半的情况下，林肯发布这些公告是为了回应他人的请求——尼利说是"要求"。但是，与尼利的观点相反的是，没有证据证明林肯是被迫做出这些声明的。至少有一次，当林肯注意到他是按照国会的要求来这么做时，他也同时快速地注意到——虽然他没有必要这么做——他这么做是因为他愿意"诚挚地同意"以及"真诚地赞同"那些公告的"虔诚的构思"（Lincoln，*Collected Works*，7：432）。的确，如尼利所指出的那样，这些公告中有一些是别人的代笔，包括其中最著名的一份——1863 年 10 月 3 日，宣布正式设立现代的感恩节。但是，所有这些声明都明显有林肯自己的签名。甚至连尼利自己最终也不得不承认

"无法扯断（那些公告）与林肯之间的联系"（*Abraham Lincoln Encyclopedia*，308）。

[13] 关于萨拉·黑尔提出的请求，参见 Neely，*Abraham Lincoln Encyclopedia*，307。这一声明是由威廉·西沃德为林肯执笔的。它通过总统公告的方式，确定 11 月的最后一个星期四是全国性的感恩节。这一传统一直延续到 1941 年 12 月 26 日，当时富兰克林·D. 罗斯福签署了一份国会决议，决定将"每年 11 月的第四个星期四"作为法定的"全国性节日"（Randall，"Lincoln and Thanksgiving,"12）。很明显，将感恩节确定为"第四个"星期四（而不是最后一个星期四）是为了满足商业利益的需求，即为了拉长感恩节到 12 月 25 日的时间间隔，以增加圣诞购物的消费量。

[14] Lincoln，*Collected Works*，6：496 - 497。在担任总统期间，林肯还发布了其他 3 份正式的声明，呼吁设立祈祷日或感恩节。

[15] 关于美国的感恩节传统，参见 J. G. 兰德尔（J. G. Randall）的文章《林肯和感恩节》（"Lincoln and Thanksgiving"），刊载于《林肯先驱报》（*Lincoln Herald*）。关于平息威士忌叛乱的相关信息，参见 Hough，*Proclamations for Thanksgiving*，30 - 35。关于写给首席检察官利瓦伊·林肯的信，参见 Jefferson，*The Writings of Thomas Jefferson*，10：305。

[16] 引自 Goodwin，*Team of Rivals*，577。

[17] 斜体为作者所加。关于权利这个主题，林肯所做的最有力的一次表述，见于他为辉格党人起草的施政纲领，里面详细地记述了他们关于 1844 年反天主教暴乱的态度。林肯写道："我们的宪法对良心权利提供了保障，这一权利是最为神圣的，不可侵犯的"，任何人试图"直接或间接地……缩小或干涉这些权利，都（不可能）获得我们的同意，我们应该对之给予最强烈的反对"（Lincoln，*Collected Works*，1：337 - 338）。参见注 16，6：497；Randall，"Lincoln and Thanksgiving,"12 - 13，该书讨论了这些宪法问题。

[18] 玛丽认为林肯宗教觉醒的日子是 1862 年，也就是在他们的儿子威利死后不久（Herndon and Weik，*Life of Lincoln*，359）。唐纳德提出这么一个事实，即玛丽看到林肯之后的转变，恰恰反映出林肯夫妇之间明显缺少精神上的亲密联系，而非反映出林肯总统真实的信仰状况。玛丽是在林肯转变宗教信仰之后两年才慢慢认识到有一些事情正在发生的（Donald，*Lincoln*，337）。关于林肯的祈祷行为的评述，参见 Peterson，*Lincoln in American Memory*，225。关于斯皮德的引文，以及对于林肯的《圣经》的描述，参见 Donald，*Lincoln*，514，503；Fehrenbacher and Fehrenbacher，*Recollected Works*，414。还有一次，斯皮德回忆起林肯曾对他说："斯皮德，你可以没有钱，却不能没有宗教信仰。"（Fehrenbacher and Fehrenbacher，*Recollected Works*，414）

[19] 以总司令的身份下达军事命令，散布解放南方黑奴的观念，这在 1862 年对林肯来说并不是什么新鲜事。在萨姆特堡（Ft. Sumter）交火的新闻传到华盛顿特区那一天，查尔斯·萨姆纳（Charles Sumner）——马萨诸塞州最有权力和

最受尊重的共和党参议员，来到林肯的办公室，提醒他解放黑奴是一项军事决策，属于他军事权力中的一项（Donald，*Lincoln*，363）；Oates，*With Malice toward None*，307。关于林肯早期观点的更多信息，参见 Donald，*Lincoln*，363 – 364；Guelzo，*Emancipation Proclamation*，13 – 111，Oates，*With Malice toward None*，252 – 253。引自 Donald，*Lincoln*，365。

[20] Lincoln，*Collected Works*，5：486；Oates，*With Malice toward None*，315.

[21] Lincoln，*Collected Works*，5：403 – 404.

[22] 引自 Nicolay and Hay，*Abraham Lincoln*，6：342。尼利发现，海好像认为，是"共和主义"，而不是"基督教"，才是"这个糟糕世界的唯一希望"，并认为林肯是"共和主义的化身"（Neely，*Abraham Lincoln Encyclopedia*，142）。不过，在其他地方，尼古拉和海解释说，有的人仅仅根据他"乳臭未干的青年时期"的只言片语，就断定林肯是一个"无神论者"，而其他人出于所谓的"高尚动机"，回忆他们与林肯之间"不可能发生的对话"，来证明他是一个"正统的基督徒"。然而，尼古拉和海"只看林肯真实做出的公开的或私下的讲话，来确定*在他生命的后半部分*，他的宗教思想和情感的涌动到底有多么深沉和强烈"（斜体为作者所加）。事实上，他们总结说，在他当总统期间，有一些力量在起作用，特别是"以一种对生活和行为的精神图景十分重要且又先验于此的秉性，产生出一种对至高的力量的指引恭顺接受的感觉"（6：340）。

[23] 关于林肯会见芝加哥的基督徒的情况，参见 Donald，*Lincoln*，374。人们普遍认为，威尔斯的日记是了解"林肯执政期间内部消息的最好的渠道"（同前引文，468）。此外，萨拉蒙·蔡司（Salmon Chase）的笔记也是一份十分可靠的并与威尔斯的日记相互佐证的材料，笔记中记载了关于这些事情的回忆录。蔡司是林肯的麻烦不断的财政部部长。在这次会议之后，他就被解职了。他写道，林肯宣布说："我决定，只要（叛军）一被赶出马里兰州，就立刻签署《解放奴隶宣言》，因为我认为这样做是最有效的。我没有跟任何人说过这件事；但我对我自己，以及（犹豫了一小会儿）对造物主做了这个承诺。现在叛军被赶出去了，我要实现我的诺言了。"（Fehrenbacher and Fehrenbacher，*Recollected Works*，96）关于威尔斯的引文，参见前引文，474。与那些长期以来普遍忽视这段轶事的历史学家不同，理查德·卡沃丁更为仔细地解读了这一情况，即这里的"每一个信号"，也就是"上帝的介入，不仅促成了林肯观念的形成，凭借这种观念，（林肯）到达了他解放奴隶的决策的最深层面，而且——甚至更为有力的——以暗示将要做出此一决定的方式，使林肯的神经变得如钢铁一般坚硬"（*Lincoln*，193 – 220）。古尔则重点描绘了内阁成员的震惊，他们对林肯的决定目瞪口呆，更不用说听到林肯宣布说他之所以准备采取这么一个不朽的国家性行为，是凭借了"来自上帝的信号赐予他力量"。这反过来引起林肯略略的歉意，因为这"看起来很奇怪"，但这也确定了"上帝已经决定在这个问题上支持奴隶们。他很满意这是正确的"（引自 Guelzo，*Emancipation Proclamation*，153）。

［24］Hofstadter, *American Political Tradition*, 169.

［25］Lincoln, *Collected Works*, 2：548.

［26］同注 25, 4：240。

［27］同注 25, 2：222, 2：247, 2：265, 3：80, 3：204, 2：131。

［28］同注 25, 5：388, 2：126。

［29］Wills, *Lincoln at Gettysburg*, 20, 25.

［30］Lincoln, *Collected Works*, 7：23.

［31］梭罗花了很长的篇幅来讨论林肯从"真理"向"提议"的转变，并提出，林
　　　肯这种表述的转变，揭示了他对于"所有人受造而平等"认知的一种转变
　　　（Thurow, *Abraham Lincoln*, 72 – 78）。不过也有人令人信服地提出了反对意见，
　　　即认为林肯一直都将"所有人受造而平等"作为自己所信奉的基本的"真
　　　理"，参见 *Morel's Lincoln's Sacred Effort*, 16 – 17。

第七章　公民慈善的典范

在历届总统的演讲中，林肯的第二次就职演讲在长度、风格和内容方面都属于前无古人、后无来者——左派［阿尔弗雷德·卡津（Alfred Kazin）说："在我们的历史中，这是最为卓越的一篇就职演讲——这是唯一一篇展现了文学天才的就职演讲"］和右派［乔治·威尔（George Will）说：这是"独一无二"的总统就职演讲，"在全国的文学作品中独树一帜"］都普遍承认这一点。特别是当我们将它和葛底斯堡演讲放在一起来读的时候，我们会发现，这篇演讲是美国最深层道德动力的唯一的、深刻的具体体现。在那时和现在，这种动力都是一股巨大的力量，铸就了这个民族的情感纽带。这篇演讲中的观点是林肯独一无二的政治，以及最终的宗教洞察力的巅峰展示。它通过塑造更为广泛和深刻的公民信仰，即对自然权利自由主义和基督徒慈善理念的遵奉，确保了这个国家安然地度过内战，并且重新奠基了这个国家。

林肯的崇拜者们继续坚称这篇演讲与它的政治哲学毫无"关联"，并且嘲讽那些赞美这篇演讲的人。这些人对于这篇演讲的认知过于狭隘了，而且他们这么做，也轻视了林肯本人。林肯在将他起草的第二次就职演讲稿拿去归档时，虽然并不沉溺于对他个人的赞美，但这次他却听到别人说："那份文件里有太多的智慧，我想。"在完成此次演讲后一周，林肯写信给瑟洛·威德（Thurlow Weed），提起这次演讲，说道："我希望后者能像我之前所做过的任何演讲一样持久——甚至影响更为深远。"[1]

奇怪的开始/前所未有的结局

1865 年 3 月 4 日，林肯在美国国会大厦后门的门廊处发表了他的第二次就职演讲。正如人们所想的那样，当时到处洋溢着"自由的新生"的气息。格兰特的波多马克军团正在弗吉尼亚州匹兹堡安然地突进——这是南方邦联的首都里士满的最后一道防线，也是主要的供给中心，并由李将军最大的，也是最重要的战斗单位负责防御——谢尔曼不可阻挡的破坏力量从南方一路向前。内战的结局很快就要来了。大概是在一个月之后，宪法第十三修正案将会最终废除美国各地的奴隶制，该法案由国会投票通过，并已经送达各州。大约是在三个月之后，一尊闪着微光的自由雕像将被安放在国会大厦新修好的铁制圆形屋顶之上——由此，便树立起了一个中央政府的建筑符号，标志着美国的自治。很多人认为，这座新雕像看起来是在俯视林肯的听众们，"用她张开的双臂赐福这一时刻"。[2]甚至连大自然都要纪念这一时刻了。

连着好几天，哥伦比亚特区上空乌云密布、大雨滂沱。而在演讲那一天，天气也是那样。天上聚集了很多乌云，似乎是要将一切弄得更糟。不过，当林肯走上前去，开始发言的时候，一束阳光穿透了早晨阴郁的雾瘴，倾泻下"伟大的奇观，带着荣耀和光芒"。首席大法官蔡斯——刚刚接受了林肯的任命，尽管在担任财政部部长时曾有过令人痛苦的不忠的行为——认为这是一个极为吉利的征兆，预示着"战争的乌云将会消散，而繁荣、和平的清澈阳光将会重现"。诺亚·布鲁克斯（Noah Brooks）是目击者，他记载道："看到这一预想不到的征兆，大家的心都比以前跳得更快了。"[3]

与这吉利的背景相左的是，林肯开场讲了几句闲话。他最开始的两句话简单地说明了他"不像第一次就职的时候那样需要发表长篇演说"，因为在第一次就职演讲的时候，"对于当时所要进行的事业"做出详细的说明，似乎要"适当"得多。这预示着林肯将要做美国历史上历届总统就职演说中篇幅最短的一次演讲——只有4段，共计703个字。这种云淡风轻的做法对当时的时局毫不关切。按照加里·威尔斯（Garry Wills）的说法，这揭示出了林肯极简主义的做法背后的"勇气"，如果这还不能算是"放肆"的话。[4]

在某一个层面上，因为李将军的军队被压在了里士满，那个时候，关于战争也"已经没有太多的新闻了"，所以我们说林肯有理由那么做，也是对的。但是，用当时的军事环境来说明林肯为什么要做这么一个平淡的开场，以及这么一篇简洁的演讲，似乎是忽略了在 1865 年美国还面临着一大堆麻烦的事情，这些事情的复杂程度，及其影响的深远性，超过了美国在 1861 年所遇到的情况。而在 1861 年的时候，林肯却发表了一篇非常长的演讲，文中满是精确的宪法和政治主张。[5] 所以，在第二次就职演讲的时候，可能的原因是连林肯自己也不知道要说什么。林肯相信，通过合适的条款将南部各州重新并入联邦是"最大的问题，需要十分娴熟的政治技巧"。关于这一复杂的重要问题，在各方面，林肯的思想都在有条不紊地，但又十分缓慢地向前推进——他这么做既是出于他的哲学思考，也是出于他的天资。"我的政策就是没有政策"是林肯个人的信条。夸张地说，这反映了他一生的态度，即无论他怎样紧紧地抓住某些核心的信念——林肯确实是这么做的——但他依旧认为，正确的政策还是只能由各种力量复杂角力，共同融入政策制定的整个过程才能最终形成。这一直觉诚如我们所见，林肯是与其他人，如温斯罗普，一样的。而要想有效地实现这一点，对于林肯来说，就意味着要勤奋地收集各种事实情况，思考历史脉络，预测各种趋势，研究各种观点，以反击反对意见，以及协调各种时间、环境、公共宣传和私下谈判，以为事情找到一个可以解决的方案。他将自己比作西部河流上的向导（他就是孤身一人），他知道河上的那些人想要顺流而下，但又只想在看得见的范围内"一点点"向下流淌——所以每次移动的距离都很有限。[6] 林肯同时还坚持要仔细地审查和准备最基本的民意基础。"没有一项政策不是立足于明智的公共意见而得以长久维持的。"在竞选总统那年，林肯这么说道。[7] 在第一次就职演讲中，林肯提到了很多他已经打磨十多年，甚至更久的理念。而与这第一次演讲不同的是，在第二次就职演讲中，他提到了一套全新的东西。但是，就算林肯自己已经有了关于联邦未来的全新的基本想象，他也没有足够的时间来酝酿，以使公共意见能够接受它。

而且，无论这一假说有多少优点，它依旧不足以解释为什么在林肯的开场一段中会出现这样奇怪的情况。当林肯表达关于这场战争，他"对将来寄予极大的希望"的时候，令人震惊的是，他还说"我们也就用不着在这一方面作什么预言了"。几乎所有的民选领导人，那时的或现在的，都会抓住这一时机纵情于全国性的自我夸奖和政治性的自我推销，而林肯却拒绝预测什么胜利，而且也没有提到任何他在上一个总统任期中所做出的具体功绩。实际的情况是，在那个时刻，他开口就说"在这第二次的宣誓就职典礼中"，非常低调地宣布了这一事实，即他已经再次当选为总统，这种情况在之前的 32 年美国和平时期的历届总统中都未曾有过。而且，在第一段中，他将绝大多数的能量都投入了一个明显的，却不太能稳定人心的看法上，即解决"一切其他问题的关键"在于"我们的军事进展"。[8]

　　如果说林肯的开篇第一段和整体的演讲过程令人困惑的话，那他结尾的一段却又表现出极度的、出人意料的宽宏，让人无法理解。林肯天生就憎恨战争，从发表禁酒演讲的时期开始，他就认为战争会带来痛苦和令人恶心的邪恶，哪怕是高尚的战斗，如美国独立战争，也是一样。然而，他又主持了美国所有冲突中最血腥的一场战争。这会给他带来多少痛苦呢？联邦和南方邦联的死亡人口，包括在战后因为疾病和受伤而死亡的人，达到了将近 100 万人。而内战所带来的巨大的破坏，包括农场、建筑、道路和铁路系统，虽然也十分巨大，却不能与它在人们的心灵和情感上留下的持续的、难以估量的损害相比——包括白刃战留下的痛苦回忆，战地医院中活生生的截肢，因为失去丈夫或父亲而面临令人难以忍受的贫困，因为失去孩子而难以愈合的内心伤痛等。林肯在战争期间因为担任总统而承受的个人痛苦也是无与伦比的。可能从来没有一位总统会像林肯一样遭到如此多的行政官员的不恭对待，并遭到包括南方和北方在内的全国各地文学艺术作品的无情嘲讽。人们用文字或图片，将他描绘成各种形象，从一只丑陋的、没有能力的狒狒，到邪恶的恶魔[9]，而很多南方人对他的仇恨也因此慢慢堆积起来，乃至于随时都可能引发对他个人的暗杀。所有的这一切最终导致他娴雅和聪慧的妻子精神失常。然而，值得注意的是，在这一时刻，即当他早年在演讲厅演讲中公开反对的"深刻的仇恨的法则和强大的憎恨的动机"席卷美国，并狠狠地压住了他的胸膛的时候，他却在第二次就职演讲中如此总结道：

　　　　我们对任何人都不怀恶意，我们对任何人都抱有善意。上帝让我们看到正确的事，我们就坚定地信那正确的事，让我们继续奋斗，以完成我们正在进行的工作，去治疗国家的创伤，去照顾艰苦作战的志士和他的孤儿遗孀，尽力实现并维护在我们自己之间和我国与各国之间的公正和持久的和平。[10]

林肯可以达到如此深刻和主动地爱"所有人"的境地——这让很多听众感动得流下了泪水——不顾如此的敌意和所遭受的巨大痛苦，依旧是人类仁慈和道德规范的一个令人惊叹的典型。这是一个"极度崇高"（sublime excessiveness）的时刻，就像基督作"山上宝训"时那样。这个行为由一个国家的行政首脑在这样的一个情况下做出，在世界的公民史上是没有任何先例的。[11]

那林肯是如何终结这一切敌意的，以及他为何要终结这些敌意呢？关键点在中间两段，这也解释了他异乎寻常的开头。

"对任何人都不怀恶意"

林肯的第二段的第一个主题是"所有人"。在这里，他提到了他的第一次就职演讲。林肯在这一段开头说道："四年前，在与此同一场合里，*所有人*都焦虑地注意一场即将来临的内战。"（斜体为作者所加）然后，林肯又大量使用了"所有人"这个词，或者同义的人称代词，达15次之多（斜体为表示强调）：第二段第二句，"大家害怕它，*想尽了方法去避免它*"；下一行，"*双方都声称反对战争*"；第三段，"*所有人都知道*"奴隶制是战争爆发的原因，但"*没有一方*"预见到了这场战争的长度和规模，"*没有人预见到*"奴隶制会在战争结束前（以宪法第十三修正案的形式）就被废除，"*每一方都寻求*"一个更为容易的，而非根本性的胜利，"*双方念诵同样的《圣经》*，祈祷同一个上帝，甚至*每一方都求助同一上帝的援助以反对另一方*""*我们双方的祈祷都不能够如愿，而且断没全部如愿以偿*"，上帝"把这场惨烈的战争加在南北双方的头上"；高潮是在第四段的开头，"我们对*任何人*都不怀恶意，我们对*任何人*都抱有善意"。

林肯跟他之前的温斯罗普和杰斐逊一样，认为人的差异——感觉中的或真实的——是导致摩擦与仇恨的重要原因。林肯自己是可以抵抗这种仇恨的。这主要是因为他拥有一种永不衰退的能力，即能发现不同的市民——北方人和南方人，之间的相同之处，忽略他们各自的观点和行为之间的差异。他在这篇短小的演讲中十分深入地研讨了双方之间的相同之处。他是最早这么做的，而且又频繁地涉及这一问题。这展现出林肯对于恢复全国情感纽带的决心，即通过有效地削减两个地区感觉中的差异来实现这一点。

正如我在第五章中所述，林肯有一种巨大的能力，是从人的本性的视角，发现不同人群之间的重大相同之处，因为人的本性是恒定的、普遍的——北方人，作为一个人，如果他们之前出生在南方，熟悉南方的环境，与南方的地区利益有着千丝万缕的联系的话，那他也会做出和南方人正在做的一样的事情。不过，在这里，也即在第二次就职演讲中，林肯对美国人的人性（北方的和南方的）的自然相同性做出进一步的深化，即通过将两个地区都置于面对万能的上帝这一基础之上，来实现了这一深化。这关键的一段是：

> 上天自有他自己的目标。"由于罪恶而让世界受苦难，因为罪恶总是要来的；然而那个作恶的人，要受苦难。"假使我们以为美国的奴隶制度是这种罪恶之一，而这些罪恶按上帝的意志在所难免，但已经持续了他所指定的一段时间，他现在便要消除这些罪恶；假使我们认为上帝把这场惨烈的战争加在南北双方的头上，作为对那些招致罪恶的人的责罚，难道我们可以认为这件事有悖于虔奉上帝的信徒们所归诸上帝的那些圣德吗？我们天真地希望，我们热忱地祈祷，希望这战争的重罚可以很快地过去。可是，假使上帝要让战争再继续下去，直到250年来奴隶无偿劳动所积聚的财富化为乌有，并像3000年前所说的那样，等到鞭笞所流的每一滴血，被刀剑之下所流的每一滴血所抵消，那么我们仍然只能说，"主的裁判是完全正确而且公道的"。[12]

在这里，林肯公开地、断然地宣布了他已然归信的东西。这是他在1862年9月那些沉闷的日子里——当时，他正全力应对解放黑奴问题——逐渐归信的东西。这些东西是，无论美国人民做什么或想要什么，"上帝想要发动这场战争，并且不想让这场战争结束"。[13]在葛底斯堡，林肯只是在演讲中略略地提到了这一点，而且只有一次，即美国是一个"在上帝之下"的国家。现在，林肯大量地、反复地、高强度地谈到这一问题。

林肯在第二次就职演讲中提到的上帝不是某一位遥远的自然之神，也不是一股没有人情味的固定的命运或必然之力，而是《圣经》中的"永生的上帝"——在这篇演讲中，林肯明确提到《圣经》1 次，然后从《圣经》中引用，或暗指《圣经》4 次。在演讲中，林肯共提到这一《圣经》中的上帝不到 14 次，其中，在上述 4 次引用中，他提到上帝时，都是用了主动的控制动词，表示上帝"想要"（2 次）美国人生活在这一环境下，并"给予"（2 次）美国人这一生活环境。不过，在我们详细分析在上帝之下的国家的观念是如何促进林肯关于人类的共同性的观念，以及这两个观点一起是如何帮助林肯消除他人恶意的毒素，从而得以在最后一段中提出那使人惊叹的慈善观念之前，我们首先来看看该如何解释林肯那复杂、简短、而又轻描淡写的开场白。

　　之所以林肯不能太多地谈及这场战争，特别是它的结束及之后的事情，主要原因是，虽然他是胜利一方军队的总司令，完美地占据了有利的位置，能够迫使被困住的、孱弱的对手投降，但他认识到无论是他，还是其他什么人都对这场战争不具有真正的控制力，也无法对它的未来做出准确的预测。在他的第一次就职演讲中，他直指南方，直接对"他这些不满的同胞"喊话，"内战这一重大的事项"现在是在他们"手里"，而不是在他的手里。四年后，他又断然地说：内战的控制权从一开始就不在任何人的手里。没有人发动这场战争，"战争自己就来了"。躲在这场战争后面的真实力量，包括发动战争和让战争继续的主导者，是上帝，而且"上天自有他自己的目标。"这一目标非南方、北方，甚或林肯所能完全领会或预测。每一个人——包括林肯——在"四年前"林肯第一次就职演讲的时候，都误读了这场战争未来的长度和恐怖性，所以，现在人们同样还可能再次误读这场战争的终结。这一点绝非杞人忧天，因为正如有人所提出的那样，诡诈、狡猾的南方军队可能找一条出路，逃离北方的包围。当然，林肯的这种观念也是一种彻底的、激进的偶然性观念，即认为上帝完整且无限的天意最终是无法为有限的人所知的。综上，尽管有很多信号证明了相反的情况，林肯还是无法对前途做出预测，并认为这场战争可能"还是……会继续"。

　　这第三段除了解释为什么林肯会神秘地拒绝对这场战争的结局做出预测（更不用说庆祝战争结束了）以外，它还为南北双方之间的人存在相同性这一主题做好了铺垫。上帝及其意图和愿望是南北双方，以及任何个人，包括林肯在内，都不能全然掌握的。同样的情况是，南北双方都无法看穿上帝的计划和"目标"的全貌。用莱因霍尔德·尼布尔（Reinhold Niebuhr）恰当的提法来说，最好的情况也是双方在视角和认同方面都只是存在一些"偏差"。[14]但林肯到底在多大程度上认可这种观点，我们现在已经不知道了。不过，在最终决定解放黑奴前的那些痛苦的日子里，他写下了那篇《深思天意》（"Meditation on the Divine Will"）。在这篇文章中，林肯提到上帝想要继续这场战争，并写道："我几乎准备说这绝大可能是真的。"但是现在，林肯又说，他已经几乎不准备说这个了。那问题是他是否曾经说了这是真的，或有绝大可能是真的呢？通过仔细的检索，我们发现，林肯从未直截了当地宣称他对战争的解读——这是上帝对于美国的神圣的惩罚，因为奴隶制的罪恶——是事情的全貌，也未说这是确定的真理。林肯只是说，"我们应假定"事实是这个情况。他想，这个情况是清楚明白的。但他也知道，这个情况还可能是另外一回事。在上帝发动和继续"这场可怕的战争"的意愿背后，似乎存在下述目的，但这也可能不是，或者至少不是唯一的目的，即想要完全地、正义地报复因为美国两个半世纪的奴隶制——弗雷德里克·道格拉斯（Frederick Douglass）宣称"其中的每一个小时都"比那被英国束缚的岁月，也即独立战争期间国父们起来所反对的那段时光，"更糟糕"——而造成的"无偿劳动……以及鞭笞所流的每一滴血"。[15]"上天自有他自己的目标。"所以，林肯与他的听众都处在同一个层面，无法理解上帝意愿的全貌。这一点对于理解林肯结论的精髓非常重要。所有人都不可避免地会出现偏见，并且对共同的上帝的全部真理蒙昧无知，认识到这一点使得人们能够培育出一个谦卑的自我概念，并对那些挑起人们巨大的敌意的其他人保持容忍。

同时，林肯关于战争和上帝的意愿的假设也在另一个层面强化了南北双方的人类的相同性，这再一次——也是最强有力的一次——为林肯的结论提供了支持。这一相同性便是，除了有相同的人性和共同的认知上的局限以外，南北双方的人民都同样承担了发动这场战争的谴责。林肯提出上帝"把这场惨烈的战争加在南北双方的头上，作为对那些招致（奴隶制）罪恶的人的责罚"。他这么做，就将人们的注意力从是谁发起和维持了这场战争这个问题上，转移到是谁发起和维持了奴隶制这个问题上。林肯并不需要指明，尽管南方是其中唯一为奴隶制而战斗的一方，但北方也是其中的共谋，因为它构建了最初的"罪恶"，并用商业手段支持它，奴隶制在美国已经存在超过"250年了"——远远早于北方的废奴运动开始的时间。这将内战长久而持续的苦痛归咎于上帝对于奴隶制在历史上的实践的神圣审判，由此便也使双方都对这场战争的发起、持续及其规模承担起了责任。矛盾的是，这也使得南北双方无法相互责备。林肯通过揭示上帝用全国性的正义洗涤了数世纪来的全国性的不正义，从而铲平了快要取得胜利的北方的道德制高点，使它不能采用严厉的制裁手段来惩罚南方（南方在李将军和杰克逊的明智的军事指挥下与北方为敌），填平了快要被征服的南方的愤恨的深渊（因为他们想要报复格兰特的斗牛犬策略和谢尔曼的"总体战"军事行动）。他提出，这些事情的主要原因是上帝的意愿和意志，而不是任何可朽的演员或演员团体的决定。因此，在这一神圣的悲剧中，双方都犯下了很多罪，也各有很多无辜的情况，没有一方有权对另一方发烈怒。

大家终于达成了共识，即南北双方都有共同的人性，而且是在万能的上帝的统治之下，于是，林肯的听众们也就自然而然地可以接受他那特别的第四段的第一句了："我们对任何人都不怀恶意。"所以，这种思想——虽然在思想上十分强大，在文字上铿锵有力——却没有使人们心中那仇恨的怒火熊熊燃起。而且，林肯还进一步有意识地引导着他的听众超越消极的没有恶意的状态，转而进入积极的"对任何人都抱有善意"的状态。但是，林肯为什么要决定在现如今恨意激荡的地方培育爱呢？他的这一决定又是如何做出的呢？要回答这些问题，就需要对林肯的最后一段做仔细的思考，他在这一段中所表达的意思与他这一生所怀有的情感皆不相同。

"我们对任何人都抱有善意"

林肯在最后一段的最后一句提出了一个挑战，即要求这个国家"尽自己所能"，以"实现并维护在我们自己之间和我国与各国之间的公正和持久的和平"。在林肯的心中，这个使命是紧接着这些话题的："去治疗国家的创伤""去照顾艰苦作战的他（志士）和他的孤儿遗孀"。这两

件事情非常显眼：首先，这里的代词都是通指性的。我们需要治疗的是
"国家的"创伤，需要照顾的是"他"——大概指的是所有穿着蓝色或
灰色军装的战士——和"他的"遗孀、"他的"孤儿。这些用词说明林
肯所说的慈善是全国性的，而不是区域性的，这含蓄地总结了这篇演讲
的主题，即"所有人"这一主题。其次，这里提到的战争的创伤、遗孀
和孤儿使人想起林肯在他早期的，也是最好的几篇演讲中所提到的内容，
以及其中的一些表述。从禁酒演讲到他个人的沉思、感恩节公告、总统
就职演讲，林肯对无助者，特别是丧父或丧夫的人们，都十分关切，并
呼吁人们给予关心。

　　林肯呼吁人们帮助孤儿遗孀，绝不只是口头上说说。在前一年，林
肯与查尔斯·萨姆纳（Charles Sumner，一个激情的废奴主义者，经常对
林肯感到不耐烦）一起并肩作战，以确保一队黑人联邦战士——他们是
新近被解放的奴隶，根据南方的法律他们是不能够正式结婚的——的孤
儿遗孀获得政府的帮助。在这方面，还有更多的内容可以挖掘。在林肯
的一生中，他都特别以孤儿遗孀作为政府救助的适格对象，这告诉我们，
所有人在进入这个世界时都是完全无助的，是需要依赖别人的——孤儿
就是在提醒人们注意这一普世的事实。这一观念除了再次确认了人类的
共同性这一主题以外——这一主题是林肯演讲的主旨，并对他最后做出
的慈善的呼吁十分重要——同时还凸显出哲学自由主义背后错误的本体
论，这种自由主义观念通常被人们错误地应用，用于认知爱的政治重要
性方面。要知道，人并不是一下子就成长为成熟、理性和独立的成年人
的，可以在自然状态（洛克）或无知之幕后的原初位置（罗尔斯）选择
他们自己的政治原则和社会制度。我们首先需要获得别人给予我们的深
情的、自我否定式的关切，并需要完全依赖他人，逐渐成长，直到我们
能够更加独立，然后我们才能讨论正义，以及保护和保存人的自由生命
的本质意义。没有对所有人的善意在前，所有人的自由就都是无法实
现的。[16]

　　帕特里克·迪尼（Patrick Deneen）就林肯格外关切孤儿遗孀这一点
做了另一种延伸。他提出，林肯认为人类都不可避免会犯错，而且都有
弱点，哪怕是成人。基于这一点，林肯将每一个人都视为19世纪的孤儿
或遗孀，因为他们都缺少真正的独立性和自给自足的能力。所以，林肯

的最后一段与这篇演讲的其他部分是和谐一致的，其并不是简单地告诉读者要关心真实的孤儿、遗孀，而是要他们关心所有的美国人，因为他们每个人都有缺点，所以，共同体社会要想成为可能，那整个社会都必须拥有慈善观念。当然，这就倒回温斯罗普的"典范"演讲的开篇那几句话的意义上去了，那几句话将人们对慈善共同体的需要奠基在这一不容抹杀的事实之上，即没有人不需要获得其他人的某种重要形式的或其他的帮助。[17]

尽管在早期的和晚期的作品中，林肯都十分关心孤儿、遗孀，但在对待战争的创伤这个问题上，在第二次就职演讲和早期的演讲厅演讲中，他所采用的方式却又存在明显的不同。理解这种不同使我们能够更为深层次地理解，在第二次就职演讲中，林肯为什么要呼吁人们主动做慈善，同时，这还反映出他已然远离了他早期的政治宗教，不过他在这里提出的东西又与他早期的政治宗教高度相似。我们或许可以这么说，即在演讲厅演讲中，林肯提出了一个有点反常的愿望，即希望独立战争的创伤可以持续存在。我们至少可以如此正确地理解林肯的主张，即只要这些创伤能够持续存在，它们就能作为"力量的支柱"，将人们仇恨的自然激情引向外部，由此便能拱卫美国的自由神庙。[18]正如我们在第五章中所说，这意味着在演讲厅演讲中，林肯认为时间，作为时间本身，并不是真正的敌人。时间仅在它消除了战争的创伤所能发挥的仇恨的作用时，才是敌人。正是因为独立战争的创伤不能永久持续，所以林肯才感觉有必要推出一个不受时间限制的政治宗教，来作为对真正的敌人的必要的防御措施。这里所谓的敌人也就是深藏在人性之中的恶意和仇恨的感觉。

相比之下，在第二次就职演讲中，林肯清楚地表达了他的愿望，那就是希望战争的创伤能够尽快被主动治愈。通过这一点，我们认为其背后的意思必然是，由时间最终出面，消除战争所造成的物理创伤，那现在时间对于林肯来说就不再是一个敌人了，而是一个同盟者，而且这个同盟者来得还不够快。为什么在第二次就职演讲中，林肯对待创伤——同时也暗含了对待时间的流逝——态度会如此不同呢？林肯并没有在他的最后一段中充分解释这一点，但是如果我们能够注意到包扎起在内战中受到的创伤，对于维持"持续的"国内和平是十分必要的，那我们也就能理解他的这一逻辑了。因为这是由自己的朋友造成的创伤，而且这种创伤现在还依旧清晰可见，所以所产生的效果与在一项高贵的事业中由一个遥远的敌人所造成的创伤的效果完全不同。在内战结束后，父亲、兄弟、丈夫或儿子身上的创伤，非但不能起到疏导仇恨，将之引向外部敌人的作用，反而会经常点燃人们的激情，将矛头指向住在隔壁的造成这些伤害的敌人。所谓宽恕的力量，就是和平地生活而不带有一丝恶意的力量。如果内战的创伤依旧存在，而因此人们也不能忘记体现于其中的仇恨的"活着的历史"的话，那人们就将更难获得——甚至可能是无法获得——这种力量。

这提出了一个真正的难题。如果人们的恶意不能被最终消除，持续的和平不能连同主动的慈善最终建立——轻柔地修整和消除那些"参加了战斗"的人们身上的创伤——那主动的慈善又如何能在汹涌的恶意面前发挥作用呢？这一巨大的恶意必须首先被清除干净，这样有力的慈善才能发挥它的作用。但是，在有力的慈善发挥它的作用之前，巨大的恶意又是无法被清除干净的。

林肯早期的政治宗教很难成为这一问题的解决方案。它一度成为一项令人满意的策略，但跟随内战而来的恶毒的怒火却具有不同的，而且更为深层次的属性——相比于在美国独立战争后人们仇恨的自然状态，内战之后的仇恨所涉及的范围更加广泛，强度也要大得多。而且，虽然演讲厅演讲带有浪漫的色彩，但林肯在那时提出早期的政治宗教，其目的也不过是要压制较为缓和的仇恨。其中提到有关对法律理性崇拜的内容，都不是为了要主动地消除，或大量减少内部冲突所导致的极端的恶意。因此，这里所需要的绝不是林肯提出的世俗化的"政治宗教"，而是博爱式的"纯粹的宗教"。对于很多人来说，只有在神圣的命令下，即命令他们要像爱他自己一样去爱他的邻人，以及爱他的敌人，甚至在面临昭彰的不正义的情况下依旧如此去爱，那在他们心中汹涌的恶毒的、怨恨的冲动才会破灭，因为正是这种冲动阻碍了受伤的一方与施暴的一方和解，并主动关心施暴的一方。[19]

林肯提出在上帝——上帝公正地施以惩罚，并命令他的孩子们要像爱他自己一样去爱他的敌人——的牵引之手下，南北双方对于内战及其程度、延续都有罪，也各有无辜的情况。通过提出这一点，林肯的第二次就职演讲预先阻止了双方之间的仇恨，并鼓励双方相互同情。林肯的演讲提出了以《圣经》为基础的慈善观念，这对于双方的激情是一个迅猛的打击，他对仇恨提出了指责，将之称为一种罪。这一打击是紧随着他对慈善的主动关心的呼召而来的。这一组情况在之后治愈人们创伤的问题上，一直是同时、反复出现。双方的创伤愈合的情况越好，就越能在一种友善和平的氛围中共同生活；而友善的关系越是普及，治愈就越能轻松地起作用。所以，林肯在第二次就职演讲中提出的 *caritas*，比他在演讲厅演讲中提出的政治宗教，能更为有效地破除内战带来的仇恨与怨恨的死循环。[20]

正如我们至今所见，林肯的这篇讲话的能量十分强大，不过其全部的政治天才我们尚未完全论及。林肯在演讲中提出的主题，包括人的相同性、知识的有限性，以及上帝对尘世公正且预定的统治，在这篇演讲的结尾处汇合成为对所有人的善意的崇高情感。但是，如果仅凭这些主题自身，会导致一个严重的政治问题。它们虽然为在充斥着恶意的环境下出现怜悯、宽恕、关切和和解这一点创造了必要的条件，却未能为在堕落后的世界中开展实际的政治治理创造必要的条件。而要想使林肯在最后一段中提出的慈善观念成为可能，就必须将决断权从人们手中取走，交给上帝（"人们竟敢求助于上帝，来夺取他人以血汗得来的面包，这看来是很奇怪的。可是我们不要判断人家，免得别人判断我们"）。而实际的政治治理却又是依赖日常事务中人们自己的决断的。所以，林肯这篇演讲的最后一项天才之处在于，这可能是由一位成功的政治/军事领导人所写的最具有神学内涵的，同时最富有人性善良的文字，而且他在这么做的时候，没有牺牲现实世界对于社会秩序的依循，以及对于政治正义的卓越观念。

"坚定地信那正确的事"

在提出关于人的相同性的主要观点时，林肯小心地说道，这种相同性并非全然的一致性。北方想要"不打仗而拯救联邦"，而南方想要"打仗而毁掉联邦"。南方"宁可打仗也不想让联邦继续存在"，而北方则"也愿意接受战争而不愿让联邦就此毁灭"。南方希望"维持和扩展"奴隶制，而北方则只希望"限制奴隶制的地域范围，不让它扩大"。虽然北方并不准备因为南方人拥有奴隶，并祈求公正的上帝来帮助他们蓄奴，而认为（"判断"）南方人是道德低下的人，但林肯的确承认，南方人的做法看起来很"奇怪"。而且，现在正在打仗，这场战争有对立的两方，这两方并不是完全一致的。

与此同时，林肯还调整了他提出的另一主题，即人类无法彻底了解上帝的意愿。因为人们无法完全理解全部真相，且无法严格按照这些情况做出行为，所以他们所做出的任何政治历史性事业都存在内在的偏见。尽管如此，林肯的立场却没有陷入尼采的虚无主义或理查德·罗蒂（Richard Rorty）的激进的应急反应之中。[21]林肯提出，双方都明确"知道"（而不只是思考）奴隶制"特殊而巨大的利益"是"这场战争的根源"。林肯在三句话后进一步强调了这一点，即他再一次提出奴隶制的利益是"冲突的根源"，而且这一次，在林肯的手稿中，"根源"一词是标了下划线的。[22]不过，关于上面的观点，顺便提一句，我认为没有一方是准确知道奴隶制是战争的根源的。他们只是知道，这"好像"是战争的"根源"，或者至少是战争的根源之一，但他们并不知道这是唯一的根源。要准确知道这是如何成为根源的，就需要更为广泛地理解事情的全貌，而林肯又提出这是人力所不及的。不过，他们至少基本明白奴隶制是诱发战争的原因，他们能够也应该明白，南方的奴隶制在面对上帝和人的时候，在道德上是错误的。北方现在已经全然认同这一点了，而南方却没有接受这一点，这正是双方差异性的症结所在。

紧随着颇为煽动人心的"对任何人都抱有善意"的呼召之后，林肯又加了一句："上帝让我们看到正确的事，我们就坚定地信那正确的事，让我们继续奋斗，以完成我们正在进行的工作。"这一忠告证明了林肯之前提出的那个建议的合理性，即"不评判别人，才不会被他人所评判"。同时，这也是说，在某些事情上，人们会得到上帝赐予的光明，去"看到正确的事"，并捍卫那些正确的事情，这种行为是人们自己做出的（"让我们"），而非被迫做出因为他们希望"坚信"这些正确的事。而且，人们不只是消极地坚信，他们还积极地"奋斗"，想要"结束"工作，也即完成上帝赐予人们的视界中那些"正确"的事情。

在上下文中，这里的"正确"一词的含义十分丰富。第一层的含义是一般的、道德上的正当性——在道德上是正确的，凌驾于道德错误之上。但是，在更为具体的层面上，它表达了个人自由的普遍自然权利的含义，即人们选择自己的生活方式，选择接受如何被统治的权利。第二层含义放到原文中去理解，也是读得通的，而且这还是林肯的主张的主要推动力，这又得到了林肯后面明确提出的要求的进一步强调，即"完成我们正在进行的工作"。而且，这与林肯演讲开头几句所表达的那种观点相互呼应。在那里，林肯表示："我们的军事进展，是一切其他问题的关键所在。"这里所谓的"进展"，即战争需要被终结，任何（"一切"）其他事都取决于它。同时，林肯在这一要求的结尾处提出，"完成我们正在进行的工作"，这也与"未完成的工作"之间相互呼应，这是林肯再一次向葛底斯堡战役阶段的美国致敬。此外，这场战争是为了弘扬"所有受造之人自始平等"这一原则——这在任何地方都是人类自由这一基本权利的基石——而打的。这一情况同样告诉我们，无论林肯的慈善观念呼吁人们如何慷慨，关切他人，它都是与纯粹的和平主义不相契合的。

林肯手按《圣经》，做完他第二次就职宣誓。然后，他弯下腰，亲吻了《圣经》中随意翻开的一页。人们将这作为一件有象征意义的事情。当时，首席大法官注意到，林肯的嘴唇亲吻的那一页是《以赛亚书》第5章，第27~28节：

> 其中没有疲倦的、绊跌的；没有打盹的、睡觉的；腰带并不放松，鞋带也不折断。他们的箭快利，弓也上了弦；马蹄算如坚石，车轮好像旋风。

这是一件有明确档案记载的事情。对此，著名的内战历史学家布鲁斯·卡顿（Bruce Catton）写道："这段文字正好合适；在这个春天，林肯先生不希望人们困乏，被绊倒，他希望他的军队继续奋勇前进。"[23]尽管林肯之前持有由宿命论转变而来的天命论观念（"我发现我全部的生命就像哈姆雷特所说的那样：'上帝已经决定了我们的宿命，我们只能粗略地改造一下'"），但他依旧强烈地坚信人类行动的能量。关于这一点，他在致伊莱扎·P. 格尼（Eliza P. Gurney）的信中说得十分清楚。格尼是一个费城的贵格会牧师。林肯的这封信写于他第二次就职演讲的6个月前，当时他也在写他的《深思天意》。这封信预先提到了很多林肯第二次就职演讲中的内容：

上帝的意图是完美的，必将压倒一切，尽管我们有罪过的凡人也许不能预先正确地理解。我们早就盼望这场可怕的战争能够圆满结束，但是上帝知道得最清楚，他做出了相反的裁决。我们应该进一步承认上帝的智慧，认识自己的错误。与此同时，我们必须在上帝给我们的最好的光明中热忱地工作，相信这样工作有助于达到他所规定的伟大目的。[24]

在林肯看来，外部世界中神的复杂指令，以及人的视野的有限性，都不是人们耸耸肩，向环境投降的理由。林肯从未探讨过，至少从未在理论层面上探讨过，这一已经争论了上千年的问题，即上帝统治下的什么样的世界才是符合可朽的主体，以及人类为之奋斗的。不过，他同时相信这两者。他认为，充满活力、积极主动和做工，是可朽的主体的义务。而目前这个国家所面临的关键的"做工"，也即林肯"根据最耀眼的光芒"（他感觉这是上帝赐予他的）而领导的做工，是战争之工，为的是实现人类自由的"新生"。[25]

关于林肯那令人惊叹的表达慈善之心的最后一段，我们绝不能忘记的是，正如他所说，格兰特将军的长管枪正在连续轰击南方邦联的最后一个据点；带着林肯不情愿的祝福，谢尔曼将军正在大力猛冲，在南方燃起熊熊战火。这一点的重要性——甚至恐怖——是不应为人们所忽视的，即在林肯的第二次就职演讲（3月4日）和李将军向格兰特将军投降（4月9日）之间，大约有25000名美国士兵在内战持续的小规模冲突中被杀。而在美国独立战争整个8年期间，也只有1万名美国士兵被杀或受伤。[26]所以，无论林肯结尾的关于慈善的呼召在道德上是多么谦卑，有多少人性的仁慈，他都决然坚持对美国宪法性联邦和个人自由的自然权利的确定不移的、有力的，甚至是暴力的捍卫，因为这些是慈善的目标。

公民慈善

基督徒慈善对于林肯这篇布道性讲话的巨大影响是非常明显的，而且，根据大量的历史记载，我们也认为，这种影响是真实存在的。相比于其他总统的就职演讲，林肯的这篇就职演讲中满是对上帝深深的敬畏，以及热切地希望与上帝和谐一致——博爱中爱上帝的命令的神圣表达——所以，这看起来不像是总统的就职演讲，更像是其他形式的总统讲话。同时，宽恕敌人的意愿，对人们苦难的主动而又真切的同情——博爱之中爱邻人如爱己的感人表达——也是其他总统讲话中所未曾有过的。但是，尽管我们认为林肯的文本受到了新约"纯粹宗教"的启发，而不是林肯早期的完全人造的"政治宗教"的启迪，但我们也不能错误地将这篇演讲视同一篇明确的基督教启示。

　　林肯从未提到过耶稣，甚至基督教——而在他第一次就职演讲中，他至少认可了基督教。而且，虽然演讲中提到真实的、全国性的肉体救赎正处于危急关头，却没有提到任何形式的个人的精神救赎——通过上帝的救赎的恩典，或通过对死后幸福的天堂生活的承诺而实现的救赎。此外，如果林肯相信只有神先爱人，人才会真的爱其他人和上帝，但他却从未公开或私下这么说过。所以，这篇演讲，从其核心观点来看，依然是一份带有公民目标的公民性文件。而且，关于这篇演讲，我们认为它树立起了公民慈善的典范——混合了政治实践式、哲学自由式、纯正信奉式等多种视角的基督教观念，这些观念加固了，同时也轻微地调整了，林肯所倾慕的美国的根基。

　　为了使公正的上帝满意，保护全国性的共同体在自由中得到更新，并且不相互埋怨，林肯在第二次就职演讲中提出了 *caritas* 理念。这阻断了双方的仇恨与怨恨的精神，并提炼出了一种不可思议的宽恕与仁爱的理念。这毫无疑问有助于重塑他在第一次就职演讲中所大力呼吁的"情感纽带"。而且，他在这么做的时候，其实北方已经将战争推向胜利的终局，尽管十分血腥。林肯的公民慈善的典范，与基督徒慈善十分相仿，是"这些美德的一种形式"。这种典范同时坚持要在美国的政治环境下施行怜悯和正义。这篇演讲的最后一段，对这两者同时做了清楚阐释。

　　这最后一段就是一个长句，以标点符号串在一起。它更像是一篇诗文，而不是一段讲话。所以，如果我们将它逐条地拆开，那它读起来就是这个样子：

我们

对任何人都不怀恶意；

对任何人都抱有善意；

对那正确的事抱以坚定的信，因为上帝让我们看到正确的事，

让我们继续奋斗，以完成我们正在进行的工作；

去治疗国家的创伤，

去照顾艰苦作战的他和他的孤儿遗孀，

去尽力实现并维护在我们自己之间和我国与各国之间的公正和持久的和平……

请注意"完成……工作"这句请求对于这一段的联结作用。它正处于三个"对"字命令和三个"去"字命令之间，所以这句请求就是两种命令交替的连接者。要想完成这项工作，人们就必须：①不怀恶意；②抱有善意；③对那正确的事抱以坚定的信。其中，第①、②项命令的内涵倾向于仁慈的态度（平息怒火，培育对敌人宽恕的爱）。另外，第③项命令则转回头，倾向于正义的方向（呼吁人们坚定地追求正确的事）。要完成这项工作，林肯的听众们还需要：①治疗创伤；②主动照顾伤者和无助者；③做一切必要的事情，来实现持久和"公正"的和平。其中，第①、②项命令再一次意味着仁慈的行为，而第③项命令则明确地要求确保自由正义的实现。

在林肯发表演讲的时候，政治正义的主要象征已经快要完成了。宪法第十三修正案正依次获得各州的通过。这对林肯来说是伟大的满足感的一个来源，这也提醒我们，林肯的公民慈善并没有导致博爱中慷慨、怜悯和宽恕这一方面的泛滥。除了修正案内容本身，还有一个事实展示出他持续而严格地遵循这一宪法文件。这个事实就是林肯依旧是在宪法的范围内仔细研究——试图修改法律，以使其与自然的人类平等更为和谐一致。而林肯之所以要如此严格地依循想法，是因为这份法律文件明确提出，应通过设计一套不同力量之间的相互制衡系统，来约束人的自然个性，由此，所有人的自私，甚至暴虐的野心就可以相互抵消了。[27]公民慈善的确辩称，我们的本性之中的善良一面——我们与其他人的情感联系，对他人的关心——在时代中扮演了一个温和的公共角色，并在

形成或再造（重新统一）联邦等危机时刻扮演了一个重要的角色。但是，公民慈善同时也承认，人们的本性中具有堕落的一面，并根据下述判断对联邦做出了预测，即人们一般会根据自己的利益开展行动，并且会为激动的情绪所左右，而这两者都是有损于他人的基本权利的。

在林肯发表演讲的时候，关于宽容的主要的实际工作才刚刚开始。从各个方面来看，它都始于林肯正在做的这篇演讲。在林肯做完这番讲话之后，弗雷德里克·道格拉斯——他此前每年 7 月 4 日的演讲都在呵斥美国庆祝自由的活动——立刻就称赞了这番演讲，说它是"一次神圣的努力"。关于宽容的工作 4 月 9 日在阿波马托克斯继续推进。在那里，格兰特将军根据林肯讲话的精神和指示，在一种最友好的氛围下，向李将军提供了最大可能的宽大的条件，从而极大地减轻了他的负担。根据这一条件，南方邦联的士兵需要放下他们的武器，但可以保留他们的战马。他们不会被判入狱，或者因为叛国而受到审讯。当李告诉格兰特，他不再能供养超过 1000 名联邦俘虏，最后还加上一句"我自己的人都没有吃"的时候，格兰特立刻毫不犹豫地提议，要将 2500 名联邦士兵的口粮拨给李。格兰特问李是不是够了，李说："很多了，我保证足够了。"在接下来的一个月里，在林肯被刺以后，威廉姆·谢尔曼将军迫切依从林肯的领导，向约瑟夫·约翰斯顿（Joseph Johnston）提出了一套十分宽大的和平条款。这套条款是如此的宽大，乃至于它们超过了林肯可能批准的范围，并在事实上遭到华府的废止。[28]

林肯的公民慈善的典范中仁慈的工作，因为林肯第二次就职演讲后一个多月，约翰·威尔克斯·布斯（John Wilkes Booth）射向林肯后脑勺的那颗精确瞄准的子弹，而被迫中断了，全然归于失败。在林肯去世的那天，参议院共和党党团会议提出了一条"政策方针，这条方针的和缓程度比林肯先生的方针要弱得多"。一天之后，《芝加哥论坛报》（Chicago Tribune），即林肯最长期的也是最具影响力的支持者之一，发表了社论：

　　昨日，我们与已故的总统在一起，追寻宽容。他曾是如此的正确与明智。他已然获得我们的信任，乃至于我们准备依循他，支持他那温和、仁善的政策。而现在，我们，和我们的人民在一起，要求正义。[29]

根据历史记录，随后，这个国家就在激进的共和党，以及安德鲁·杰克逊僵化无能的领导下，一味专注于正义了。林肯在第二次就职演讲中所使用的语言和逻辑是有力的，但要想真的成功地将这些理念用起来，却需要由林肯他自己来领导这个国家。林肯不仅为美国构建了公民慈善的典范，他自己也是公民慈善的一个典范，他通过对博爱的深刻思考和坚定信奉，激发了其他人，而且，这一典范还呼吁人们同时抱有怜悯和正义的观念。林肯的战后政策在对待南方时，可能的确有点过于仁慈、宽厚。激进的共和党人中的最优秀者都令人尊重地致力于防止南方在老套路上——做出伤害美国黑人尊严和自由的行为——披上一些伪装，继续实施。[30]但是，在缺少林肯的对所有人抱持善意的观念——这种慈善观念为结束奴隶制而战，尽管它原谅了南方的共谋者，并帮助他们回到联邦——的情况下，有太多激进的共和党人怀着未经怜悯调和的正义观念，向前迈进。甚至更糟的情况是，他们怀着公然的仇恨情绪，向前迈进——这是在林肯职业生涯一开始就大力谴责的东西。结果，无论他们在追求黑人的正义方面取得了什么样的胜利，激进的共和党人都给美国留下了深深的分裂的仇恨情绪——这种情绪一直到最近才开始有所缓和——更不必说他们留下的种族仇恨了，这一直到现在都没有任何趋向和缓的迹象。我们并不是说，如果林肯活着的话，美国的重建就一定能按照林肯的想法实施。但是，就算林肯关于重建的最初直觉过于宽和（就像林肯在战时处理无能的将军和不听话的政治领导人时所表现的那样），我们依旧有相当的理由认为，他那一理想（即希望看到正义与怜悯同时在对相关各方的爱中起作用）的热情与冷静可能为我们提供一条更好的道路，以确保被解放的奴隶们获得社会和政治的进步，以及重塑南北双方人民之间那岌岌可危的情感纽带。

注释

[1] Kazin, *American Writer*, 120; Will, "Give It a Rest," 64; Corlett, "Lincoln's Political Religion," 521, and *Community without Unity*, 116。20 世纪 40 年代，理查

德·霍夫施塔特（Richard Hofstadter）的研究，导致人们不再关注第二次就职演讲，*American Political Tradition*，121，124，135。他在这一章的开头简短地引用了第二次就职演讲的最后一段的前几句话，但这一引用又是错误的。随后，他完全忽略了文本，论及与林肯的个性完全不相关的东西，而事实上，林肯的雄心主要在经济和政治方面。政治理论家史蒂夫·考特兹（Steve Kautz）在他编辑的选集《美国政治思想史》（*The History of American Political Thought*）中，列出一个与林肯有关的章节。他认为林肯是一个"卓越的人"。但他也没有提到他的第二次就职演讲。同时，他认为林肯早期的"不信教"的行为是他一生坚持的标准（395 – 415，397，414n6）。迈克尔·林德（Michael Lind）也在他的书里用了一节的篇幅来展示林肯的观念和信仰。他完整地引用了林肯的第二次就职演讲的最后一段，却未置一词（*What Lincoln Believed*，187）。关于林肯自己的评价，参见 Donald，*Lincoln*，568；Lincoln，*Selected Speeches and Writings*，450 – 451。

［2］Nicolay and Hay，*Abraham Lincoln*，10：143；Donald，*Lincoln*，566；White，"Sermon on the Mount，"210。

［3］White，"Sermon on the Mount，"211；Donald，*Lincoln*，566；Brooks，*Washington in Lincoln's Time*，239。

［4］从严格意义上来说，华盛顿的第二次就职演讲要更短一些，但他的那次演讲完全是一个敷衍了事的由两小段构成的声明，完全不值得关注——当时他也没有举办就职典礼的意思，也没想到这会成为他的第二次就职演讲（Wills，"Lincoln's Greatest Speech？"63）。

［5］威尔斯细致地总结了美国在 1865 年春天遇到的很多紧迫的事情（"Lincoln's Greatest Speech？"62）。"南方联邦会成为一个被征服的国家吗？还是继续成为美国的一部分？其中有一些人犯了罪，而另一些人都是无辜的？我们又该如何将犯罪者和无辜者区分开，然后施以合适的惩罚或奖赏呢？按照什么样的时间表来进行呢？在谁的监督之下进行呢？使用什么样的规训或改革举措呢（庭审、宣誓效忠、永远褫夺担任公职的资格）？之前的奴隶又该怎么办呢？他们是不是该获得投票权，损失赔偿，我们是否该将被反叛者没收的土地还给他们，他们是否可以获得工作和劳工权利呢？这些问题是无止境的，相关的规则还在讨论之中，有待达成共识。"

［6］引自 Donald，*Lincoln*，15，467。

［7］Lincoln，*Collected Works*，4：17.

［8］唐纳德强调说这是一篇"明显的非个人性的演讲"。也就是说，在开场第一段之后，林肯再也没有用过第一人称，"而且也没有提到过任何他在前四年说过或做过的事情"（Donald，*Lincoln*，566）。关于"在这第二次的宣誓就职典礼中"的延伸讨论，参见 White，*Lincoln's Greatest Speech*，43 – 47。

［9］关于这场战争对人们造成了多少损失，参见 Philip S. Paludan，"*A People's Contest*，"317。关于在林肯的一生中有多少公众形象，最好的研究，参见 Harold Holzer，

Gabor S. Boritt 和 Mark E. Neely Jr.，*The Lincoln Image*。

[10] Lincoln, *Collected Works*, 8：333 – 334，为了方便起见，也收录在本书附录 D 之中。

[11] 诺亚·布鲁克斯记录了听众们的激动的反应，诺亚·布鲁克斯是白宫的通讯员，也是林肯的朋友（*Washington in Lincoln's Time*，239 – 240）。"极度崇高"一句，以及"山上宝训"的对比，引自 Timothy Jackson, *Priority of Love*，69。

[12] 在谈到最后一句时，唐纳德说道，这是"美国的公共官员曾经说过的最为可怕的言论之一"（Donald, *Lincoln*，567）。

[13] Lincoln, *Collected Works*, 5：404.

[14] Niebuhr, "Religion of Abraham Lincoln," 173.

[15] Foner, *Life and Writings of Frederick Douglass*, 145.

[16] 慈善的观念经常是在自由之前的，这一点我是从其他人的作品中得到的，参见 Timothy Jackson, *Priority of Love*，172。他的话值得我在这里全文摘录："相对'独立的'人并非一下子长成的；他们需要得到培育和保护，特别是在他们年幼的时候。任何社会如果不能给予这些需要依靠者以足够的关切，便是将自治的人们视同为'天赐之物'，因此便不能就它的公民群体的形成给予必要的支持。"

[17] Deneen, *Democratic Faith*, 285. 关于林肯帮助被解放奴隶的孤儿遗孀的事迹，参见 White, *Lincoln's Greatest Speech*, 176 – 177。

[18] 我们不能将林肯的意思误解成为他希望人们受到创伤。他在"禁酒演讲"中明确提出，他厌恶通过战争伤害他人的人。但是，创伤就在那里，人们应将之用于一个有用的目的。

[19] 参见第五章，注 41。

[20] 虽然斯图亚特·温格（Stuart Winger）很重视林肯的宗教思想，用了与本章同样的篇幅来进行讨论，但他最终只从第二次就职演讲中读出了道德上和全国性的谦恭，而基本上没有提到慈善，这忽略了一个事实，即对林肯而言，全国性的谦恭只是实现慈善和宽恕的关键元素而已。从整篇演讲的结构中，我们可以看出前者是服务于后者的，而不是前者胜过了后者（Winger, *Lincoln, Religion*，208）。

[21] Richard Rorty, *Contigency, Irony, and Solidarity*，特别参见该书第三章。

[22] 在这两句之间，林肯继续论及奴隶制的"利益"问题，由此也就没有给其他因素成为战争的根源留下可能的空间。同时，林肯提出，没有一方能够在冲突结束时，甚至是结束前，预测这一根源能够被消除。由此，他明确指向这一事实，即只有凭借各州通过宪法第十三修正案的方式，才可能最终消除奴隶制，不过这并非他将军队送往前线，保护萨姆特堡的最初目标。怀特（White）对这第一句做了一个有趣的分析。在这一句中，林肯明确提出奴隶制的特殊利益是战争的根源。怀特认为这是这篇演讲的"地理和文字的中心"（*Lincoln's Greatest Speech*, 90）。

［23］引自 Catton，*Never Call Retreat*，411；Randall and Current，*Lincoln the President*，372。

［24］Lincoln，*Collected Works*，7：535.

［25］在当选总统前一段时间，林肯收到一个年轻人寄来的一封信。在这封信里，这个年轻人问他："如何才能全面地获取法律知识？"林肯回答："获取的方式非常简单，那就是勤劳和艰苦。你要找到法律书籍，阅读这些书籍，并仔细地学习它们……劳作、劳作、劳作是主要的事情。"（Lincoln，*Collected Works*，4：121）在他政治生涯的早期（1840 年），他向辉格党中央委员会写了一份备忘录，敦促"每一个辉格党人不仅要知道他们自己的义务，还要下定决心，大胆而忠实地履行这些义务，无论所需的时间和辛劳有多大"（1：201）。关于林肯早期的宿命论观念和他之后的天定论观念，参见 White，*Lincoln's Greatest Speech*，133 – 138。

［26］关于第一项内战方面的数据，来自 Livermore，*Numbers and Losses*，134 – 139；关于第二项独立战争方面的数据，估算自 Washington Headquarters Services，"Principal Wars"，2 – 23。

［27］Hamilton，Jay，and Madison，*The Federalist Papers* 51.

［28］引自 Winik，*April 1865*，184 – 190；关于给予约翰斯顿的条款更为详细的信息，参见 Catton，*Never Call Retreat*，440。

［29］引自 Guelzo，*Abraham Lincoln*，448 – 449。

［30］关于林肯早期的重建计划与激进的共和党人不同之处，最近最彻底的分析见于威廉姆·哈里斯（William Harris）的作品，名为《对所有人抱有善意：林肯及联邦的重建》（*With Charity for All*：*Lincoln and the Restoration of the Union*）。

结论：自由的纽带

任何政体的现状都与它奠基时相关。而要在文化上回溯这一肇始，就要重塑同时代社会的道德观、使命感和行动力，这种观念自柏拉图以来就是一种洞见。因此，在今天，我们依旧需要回溯美国在形成过程中的一些关键时刻。在这些时刻中，拥有非凡智慧和技巧的政治人物，在私下或公开场合，严肃地对待《新约》中关于爱的教诲，用他们让人难以忘怀的文字和行为，塑造了这个国家。

我们现在倾向于以嘲讽的方式回忆，或者彻底遗忘这些人物中的第一位，即约翰·温斯罗普。这两种做法都是有失公允的。温斯罗普的基督徒慈善的典范的恶的一面，的确造成了一些跟杰斐逊之后提出的自然自由的必然的典范类似的状况，但它的善的一面也为这一合众国的崛起提供了大量有利的外部条件，以及持续的矫正。在这里，我们可能需要仔细地听一听纳撒尼尔·霍桑的说法。霍桑并不是一个清教徒辩护者，但他经常能超越简单的道德二分法来看问题。

在《红字》的结尾，作者强烈地抨击波士顿作为一座新教徒慈善的典范之城而做出的实际行为。这时，故事的讲述者瞥见了海丝特。她结束了在英格兰的自我放逐，依照自由意志回到了波士顿。在这里，在她生命的最后时刻，她依旧用她那"悲伤的眼睛"期盼未来，到那时，一个"新的真理"将会得到揭示，以便"在双方幸福的更可靠的基础上"来建立人与人之间的关系。[1]当然，霍桑在写这一点的时候，他是清楚知道的，即从海丝特的视角来看，这一时刻必将到来，而到那时，一个不证自明的"真理"将得到宣示，为人们开辟一条道路，使他们能够一起自由地"追寻幸福"。从霍桑开始，人们普遍认为，《独立宣言》在建立一个政体的同时，却回避了很多广泛的道德判断，而正是这些道德判断使得清教徒的生活变得十分严酷和压抑。人们通常忘记了，《红字》是在 19 世纪民主美国的一座"海关"里开篇的，而不是在 17 世纪清教徒新英格兰的绞刑架上。而霍桑这里描绘的图景——这一段主要是他的自述[2]——难以确保海丝特哀婉的愿望能最终在美国之后的宪政共和国中，得到完全而幸福的表达。穿过海关的通道，里面是"山姆大叔的政府"的一个民事部门。大厦正上方有一个标志着自由和民主的美国的巨大标志，即一只作为装饰的鹰。对此，霍桑评论说：

> 这只不幸的飞禽具有其同类常有的性格特征，通过它凶残的大喙和眼光以及凶猛好斗的姿势，它似乎威胁要对无辜的人们施虐……然而，尽管它看上去凶悍异常，但是在这个时候许多人仍在千方百计地来到这只联邦雄鹰的羽翼下寻求庇护。我想，在他们的想象中，它的胸脯一定会像鸭绒枕头一样酥软暖和。但是，即令在它心情最愉快时，它也没有多少温柔，迟早——恐怕多半是早——它会甩掉刚孵出的雏鹰，用爪子抓，用喙啄，或用它的倒钩箭戳刺他们，使他们伤痕累累，刻骨铭心。[3]

霍桑除了平静地提出了下述观点以外，即温斯罗普给这一历史性的共同体增添了更多的"善"，而非"恶"的特征，在这本书的开头和结尾的场景中，他还对温斯罗普和他的基督徒慈善的典范提出严厉的批评，而一味地依循绝对世俗的和个人主义内涵的自由民主观念的做法。[4]霍桑在看待温斯罗普的时候，不仅带有一丝赞同，而且带有一番景仰，因为温斯罗普确立了一个全国性的命题，即人类是社会动物，他们相互依靠，不仅是为了生存，也是为了实现繁荣。就像霍桑在很多作品中提到的那样，温斯罗普代表着对影响全人类的局限性、依赖性和缺陷的仁善的承认，这一认知使得温和成为我们的政治雄心中的一种必需品，而且它也进一步提醒我们，我们需要积极主动地、慷慨地关注所有其他人的需要，这有时甚至会远超互惠性的正义的要求。[5]美国民主政治的传统自由内核疏于告诉我们这些事情，并缺少必要的文字、象征、理念和形象，以激发人们在这方面的敏感性。因此，特别是在危急时刻，甚至是最坚定的哲学自由主义者，如杰斐逊，他们都能超越这一内核，找到一些材料来维持全国性的感情纽带，而且他们也相信没有这样的纽带，自由的社会就会缺少吸引力，并最终不能持久。然而，自由民主政治，在杰斐逊和其他人的激发下，却又缺少相关的资源，来柔化严酷的不容忍的态度。此外，在绝对主义者的社会教义，如美国的清教徒主义，后面跟着的，经常是对自由的不公正、不体面的限制。因此，幸运的是，在历史上，美国终于出了一个像林肯那样的人物，他将温斯罗普主义和杰斐逊主义相互矛盾的目标和设想，精巧地融合在了一起。最终，谢天谢地的是，林肯的公民慈善的典范做了杰斐逊没能做成的事情，而且他也没有做温斯罗普曾做过的事情。

林肯的第二次就职演讲中提到的公民慈善的典范，对应《圣经》中的关键段落是："这世界有祸了，因为将人绊倒。绊倒人的事是免不了的，但绊倒别人的人有祸了。"借助于这一句话，林肯提出，美国的奴隶制是这绊倒人的众多事中的一件，而且，正是因为奴隶制是由南方和北方分头引入，且各自维持运转的，所以"作为祸的战争"就同时降临南方和北方。通过这么解释，任何一方都没有资格对另一方，也没有资格对神发怒，因为林肯提出，上帝的审判是"真实，全然公义"的（《诗篇》19：9）。诚如加里·威尔斯（Garry Wills）所述，林肯在"诉诸'福音的宽恕'之前，还有对'律法的审判'的遵循"。换句话说，林肯的《新约》式的"对所有人的善意"，仅在与《旧约》中的"现世的上帝"的惩罚联合时，才能起作用。威尔斯的观点基本方向是对的，但他搞混了一个事实，即林肯引用的关于《圣经》中审判的第一也是最重要的那段文字（"这世界有祸了……"）来自《新约》（《马太福音》18：7），而不是《旧约》。林肯接受且深刻地理解《新约》神学中的《旧约》根基，而且他在这一点上比同时代的很多牧师和基督徒都要深刻得多。[6]在这一方面，林肯的神学倾向于清教徒观念。

当然，林肯在第二次就职演讲中，通过强调奴隶制是上帝面前的一项绊倒人的事，也表明了自己绝对赞同"自然权利"的义理。由此，任何剥夺人基本的、内在的、自由的行为就都属于重大的不正义。但是，林肯所秉持的杰斐逊主义的不同之处在于，在林肯的政治世界观中，上帝积极地干预人类的事务，他为他们的罪恶（包括侵犯基本人权）而处罚所有人，并命令人们要关心彼此，包括给予他们的敌人爱。这正是《圣经》中至高无上的、临世的、万能的上帝，也正是杰斐逊拒绝写入《独立宣言》中的上帝，更是他从他编写的那一版《新约》中有意抽离的上帝。林肯在他第二次就职演讲中提及的《圣经》中的关键内容，也即我们在上面讨论的那些内容（《诗篇》19：9；《马太福音》18：7），在杰斐逊担任总统期间编写的《圣经》中都没有出现。换句话说，杰斐逊从他的慈善典范中清除了林肯作为关键凭据的两段重要的《圣经》经文。这是因为杰斐逊完全拒绝承认《旧约》，并小心地从《新约》中剔除了任何与现代的理性主义相矛盾的内容，以及能够体现加尔文清教徒主义暴力的裁断主义（judgmentalism）的内容。在晚年，杰斐逊曾写信给约翰·亚当斯。在信中，他写道："我从未皈依加尔文宗，向他的神致敬……（这）不是你和我承认和崇敬的上帝，世界的创造者和仁慈的主，而是有着邪恶灵魂的魔鬼。"[7]

杰斐逊的自由主义帮助美国远离了那曾经统治清教徒新英格兰的严酷的苛求，他那打了折扣的基督教又帮助改善了19世纪的破坏性的野蛮行为。就像在他之前的温斯罗普和在他之后的林肯一样，杰斐逊也认识到，在不同人民之间构建情感纽带，对于一个健康、幸福和稳定的政治秩序而言，有多么重要——这样的政治秩序对于保护个人自由，反对价值观的灌输而言，也是十分重要的。但是，由于杰斐逊对于怜悯和正义的现世之神的神秘性——这一神秘性毫无疑问在《旧约》和《新约》中都有体现——毫无容忍，他所提出的现代民主与淡化了的基督教的混合体，在面对1865年南北双方相互仇恨的压倒性力量时，就会显得十分乏力。他在1800年撮合愤怒的联邦党人和共和党人，柔化他们的敌意一事，是不足以与在1865年中和南北双方之间的刻骨仇恨相提并论的。杰斐逊独特的自由和慈善的典范，在他的时代，可以激发那个时代所需的社会和政治趋同性，却不足以与林肯的典范在化解内战中的血海深仇所发挥的作用相比肩。这种宽恕和善意的和解，其根基绝不仅仅在于全然的凡人的理性，而是依赖于超然于其上的某一令人敬畏的公正且仁慈的力量——这一力量恰恰是杰斐逊不遗余力想要在市民社会中予以消除的。

换句话说，林肯的第二次就职演讲之所以取得成功，主要是因为他接受了有爱的上帝，这个上帝对美国政治施以全然的统治，且有时会给予惩罚。林肯同时看到了犹太－基督教上帝的"恩慈和严厉"(《罗马书》11:22),所以他的神看起来与杰斐逊在他生命的末年所皈依的那位上帝截然不同,而是更倾向于人们在《基督徒慈善的典范》中看到的那位上帝。不过,林肯的政治神学还是与约翰·温斯罗普有所差异,即林肯的上帝的不可理解感,以及人在上帝面前的有限性,要比温斯罗普提出的观念更为彻底。在这一点上,人们可以说,林肯比清教徒还要清教徒,因为在加尔文的教义中,上帝不可理解是信的核心教义。林肯观点的高度谨慎与这一事实的内涵全然相关,即在这个可见的、理性的世界周围,有一个道德的、精神的世界。这种普遍的不确定性使得他不愿意对即将到来的人类事件(如战争的结局)做出预测,也无法让北方责备南方,说南方不正义地开始了战争(尽管南方在苏姆特堡开了第一枪),也无法让南方责备北方,说北方在战争的结尾造成了毁灭性的后果(尽管谢尔曼的部队一路扫荡到海边)。林肯一辈子都秉持着一种怀疑主义,怀疑在面对任何当前的政治问题时,采用教条式的解决方案的成效,但之后,他的神学主张却让他走近了基督教的存在主义。就像克尔凯郭尔所说的那样,人们几乎很容易就能听到林肯宣称:"要理解人生,必须回顾反思,但生活还是只能向前走。"

　　林肯提出的人性不可避免的有限性与缺陷性的观点,在很多方面与温斯罗普《基督徒慈善的典范》演讲相一致,特别是温斯罗普在演讲的开头对慈善的呼吁,正是奠基于人类天定的不平等和缺陷之上的。不过,在结尾,温斯罗普"典范"演讲的最后几句话却又话锋一转,反对这一与林肯共有的主张。虽然温斯罗普自己通常都持有一种更为谨慎的、林肯式的保守判断的态度——这一做法同样基于对人类的易错性的小心谨慎,以及对人类生存之艰难的认知之上——但他依旧在他的《基督徒慈善的典范》演讲的结尾提出了一套国家生存的盟约范式,以在其他人,有时也在他自己心中促成一种必要的确信,有时甚至是绝望。这一盟约构成了上帝的意志,关涉马萨诸塞海湾殖民地日常生活的每一个细节。温斯罗普提出的公民盟约是确定的、全面的、关键性的,这为对不当行为,不论大小,做出快速甄别,并处以严厉的惩罚铺平了道路。但是,在林肯那里,上帝的想法和观念则并没有那么确定。随之而来的就是,任何人在上帝面前的地位都没有那么确定。对于那些想要严厉谴责南方奴隶主的人，林肯建议他的这些听众们说："我们不要论断人，免得我们被论断。"（与《马太福音》中的一句相似，7:1）他的演讲就是一篇对蓄奴行为的有力的谴责檄文，但却不针对现在的奴隶主们。所以，林肯与温斯罗普信奉同样的上帝，却避免了"铁汉"约翰·恩迪科特式的无所不及的压迫和迫害，而替换为人类的慷慨，也即汤姆叔叔的做法。这主要是与他确信上帝意图的普遍不确定性，以及（上帝对）人的罪（的处罚）有关系。

也就是说，林肯认知论上的广泛的怀疑并没有使他成为一个完全的道德相对主义者（moral relativism）。到最后，他并没有完全按照现在关于后现代或者存在主义的理解走下去。林肯成熟的政治思想是坚实地奠基于关于人性的两个可靠的真理观念之上的。第一个是所有人都可以自由地决定他个人生活的方向，因为他们是天然平等的。林肯一生都在证明这一真理，并努力奋斗，以确保这个国家更为符合这一真理。第二个真理——这是林肯之后才加以信奉的——是所有人都"在上帝之下"，特别是《圣经》中的上帝，他对人们的各类事务下指令，命令人爱神、爱其他人。除了第二次就职演讲以外，关于林肯信奉第二个真理的最清楚的证明材料是一封他写给瑟洛·威德（Thurlow Weed）的信。这封信是他在刚做完第二次就职演讲后没多久写的。在这封信中，他提到，他认为这篇演讲在短期内不会马上受到欢迎，因为人们不喜欢听到他们的意愿和上帝不同。然后，这名终身政治家——他的公共角色和成功要求他必须获得广泛的公众支持，而且他早在禁酒演讲之时，就已经仔细地做理论探讨，并强烈地反对做太多的道德谴责——现在却对威德解释说："不过，假使否认这一点，就等于否认有一个主宰世界的上帝。我认为这个*真理*一定要说清楚。"[8]

在现实的市民生活中，这两个真理看起来是相互冲突的。经典的自由思想将宗教与政治力量相分离，并限制政府的作用，而博爱却要涉入人们生活的各个方面——包括政治——要求人们承认和真心地依从上帝，并展现对他人积极主动的、真心的关切。而在这两种真理之间却也有一种深层的和谐性和正向的强化联系，特别是当这两者为林肯所精巧地混合，融进公民慈善之后。慈善的根基在于《圣经》关于人的本性的观点——这一观点承认人的尊严，但也认为在人之中有一些倾向于自私和分裂的堕落的品性——这为下述明智的做法提供了根据，即构建一个有限的宪政政府，通过相互制约和制衡来确保社会秩序，通过这种方式所建立起来的社会秩序是道德性的，也是稳定的。同时，慈善也提醒我们，过度主张个人主义和自我满足等伦理道德，就会否定我们人性中的某些重要方面，并使得那些主要为实现个人的自然权利而设计的政治和经济制度陷入危机。所以，在共同体之中，使自由的人们成为可能的，只能是某种形式的慈善，从深度的关切和慷慨开始，抚养容易受到伤害的年轻生命，直到他最终成为有能力承担起责任的民主社会中的市民。同时，市民之间的爱的联系也有助于自由政体避开暴政和无政府的力量，因为这两者威胁到了法治，同时，它还有助于这一政体在一种全民满足和幸福的环境下享受自身的自由。虽然这种爱的纽带可以从很多种渠道产生，但在一些特殊的时间和地点，只有博爱的力量——以它卓越的、命令式的呼召，呼召人们要爱，以及它认识到人们需要上帝和彼此——才能消除人们心中那些足以撕裂这些纽带的麻木、激情和仇恨的情绪。

公民慈善同时也会调整国家，使它符合人们的需求和超越慈善边界的民主诉求，就像它中和试图吞并一切的帝国主义一样。林肯在提交给国会的第二份年度咨文中宣布，当今"世界"以及未来的人们，一直到"最后一代"，都会知道，且永远不会忘记，这个国家是如何处理它眼前的挑战的。这听起来有点像温斯罗普对新英格兰所发出的震撼人心的宣告，即要成为一座"山巅之城"。林肯并没有让美国接受一种大范围的基督徒之爱的实践。相反，他只是让这个国家从内战的残酷考验中生存下来，维持了联邦的统一性，更为信仰人的自然权利的伟大真理，并由此成为一个标志，即成为推动自由实现的"世俗世界的最后，也是最佳的希望"。[9] 如果这是美国在战争结束以前所拥有的潜在希望，那林肯又是否会在战争结束以后，在联邦完好无损，奴隶制被成功地废除之后，认为它不那么明显了呢？当然，这主要与在林肯的时代，有多少基督徒重视这个国家有关。但是，与他很多同时代的信教者的观点不同，林肯的第二个伟大真理断言，在上帝和所有的美国市民之间存在一条道德鸿沟。通过这种方式，美国，作为各地人们自由的伟大希望，在林肯的推动下，不断向前，但同时它还形成了一种历经惩罚才出现的决断、能力和仁善观，这种观念消除了美国人的过分乐观、自以为是，以及控制欲，也就是那种希图轻易地影响人们，认为自己是世界的领导者的想法。在林肯看来，美国投身于自由，使它成为"各个时代的世界上所有人的伟大希望"，但是，他出于对《圣经》中的慈善的深刻理解，还认为，美国之所以能这么做，最重要的是因为，他们"基本"是被上帝"选中的人民"（斜体为作者所加）。[10]

要证明由林肯提出来的基督徒慈善和自然权利的独特的混合体是无懈可击的，就需要提供关于《独立宣言》和《圣经》中提到的两个真理的确据。但是我们在任何地方、任何时候都找不到这样的证据。不过，我们也没有证据证明这些主张是错的。所以，就像林肯内心确信的那样，如果这些都是真的呢？如果人们真的就天生应该拥有自由，以及在天堂之中有一个上帝，他统治着世界，并要求人们爱神，爱彼此呢？如果这些事情都是真的，那我们的政治又该像什么样子呢？自从马基雅维利以来，在政治哲学领域处于支配地位的声音都简单地认为，caritas 在伦理上不该有约束，在市民生活中也不应该发挥作用，或只应发挥很小的作用。但是我们认为，林肯看到了这个国家的这一错误，于是在他的第二次就职演讲中对这些现代政治理论提出了非难。林肯和他的思想到今天依旧在起作用，因为事实上，所有的美国人在言谈和行为时，都是根据林肯提出的关于自然自由的第一个真理主张来的，而大量的美国人所接受的信仰则是按照他提出的关于基督徒慈善的第二个真理主张来的。这两个真理主张提供了不同的视角，成为我们政治之中的两个恒定的元素。当这两个元素合在一起的时候，它们挑战了严格的党派分野，而这就在很大程度上解释了为什么林肯能有持续的、广泛的吸引力和文化影响力。[11]林肯神奇地将这两个主张混合在一起，从而发展出了一种政治视角和话语体系，这种视角和体系正适合于将美国塑造成公民慈善的典范。这一典范混合了温斯罗普和杰斐逊的理想，并在两者之间保持了动态的平衡，而且，它由一个知识框架作为支撑，这一框架承认在任何的政治－历史性的事务之中，都天然有党派之分。

有的人可能会坚持说，林肯的政治哲学是将相互矛盾的概念做了违反逻辑的混合，而其他人则认为这展现了一种天才般的智力，以及道德上绚丽的糅合，这是一种托克维尔式的技巧，将宗教的精神和自由的精神联合在一起，由此每一种精神会成为另一种精神的支持者，而不是毁灭对方。^[12]这种构想可能纯粹是一种后笛卡儿的现代性思想，因为只有绝对整齐、协调的思想体系才能为有效地指引人类的方向提供支撑。林肯，像亚里士多德一样，从不同的角度看事情。哪怕是在为社会组织体寻找真实、最佳的出路方面，林肯已经构建起了一个完善的理论体系，但他——特别是晚年的、更加虔诚的林肯——也从没有认为世俗的人类已经真的掌握了这一点。他也不认为有这种不确定，就应该直直地望着无底的深渊。但他也并没有因为道德上的善（正义和怜悯，自由和爱）的表面上的不可融合性而放弃——变得无所作为——而是持续推进，就像一个精细的画家，找到了一种方式，能将"青草的青绿色与裙子的大红色"调和在一起。虽然这个任务经常搞得他内心抑郁——为了满足相互矛盾的要求，他做了代价颇高的折中——但他依旧成为一位著名的领袖，在很多方面都是各时代中最值得尊重的总统。^[13]

杰斐逊试图将传统神学中的神圣、原始的内核剔除出去，以复兴基督教。与杰斐逊不同的是，林肯复兴的是美国自己，因为他小心地保存了这个国家的自由内核。但他之所以能这么做，是因为他明确地将这一内核安放在最原始的符合清教徒传统的基督徒的 *caritas* 中，本书的研究发现这一 *caritas* 给予这一自由内核以重要的生命力，并对它施以持续的影响。林肯完全地重塑了美国，他扒去了美国的旧衣裳，给它披上了一件泛着光泽的、坚韧牢固的崭新衣裳。林肯用他神圣的工作，以及这项工作中的怜悯和智慧，帮助我们度过了联邦最绝望的时刻。如果在这个时刻之后，人们又拒绝这项成果，那个美国身上就会留下一道最长的、最痛苦的疤痕。甚至到今天，这项成果还带着美国一起，强烈地信奉自由和互相关心的虔诚精神。这项成果以其聪慧和动人的技巧，使我们无法忘记，情感的世俗、永恒的纽带其实就是让我们自由的纽带。

注释

[1] Hawthorne, *The Scarlet Letter*, 177 – 178.
[2] 同注 1, 4, 5。
[3] 同注 1, 6（斜体为作者所加）。
[4] 在"海关"这一章中，霍桑提到"所有清教徒式的性格，都是亦善亦恶的"，哪怕是他自己的清教徒祖先中祸害他人的那部分人，也是如此（Hawthorne,

The Scarlet Letter，9）。同时，参见他的《大道》（"Main-street"），在那里他提及，美国清教徒主义，除了有"众多善良的影响"以外，有一项持久的"不利的影响"（Tales and Sketches，1039）。

[5] 从《胎记》（"The Birth-Mark"）中乔治亚娜的微小但无法消除的天然的瑕疵，到《大地的燔祭》（"Earth's Holocaust"）结尾中人心自然的堕落的场景，霍桑的小说一直在往这个方向倾斜，即认为人性——可能有所缺陷——是人类共同体的不幸的，但又是不可更改的事实。在《福谷传奇》（Blithedale Romance）中——这个故事讲的是，一群人努力想实现一个理想的生活，也即去除所有的市场不平等，以及美国宗教和传统规范中的苛求（judgmentalism）——齐诺比娅（Zenobia）的经历比霍桑笔下另一名清教徒（海丝特·普林）的遭遇要更糟。在全书的结尾处，齐诺比娅自杀了。霍桑在作品中全面且尖刻地谴责了关于温斯罗普的一切，因为他的很多思想和行为都带有明显的缺陷，而且，霍桑还将清教徒主义的某种形式——连同它褊狭的、不妥协的理想的道德秩序——替换成了另一种形式（Hawthorne, Blithedale Romance，229 – 234）。同时参见 Catherine Zuckert, Natural Rights，71 – 83，以及弗兰纳里（Flannery O'Connor）的 "Introduction to a Memoir of Mary Ann"，载于 O'Connor, Collected Works，822 – 831。在该篇中，弗兰纳里向霍桑保守但真实且具有影响力的慈善观致以崇高的敬意，因为这一慈善观对人类的不完美性有着充分的认知。

[6] Wills, "Lincoln's Greatest Speech?" 66. 很多基督徒知识精英，从尼布尔（Reinhold Niebuhr）到马克·诺尔（Mark Noll）都认为，林肯在第二次就职演讲中提出的《圣经》慈善的典范，其中关于基督教的理解和相关结论方面，比他同时代的得到最好训练的、最为卓越的牧师的见解，要深刻得多（Niebuhr, "Religion of Abraham Lincoln," 172；Noll, "Pray to the Same God," 1 – 2）。在威廉姆·沃尔夫的《林肯的宗教》（Lincoln's Religion）一书的封皮上，尼布尔走得更远："林肯在宗教和治国方面，一直是我的偶像。"

[7] 关于杰斐逊有意剔除这些段落的证据，见于如下事实，即他将《马太福音》第18章第1~6段全部都收录进他那版的《圣经》中，却略过了第7段，以及第8~18段，然后又收录了第19~31段。但是，需要注意的是，在他退休后做的第二个版本中，他又收录了《马太福音》（18：7）。参见 Jefferson, Extracts from the Gospel，89，94 – 95。关于他写给约翰·亚当斯的信，参见该书第410页。

[8] Lincoln, Collected Works，8：356（斜体为作者所加）。

[9] 同注 8，5：537。

[10] 虽然马克·诺尔强调林肯的第二次就职演讲与当时的神学家的观点有多大的不同，因为这些神学家依旧认为美国与上帝之间有一种特别的盟约关系，但马克总结说："尽管如此，林肯也没有完全放弃被选定的民族这个神话。"（America's God，431 – 435）林肯是在前往就任总统的路上，在新泽西州特伦顿的演讲中，提到美国是"基本"是被上帝"选中的人民"这句话的（Lincoln, Collected Works，4：236）。

[11] 这一说法要有一本书的长度才能解释得清楚。但我们只要简单地看一下，就能明白这个道理：简·亚当斯（Jane Addams）早期的进步主义"唤醒了美国的社会良心"，缓解了全国人的巨大痛苦。她在自传《赫尔大厦二十年》（*Twenty Years at Hull-House*）中用了整一章的篇幅来谈"林肯的影响"（Addams, *Social Thought*, viii; Addams, *Twenty Years at Hull-House*, 23）；西奥多·罗斯福和马丁·路德·金明显是从林肯那里借鉴了方法，以帮助消除种族分立。其中，后者站在林肯纪念堂的阴影中，做了一次极为林肯式的演讲。在这次演讲中，他将自然自由和博爱的理念融合到了一起（Roosevelt, *American Problems*, 3 - 4; King, *Essential Writings*, 217）；罗纳德·里根在他的第一次就职演讲中，指引他的听众将目光穿过国家广场，越过倒影池，一直投向"林肯纪念堂前肃穆的圆柱"，并赞誉林肯是美国的象征，而且清楚地提到了林肯的成熟的政治哲学中的两个真理："我们是一个上帝之下的民族，我相信上帝想让我们自由。"里根在他第二次就职演讲中提出，他出于对自由的尊重，将努力限制政府的规模和角色，也即一场"新的解放"（U. S. Congress, Senate, *Inaugural Addresses*, 333 - 334, 336, 341）。

[12] Tocqueville, *Democracy in America*, 43.

[13] Pierre Manent, *City of Man*, 166. 人们也可以看看菲茨杰拉德（F. Scott Fitzgerald）的这句话："第一流的智力应拥有将同时代两个相反的理念融合在一起，并且依旧起作用的能力。"（Fitzgerald, "The Crack-Up," 1007）这一观点是托马斯·彼得斯（Thomas Peters）和罗伯特·沃特曼（Robert Waterman）的颇具影响力的著作《寻找卓越》（*In Search of Excellence*）的重要结论的主要内容。他们的这一结论是，世界上最重要的领导人都不可避免要熟练地"管理模糊与矛盾"，因为世界上最大的也是最成功的组织体都是建立在矛盾的观点之上的，或者是一些看起来相互抵牾的原则的集合体（Peters and Waterman, *In Search of Excellence*, 89 - 118）。

后记：论林肯的神话

　　林肯刚一去世，他作为基督第二的神话就开始出现了。有的人可能会说，本书有点倾向于这一方向。作为后记，我们就来聊聊这一点。

　　一般认为，林肯作为基督第二个神话始于弗雷德里克·道格拉斯（Frederick Douglass）。在林肯去世那一天，道格拉斯出席了纽约州罗切斯特市举办的一场仓促组织的公共纪念活动。他虽然出席了这场活动，却没有被主办方要求发言。但是，在这场活动的结尾，听众还是要求他出来评论两句。在毫无准备的情况下，他站起来说道：

> 　　虽然亚伯拉罕·林肯已经死了，但共和国还活着……可能在那控制万国命运的神的高深莫测的智慧中，只有将一个国家最宝贵的心中的宝血抽走，人们才能恢复平衡，而只有恢复平衡，合众国才能得到永久的治愈。

　　两个月后，哈佛大学学者、诗人奥利弗·温德尔·霍尔姆斯（Oliver Wendell Holmes）为林肯写了一首纪念诗：

> 　　哦，让血液因谋杀飞溅，
> 　　洗掉受难孩童身上的罪恶，
> 　　让我们的国家变得神圣！[1]

　　考虑到美国战前的信教状况，以及林肯与基督的经历之间不同寻常的相似性，我们也无须惊讶于"林肯是基督第二"这个观念在林肯遇袭后很快就被人提了出来。林肯和基督的生身父母都很模糊，都只有大概的记载。他们都是在野外出生的，并且都有私生子的传闻。尽管他们的出身是如此贫贱，但两者都升至高位。两者的生命都经历了巨大的痛苦，并且他们都因为成功地改造了身边的道德伦理而最终殉教。在林肯的最后一张照片中，在他的脸上，眼眶凹陷，里面储满了痛苦，他脸上满是深深的褶皱，那是担忧和沮丧留下的痕迹。[2]

然而，通过这些痛苦——可能部分是因为经历了这些痛苦——他们都表现出一种非凡的同情心。1909 年，列夫·托尔斯泰（Leo Tolstoy）在一次被广为传播的采访中说，他将林肯视为"在世的基督，人类的圣徒"，是一个"比他的国家更伟大——比所有总统加起来还要伟大的人。为什么呢？因为他像爱自己一样去爱他的敌人"。林肯之前的律所合伙人赫恩登（Herndon）从不欣赏林肯的宗教转型，并且花了很多时间来劝说他不要转型。但就算是他，也认为总统的职位强化了林肯内在的对于宗教美德的爱。正如赫恩登所说："你没有看到林肯的像耶稣那样的慈善－慷慨－容忍的美德在慢慢升起，最终绽放吗？"[3] 在现代学者的研究成果中，甚至在《亚伯拉罕·林肯的内心世界》（*The Inner World of Abraham Lincoln*）中〔该书作者迈克尔·伯林盖姆（Michael Burlingame）用了一整章来写"林肯的愤怒与残忍"——我们同意他的观点，即林肯是不完美的〕，伯林盖姆总结说：

> 林肯的脾气的非凡之处，不在它的发作有多么平凡，而在于它的发作有多么稀罕，因为林肯经常遭遇军人的傲慢、友人和对手的谩骂，编辑、上下院议员、州长、内阁成员、将军和各种其他人的极端利己的自私，这些人纠缠他，为的是自己的一点点蝇头小利。我们无须奇怪的是，在 1863 年，约翰·海（John Hay）惊奇地写道："其他人正在为他们自己的名利来回奔忙，而这个老人却使用那天使般强大而纯洁的力量，做着一件伟大的工作。"我认为，约翰·海还应该再加上这一句："以圣人般的容忍。"[4]

最神秘的是在林肯和基督的死之间的这些相似性：首先，基督在受难之前，成功地进入了耶路撒冷（《马太福音》21：1－10），而林肯在被刺之前，他成功地征服了里士满。唐纳德如此形容后者说：

> 在总统到场前，既没有事先通知，也没有隆重地开道。他首先
> 被一群黑人工人认了出来。工人的领袖是一个 60 岁左右的男子。他
> 扔下手中的铲子，快步上前，欢呼道："赞美上帝，这是伟大的弥赛
> 亚！……荣耀，哈利路亚！"……很快总统莅临的消息传遍了四方，
> 他很快就被蜂拥而至的黑人给包围了，这些人尖叫着："赞美上帝，
> 我们的父亚伯拉罕来了。"[5]

对于林肯被暗杀那一天，也即 1865 年 4 月 14 日，就算是他更为倾
向于世俗的传记作家也不得不写道：这是"耶稣受难日"。在这一天，
绝大部分基督教世界都会悼念十字架上的基督。至少有一位历史学家认
可林肯在宗教上的重要性，他最近关注了玛丽·林肯的回忆录中的内容，
并给予充分理由证明这是可信的。该回忆录提到，林肯在遇袭之前，正
在福特剧院看戏。当时他歪过头，倾向玛丽，告诉她说，他想"去一趟
圣地，看一下这些被救世主的脚步神圣化了的地方"。[6]此外，可怜的
是，两者死亡前都遭受了折磨。根据托马斯的记述，在林肯遇袭之后，
很快——当时他还活着——他就被带离了福特剧院，带到马路对面的简
陋的家中。

> 在那里，他被放在一张床上，因为他很高，所以他被斜放在床
> 上。他大口地喘气。检查发现，子弹从后脑射入，射向左边，留在
> 他右眼的附近……在整个晚上，看守们一直守在他的床边，做着绝
> 望的警戒……林肯太太在前厅抽泣着。斯坦顿（Stanton）慌忙地跑
> 进跑出，签署和分派命令。从卧室里总是传出艰难的呻吟……医生
> 不时给总统打兴奋剂，并移除血块，来减少总统脑部的压力。除了
> 这些，他们什么也做不了……总统看起来一直在挣扎求生。但最后，
> 痛苦的呼吸减缓了。他昏了过去。1865 年 4 月 15 日早上 7 点 22 分，
> 亚伯拉罕·林肯获得了安眠——还有不朽。[7]

在 9 个小时的时间里，林肯承受了他肉体创伤带来的痛苦折磨。

20 世纪 40 年代末，博学的历史学家理查德·霍夫斯塔德（Richard Hofstadter）写了一篇著名的论文，挑战这一观点，即林肯作为一个领袖，承受了"一个愚蠢和有罪的民族的道德负担"，并在此后"用神圣的基督徒美德救赎了他们——'对任何人都不怀恶意，对任何人都抱有善意'"。诚如霍夫斯塔德所认为的那样，林肯对这个国家奴隶制的罪恶的"补偿和救赎"是一个政治神话，他对美国的政治传统形成了不可逾越的影响，但这一点最终又与真实的林肯相矛盾，因为他是一个"彻头彻尾的"政治家，他的目标是促进经济繁荣，而不是实现整个国家的正义。所以，在霍夫斯塔德看来，哪怕是林肯神话中的对奴隶制的反对，也主要是出于经济方面的考量，并受到了政治野心的驱使。[8]

在霍夫斯塔德之后，有很多 20 世纪的理性主义的历史学家和社会科学家提出，任何有思想的人都必须无视林肯的神话，因为这一神话并不是真的。他们做了很多努力，其中有很多人试图按照杰斐逊处理《新约》的方式来处理对林肯的记忆；他们想要切断其中任何与神的联系。[9]这些学者在如下范围内的质疑，即林肯被视为在世的基督，某个拥有完美品质的人，死于详细述说美国人的罪恶，因为他们集体犯下了奴隶制的罪恶，无疑是对的。现代学者的确是正确地提醒了我们，林肯有很多道德上的瑕疵。此外，博爱的第一重诫命使得对任何个人的崇拜成为一种严重的罪恶（《马太福音》22：36 - 38；《出埃及记》，20：1 - 5）。对任何严肃对待基督教信仰的人来说，将林肯塑造为基督第二，在道理上是不合理的，在精神上也是亵渎神明的。然而，就此便将林肯恢复为一个人，而不再将之作为公民慈善的神话的典范，也将会剥夺我们所有关键愿望的独一无二的真实体现，这些愿望对于塑造和保存美国都是十分重要的——美国可能比人们所想的还要更多地依赖于情感的超自然的纽带。

很多现代人认为，只有实际的、精确的东西才能完整而清楚地表达我们人类的经验。这些人认为，神话只能被视为假话，任何智力完善的人都不应该相信它。但是，在某些情况下，只留下实际的、精确的东西却会使我们世界上的某些真理被清空——这些真理只有通过更为神话式的、象征性的意象，才能做出最好的、最为精确的表达。[10]林肯毫无疑问是一个有着清醒、理性的人，但他却认为自己受到这些强有力的意象的影响，在他的政治和个人的德性中塑造了自己。[11]

林肯在小时候读了不少书，但他只读进去很少的书。其中一本是梅森·威姆斯（Mason Weems）牧师的《乔治·华盛顿传》（*Life of George Washington*）。林肯一生冷静的理性都立足于真实的、开放的宗教信仰，一直到他生命的晚年为止。诚实的艾贝①曾经几次说过，这本书对他影响有多大。他甚至在前往华盛顿特区第一次就职总统的路上，在其中一站，还提起过这本书："记得当时我就想，尽管我那时还是个孩子，我想这些人为之战斗的东西一定不是一般的东西。"[12]如果林肯真的读到了这些圣徒般的功绩的话，那这些英雄事迹一定会在他身上留下不可磨灭的印象，并教给他一条有力的道路——他在不久之后就会相信这条道路是对的——以及，告诉他有一些事情是值得为之牺牲的，包括为自己和他人的自由。这些故事绝不是对所知道的细节毫无生气的堆砌，而是一些具有神话性质的故事——记载了不少标志性的、转瞬即逝的、非同寻常的事件，这些故事教给了林肯一个具有启发性的道德真相。而且，这一点也有助于我们解释为什么林肯，在离开他的法律实践，一头扎进内战中的美国所面对的政治和道德困境时，会越来越少地阅读历史、法律和政治科学（就像19世纪那样），却偏爱莎士比亚的作品。[13]这不是要倡导对经典的虚构作品的研究要超过政治科学，而且，这当然也不是要提出一个反智的主张，主张圣徒传的重新回归。这只是想提醒人们注意，我们可能失去了一种观察社会的视角，这使得我们总是条件反射般地驱散某些超越于单纯现实之上的事物。

根据这一点，我们再来看一下林肯纪念堂在市民生活中所能发挥的力量，以及其所带来的好处。在林肯纪念堂建设完成后，它成为并且现在依旧是美国最常被访问的国家纪念场所。这座纪念堂采用经典的希腊神庙式的风格。它的里面有一座巨大的大理石林肯坐像，他和蔼地看着前来的卑微的、微小的崇拜者或敬仰者。在墙上，刻着美国两篇最神圣的政治文本的原文，即葛底斯堡演讲和第二次就职演讲——费利克斯·弗兰克福特（Felix Frankfurter）曾评论第二次就职演讲，说它是"用鲜血凝成的道德遗产，但我们在危机、冲突时刻取出这一遗产时，就一定

① Honest Abe，诚实的艾贝，对林肯的尊称。——译者注

能找到具体的方式、路径来克服看似无法克服的困难"。[14]

这里有些是直通林肯一生的政治生涯的核心的。从他的第一次演讲开始，到最后一次演讲，林肯一直都认为，虽然美国值得尊敬的、宪法性的政治结构，即关于权利、法律和制衡的政治结构，对于打倒对人类自由的不公正的侵犯是有必要的，但这并不够。人类的恶念是对美国自由的最大威胁，这必须要靠具有启发性的标志和文字，即在某种带有宗教敬畏或崇敬的更高层级的文化中受到铭记的标志和文字，才能进一步遏制。如果这是真的，则当然美国会变成一个更好的地方，而情感纽带也当然能得到对这座准宗教圣殿的各种朝圣的加强。在这座圣殿中，林肯的神话的、情感的演绎，以及他的博爱，温暖地指引和启发来访者们，使他们超越了冰冷、平淡的事实的限制力量。[15]

虽然，在林肯的圣殿中，有一个危险是，它很可能会倒退成为一种对林肯神话的极端的、亵渎的展现——在那里，林肯真的被塑造成了一个神。林肯自己是彻底拒绝这一做法的。在他著名的里士满之旅中，他被人们当成了弥赛亚，人们跪在地上，想要去亲吻他的脚。"不要向我下跪"，林肯尴尬地责怪道。"这么做是不对的。你只能向上帝下跪，并感谢他赐予你可以永久享受的自由。"[16] 林肯不仅明确拒绝将自己奉为神明，他还拥有一种与神圣的、启示天赋完全相反的能力，因为他承认自己在全国性的重要问题上，无法看透上帝的意志和想法。甚至在他身处的时代最严重的政治和道德问题上，林肯都以巨大的灵活性加以应对，而很少预言一个明确的——更不用说神圣的——正确或错误的答案。只有在很少的问题上，他才认为自己看懂了上帝的意志，比如在他准备解放反叛州的奴隶时，他通过对一系列事实非凡的推理，以及对公众意见和制定法的审慎思忖，"透过黑暗的玻璃"看到了真相。林肯的政治学中满是他所认同的真理，也即他一生中认可的《独立宣言》中的真理，以及他在生命的后期认可的另一个真理，即《圣经》中的上帝——这一上帝命令他的子嗣们以感恩之心信仰上帝，爱彼此——统治着这个世界，因此对尘世的政治施加了重要的天定的影响。然而，信奉这种普遍真理并没有在他心中储存起一个关于上帝知识的特别的、详尽的储藏室，并转化成为一系列严格的、范围广泛的政策措施。

这个教训是值得小心铭记的。将现在甚嚣尘上的、亵渎神明的林肯是基督第二的神话，替换为一个复兴的传统，即逐步将林肯作为一个人来敬仰——虽然这是一个独一无二的伟人，维护了联邦，以英雄般的决心和非凡的、耶稣般的品质和直觉，延续了人们的自由——是树立了一个鼓舞人心的文化理想，以对抗潜伏在人们心中的危险的、破坏民主的恶意冲动。我们如果忘了这一点，那就是我们的损失。但是，林肯也曾在他第二次就职演讲中提出，有的时候，为维护社会和谐所必需的思想框架，以及为对美国的自由而言不可或缺的法治都不能是全然以人类为中心的。人的理性和人类英雄都在林肯的生命和政治思想中占据了基础位置，而我们也应这样做。但是，林肯认为，在某些时刻，启示的绝对的世俗来源——无助的理性、哲学自由、法律，以及早期英雄和先祖们引以为傲与值得铭记的成就——最终都证明无法唤起人们的同情心和顺服，而这两者对于平息人性中的黑暗天使，避免其分裂共和国，或使之沦落于暴君之手，是不可或缺的。林肯为这个国家的公民宗教的形成做出了不朽的贡献——他奉献了神圣的文字、有象征意义的形象、具有启发性的记忆。然而，在关于公民宗教在多大程度上是来源于林肯和他的第二次就职演讲这一问题上，我们不能按照卢梭的理解来界定美国的公民宗教，即为一个国家制造一个人造的器物，就像林肯在演讲厅演讲中提到的"政治宗教"一样。这一宗教并非林肯或任何其他可朽的人类所创造的，尽管它是以广为流传的公民话语表达出来，也没有区分任何宗教派别，以适应民主政治下各种不同的信念主张。对于林肯而言，宗教信仰经常只不过是有政治上的使用价值。但是，在他职业生涯的顶点，他却被《圣经》关于爱上帝、爱人类的教导所吸引，由此，他认识到《圣经》教导的真实性，而非功利价值。事实上，正是大家都强烈地感受到了这些教导超凡的真相，才使得这些教导具备如此无可匹敌的政治力量，影响着林肯和他的听众。这些都告诉我们，哪怕是让公民宗教的最具有启示性的世俗的碎片——尽管有《圣经》的依据——遮蔽了它神圣的来源，都会使我们在宗教上和政治上选错了方向，只选了更次要的那一块。如果这一来源的确是神圣的，而我们忘了这一点，那也将是我们的损失。

注释

[1] Douglass, *Frederick Douglass Papers*, 4：76；Holmes, *Poetical Works*, 208.

[2] 梅里尔·皮特森（Merrill Peterson）清楚地整理了很多文化方面的证明材料，这些材料表明"林肯是基督第二观念"在美国和全世界具有多么深远的影响力（*Lincoln in American Memory*, 217－226）。关于基督和林肯之间的相似性，参见Oates, *With Malice toward None*, 4；Donald, *Lincoln*, 605。关于两者遭受的身体上的痛苦和强烈的悲伤，参见Wolf, *Lincoln's Religion*, 115。关于林肯最后的照片，参见Mellon, *The Face of Lincoln*, 88, 186。

[3] Peterson, *Lincoln in American Memory*, 185－186；Tolstoy, *The World*, Feb. 8, 1909；Randall and Current, *Lincoln the President*, 376.

[4] Burlingame, *The Inner World*, 208.

[5] Donald, *Lincoln*, 576.

[6] 关于第一条引文，参见Oates, *With Malice toward None*, 426；Thomas, *Abraham Lincoln*, 518。费伦巴赫尔（Fehrenbacher）并未彻底地质疑这一陈述的真实性，但他提出这一陈述并不能排除人们的"合理怀疑"。但是，古尔则绝不想使林肯成为一个虔诚的基督徒，所以他有力地对费伦巴赫尔的保守观点提出了质疑。参见Fehrenbacher, *Recollected Works*, 297；Guezlo, *Abraham Lincoln*, 434。

[7] Thomas, *Abraham Lincoln*, 521.

[8] Hofstadter, *American Political Tradition*, 121, 124, 135. 根据霍夫斯塔德的估计，林肯之所以会超然于其他总统之上，是因为他通过建立自由资本主义，清除不公平的（是因为这会导致竞争失效，而不是因为这有违道德）奴隶劳动，从而"为一些下层人物提供了很多提升社会地位的机会"，同时，还因为他获得了政府发起的内部改革的支持，因为这些改革有助于地方实业的发展（第135页）。霍夫斯塔德的确承认林肯具有某些"私人的宗教强烈信仰"（第123页）。不过，林肯的"基督徒的美德"基本是与他的骄傲、激进的个人主义，以及源于他强烈的政治欲望和经济期待的占有欲"不相匹配"的。鉴于这一点，霍夫斯塔德认为林肯从一开始就已经注定了他"悲惨的结局"（第123页），而且，到最后，人们会发现"他的成功造成了一大堆的麻烦"（第173页）。

[9] 古德温（Doris Kearns Goodwin）提及了林肯是如何处理他身边的领导人物的相互敌对的目标的——这既需要政治天赋，也需要卓越的道德原则。但是，古德温对这一事件做了其他的处理。所以，这是一个典型的例子，她抹去了林肯的基督徒的品性。她的《竞争者团队》（*Team of Rivals*）是一本厚达900多页的书，却只对林肯的宗教观点提了寥寥几句（481－482, 699），并只是提出这有助于解释他的宽宏大量。关于那篇托尔斯泰著名的采访，该书第三章引言部分摘录了该采访的一段话，同时古德温还引用了一段，并在文中详细地描述了托尔斯泰的采访故事和背景（ix, 747－748）。不过，在这两段材料中，她都小心

地剔除了这一观点，即之所以托尔斯泰认为林肯比其他所有总统还要伟大，主要是因为他是"在世基督，人类的圣徒"，他"像爱他自己一样去爱他敌人（看待他对手）"。

[10] Cassirer, *Language and Myth*, 6. 同时参见布伦特（Brent Gilchrist）的作品（*Cultus Americanus*）。在这部作品中，布伦特将神话作为美国政治传统的一个重要组成部分。

[11] Donald, *Lincoln*, 30 – 31.

[12] Lincoln, *Collected Works*, 4：236；Wilson, *Lincoln before Washington*, 7.

[13] Wilson, *Lincoln before Washington*, 8 – 9.

[14] 关于最多人参观的国家纪念堂的描述，参见 Peterson, *Lincoln in American Memory*, 216；参见注 27，354。

[15] 这挑战了传统的思想流派，也就是将美国的公民宗教的传统视同为美国的自由个人主义风潮的一种神圣化。参见 Huntington, *American Politics*, 18, 72 – 73；Boorstin, *Lost World*, 28, 136, 140, 147。林肯的圣殿的确赞美了人类的自由，却将自由与牺牲式的慈善相联系，所以，这并不适合于只信奉粗鄙的、抽象的市场自由主义的联邦。换句话说，这里的解读使我们回到了罗伯特·贝拉（Robert Bellah）的方向，贝拉在他的关于公民宗教的一篇基础性论文中提出了这一方向。在这篇文章中，他特别提到了林肯，以向美国的公民宗教中引入个人牺牲和精神救赎这个主题（Bellah, "Civil Religion in America," 9 – 11）。这一观点也在相当大的程度上与康拉德·彻里（Conrad Cherry）最近的说法相一致，他强调被选定的民族的观念的力量和危险，而这种观念在美国公民宗教中大量存在（Cherry, *God's New Israel*, 18 – 19）。此外，刻在林肯纪念堂的石头墙上的第二次就职演讲中的神圣谴责，使人想起美国作为上帝"几乎是被选定的人民"的形象（林肯在 1861 年前往就任总统职位时，讲了这句话）。这是在提醒人们，美国远不是完美的、神圣的，也不是值得崇拜的山巅之城，美国这个民族身上明显带有道德上的不完美，并且，对上帝的关于这个民族在这个世界上所扮演的角色的真实意图，也只具有有限的理解。

[16] Donald, *Lincoln*, 576.

附录 A：约翰·温斯罗普 "基督徒慈善的典范" 演讲[1]

（封面记录）[2]

基督徒慈善的典范

写于

阿尔贝拉号

大西洋

作者：尊敬的约翰·温斯罗普先生

在他（和一大群虔诚的人们，以及他作为勇敢领袖和著名总督的基督族群）离开大不列颠前往北美新英格兰的旅途中

西元 1630 年

（速记稿）

基督徒慈善

此中典范①

（1）全能的上帝，以其最神圣和明智的旨意，给人类安排了这样的处境，在一切时代，必有人富裕，有人清贫，有人获得权力和尊严，高高在上，煊赫显要；有人则低下卑微，屈居人下。[3]

此中的原因

（2）1. 原因：第一，是为了与他其余的工作保持一致，因为他乐于

---

① 由此往后的译文取自通译本，非译者所译，出处不明，有删改。——译者注

通过生物的多样性和差异性来展现他的智慧的荣耀；乐于为整体的保存和益处安排一切差异，借此展示他的权能的荣耀；他也乐于展示他的伟大的荣耀，正如拥有许多官员是君主的荣耀，这位伟大的国王也愿意拥有许多管家，并认为，相比于通过自己的手直接赐予，通过人把自己的礼物分配给人更加光荣。

（3）2. 原因：第二，这样他就有更多机会来彰显圣灵的工作：首先是节制和约束那些恶人，使有钱有势的人不会吃光穷人，穷人和受蔑视的人不会挺身反抗那些处于优势者并挣脱束缚他们的枷锁；其次，通过布施他的恩宠，重新激起那些大人物心中的爱、仁慈、和善、节制等，对于那些穷人和处于劣势者，则激起他们的信仰、耐心、驯顺等。

（4）3. 原因：第三，如此一来，人与人之间就会互有需求，于是他们便会在兄弟情谊之下更为紧密地联系在一起。由是我们可以清楚地看到，一个人之所以比别人更受尊敬或更加富裕，等等，并非出于对他本人的特殊的、独一无二的关怀，而是为了他的造物主的荣耀和人这种造物的共同利益。因此上帝仍然保有这些天赐之物的所有权，如《以西结书》（16：17）说的。他在那里称黄金和白银是他的财富。在《箴言》（3:9）中，他声称他们的供奉是他应得的：用你们的财富尊荣耶和华，等等。因此，一切人（基于神意）就分为两等——富人和穷人：第一类包括一切有能力凭适当的方法增进自己的财富并过上舒适生活的人：根据前述这种分类，余下的都是穷人。我们凭借两条规则来指导我们彼此之间的关系：正义（JUSTICE）与仁慈（MERCY）。这两者在行为和对象上总是有区别的，但他们也可能同时发生在同一主体上，只是分别涉及不同的方面。如有时候在某些突如其来的忧患困厄中，对富人表示仁慈，同时，出于对特定契约的考虑，秉持纯粹的正义对待穷人，等等。与此相似，在上述两种情形中，我们的交往也要受到双重法律的规制：自然法和恩典法（the law of grace），也可称之为道德法则，或福音法（鉴于正义的规则不适用于此目的，而只是在某些特定的情形下才予以考虑，我们就略而不谈）。其中的第一种法，使人们能够并且命令人们爱邻人如爱己。关涉我们处理人际关系的道德法则的所有戒律就立于此基础之上。为了将这一法则运用于善功（works of mercy），这一法则要求两件事：首先，每个人都要帮助别的深陷各种困苦忧患的人；其次，他之所以这么做，与他看护自己的财富是出于同一种感情，我们可以从我们的救主那里找到这种根据。《马太福音》："你们愿意人怎样待你们。"亚伯拉罕和罗得在招待天使时就是这么做的，那位基比亚的老人也是如此。[4]

（5）恩典法或福音法与前者有如下几个方面的区别：首先，自然法是在纯洁无罪的状态下被赋予人类的，福音法却是在重生的状态下。其次，前者是针对一个人对另一个同是血肉和上帝的形象的人提出的；后者还把他当作基督的兄弟、作为具有相同精神的团体中的一员看待，并教导我们在基督徒和他人之间做出区分。对一切人行善，尤其是对信仰的家族。[5]正是基于此，以色列人尽管没有在迦南的兄弟间做出区分，却在那些作为陌生人的兄弟们之间做出区分。最后，自然法的规则没有告诉我们如何对待敌人，因为在纯洁无罪的状态下，所有人都被视为朋友。但是福音却命令我们去爱敌人。证据：如果你的仇敌饿了，就给他吃的；爱你们的仇敌，善待那些憎恨你们的人（《马太福音》5：44）。

（6）与此相似，这条福音法还提出不同的时期和场合。在某个时候，基督徒必须卖掉一切，把所得施与穷人，如他们在使徒时代所行的。在另一个时候，基督徒（尽管他们尚未捐出一切）必须做超出自己能力的贡献，就像那些马其顿人（《哥林多后书》2：8），与此相似，面临危险的团契呼唤超常的慷慨，为教会提供特别服务的团契也是如此。[6]末了，当穷尽所有别的办法都无法使我们的基督徒兄弟从忧患中解脱出来时，我们就必须超出我们的能力给他提供帮助，而不是去试探上帝，让上帝以奇迹或非常的手段来救助他。

（7）仁慈的义务以捐献（Giving）、出借（Lending）和宽恕这些行为来履行。

（8）问：关于捐献的度，人们应遵照什么规则？

（9）答：如果是在日常的时候和场合，他就把富余的捐献出来。让他向上帝祝福的那样去储备钱财吧。如果是在非常的时候和场合，他就必须受它们支配，照此办理，那么他就不会做过头，尤其是如果他想给自己和家人留下足以维持舒适生活的可能资财。

（10）反驳：人们必须为兴旺发达积蓄财产，父亲要为子孙后代积蓄财产，"不为自己提供东西"的人"比不信教的人还糟"。[7]

（11）答：关于第一点，很明显，那只是相对而言，它是指父亲们平时和通常的做法，不能推广到非常的时候和场合。关于另外一点，使徒反对的是那种行为背离常轨的人，而且毫无疑问，一个人若由于自己的懒惰和放纵而忽视了对家人的供养，那他就比不信教的人还糟。

（12）反驳："智慧的人眼目光明"，所罗门说[8]，"能预见到灾祸"。因此我们必须有先见之明，积蓄钱财，为将来的不幸做好准备，那时他或他的家人可能需要能到手的一切东西。

（13）答：所罗门正是用此论证来劝说人们要慷慨大度，《传道书》："当将你的粮食撒在水面"，还有"因为你不知道将来有什么灾祸临到地上"。《路加福音》（16：9）："你们要做不义之财的朋友。"你们要问，这是怎么回事？很好。首先，捐献给穷人等于借钱给耶和华，甚至他还活着的时候，上帝就会给他或他的家人百倍的回报——义人永远慈悲为怀、乐善好施，他的苗裔得享福祉。其次，我们知道，当清算的日子来临，我们具有怎样的优势：许多证人将站出来为我们的财富（Talent）的增值作见证。我很想知道，那些热衷于为将来积蓄财富的人，是否把《马太福音》（6：19）视为福音："不要为自己积攒财宝在地上"，等等。如果他们承认它，他们是多大程度上接受它的？如果这只是指那些原始时代，让他们思考一下我们的救主所依据的理由。首先，这些财宝要受蠹虫、铁锈和窃贼之害。其次，这些财宝会偷走人心；财宝在哪里，心就跟到哪里。在任何时代这都是永不移易的道理。因此这必定是个普遍且永久的劝诫，总是关乎对财富的热爱和迷恋，考虑这些东西本身，当教会有特定的需求或我们的兄弟面临个人的忧患时，确实需要用到这些东西；在其他情况下，积蓄财富不仅是合法的，也是必要的，就如约瑟在这类情形下已做好准备，就如耶和华（我们是帮他看管财物的管家）将从我们这里索取它们。关于第一种情况，基督已经给出一个例子，他派他的门徒去牵驴，并吩咐他们对驴的主人说，主需要这头驴。[9]当要建造会幕时，他派他的仆人去向他的子民呼求白银和黄金[10]，等等；他提出的理由仅仅是他工作的需要。当以利沙见到撒勒法的寡妇[11]，发现她正准备把一丁点食物做给她自己和家人吃时，他吩咐她先把吃的东西给他；他要求她在给她家人拿吃的之前，先献出给上帝的那份食物。这一切教导我们，主的看法是，如果他乐意主张对我们所有的任何东西的权利，我们自己的利益就须退居一旁，直到他的要求得到满足为止。对其他人呢？我们不必到远处求解，只须看《约翰福音》（1）："凡有世上财物的，看见弟兄穷乏，却塞住怜恤的心，爱上帝的心怎能存在他里面呢。"由此可以准确地得出如下结论：如果你的弟兄陷于贫困，而你能够帮助他，你不必心存疑虑，不知道该怎么办，如果你爱上帝的话，你就必须帮助他。

（14）问：我们出借时必须遵守什么规则呢？

（15）答：你必须照此行事：看你的兄弟是否有偿还你的现有的、可能有的或者也许有的资财，如果这些都没有，你必须根据他的需要捐献给他，而不是他要多少就借多少。如果他有现有的资财可偿还你，你就不能认为对他行了仁慈之举，而是以交易的方式出借，此时你要循正义的规则行事。但是，如果他用来偿还你的资财只是可能有或者也许有，那么他就是你的表示仁慈的对象，你必须借给他，尽管有失去这些财物的危险。《申命记》（15：7）中说，"你弟兄中若有一个穷人"，等等，"你要照他所缺乏的借给他"。人们不可由于明显的危险就逃避这一义务，上帝告诉他们，虽然禧年（jubilee）在即（到时他必须免除债务，如果他在此之前无力偿还的话），他还是必须高高兴兴地借钱给他：[12]"给他的时候心里不可愁烦。"上帝说。因为有人也许要反对："为什么，这样我和我的家人岂不很快就一文不名了。"他补充说"并你手里所办的事上"，等等；我们的救主的话，则见于《马太福音》（5：42）："有向你借贷的，不可推辞。"

（16）问：我们宽恕时必须遵守什么规则呢？

（17）答：无论你是以交易的方式出借，还是出于仁慈，如果他拿不出什么东西来偿付你，你必须宽恕他（除非你有担保或者合法的抵押品），见《申命记》（15：2）。每隔七年债主就要豁免他借给弟兄的钱财，如果他看起来已穷困潦倒的话——第八小节："就必在你们中间没有穷人了。"在这类事情以及类似的情形下，基督是一条普遍的规则，《马太福音》（7：22）：[13]"你们愿意人怎样待你们，你们也要怎样待人。"

（18）问：在面临危险的团契的事业中，我们必须遵守、循着什么规则呢？

（19）答：和前面同样的规则，只是要为别人做得更多，对我们自己和我们的权利考虑得更少。因此在原始教会中，他们卖掉一切，一切东西共有，没人会说他占有的东西是他自己的。[14]与此相似，被掳归来后，因为重建教会的工作繁重，且大家都面临着敌人的危险，尼希米劝犹太人要慷慨大度，随时准备豁免弟兄们欠他们的债务，他自己则慷慨地把自己的所有捐给需要的人，而不主张自己应得的财产，虽然他本来是可以提出这种要求的。[15]我们的先人在英格兰[16]实行迫害的那些日子里，还有其他教会一些信仰坚定的人，都是这么做的，这就是我们怀着崇敬的心情将他们铭记；我们也可以从圣经及各教会晚期的故事中看到，对穷苦的圣徒至为慷慨的，尤其是在这些非常时期和场合，上帝就使他们备受后代的颂扬，如扎霍伊斯（Zacheus）、科奈留斯（Cornelies）、多尔卡丝（Dorcas）[17]、胡珀主教（Bishop Hooper）[18]、布鲁塞尔的刀匠（the Cuttler of Brussells）和其他许多人。我们还会看到，《圣经》并不限制任何人在这方面做出过于慷慨的行为；却以最美好的允诺鼓励所有人自愿且兴高采烈地去从事这种慷慨行为；劝勉一个人为许多人服务 [《以赛亚书》（58:6）]："我所拣选的禁食，不是要松开凶恶的绳，解开轭上的索，使被欺压的得自由，折断一切的轭吗？不是要把你的饼分给饥饿的人，将漂流的穷人接到你家中，见赤身的给他衣服遮体，顾恤自己的骨肉而不掩藏吗？这样，你的光就必勃发如早晨的光，你的伤口将会迅速复原。你的公义必在上帝面前行，耶和华的荣光必将你拥抱；那时你求告，耶和华必应允"，等等。第十小节：[19]"你心若向饥饿的人发怜悯，你的光就必在黑暗中发现，耶和华也必时常引导你，在干旱之地使你心满意足，骨头强壮；你必像浇灌的园子，那些出于你得人，必修造久已荒废之处"，等等。相反，那些对耶和华和他的子民心胸狭隘的人，要遭到最严重的诅咒，《士师记》（5:23）："应当诅咒米罗斯，因为他们不来帮助耶和华"，等等。《箴言》（21:23）："塞耳不听穷人哀求的，他将来呼吁也不蒙应允。"《马太福音》（25）："你们这被诅咒的人进入那永火里去"，等等。[20]"我饿了，你们不给我吃。"《哥林多后书》（9:6）："少种的少收。"

（20）我们既已阐明如何依照上帝的律法践行仁慈，那么揭示这种做法的根据也不无裨益，那也是戒律的另一部分，而仁慈的施行必然是出自那种感情。使徒告诉我们，这种爱是律法的圆满履行[21]，仅仅爱我们的兄弟而没有进一步的表示，这是不够的；而是要考虑他具有卓越的能力，去推动别人，如灵魂之推动肉体——灵魂具有这样的力量，可以让所有官能运转起来，在外部完成义务的施行。好比我们吩咐某人去让时钟敲响，他没有去拿锤子这种可以直接制造声响的工具，而是让原动机或者主轮运转起来，他知道，这样肯定能产生他所预期的声音。因此，要吸引人们从事善功，不能依靠论证这种工作的好处和必要性来说服别人。因为这种做法也许能迫使有理性的人从事当前的某种慈善之举（这种事在现实中并不罕见），但它无法使灵魂形成这样一种习惯，让它在一切场合都能毫不迟疑地投身这种工作，而是要在人们心中形塑这些爱的感情，由此便可自然而然地达到想要的结果，恰如任何原因当然地产生结果。

（21）《圣经》对爱的定义如下："爱是尽善尽美的联结。"[22]首先，它是纽带的联结。其次，它使工作尽善尽美。身体无非就是各部分，将这些部分连缀起来的东西使得身体尽善尽美，因为它使每一部分与别的部分密切接触，彼此难分难解，无论是坚强有力时抑或软弱无力时、乐时抑或哀时。举个例子，一切身体中至为完美的：基督和他的教会合为一个身体。这个身体的若干部分，在结合之前被认为是分离的，既不成比例，又异常紊乱，包含许多相反的性质或部分，可是基督降临之后，凭着他的灵和爱把所有这些部分连缀到他身上，同时将它们彼此连缀起来，于是它就成为世界上最完美、最符合比例的身体。《以弗所书》（4:16）："全身靠着基督用其中配备的关节连缀起来，各部分的运作尽善尽美"，"一个荣耀的身体，没有玷污或皱纹"，此中的纽带就是基督，或者说他的爱，因为基督就是爱［《约翰一书》（4:8）］。所以这个定义是正确的："爱是尽善尽美的联结。"

（22）由此我们可以得出如下结论。

（23）第一，真正的基督徒在基督身上结为一体，《哥林多前书》（12:12，27）："你们就是基督的身子，并且各自做肢体。"

（24）第二，这身体中把各部分连缀起来的就是爱。

（25）第三，缺乏这一纽带的身体不可能尽善尽美。

（26）第四，这样联合起来的各部分处于一种特殊的关系中，变得亲密无间，必然要分担彼此的力量与软弱，欢乐与忧愁，幸福与哀痛。《哥林多前书》（12:26）："若一个肢体受苦，所有的肢体就一同受苦；

若一个肢体得荣耀，所有的肢体就一同快乐。"

（27）第五，对彼此境况的感知与同情，必会给每个部分注入一种自然的愿望和奋进心，想要援助、捍卫、支持、安慰别人。

（28）应坚信这个结论是前面所有结论的结果，我们将从戒律中和榜样上看到此中的真理。《约翰一书》（3：10）："你们当为弟兄舍命。"[23]《加拉太书》（6：2）："你们各人的重担要互相担当，如此，就完全了基督的律法。"

（29）说到榜样则首先要提到我们的救主，他出于善意服从他的父亲，成为这个身体的一部分，凭着爱的纽带与之结合，自然而然就感受到我们的软弱和悲伤。他欣然牺牲自己以缓解他的身体其余部分的那种软弱，并治愈他们的悲伤。出于相似的各部分之间的同情，使徒们和成千上万的圣徒为基督捐弃自己的生命，我们可以从这个身体各肢之间看到类似的情形[24] ［见《罗马书》（9）］。为使犹太人不致从这身体上被切除下来，保罗情愿自己与基督分离。他坦言自己与各肢感同身受，情深意切，"有谁软弱"，他说，"我不软弱呢？有谁跌倒，我不焦急呢?"《哥林多后书》（7：13）又说："故此，我们得了安慰，因为你们得了安慰。"他关于以巴弗提的说法，见《腓力比书》（2：30）。他为基督效劳而不顾生命。所以非比和其他人被称为教会的执事。[25] 显然，他们不是为工资或者受了强迫才提供服务，而是出于爱。翻开教会史我们就会发现，任何时代都不乏类似的人物，这个身体各肢彼此之间同心同德的美好感情，他们一起效力和受苦的欢欣，慷慨大度却无怨无悔，庇佑别人而不心怀嫉恨，乐于助人而不求全责备；正是由于这个缘故，因为他们之间怀有炽烈的爱，这就使仁慈的施行变为一件持久而轻松的工作。

（30）其次要考虑的是这种爱是如何发生效用的。处于初始状态中的亚当是人类千秋万代的典范，而从他身上，从其习性上看，这种爱是尽善尽美的。但是亚当使自己与造物主分离，并使他的后代彼此分离；所以后来每个人一生下来就怀着这样的原则：只爱自己，只寻找自己，人们一直就这样，直到基督降临，占据了灵魂，给我们灌输另一个原则：爱上帝，爱我们的兄弟。这后一个原则由于出自基督这一不竭的源泉（就像把他结合起来的头部和根部），渐渐就取代了前者。《约翰一书》（4：7）："爱是从上帝来的，凡有爱心的，都是由上帝而生。"故而这种爱是新生者的果实，除了新的造物之外，谁也不具有。人的灵魂既形成了这种品质，它就运作起来，如灵之作用于干枯的骨头。《以西结书》(37)："骨与骨互相联络。"他把尽善尽美的老亚当散布各处的骨头聚起来，在基督身上连缀成一个身体，于是人又变成一个活生生的灵魂。

(31) 第三重考虑是关于这种爱的施行，它包括两个方面，或者是内部的，或者是外部的。外部的施行在本次讨论前面的序言中已经交代过了。为了阐明另外一个方面，我们必须采纳这条哲学箴言：simile simli gaudet，或相似者渴求相似者；因为如果事物之间因彼此不满而被侵蚀[26]，原因就在于事物本身相反或相异的本性产生的不相似，而爱的理由就是洞察到被爱的事物的相似之处，正是这种相似造就了爱。这就是耶和华爱造物的原因，只要造物中隐约可见他的形象；他爱他的选民是因为他们像他，他从他的爱子身上看到他们。因此母亲爱自己的孩子，因为她从中彻头彻尾地构想出一个与自己相似的人。基督的各肢之间也是这样。凭着灵的工作，每个人从别人身上辨认出自己的形象和相似者，所以唯有像爱自己一样爱他。当具有合群本性的灵魂发现任何与自己相类的东西，其情状就好比夏娃被带到亚当面前。她一定把它视如己出。这是我的肉中肉（灵魂说）和骨中骨。她想象其中有巨大的欢乐，因此她渴望与它有亲密的接触。她十分向往为它做点好事，从中得到满足，由于害怕她的爱人有什么差错，她把它安置在内心的最深处。她绝不容许它缺少她能够给予的任何好处。如果她偶尔没有它陪伴左右，她还会眼望着她离开她的爱人的那个地方。如果她听到它在呻吟，她立即就会来到它身边。如果她发现它郁郁寡欢，她就和它一同悲悼叹息。她最高兴的莫过于看到她的爱人快快乐乐、欣欣向荣。如果她见到它受了亏待，她的心情就难以平静。施爱于它，对她来说就是足够的补偿了。我们可以从约拿单和大卫身上发现活生生的例子。约拿单是一个英勇的人，具有基督的精神，故而当他发现大卫身上也具有同样的精神，他马上凭着这种爱的特征与他心连心，所以人们说他爱他如爱自己的灵魂。他非常喜欢他，不惜剥去自己的所有来装饰他挚爱的人。他父亲的王国对他来说还不如他所挚爱的大卫珍贵。大卫一定全心全意地接受了这种爱，他本人别无所求，唯望靠近他，愉快地享受他的善意。他选择在荒野里与他交谈，哪怕冒着生命危险也在所不辞，而不愿在他父亲的宫殿里与那些伟大的朝臣交谈。当他看到他面临危险，便不顾一切艰难险阻向他指出来。当他挚爱的大卫受到伤害，他是绝不能忍受的，即使这种伤害来自他的父亲；哪怕只是分开一会儿，他们都会觉得，若不是这种感情通过滂沱的泪水得到了宣泄，自己肯定要因悲伤而心碎。我们还可以举出其他例子来说明这种感情的本性，比如路得和拿俄米，还有其他许多人；不过这个真理已彰显无遗。如果有人反对说，培养或怀有一种无望得到回报的爱是不可能的，我们同意这种说法；但这不是我们的目标，因为它从不给予，却能得到回报。它总能有效接受别人的给予：第一，考虑到在同一个身体的各肢之中，爱和感情在一种最为平等和美好的交易中有来必有往；第二，考虑到施行爱所带来的快乐和满足，如我们在自然的身体中所见到的。嘴巴费尽辛苦接收和嚼碎食物，以滋养身体的其余部分，但它没有理由抱怨。首先，其余部分通过若干渠道并以一种更好的形式送回一定比例的同样养分，为嘴巴提供力量和舒适。其次，嘴巴的劳作所伴随的快乐和满足超过其中的痛苦。基督徒的所有爱的劳作也是这样。如前面表明的，付出爱的那一方再次收获爱，灵魂渴望爱胜过渴望世间的全部财富。再次，灵魂最大的快乐和满足，就是发现它可以热烈爱慕的东西，因为付出爱并且活着时被爱就是灵魂的乐园，无论是在此世还是天国。在婚姻的状态中，许多慰藉的存在表明这种境况下愁烦甚多；不过让那些体会最深的人告诉我们，在那种境况下，是否有什么美好的事物可与互相爱慕比拟。

（32）从前面的思考可以得出如下几个结论。

（33）第一，基督徒之间的这种爱是一种真实的东西，而不是玄想虚构的。

（34）第二，这种爱对于基督的身体的存在是绝对必要的，正如一个自然身体的筋腱和其他韧带对于这个身体的存在是绝对必要的。

（35）第三，这种爱是一种神圣的、属灵的本性，自由、活跃、强健、勇敢、恒久，轻视一切不配成为他的正确对象的东西。在所有的恩典中，这种恩典使我们与天上的父的美德更加接近和类似。

（36）第四，它留在被爱者的爱和福祉中。关于这种恩典的本性、运用和卓越之处，圣灵已在《哥林多前书》（13）中留下记录[27]，可以完全满足人们的要求。对这种真理的完全、恰当的认知，对主耶稣的这个可爱的身体的每一真正的组成成员是必要的，为了作用于他们的心灵，通过祈祷、沉思、持续施行（至少）上帝恩典的这种特殊影响，直到基督在他们当中、他们又在基督当中形成，一切一切，凭着这种爱的联结，彼此连为一体。

（37）接下来要做的，就是按照当前的意图，来运用此番论述，正是这个意图促使我写下这篇文章。此中有四样东西要提到：第一是个人，第二是工作，第三是目的，第四是手段。

（38）第一，关于个人。我们是一个团体，并声称我们自己都是基督的组成部分，其意思不外乎指尽管我们相隔千万里，并在千万里外各自从事自己的工作，但我们应该认为是这种爱的纽带把我们联结了起来，并使我们在生活中施行这种爱，如果我们想从我们在基督之内存在这一点上获得慰藉的话。从前的基督徒的某种习惯使这变得臭名昭著，韦尔多派就印证了这一点[28]，我们从他们的敌人之一埃涅阿斯·西尔维乌斯[29]的口中得知"mutuo［solent amare］penè antequam norint"，他们惯于爱任何属于他们教派的人，甚至在他们与他们结识之前就爱上了。

（39）第二，关于我们当下的工作。这是经过互相同意，通过一种特殊的、价值无法估量的天意和基督众教会的非同寻常的赞允，去觅得一个我们可以相伴而居的地方，生活在一种合适的世俗（civil）治理形式和教会治理形式之下。在诸如此类的情形下，对公共事务的关注必定要凌驾于一切私人方面的事务之上，以此，则不独良知在约束着我们[30]，单纯的世俗政策也在约束着我们。这是一条真实的规则，即如果公共状况遭到毁灭，则特定个人的状况也无法维持下去。

（40）第三，我们的目的是改善我们的生活，多为上帝效劳；使我们作为其组成部分的基督身体得到慰藉和壮大；使我们自己和后代能保持得更好，不受这个邪恶世界无处不在的腐败的侵蚀，去侍奉上帝，在他那些纯洁的神圣典章的权能之下，为我们的拯救而奋斗。

（41）第四，关于定能实现此目的的各种手段。这些手段包括两个方面，与我们的工作和指向的目的相一致。如我们所见，这是非凡的工作和目的，因此我们不能以平常的手段为满足。我们生活在英格兰时所做的或者本该做的，我们到了要去的地方也要照做，而且更应如此做。大多数人在其教会中只是当做口头真理的东西，我们必须付诸日常的持久的实践，这种爱的义务就是这么要求我们的。我们必须毫不矫情，如兄弟般去爱；[31]我们必须以一颗纯洁的心热烈地彼此相爱。[32]我们要互相担当各人的重担。[33]我们不要只顾盯着我们自己的东西，我们弟兄的东西也要看好，我们也不要以为，上帝会容忍我们一手造成的失败，如他忍受那些我们曾生活于其中的人的失败；这是基于三个理由。

（42）其一，考虑到他与我们之间更为亲密的婚姻关系，在这种关系中，他依照一种最严格和特殊的方式，使我们成为他的人，这就使他更热衷于我们的爱和服从。所以他告诉以色列人，在地上万族中，我只认识你们，因此，我必追讨你们的罪孽。[34]

（43）其二，因为耶和华要在那些亲近他的人当中显为圣。我们知道有很多人败坏了对耶和华的祀奉，有些人在耶和华自己的祭坛前设立其他祭坛，有些人奉上奇异的火和奇异的贡品；但是并没有来自天上的火或者其他突如其来的判决降到他们身上，像降到拿答和亚比户[35]身上那样，而我们或许会认为后两者并没有犯下什么大罪。

（44）其三，上帝赋予一项特定使命时，他要确保人们严格遵守其中的每一条款。当上帝把毁灭亚玛力人的使命交给扫罗时，他与他就某些条款立了约，后来扫罗未能恪守其中最微不足道的一项条款，而且还是基于良好的借口，他的王国就落空了，而假若他谨守使命，这个王国是要作为报酬给他的。[36]上帝与我们之间的事业就屹立于此。为了这项工作，我们和他订立了契约。我们已领受了一项使命，耶和华准允我们起草自己的条款。我们已宣布要从事这些行动，要达到这样和那样的一些目的，我们在此恳求他的垂青与祝福。倘若耶和华乐意听取我们，把我们平安地领到我们思盼的地方，则可见他批准了这个契约，给我们的使命盖上了印章，并且希望我们严格履行其中包含的条款。但是，倘若我们怠于遵守这些作为我们的目的提出的条款，并且在上帝面前弄虚作假，我们就要堕落到去拥抱现世，汲汲于满足肉欲，为我们和我们的后代寻求好东西，耶和华必要向我们发烈怒，报复这样一个发伪誓的民族，使我们知道违反这样一个契约要付出何种代价。

（45）而今，避免覆船的唯一途径，也是提供给我们的后代的唯一途径，就是遵从弥迦的建议，行公义，好怜悯，存谦卑的心，与我们的上帝同行。[37]为达到这一目的，我们必须在这项工作中团结起来，合为一人。我们必须以兄弟般的情谊相待，我们必须欣然捐弃自己身上多余的东西，以满足他人之所需。我们必须以最大的温恭、柔顺、耐性和慷慨建立一种亲密的交流。我们必须为彼此感到高兴，设身处地为别人着想，一同欢喜，一同悲悼，一同劳动和受苦，永远要看到我们在这项工作中的使命和团契，我们的团契就像一个身体的各个组成部分。我们须在和平的盟约之下保持精神的一致。[38]耶和华将成为我们的上帝，乐意住在我们中间，就像住在他自己的人民中间一样，他还将在我们前进的路上降给我们福泽，所以较之我们从前所熟见的，我们将更能一睹他的智慧、权能、善与真。我们将发现，以色列的上帝就在我们中间，那时我们 10 个人即可抵挡我们的 1000 个敌人；那时他将使我们获得赞美与荣耀。对于往后的拓殖，人们会说，"耶和华使之像新英格兰的拓殖"。我们必须这么想，我们将成为一座山巅之城，所有人的眼睛都注视着我们。[39]因此，倘若在我们从事的这项工作中，我们没能处理好与上帝的关系，致使他收回他目前给予我们的帮助，我们势必成为全世界的谈资和笑料。我们势必招来敌人的悠悠之口，他们将诋毁上帝之道（ways），及所有为了上帝而表白信仰者之道。我们势必使很多上帝的可敬的仆人脸上蒙羞，致使他们的祷告变为诅咒落到我们身上，直到我们从自己正前往的那片良土上被吞噬殆尽。下面就以摩西，那位耶和华的忠仆的话，也就是《申命记》（30）中他对以色列人的最后告别，来结束这次演讲。亲爱的人们，如今生与善，死与恶，就陈明在我们面前，吩咐我们爱耶和华我们的上帝，并彼此相爱，遵行他的道，谨守他的诫命、典章、律例，并我们与他所立之约的各条款，使我们可以存活，人数增多，耶和华我们的上帝就必在我们所要进去得为业的地上赐福于我们。倘若我们心里偏离，不肯遵从，受了引诱去敬拜其他的神，从中寻求我们的快乐和利益，去侍奉他们；今日我们已得知，我们就必要灭亡，从我们跨越这个汪洋、进去得为业的良土上消失。

所以让我们选择生，

使我们和我们的后裔都得存活，

且听从他的话，专靠他，

因为他是我们的生命，

我们的繁荣昌盛也在于他。

注释

［1］ 就像第一章所说的那样，该文本见于《温斯罗普文集》（2：282 – 295），但是我将其中所有的拼写和数字的古写法改成了现在的写法（并将温斯罗普独立的句子合并为一段），以便读者能跟上我在第一章和第二章中的解读。

［2］ 这一介绍性的段落来自封面的笔记，且只见于该篇讲话 17 世纪的手稿（由纽约历史学会所有）。很清楚的是，封面上的笔记不是温斯罗普写的，而是后人加上去的。关于做出该演讲的具体时间，人们提出了多种看法，参见 Dawson，"John Winthrop's Rite of Passage"。

［3］《温斯罗普文集》编者（下简称 "编者"）注，这可能与下列短句形成对照，即 "王国与民主国的不同"，见于 I：37。

［4］ 编者注：该处引文来自《创世记》（18 – 19），《士师记》（19：16 – 21）。这里还有一个关于《创世记》的注，即这里有一个日内瓦版的《圣经》的旁注——该版本《圣经》是温斯罗普的该篇布道中引文的来源。

［5］ 编者注：该处引文来自《加拉太书》（6：10）。

［6］ 引文来源不详；《哥林多前书》（2：6），《哥林多后书》（2：6）似都与此无关。

［7］ 编者注：该处引文来自《提摩太前书》（5：8）。

［8］ 编者注：该处引文来自《传道书》（2：14）。

［9］ 编者注：该处引文来自《马太福音》（21：2 – 3）。

［10］ 编者注：这里的仆人指的是所罗巴伯，见于《以斯拉书》（3）和《哈该书》（2）——参见日内瓦版本的旁注。

［11］ 编者注：该处引文来自《列王纪上》（17：8 – 24）和《路加福音》（5：26）。

［12］ 编者注：该处引文来自《申命记》（15：7 – 11）和《利未记》（25：35 – 42）。

［13］ 该引文出现于编者的文本中，但很明显温斯罗普指的是《马太福音》（7：12）。

［14］ 编者注：该处引文来自《使徒行传》（2：44）和（4：32 – 35）。

［15］ 编者注：该处引文来自《尼希米记》（5），并特别从日内瓦版中抄来一条旁注："从本性来说，富人并不比穷人更好。"

［16］ 根据这里提及的 "在英格兰"，道森认为，当温斯罗普讲出这个地名的时候，他可能已经登上阿尔贝拉号了，但这条船可能还没有离开英格兰海岸（Dawson，"John Winthrop' Rite of Passage，" 227）。

［17］ 编者注：该处引文来自《路加福音》（19：8）和《使徒行传》（9：36 – 42；10）。

［18］ 编者解释说，胡珀主教是一个著名的新教徒殉道者，他定期救济伍斯特市的穷人。

［19］ 编者在这里标注了 "2：10"；但是，这处引文的出处却不是《以赛亚书》（2：10），而是《以赛亚书》（58：10）。

［20］说的是那些未关心饥饿者、口渴者、身体裸露者和被囚禁者的人。

［21］编者注：该处引文来自《罗马书》（13：10）。

［22］编者注：该处引文来自《歌罗西书》（3：14），该句在日内瓦版中为"爱，尽善尽美的联结"。

［23］Winthrop，［*Unabridged*］*Journal of John Winthrop*，6，清楚的标注，该处引文来自《约翰一书》（3：16）。

［24］参见 Verses 3 – 4。

［25］编者注：该处引文来自《罗马书》（16：1）。

［26］编者注：该处文本应为"败坏"（而在原文中用的是"侵蚀"）。

［27］这可能是《新约》中关于慈善的最好的定义。

［28］12 世纪，彼得·瓦尔多（Peter Waldo）在法国和意大利的阿尔卑斯地区创立了新教宗派，然后在 1545 年，弗朗西斯一世（Francis I）发动了大屠杀。

［29］即罗马教皇庇护二世（Pius Ⅱ），他反对这一教派。

［30］编者注：原记录者写为"结果"（consequence），然后又划去，并修改为"良知"（consequence）。

［31］编者注：该处引文来自《罗马书》（12：9 – 10）。

［32］编者注：该处引文来自《彼得前书》（1：22）。

［33］编者注：该处引文来自《加拉太书》（6：2）。

［34］编者注：该处引文来自《阿摩司书》（3：2）。

［35］编者注：该处引文来自《利未记》（10：1 – 2）。

［36］编者注：该处引文来自《撒母耳记》（15，28：16 – 18）。

［37］编者注：该处引文来自《弥迦书》（6：8）。

［38］编者注：该处引文来自《以弗所书》（4：3）。

［39］编者注：该处引文来自《马太福音》（5：144）。

附录 B：《独立宣言》托马斯·杰斐逊初稿[1]

美利坚合众国代表在国民大会上联合宣言。

在人类历史事件的进程中，当一个民族有必要摆脱他们至今维持的从属地位向前迈进，以及在众多列强中领受自然法和自然之神授予他们的平等和独立的地位，出于对人们观念的尊重，必须把驱使他们独立的原因予以宣布。

我们认为下列真理是神圣的和不容否认的：所有受造之人自始平等和独立，而从这平等的受造，他们获得了内在的和不可剥夺的权利，其中包括对生命、自由、追求幸福的保障。为了实现这些目标，人们之中成立了政府，并经由被统治者的同意而获得公正的权力。无论何时，如任何形式的政府成为这些目标的破坏力量，则人们都有权改变或废除这个政府，并成立一个新的政府。新政府所根据的原则及其组织权力的方式，务必使人民认为，唯有这样才最有可能保障他们的安全与幸福。诚然，出于慎重的原因，不应因为微不足道的和暂时的原因而改变一个建立已久的政府，且过去的一切经验也表明，人类更倾向于忍受尚能忍受的苦难，而不去为了拯救自己而废除他们久已习惯了的政府形式。但是，当滥用职权和巧取豪夺的行为连绵不断、层出不穷，始于一个著名的时代，并证明政府追求的目标是企图把人民置于专制统治之下时，人民就有权利，也有义务推翻这样的政府，并为他们未来的安全建立新的保障。这就是我们这些殖民地的人民一向忍受的苦难，以及现在不得不起来推翻原先政治制度的原因。当今国王陛下的历史，就是一部反复重演的伤天害理、巧取豪夺的历史，而且从未有任何相反的事实出现。所有这些行径的直接目的，就是要在我们这些州里建立专制的暴政统治。为了证明这一点，特将事实陈述于世界公正人士之前。

他拒绝批准那些对公共福利最有益、最必要的法律。

他禁止他的总督们批准那些紧急的、极其重要的法律，除非那些法律在经他同意之前暂停施行；而暂停施行期间，他又对那些法律完全置之不理。

他拒绝批准其他有关人民向广大地区迁居的法律，除非那些人民愿意放弃其代表权；这种代表权对人民来说具有无可估量的意义，只有对暴君来说才是可怕的。

他屡次和持续地解散各州的议会，因为这些议会曾坚定不移地反抗他对人民权利的侵犯。

他长时期不让人民另选新议会，于是这项不可剥夺的立法权只能由普通民众来行使，而这时各州正是险象环生，外有侵略的威胁，内有动乱的危机。

他竭力抑制各州的人口增长。为此目的，他为《外国人归化法》设置障碍，拒绝批准其他鼓励外国人移居各州的法律，并提高了重新分配土地的条件。

他让某些殖民地的司法行政工作完全陷入停止状态，拒绝批准确立司法权力的法律。

他使法官的任职年限、薪金数额及支付办法完全由他个人意志来决定。

他凭借独断之权滥设新职，派遣大批官吏来钳制我们的人民，耗尽我们人民的财力。

他在和平时期就把常备军和战舰驻扎在我们这里。

他力图使军队独立于政权，并凌驾于政权之上。

他与某些人相互勾结，要我们屈服于一种与我们的体制格格不入、没有为我们法律所承认的管辖权之下；并且批准那些炮制的假冒法案，为在我们这里驻扎大量的武装部队；

为用欺骗性审讯来包庇那些杀害我们各州居民的人，使他们得以逍遥法外；

为切断我们与世界各地的贸易；

为未经我们的同意即向我们强行征税；

为在许多案件中剥夺我们的陪审权力；

为以莫须有的罪名押送我们去海外受审；

为取消我们的宪章，废除我们那些最宝贵的法令，并且从根本上改变我们政府的形式；

为关闭我们自己的立法机关，有权就一切事宜为我们制定法律。

他撤走了他的总督，宣布我们已不再属于其承诺的对象，也不受其保护。这样，表明了他已放弃在这里的政权。

他在我们的海域大肆掠夺，骚扰我们的沿海地区，焚毁我们的城镇，并残害我们人民的生命。

他此刻正在调运大量的外籍雇佣军，意在制造死亡、毁灭和专制暴虐。他已经造成罕见的残暴和背信弃义的气氛。他不配做一个文明国家的元首。

他竭力挑动我们的边疆居民、那些残酷无情的未开化的印第安人；而印第安人的著名的作战原则是不分男女老幼、不论何种情况，一概格杀勿论。

他以没收和充公我们的财产为威胁，在我们的人民之间煽动内乱。

他发动了有违人的本性的残忍战争，侵犯从未冒犯过他的远方人民的神圣生命权利和自由权，俘虏他们并将他们运到地球的另一半作为奴隶，并在运输途中造成了悲惨的死亡。这非法劫掠的战争、异教徒势力的耻辱，正是大不列颠基督国王所谓的战争。由于决定要保持市场开放，以买卖人口，他滥用手中的否决权，压制每一次禁止或限制这种可憎贸易的立法尝试。那些恐怖分子的乌合之众或许并不想造成明目张胆的死亡事件，但他现在却在煽动这些人在我们之中手持兵器起来造乱，以谋杀被他强逼而未有反应的人民的生命，来换取被他夺取的自由。因此，他现在应该清偿之前犯下的侵犯人民自由的罪行，还有那煽动人们谋杀他人的罪行。在这些高压政策的每一个阶段，我们都曾以最谦卑的言辞请求予以纠正，而每次的吁请所得到的答复都是不断的伤害。一个君主，当他的每个行为都已打上暴君的烙印，是不配做注定要获得自由的人民的统治者的。在未来的时代，人们都不会相信，一个人能够如此冷酷，在短短的 12 年里，在浸润与深信自由原则的人们头上，做出如此之多的毫不掩饰的暴君行径。

我们并没有置我们的英国弟兄于不顾。我们时常提醒他们，他们的立法机构企图把管辖权横加到我们头上。我们曾提醒他们注意，我们移居和殖民来此的情况，所以，没有人可以批准一个如此古怪的主张。我们的殖民地是以我们的血与财富为代价而建立起来的，大不列颠并未提供过任何的资财或力量。诚然，在组建我们的政府的不同形式时，我们接纳了同一个国王，因此也打下了与他们结成永久联盟和友好关系的基础。但是，如果历史是可信的话，那么服从他们的议会便从不是我们的宪法的内容，也从不在我们的想法之中。我们吁请他们回归天生的公正与宽宏，并关注我们共同的血缘联系，否定这些掠夺行径，因为这将破坏我们的联络与联系。他们经常对正义和同族人的声音充耳不闻，并对要求移除他们那影响我们和谐安定的议会的建议不加理睬，这些建议我们都是按照他们的法律的正规程序提交的，他们凭借自己的权力，根据自由选举，在我们这里重建了这些议会。在这一时刻，他们又不仅允许他们的最高行政长官派来与我们有共同血缘联系的士兵，还允许苏格兰和外国的雇佣兵来入侵和压制我们，造成流血。这些事情都成了令我们痛苦不已的最后那根尖刺，悲壮的情绪促使我们宣布放弃这些无情的兄弟。我们必须努力忘记之前对他们的爱，并将他们与其他人同样对待，他们是战争中的敌人、和平中的友人。我们本可以组成一个自由、伟大的民族，但是关于伟大和自由的交流看似有损他们的尊严。那就这样吧，因为他们会有他们的荣耀和幸福；而通向荣耀和幸福的道路也已经为我们铺就；我们将会在不同的国度踏上这条大道，并在必要时保持沉默，因为这宣布了我们永久的别离！

因此，在国民大会上，我们，美利坚合众国的代表们，以各州善良人民的名义，凭各州善良人民的授权，拒绝与放弃所有对大不列颠及此后可以凭借、通过或基于它而主张相同权力的人们的忠诚和臣服。我们完全解除和停止与大不列颠人民或议会之间目前尚可能存在的所有政治联系。最后，我们声明与宣布这一殖民地将要组成自由、独立的国家，而且，作为自由、独立的国家，我们自此有权发动战争、媾议和平、结交同盟、建立商贸，以及做所有独立的国家有权做的其他行为和事情。为了拥护此项宣言，我们怀着神明保佑的坚定信心，以我们的生命、我们的财产和我们神圣的荣誉，互相宣誓。

注释

［1］ 载于 *Papers of Thomas Jefferson*，1：423－427。

附录 C：托马斯·杰斐逊第一次就职演讲*[1]

1801 年 3 月 4 日

朋友们、同胞们：

我应召担任国家的最高行政长官。值此诸位同胞集会之时，我衷心感谢大家寄予我的厚爱。诚挚地说，我意识到这项任务非我能力所及，其责任之重大，本人能力之浅薄，自然使我就任时感到忧惧交加。一个沃野千里的新兴国家，带着丰富的工业产品跨海渡洋，同那些自恃强权、不顾公理的国家进行贸易，向着世人无法预见的天命疾奔——当我冥思这些超凡的目标，当我想到这个可爱的国家，其荣誉、幸福和希望都系于这个问题和今天的兴盛，我就不敢再想下去，并面对这宏图大业自惭形秽。确实，若不是在这里见到许多先生们在场，我想无论遇到什么困难，都可以向宪法规定的另一高级机构①寻找智慧、美德和热忱的源泉，我一定会完全心灰意冷。因此，负有神圣的立法职责的先生们和各位有关人士，我鼓起勇气期望你们给予指引和支持，使我们能够在乱世纷争中同舟共济，安然航行。

在我们过去的意见交锋中②，大家热烈讨论，各扬其长，这种紧张气氛，有时给不习惯于自由思想、不习惯于说出或写下自己想法的人造成了假象。但如今，这场争论既然已由全国的民意做出决定，而且根据宪法的规定予以公布，大家当然会服从法律的意志，自己妥为安排，为

---

* 该译文取自通译本，非译者所译，出处不明。——译者注
① 指国会两院。——译者注
② 1800 年大选时联邦党和民主共和党展开激烈竞争。——译者注

共同的利益齐心协力。大家也会铭记这条神圣的原则：尽管在任何情况下，多数人的意志是起决定作用的，但这种意志必须合理才属公正；而且少数人享有同等权利，这种权利必须同样受到法律保护，如果侵犯，便是压迫。因此，公民们，让我们同心同德地团结起来。让我们在社会交往中和睦如初、恢复感情，如果没有这些，自由，甚至生命本身都会索然寡味。让我们再想一想，我们已经将长期以来造成人类流血、受苦的宗教信仰上的不宽容现象逐出国土，如果我们鼓励某种政治上的不宽容，其专横、邪恶和可能造成的残酷、血腥迫害均不亚于此，那么我们必将收获无几。当旧世界经历阵痛和骚动，当愤怒的人挣扎着想通过流血、杀戮来寻求失去已久的自由，那波涛般的激情甚至也会冲击这片遥远而宁静的海岸。对此，人们的感触和忧虑不会一样，因而对安全措施的意见就出现了分歧，这些都不足为奇。但是，各种意见分歧并不就是原则分歧。我们以不同的名字呼唤同一原则的兄弟。我们都是共和党人，我们都是联邦党人。如果我们当中有任何人想解散这个联邦，或者想改变它的共和体制，那就让他们不受干扰而作为对安全的纪念碑吧，因为有了安全，错误的意见就可以得到宽容，理性就得以自由地与之抗争。诚然，我知道，有些正直人士担心共和制政府无法成为强有力的政府，担心我们这个政府不够坚强；但是，在试验取得成功的高潮中，一个诚实的爱国者，难道会因为一种理论和幻想的疑惧，就以为这个被世界寄予最大希望的政府可能需要力量才得以自存，因而就放弃这个迄今带给我们自由和坚定的政府吗？我相信不会。相反，我相信这是世界上最坚强的政府。我相信唯有在这种政府的治理下，每个人才会响应法律的号召，奔向法律的旗帜下，像对待切身利益那样，迎击侵犯公共秩序的举动。有时我们听到一种说法：不能让人们自己管理自己。那么，能让他去管理别人吗？或者，我们在统治人民的君王名单中发现了天使吗？这个问题让历史来回答吧。

因此，让我们以勇气和信心，追求我们自己的联邦与共和原则，爱戴联邦与代议制政府。我们受惠于大自然和大洋的阻隔，幸免于地球上1/4 地区发生的那场毁灭性浩劫。① 我们品格高尚，不能容忍他人的堕

---

① 指欧洲在法国大革命之后爆发的一系列战争。——译者注

落。① 我们天赐良邦，其幅员足以容纳子孙万代。我们对权利平等的看法恰如其分，包括发挥个人才干、争取勤劳所得、受到同胞的尊敬与信赖，但这种尊敬和信赖不是出于门第，而是出于我们的行为和同胞的评判。我们受到仁慈的宗教的启迪，尽管教派不同，形式各异，但它们都教人以正直、忠诚、节制、思义和仁爱。② 我们承认和崇拜全能的神，而无意表明，它乐于使这里的人们得到幸福，今后还将得到更多的幸福——我们有了这些天福，还需要什么才能够使我们成为幸福而兴旺的民族呢？公民们，我们还需要一件，那就是贤明而节俭的政府，它会制止人们相互伤害，使他们自由地管理自己的实业和进步活动，它不会掠夺人们的劳动果实。这就是良好政府的集萃，这也是我们达到幸福圆满之必需。

公民们，我即将履行职责，这些职责包括你们所珍爱的一切，因此，你们应当了解我所认为的政府基本原则是什么，确定其行政依据的原则又是什么。我将尽量扼要地加以叙述，只讲一般原则，不讲其种种限制。实行人人平等和真正的公平而不论其宗教或政治上的地位或派别，同所有国家和平相处、商务往来、真诚友好、而不与任何国家结盟；维护各州政府的一切权利，将它们作为我国最有权能的内政机构和抵御反共和趋势的最可靠屏障；维持全国政府在宪制上的全部活力，将其作为国内安定和国际安全的最后依靠；忠实地维护人民的选举权——将它作为一种温和而稳妥的矫正手段，对革命留下的、尚无和平补救办法的种种弊端予以矫正；绝对同意多数人的决定，因为这是共和制的主要原则，反之，不诉诸舆论而诉诸武力乃是专制的主要原则和直接根源；建立一支训练有素的民兵，作为平时和战争初期的最好依靠，直到正规军来接替；实行文职权高于军职权的制度；节约政府开支，减轻劳工负担；诚实地偿还债务，庄严地维护政府信誉；鼓励农业，辅之以商业；③ 传播信息，以公众理智为准绳补偏救弊；实行宗教自由；实行出版自由和人身自由，根据人身保护法和公正选出陪审团进行审判来保证人身自由。这些原则

---

① 杰斐逊当政后面临的迫切任务之一是对付北非伊斯兰教海盗国家，它们时常袭击美国商船，要求留下"买路钱"。——译者注
② 杰斐逊不属于任何教派，被联邦党人攻击为"不敬神""不信教""无神论者"。——译者注
③ "杰斐逊民主"是以农业为基础的。——译者注

构成了明亮的星座，它在我们的前方照耀，指引我们经历了革命和改革时期。先哲的智慧和英雄的鲜血都曾为实现这些原则做出过奉献。这些原则应当是我们的政治信条，公民教育的课本，检验我们所信赖的人的工作的试金石；如果我们因一时错误或惊恐而背离这些原则，那就让我们赶紧回头，重返这唯一通向和平、自由和安全的大道。

各位公民，我即将担当起你们委派给我的职务。根据我担任许多较低职务的经验，我已经意识到这是最艰巨的职务，因此，我能够预期，当一个并非尽善尽美的人从这个职位卸任时，很少能像就任时那样深孚众望。我不敢奢望大家如同信任我们第一位最伟大的革命元勋①那样对我高度信任，因为他的卓著勋劳使他最有资格受到全国的爱戴，使他在忠实的史书中占有最辉煌的一页。我只要求大家给我相当的信任，使我足以坚定地、有效地依法办理大家的事务。由于判断有误，我会常常犯错误。即使我是正确的，那些不是站在统筹全局的立场上看问题的人，也会常常认为我是错误的。我请求你们宽容我自己犯的错误，而这些错误绝不是故意犯的；我请求你们支持我反对别人的错误，而这些人如果通盘考虑，也是绝不会犯错的。从投票结果来看，大家过去对我甚为嘉许，这对我是莫大的安慰；今后我所渴望的是，现在赐予我好评的各位能保持这种好评，在我职权范围内为其他各位效劳以博得他们的好评，并为所有同胞的幸福和自由而尽力。

现在，我仰承各位的好意，恭顺地就任此职，一旦你们觉得有力量做出更好的选择，我便准备辞去此职。愿主宰天地万物命运的上帝引导我们的机构臻于完善，并为大家的和平与昌盛，赐给它一个值得赞许的结果。

注释

[1] 载于 *The Papers of Thomas Jefferson*，Volume 33：148 – 152。

① 指华盛顿总统。——译者注

附录 D：亚伯拉罕·林肯第二次就职演讲*[1]

1865 年 3 月 4 日

各位同胞：

在这第二次的宣誓就职典礼中，不像第一次就职的时候那样需要发表长篇演说。在那个时候，对于当时所要进行的事业多少做出详细的说明，似乎是适当的。现在四年任期已满，在这段战争期间的每个重要时刻和阶段中——这场战争至今仍为举国所关怀，还占用了国家大部分力量——都经常发布文告，所以现在很少有什么新的发展可以奉告。我们的军事进展，是一切其他问题的关键所在，各界人士对此情形是跟我一样熟悉的，而我相信进展的情况，可以使我们全体人民有理由感到满意和鼓舞。既然可以对将来寄予极大的希望，那么我们也就用不着在这一方面做什么预言了。

四年前，在与此同一场合里，所有人都焦虑地注意一场即将来临的内战。大家害怕它，想尽了方法去避免它。当时我正在这里做就职演说，竭尽全力想不用战争方法而能保存联邦，然而本城的反叛分子的代理人却没法不诉诸战争而破坏联邦——他们力图瓦解联邦，并以谈判的方法来分割联邦。双方都声称反对战争，可是有一方宁愿打仗而不愿让国家生存，另一方则宁可接受这场战争，而不愿国家灭亡，于是战争就来临了。

我们全国人口的 1/8 是黑奴，他们并非遍布整个联邦，而是局部地

分布于南方。这些奴隶构成了一种特殊而重大的权益。大家知道这种权益可以说是这场战争的原因。为了加强、保持及扩大这种权益，反叛分子会不惜以战争来分裂联邦，而政府只不过要限制这种权益所在地区的扩张。当初，任何一方都没有想到这场战争会发展到目前那么大的范围，持续那么长的时间；也没有料到冲突的原因会随冲突本身的终止而终止，甚至会在冲突本身终止以前而终止。双方都在寻求一个较轻易的胜利，都没有期望获致根本性的和惊人的结果。双方念诵同样的《圣经》，祈祷于同一个上帝，甚至每一方都求助同一上帝的援助以反对另一方。人们竟敢求助于上帝，来夺取他人以血汗得来的面包，这看来是很奇怪的。可是我们不要判断人家，免得别人判断我们。

我们双方的祈祷都不能够如愿，而且断没全部如愿以偿。上天自有它自己的目标。"由于罪恶而世界受苦难，因为罪恶总是要来的；然而那个作恶的人，要受苦难。"假使我们以为美国的奴隶制度是这种罪恶之一，而这些罪恶按上帝的意志在所难免，但既经持续了他所指定的一段时间，他现在便要消除这些罪恶；假使我们认为上帝把这场惨烈的战争加在南北双方的头上，作为对那些招致罪恶的人的责罚，难道我们可以认为这件事有悖于虔奉上帝的信徒们所归诸上帝的那些圣德吗？我们天真地希望着，我们热忱地祈祷着，希望这战争的重罚可以很快地过去。可是，假使上帝要让战争再继续下去，直到 250 年来奴隶无偿劳动所积聚的财富化为乌有，并像 3000 年前所说的那样，等到鞭笞所流的每一滴血，被刀剑之下所流的每一滴血所抵消，那么我们仍然只能说，"主的裁判是完全正确而且公道的"。

我们对任何人都不怀恶意，我们对任何人都抱有善意，上帝让我们看到正确的事，我们就坚定地信那正确的事，让我们继续奋斗，以完成我们正在进行的工作，去治疗国家的创伤，去照顾艰苦作战的他和他的孤儿遗孀，尽力实现并维护在我们自己之间和我国与各国之间的公正和持久的和平。

注释

[1] 载于 *The Collected Works of Abraham Lincoln*，8：332 - 333。

参考文献

Achtemeier, Paul J., ed. *Harper's Bible Dictionary*. San Francisco: Harper and Row, 1985.

Adams, Brooks. *The Emancipation of Massachusetts: The Dream and the Reality*. Boston: Houghton, 1962.

Adams, Charles F. *Three Episodes of Massachusetts History*. Boston: Houghton Mifflin, 1892.

Adams, John, *Papers of John Adams*. Edited by Robert J. Taylor. Cambridge, MA: Harvard University Press, 1977.

———. *The Revolutionary Writings of John Adams*. Edited by C. Bradley Thompson. Indianapolis, IN: Liberty Fund, 2000.

Addams, Jane. *The Social Thought of Jane Addams*. Edited by Christopher Lasch. New York: Irvington, 1982.

———. *Twenty Years at Hull-House*. New York: Macmillan Company, 1912.

Aldrich, John H. *Why Parties? The Origin and Transformation of Political Parties in America*. Chicago: University of Chicago Press, 1995.

Aldrich, John H., and Ruth W Grant. "The Antifederalists, the First Congress, and the First Parties." *The Journal of Politics* 55 (May 1993): 295–326.

Amory, Hugh, and David D. Hall, ed. *The Colonial Book in the Atlantic World*. Cambridge: Cambridge University Press, 2000.

Anderson, Douglas. *A House Undivided: Domesticity and Community in American Literature*. Cambridge: Cambridge University Press, 1990.

Aquinas, Thomas. *Summa Theologica*. Translated by Fathers of the English Dominican Province. New York: Benzinger Brothers, Inc., 1947.

Auchincloss, Louis. *The Winthrop Covenant*. Boston: Houghton Mifflin, 1976.

Augustine. *On Christian Doctrine*. Translated by D. W. Robertson Jr. New York: Liberal Arts Press, 1958.

Bacon, Francis. *New Atlantis and the Great Instauration*. Arlington Heights, IL: Harlan Davidson, 1989.

Banks, Charles Edward. *The New Organon and Related Writings*. New York: Macmillan Publishing Company, 1960.

———. *The Winthrop Fleet of 1630: An Account of the Vessels, the Voyage, the Passengers and Their English Homes from Original Authorities*. Baltimore: Genealogical Publishing Co., 1961.

Banning, Lance. *Jefferson and Madison: Three Conversations from the Founding*. Madison, WI: Madison House Publishers, Inc, 1995.

———. *The Jefferson Persuasion: Evolution of a Party Ideology*. Ithaca, NY: Cornell University Press, 1978.

Baritz, Loren. *City on a Hill: A History of Ideas and Myths in America*. New York: Wiley, 1964.

Barker, Kenneth, ed. *The NIV Study Bible*. Grand Rapids, MI: Zondervan Publishing House, 1995.

Becker, Carl L. *The Declaration of Independence: A Study in the History of Political Ideas*. New York: A. A. Knopf, 1942.

Bellah, Robert N. "Civil Religion in America." *Daedalus* (2005): 40–56.

Bercovitch, Sacvan. *The American Jeremiad*. Madison: University of Wisconsin Press, 1978.

———. *The Puritan Origins of the American Self*. New Haven, CT: Yale University Press, 1975.

Berlant, Lauren. *The Anatomy of a National Fantasy: Hawthorne, Utopia, and Everyday Life*. Chicago: University of Chicago Press, 1991.

Berlin, Isaiah. *Four Essays on Liberty*. New York: Oxford University Press, 1969.

———. *The Proper Study of Mankind: An Anthology of Essays*. Edited by Henry Hardy and Roger Hausheer. New York: Farrar, Straus and Giroux, 1998.

Bloom, Allan, ed. *Confronting the Constitution: The Challenge to Locke, Montesquieu, Jefferson, and the Federalists from Utilitarianism, Historicism, Marxism, Freudianism, Pragmatism, Existentialism*. Washington: AEI Press, 1990.

Boorstin, Daniel J. *The Lost World of Thomas Jefferson*. New York: H. Holt, 1948.

Boritt, Gabor. *Lincoln and the Economics of the American Dream*. Memphis, TN: Memphis State University Press, 1978.

Boyd, Julian P., and Gerard W. Gawalt. *The Declaration of Independence: The Evolution of the Text*. Washington, DC: Library of Congress, 1999.

Bozeman, Theodore Dwight. *To Live Ancient Lives: The Primitivist Dimension in Puritanism*. Chapel Hill: University of North Carolina Press, 1988.

Bremer, Francis J. *John Winthrop: America's Forgotten Founding Father*. Oxford: Oxford University Press, 2003.

———. *The Puritan Experiment*. New York: St. Martin's Press, 1976.

———. "Remembering—and Forgetting—John Winthrop and the Puritan Founders," *The Massachusetts Historical Review* http://www.historycooperative.org/journals/mhr/6/bremer.html (March 1, 2006).

———. "To Live Exemplary Lives: Puritans and Puritan Communities as Lofty Lights." *Seventeenth Century* 7 (Spring 1992): 27–39.

Brooks, Noah. *Washington in Lincoln's Time*. New York: The Century Co., 1895.

Brooks, Van Wyck. *Van Wyck Brooks: The Early Years*. Edited by Claire Sprague. Boston: Northeastern University Press, 1993.

Brown, Katherine. "Freemanship in Puritan Massachusetts." *The American Historical Review* 59, no. 4 (1954): 865–83.

———. "A Note on the Puritan Concept of Aristocracy." *The Mississippi Valley Historical Review* 41, no. 1 (1954): 105–12.

Browne, Stephen H. *Jefferson's Call for Nationhood: The First Inaugural Address*. College Station: Texas A&M University Press, 2003.

Burlingame, Michael. *The Inner World of Abraham Lincoln*. Chicago: University of Illinois Press, 1994.

Burstein, Andrew. *The Inner Jefferson: Portrait of a Grieving Artist*. Charlottesville: University Press of Virginia, 1995.

Bush, George. Excerpts from President Bush's Thanksgiving Day Proclamation. *Washington Post*, November 26, 1992, sec A, p. 27.

Butterfield, Lyman H. "The Dream of Benjamin Rush: The Reconciliation of John Adams and Thomas Jefferson." *The Yale Review* 40, no. 2 (1950): 297–319.

Cappon, Lester J. *The Adams–Jefferson Letters: The Complete Correspondence between Thomas Jefferson and Abigail and John Adams*. Chapel Hill: University of North Carolina Press, 1959.

Carroll, James. *Mortal Friends*. Boston: Morrissey Street LTD, 1978.

Carwardine, Richard. *Lincoln*. Harlow, U.K.: Pearson Longman, 2003.

Cassirer, Ernst. *Language and Myth*. New York, Dover Publications, 1946.

Catton, Bruce. *Never Call Retreat*. New York: Simon and Schuster, 1965.

Cherry, Conrad, ed. *God's New Israel: Religious Interpretations of American Destiny*. Chapel Hill: University of North Carolina Press, 1998.

Chesterton, G. K. *The Wisdom of Father Brown*. London: Cassell, 1928.

Clinton, William J. "Commencement Address at Portland State University in Portland Oregon, 13 June 1988." *Weekly Compilation of Presidential Documents,* June 19, 1998.

———. "Commencement Address at the United States Coast Guard Academy in New London Connecticut, 17 May 2000." *Weekly Compilation of Presidential Documents*, May 19, 2000.

CNN. "Governor George W. Bush Delivers Remarks," December 13, 2000. *Election 2000*. At http://www.cnn.com/ELECTION/2000/transcripts/121300/bush.html. Accessed June 21, 2005.

Cobb, William W., Jr. *The American Foundation Myth in Vietnam*. Lanham, MD: University Press of America, 1998.

Colacurcio, Michael J. *Doctrine and the Difference: Essays in the Literature of New England.* New York: Routledge, 1997.

———. *The Province of Piety: Moral History in Hawthorne's Early Tales.* Durham, NC: Duke University Press, 1995.

———. "The Woman's Own Choice": Sex Metaphor, and the Puritan "Sources" of *The Scarlet Letter.*" In *New Essays on "The Scarlet Letter,"* edited by Michael Colacurcio. Cambridge: Cambridge University Press, 1985.

Coles, Romand. *Rethinking Generosity: Critical Theory and the Politics of Caritas.* Ithaca, NY: Cornell University Press, 1997.

Corlett, William S., Jr. "The Availability of Lincoln's Political Religion." *Political Theory* (November 1982): 520–40.

———. *Community without Unity.* Durham, NC: Duke University Press, 1989.

Cunningham, Noble E., Jr. *The Inaugural Addresses of President Thomas Jefferson 1801 and 1805.* Columbia: University of Missouri Press, 2003.

Cuomo, Mario. "A Tale of Two Cities." Speech delivered July 16, 1984, at the Democratic National Convention, San Francisco. *Associated Press*, n.d.

Dawson, Hugh J. "'Christian Charitie' as Colonial Discourse: Rereading Winthrop's Sermon in Its English Context." *Early American Literature* 33, no. 2 (1998): 117–48.

———. "John Winthrop's Rite of Passage: The Origins of the 'Christian Charitie' Discourse." *Early American Literature* 26, no. 3 (1991): 219–231.

Delbanco, Andrew. *The Puritan Ordeal.* Cambridge, MA: Harvard University Press, 1989.

———. *The Real American Dream: A Meditation on Hope.* Cambridge, MA: Harvard University Press, 2000.

———. *Required Reading: Why Our American Classics Matter Now.* New York, The Noonday Press, 1997.

D'Elia, Donald. "Jefferson, Rush, and the Limits of Philosophical Friendship." In *Proceedings of the American Philosophical Society.* Vol. 117. No. 5. Philadelphia: The American Philosophical Society, 1973.

Deneen, Patrick J. *Democratic Faith.* Princeton, NJ: Princeton University Press, 2005.

Diggins, John Patrick. *On Hallowed Ground: Abraham Lincoln and the Foundations of American History.* New Haven, CT: Yale University Press, 2000.

———. *The Lost Soul of American Politics.* Chicago: University of Chicago Press, 1984.

Donald, David Herbert. *Lincoln.* New York: Simon & Schuster, 1995.

Donovan, Josephine. *Uncle Tom's Cabin: Evil, Affliction, and Redemptive Love.* Boston: Twayne Publishers, 1991.

Douglass, Frederick. *The Frederick Douglass Papers*. New Haven, CT: Yale University Press, 1991.

Dreisbach, Daniel. "'Sowing Useful Truths and Principles': The Danbury Baptists, Thomas Jefferson, and the 'Wall of Separation.'" *Journal of Church and State* 39 (Summer 1997): 455–502.

———. *Thomas Jefferson and the Wall of Separation between Church and State*. New York: New York University Press, 2002.

Dukakis, Michael S. "The Democrats in Atlanta." *New York Times*, Friday, July 22, 1988, sec. A, p. 10.

Dworkin, Ronald. *A Matter of Principle*. Cambridge, MA: Harvard University Press, 1985.

Elazar, Daniel J. *Covenant and Constitutionalism: The Great Frontier and the Matrix of Federal Democracy*. Vol. 3, *The Covenant Tradition in Politics*. New Brunswick, NJ: Transaction Publishers, 1998.

Ellis, Joseph J. *American Sphinx: The Character of Thomas Jefferson*. New York: Alfred A. Knopf, 1997.

———. *Founding Brothers*. New York: Alfred A. Knopf, 2000.

Elshtain, Jean Bethke. *Just War Theory*. New York: New York University Press, 1992,

Fehrenbacher, Don E., and Virginia Fehrenbacher, eds. *Recollected Works of Abraham Lincoln*. Stanford, CA: Stanford University Press, 1996.

Ferling, John. *Adams vs. Jefferson: The Tumultuous Election of 1800*. Oxford: Oxford University Press, 2004.

Fischer, David Hackett. *Albion's Seed: Four British Folkways in America*. New York: Oxford University Press, 1989.

Fitzgerald, F. Scott. "The Crack-Up." In *American Literary Masters*, vol. 2. Edited by Charles R. Anderson. New York: Holt, Rinehart and Winston, 1965.

Foner, Philip S., ed. *The Life and Writings of Frederick Douglass: Early Years 1817–1849*. New York: International Publishers, 1975.

Foster, Stephen. *The Long Argument: English Puritanism and the Shaping of New England Culture, 1570–1700*. Chapel Hill: University of North Carolina Press, 1991.

———. *Their Solitary Way: The Puritan Social Ethic in the First Century of Settlement in New England*. New Haven, CT: Yale University Press, 1971.

Freeman, Douglass Southall. *Lee: An Abridgement in One Volume of the Four-Volume R. E. Lee*. New York: Simon and Schuster, 1997.

Freud, Sigmund. *Civilization and Its Discontents*. Translated and edited by James Strachey. New York: W. W. Norton and Company, 1989.

Frisch, Morton J., and Richard G. Stevens, ed. *American Political Thought*. Itasca, IL: F. E. Peacock, 1983.

Gaustad, Edwin S. *Sworn on the Altar of God*. Grand Rapids, MI: Eerdmans, 1996.

Gilchrist, Brent. *Cultus Americanus: Varieties of the Liberal Tradition in American Political Culture, 1600–1865*. Lanham, MD: Lexington Books, 2007.

Gomes, Peter, "A Pilgrims Progress: The Bible as Civic Blueprint," *New York Times Magazine*, April 18, 1999, 102–103.

Goodwin, Doris Kearns. *Team of Rivals: The Political Genius of Abraham Lincoln*. New York: Simon and Schuster, 2005.

Gossett, Thomas F. *Uncle Tom's Cabin and American Culture*. Dallas, TX: Southern Methodist University Press, 1985.

Grayzel, Solomon. *A History of the Jews, from the Babylonian Exile to the End of World War II*. Philadelphia: Jewish Publication Society of America, 1947.

Green, Ian. *Print and Protestantism in Early Modern England*. Oxford: Oxford University Press, 2000.

Greenstone, J. David. *The Lincoln Persuasion: Remaking American Liberalism*. Princeton, NJ.: Princeton University Press, 1993.

Guelzo, Allen C. *Abraham Lincoln: Redeemer President*. Grand Rapids, MI: Eerdmans Publishing Company, 1999.

———. *Lincoln's Emancipation Proclamation: The End of Slavery in America*. New York: Simon and Schuster, 2004.

Hall, David D., ed. *Antinomian History: A Documentary History 1636–38*. Middletown, CT: Wesleyan University Press, 1968.

———. "The Experience of Authority in Early New England." *The Journal of American and Canadian Studies* 23 (2005): 3–32.

———. *The Faithful Shepherd: A History of the New England Ministry in the Seventeenth Century*. Chapel Hill: University of North Carolina Press, 1972.

———, ed. *Puritans in the New World: A Critical Theory*. Princeton, NJ: Princeton University Press, 2004.

Hallett, Garth L. *Christian Neighbor Love: An Assessment of Six Rival Versions*. Washington, DC: Georgetown University Press, 1989.

Hamilton, Alexander, John Jay, and James Madison. *The Federalist Papers*. Introduction by Charles R. Kesler. Edited by Clinton Rossiter. New York: Mentor, 1999.

Hamowy, Ronald. "Declaration of Independence." In *Encyclopedia of American Political History: Studies of the Principal Movements and Ideas*, edited by Jack P. Greene. New York: Charles Scribners' Sons, 1984.

———. "Jefferson and the Scottish Enlightenment: A Critique of Gary Wills's *Inventing America: Jefferson's Declaration of Independence*." *The William and Mary Quarterly* 36 (October 1979): 503–24.

Harris, William C. *With Charity for All: Lincoln and the Restoration of the Union*. Lexington: University Press of Kentucky, 1997.

Hauerwas, Stanley. "The Politics of Charity." *Interpretation* 31 (July 1977): 251–62.

Hawthorne, Nathaniel. *The Blithedale Romance*. New York: Penguin Books, 1983.

———. *The House of the Seven Gables*. New York: Tom Doherty Associates, 1988.

———. *The Scarlet Letter: An Authoritative Text, Essays in Criticism and Scholarship*. Edited by Seymour Lee Gross. New York: Norton, 1988.

———. *Tales and Sketches*. New York: Library Classics of the United States, 1996.

Helo, Ari, and Peter Onuf. "Jefferson, Morality, and the Problem of Slavery." *The William and Mary Quarterly* 60 (July 2003): 583–614.

Herndon, William H., and Jesse W. Weik. *Life of Lincoln*. Cleveland, OH: World Publishing Company, 1943.

Heyrman, Christine Leigh. "A Model of Christian Charity: The Rich and the Poor in New England, 1630–1730." Ph.D. dissertation, Yale University, 1997.

Hill, John Wesley. *Abraham Lincoln: Man of God*. New York: G. P. Putnam's Sons, 1920.

Hirschman, Nancy J., and Christine Di Stefano, eds. *Revisioning the Political: Feminist Reconstructions of Traditional Concepts in Western Political Theory*. Boulder, CO: Westview Press, 1996.

Hofstadter, Richard. *The American Political Tradition: And the Men Who Made It*. New York: Vintage Books, 1989.

Holland, Matthew. "Christian Love and the Foundations of American Politics: Winthrop, Jefferson, and Lincoln." In *Democracy and Its Friendly Foes: Tocqueville and Political Life Today,* edited by Peter Lawler, 137–54. Lanham, MD: Lexington Books, 2004.

———. "Remembering John Winthrop—Hawthorne's Suggestion." Heldref Publications, *Perspectives on Political Science* 36 (Winter 2007): 4–14.

———. "'To Close the Circle of Our Felicities': *Caritas* and Jefferson's First Inaugural." *Review of Politics* 66 (Spring 2004): 181–206.

Holmes, Oliver Wendell. *The Poetical Works of Oliver Wendell Holmes*. Boston: Houghton Mifflin Company, 1975.

Holzer, Harold, Gabor S. Boritt, and Mark E. Neely Jr. *The Lincoln Image: Abraham Lincoln and the Popular Print*. New York: Scribner, 1984.

Hooker, Thomas. "Abstracts of Two Sermons by Rev. Thomas Hooker, from the Shorthand Notes of Mr. Henry Wolcott." Transcribed by J. Hammond Trumbull. In Collections of the Connecticut Historical Society, vol. 1. Hartford, CT, 1860.

Hough, Franklin, ed. *Proclamations for Thanksgiving*. Brigham Young University Library. Albany, NY: Munsell and Rowland, 1995. Text-fiche.

Huntington, Samuel P. *American Politics: The Promise of Disharmony*. Cambridge, MA: Belknap Press, 1981.

Innes, David C. "Bacon's New Atlantis: The Christian Hope and the Modern Hope." *Interpretation* 22 (Fall 1994): 3–38.

Jackson, Timothy P. *Love Disconsoled: Meditations on Christian Charity*. Cambridge: Cambridge University Press, 1999.

———. *The Priority of Love: Christian Charity and Social Justice*. Princeton, NJ: Princeton University Press, 2003.

Jaffa, Harry. *Crisis of the House Divided: An Interpretation of the Issues in the Lincoln-Douglas Debates*. Chicago: University of Chicago Press, 1982.

———. *How to Think about the American Revolution*. Durham, NC: Carolina Academic Press, 1978.

Jayne, Allen. *Jefferson's Declaration of Independence: Origins, Philosophy, and Theology*. Lexington: University Press of Kentucky, 1998.

Jefferson, Thomas. *Jefferson's Extracts from the Gospels: "The Philosophy of Jesus" And "The Life and Morals of Jesus."* Edited by Dickinson W. Adams and Ruth W. Lester. Princeton, NJ: Princeton University Press, 1983.

———. *Jefferson's Literary Commonplace Book*. Edited by Douglas L. Wilson. Princeton, NJ: Princeton University Press, 1989.

———. *The Life and Selected Writings of Thomas Jefferson*. Edited by Adrienne Koch and William Harwood Peden. New York: The Modern Library, 1993.

———. *The Literary Bible of Thomas Jefferson: His Commonplace Book of Philosophers and Poets*. Edited by Gilbert Chinard. Baltimore, MD: Johns Hopkins Press.

———. *The Papers of Thomas Jefferson*. Edited by Julian P. Boyd et al., 27 vols. to date. Princeton, NJ: Princeton University Press, 1950.

———. *Writings*. Edited by Merrill D. Peterson. New York: Library of America, 1984.

———. *The Writings of Thomas Jefferson*. Edited by Albert Ellery Bergh. Washington, DC: Thomas Jefferson Memorial Association of the United States, 1907. Vol. 1–20.

Johnson, Paul. *A History of the American People*. New York: Harper Collins, 1998.

Kane, Joseph Nathan. *Presidential Fact Book*. New York: Random House, 1998.

Kasindorf, Martin. "Governor Schwarzenegger Takes Office: 'I Feel a Great Responsibility Not to Let the People Down.'" *USA Today*, November 18, 2003, sec. A, p. 3.

Kautz, Steven. "Abraham Lincoln: The Moderation of a Democratic States-man." In *History of American Political Thought*, edited by Bryan-Paul Frost and Jeffrey Sikkenga. Lanham, MD: Lexington Books, 2003.

Kazin, Alfred. *God and the American Writer*. New York: Vintage Books, 1997.

Kennedy, John F. *Let The Word Go Forth: The Speeches, Statements, and Writings of John F. Kennedy*. Edited by Theodore C. Sorensen. New York: Delacorte Press, 1998.

Ketcham, Ralph. *James Madison*. Charlottesville: University Press of Virginia, 1996.

Kierkegaard, Søren. *Works of Love: Some Christian Reflections in the Form of Discourses*. Translated by Howard and Edna Hong. New York: Harper and Row Publishers, 1962.

King, Martin Luther, Jr. *A Testament of Hope: The Essential Writings of Martin Luther King, Jr.* Edited by Washington James Melvin. San Francisco: Harper and Row Publishers, 1986.

Kloppenburg, James T. *The Virtues of Liberalism*. New York: Oxford University Press, 1998.

Koch, Adrienne. "Power and Morals and the Founding Fathers." *The Review of Politics* 15, no. 4 (1953): 470–90.

Lane, Robert E. *The Loss of Happiness in the Market Democracies*. New Haven, CT: Yale University Press, 2000.

Lerche, Charles O., Jr. "Jefferson and the Election of 1800: A Case Study in the Political Smear." *The William and Mary Quarterly* 5 (October 1948): 467–91.

Levack, Brian P. *The Witch-Hunt in Early Modern Europe*. 2d ed. New York: Longman Group Limited, 1995.

Lewis, C. S. *The Four Loves*. San Diego, CA: A Harvest Book/Harcourt Brace and Company, 1991.

Lincoln, Abraham. *The Collected Works of Abraham Lincoln*. Edited by Roy P. Basler. New Brunswick NJ: Rutgers University Press, 1953. Volumes 1–8.

———. *Lincoln on Democracy*. Edited by Mario M. Cuomo and Harold Holzer. New York: Harper Collins Publishers, 1990.

———. *The Political Thought of Abraham Lincoln*. Edited by Richard N. Current. New York: Macmillan Publishing Company, 1967.

———. *Selected Speeches and Writings*. Edited by Don E. Fehrenbacher. New York: Vintage Books, 1992.

Lind, Michael. *What Lincoln Believed: The Values and Convictions of America's Greatest President*. New York: Doubleday, 2004.

Livermore, Thomas L. *Numbers and Losses in the Civil War in America: 1861–65*. New York: Kraus Reprint Co., 1969.

Locke, John. *John Locke's Two Treatises on Government*. Edited by Peter Laslett. New York: Mentor Book, 1965.

———. *A Letter Concerning Toleration*. Edited by James H. Tully. Indianapolis, IN: Hackett Publishing Company, 1983.

———. *Second Treatise of Government*. Edited by Crawford Brough Macpherson. Indianapolis, IN: Hackett Publishing Company, 1980.

Lott, Trent. *US, Senator Trent Lott (R-MS) Delivers Republican Response to the President's Radio Address*. January 6, 2001. FDCH Political Transcripts.

Lucas, Stephen E. "Justifying America: The Declaration of Independence as a Rhetorical Document." In *American Rhetoric: Context and Criticism*, edited by Thomas W. Benson: Carbondale: Southern Illinois University Press, 1989.

Luebke, Fred. "The Origins of Thomas Jefferson's Anti-Clericalism." *Church History* 32 (September 1963): 344–56.

Lutz, Donald S. "From Covenant to Constitution in American Political Thought." *Publius* 10 (Fall 1980): 101–33.

Macfarlane, Alan. *Witchcraft in Tudor and Stuart England: A Regional and Comparative Study*. London: Routledge and Kegan Paul, 1970.

Machiavelli, Niccolò. *The Prince*. Translated by Harvey C. Mansfield Jr. Chicago: University of Chicago Press, 1985.

Maier, Pauline. *American Scripture: Making the Declaration of Independence*. New York: Vintage, 1998.

Malone, Dumas. *Jefferson the President: First Term*. Boston: Little, Brown and Company, 1970.

Manent, Pierre. *The City of Man,* trans. by Marc A. LePain. Princeton: Princeton University Press, 1998.

Mansfield, Harvey. Introduction to *The Prince*, by Niccolò Machiavelli. Translated by Harvey C. Mansfield Jr. Chicago: University of Chicago Press, 1998.

Mason, George. *The Papers of George Mason, 1725–1792*. Edited by Robert Allen Rutland. Chapel Hill: University of North Carolina Press, 1970.

Massachusetts Department of Education. "MFLC Community Profiles," Boston, 2002. http://mflc.doe.mass.edu/needs.asp?municipality=035 (May 4, 2005).

Mather, Cotton. *Magnalia Christi Americana, Books I and II*. Edited by Kenneth Ballard Murdock and Elizabeth W. Miller. Cambridge, MA: Belknap Press, 1977.

Matthews, Richard K. *The Radical Politics of Thomas Jefferson: A Revisionist View*. Lawrence. University Press of Kansas, 1984.

May, Herbert, and Bruce Metzger, eds. *The New Oxford Annotated Bible with Apocrypha*, New York: Oxford University Press, 1973.

McCullough, David. *1776*. New York: Simon and Schuster, 2005.

———. *John Adams*. New York: Simon and Schuster, 2001.

McManus, Edgar J. *Law and Liberty in Early New England: Criminal Justice and Due Process, 1620–1692*. Amherst: University of Massachusetts Press, 1993.

McNeills, John T., ed. "John Calvin." In *Institutes of the Christian Religion*. Ford Lewis Battles, trans. Philadelphia: Westminster Press, 1960.

McWilliams, Wilson C. *The Idea of Fraternity in America*. Berkeley: University of California Press, 1973.

Mellon, James, ed. *The Face of Lincoln*. New York: Viking Press, 1979.

Mencken, Henry Louis. *A Little Book in C Major*. New York: John Lane, 1916.

———. *A Mencken Chrestomathy*. New York: Alfred A. Knopf, 1953.

Michaelsen, Scott. "John Winthrop's 'Modell' Covenant and the Company Way." *Early American Literature* 27, no. 2 (1992): 85–100.

Miller, Joshua. *The Rise and Fall of Democracy in Early America, 1630–1789: The Legacy for Contemporary Politics*. University Park: Pennsylvania State University Press, 1991.

Miller, Perry. *Errand into the Wilderness*. Cambridge, MA: Harvard University Press, 1978.

———. *Nature's Nation*. Cambridge, MA: Belknap Press of Harvard University Press, 1967.

———. *The New England Mind: The Seventeenth Century*. New York: The Macmillan Company, 1939.

———. *The Puritans*. New York: Harper and Row, 1963.

Miller, William L. *Lincoln's Virtues: An Ethical Biography*. New York: Knopf, 2002.

Morel, Lucas E. *Lincoln's Sacred Effort: Defining Religion's Role in American Self-Government*. New York: Lexington Books, 2000.

Morgan, Edmund S. *The Genuine Article: A Historian Looks at Early America*. New York: W. W. Norton & Co., 2004.

———. "John Winthrop's 'Model of Christian Charity' in a Wider Context." *The Huntington Library Quarterly* 50, no. 2 (1987): 145–51.

———. *The Puritan Dilemma: The Story of John Winthrop*. Boston: Little Brown, 1958.

———. *Roger Williams: The Church and the State*. New York: W. W. Norton and Company, 1967.

———. *Visible Saints: The History of a Puritan Idea*. Ithaca, NY: Cornell University Press, 1963.

Morison, Samuel E. *The Intellectual Life of Colonial New England*. New York: New York University Press, 1956.

Morone, James A. *Hellfire Nation: The Politics of Sin in American History*. New Haven, CT: Yale University Press, 2003.

Moseley, James G. *John Winthrop's World: History as a Story, the Story as History*. Madison: University of Wisconsin Press, 1992.

Neely, Mark E., Jr. *The Abraham Lincoln Encyclopedia*. New York: Da Capo Press, 1982.

Nicolay, John G., and John Hay. *Abraham Lincoln: A History*. New York: The Century Co., 1990.

Niebuhr, Reinhold. "The Religion of Abraham Lincoln." *The Christian Century* 10 (February 1965) 172–75.

Niebuhr, Richard. "The Idea of Covenant and American Democracy." *Church History* 23 (June 1954): 126–35.

Nietzsche, Friedrich. *Basic Writings of Nietzsche*. Translated and edited by Walter Kaufmann. New York: Modern Library, 2000.

Niles, H. *Principles and Acts of the Revolution in America*. Facsimile Republication, Maywood, CA: Kunkin-Turner Publications, 1961.

Noll, Mark A. *America's God: From Jonathan Edwards to Abraham Lincoln*, Oxford: Oxford University Press, 2002.

———. "'Both . . . Pray to the Same God': The Singularity of Lincoln's Faith in the Era of the Civil War." *Journal of the Abraham Lincoln Association* (Winter 1997): ed.1, 1–26.

Nygren, Anders. *Agape and Eros*. Translated by Philip S. Watson. Philadelphia: Westminster, 1953.

Oates, Stephen B. *With Malice toward None: A Life of Abraham Lincoln*. New York: Harper Collins, 1977.

O'Connor, Flannery. *O'Connor: Collected Works*. New York: Library of America, 1988.

Onuf, Peter S. *Jefferson's Empire: The Language of American Nationhood*. Charlottesville: University Press of Virginia, 2000.

Outka, Gene. *Agape: An Ethical Analysis*. New Haven, CT: Yale University Press, 1972.

Paludan, Philip S. *"A People's Contest": The Union and the Civil War, 1861–1865*. New York: Harper & Row, 1988.

Parrington, Vernon L. *Main Currents in American Thought*. Vol. 1, *The Colonial Mind*. New York: Harcourt, Brace and World, 1927.

Paulick, Michael. "The Mayflower Pilgrims and Thomas Wilson's Christian Dictionarie." http://www.newenglandancestors.org/publications/NEA// 71_012_Mayflower.asp.

Perry, Ralph Barton. *Puritanism and Democracy*. New York: Vanguard Press, 1944.

Peters, Thomas J., and Robert H. Waterman Jr. *In Search of Excellence: Lessons from America's Best Run Companies*. New York: Harper and Row, 1982.

Peterson, Merrill D. *Lincoln in American Memory*. New York: Oxford University Press, 1994.

———. *Thomas Jefferson and the New Nation: A Biography*. New York: Oxford University Press, 1970.

Pinckney, Darryl. Introduction to *Uncle Tom's Cabin*, by Harriet Beecher Stowe. New York: Penguin Group, 1998.

Plato. *The Republic of Plato*. Translated by Allan Bloom. New York: Basic Books, 1968.

Pulsipher, Jenny Hale. *Subjects unto the Same King*. Philadelphia: University of Pennsylvania Press, 2005.

Raimo, John. *Biographical Directory of American Colonial and Revolutionary Governors, 1607–1789*. Westport, CT: Meckler Books, 1980.

Randall, J. G. "Lincoln and Thanksgiving." *Lincoln Herald*. Harrogate, TN: Lincoln Memorial University Press, 1947, 10–13.

Randall, J. G., and Richard N. Current. *Lincoln the President: Last Full Measure*. New York: Dodd, Mead & Company, 1955.

Rawls, John. *A Theory of Justice*. Oxford: Clarendon Press, 1972.

Richardson, Henry S. *Democratic Autonomy: Public Reasoning about the Ends of Policy*. New York: Oxford University Press, 2002.

Robinson, Marilynne. *Gilead*. New York: Farrar, Straus and Giroux, 2004.

Rogers, John. *A Treatise of Love*. London. 1629. Available at Early English Books Online. http://eebo.chadwyck.com/home.

Roosevelt, Theodore. *American Problems*. New York: Scribners, 1926.

Rorty, Richard. *Contingency, Irony, and Solidarity*. Cambridge: Cambridge University Press, 1989.

Rousseau, Jean-Jacques. *The Social Contract and Discourses*. London: David Campbell Publishers, 1993.

Rossiter, Clinton L. *The Political Thought of the American Revolution*. New York: Harcourt Brace and World, 1963.

Rush, Benjamin. *The Autobiography of Benjamin Rush: His "Travels through Life" Together with his Commonplace Book for 1789–1813*. Vol. 25, *Memoirs of the American Philosophical Society*. Princeton, NJ: Princeton University Press, 1948.

Rutland, Robert Allen. *George Mason: Reluctant Statesman*. Baton Rouge: Louisiana State University Press, 1961.

Rutman, Darrett Bruce. *John Winthrop's Decision for America, 1629*. Philadelphia: Lippincott, 1975.

———. "My Beloved and Good Husband." *American Heritage* (August 1962): 24–27, 94–96.

———. *Winthrop's Boston: Portrait of a Puritan Town, 1630–1649*. Chapel Hill: University of North Carolina Press, 1965.

Ryskamp, Charles. "The New England Sources of 'The Scarlet Letter.'" *American Literature* 31 (November 1959): 257–72.

Safire, William. "On Language: Rack up That City on a Hill." *New York Times*, April 24, 1988, sec. 6 page 18.

Schaar, John H. "Liberty/Authority/Community in the Political Thought of John Winthrop." *Political Theory* 19 (November 1991): 493–518.

Schatz, Morris. *Ethics of the Fathers in the Light of Jewish History*. New York: Bloch, 1971.

Schlesinger, Arthur M. "The Lost Meaning of the 'Pursuit of Happiness.'" *The William and Mary Quarterly* 21 (July 1964): 325–28.

Schweninger, Lee. *John Winthrop*. Boston: Twayne, 1990.

Seay, James L. *Open Field, Understory: New and Selected Poems*. Baton Rouge: Louisiana State University Press, 1997.

Seton, Anya. *The Winthrop Woman*. Boston: Houghton Mifflin, 1958.

Steele, Tomas J. "Tom and Eva: Mrs. Stowe's Two Dying Christs." *Negro American Literature Forum* 6 (Autumn 1972): 85–90.

Stephanopoulos, George. *All Too Human: A Political Education*. Boston: Little Brown, 1999.

Stern, Chaim. *Pirké Avot*. Hoboken, NJ: Ktav Publishing, 1997.

Sterne, Laurence. *A Sentimental Journey through France and Italy*. London: Oxford University Press, 1968.

Stowe, Charles Edward, and Lyman Beecher Stowe. *Harriet Beecher Stowe: The Story of Her Life*. Boston and New York: Houghton Mifflin Company, 1911.

Stowe, Harriet Beecher. *Uncle Tom's Cabin*. With an afterword by John William Ward. New York: Penguin Books USA Inc, 1966.

Sumner, William Graham. *What Social Classes Owe to Each Other*. Caldwell, ID: Caxton Printers, 1989.

Szczesiul, Anthony E. "The Canonization of Tom and Eva: Catholic Hagiography and *Uncle Tom's Cabin*." *American Transcendental Quarterly* 10 (March 1996): 59–72.

Taylor, Paul. "Mondale Rises to Peak Form; Candidate Eloquent in Fight for 'Caring' Government." *Washington Post*, October 26, 1984. First section, A1.

Temple, Wayne C. *Abraham Lincoln: From Skeptic to Prophet*. Mahomet, IL: Mayhaven Publishing, 1995.

Thomas, Benjamin P. *Abraham Lincoln: A Biography*. New York: Modern Library, 1968.

Thompkins, Jane. *Sensational Designs: The Cultural Work of American Fiction 1790–1860*. New York: Oxford University Press, 1985.

Thurow, Glen E. *Abraham Lincoln and American Political Religion*. New York: State University of New York Press, 1976.

Tocqueville, Alexis de. *Democracy in America.* Translated and edited by Harvey Mansfield and Delba Winthrop. Chicago: University of Chicago Press, 2000.

Tolstoy, Leo. *What Is Art? and Essays on Art.* Oxford: Oxford University Press, 1929.

UN General Assembly. *September 11, 2001: Attack on America, Mayor Rudolph W. Giuliani, Opening Remarks to the United Nation General Assembly Special Session on Terrorism.* October 1, 2001.

U.S. Congress. Senate. *Inaugural Addresses of the Presidents of the United States: From George Washington 1789 to George Bush 1989.* 101st Cong., 1st sess. S.101–10, 1989.

U.S. Presidents. *Public Papers of the Presidents of the United States.* Washington, D.C.: Office of the *Federal Register,* National Archives and Records Service. John F. Kennedy, 1961.

———. *Public Papers of the Presidents of the United States.* Washington, D.C.: Office of the *Federal Register,* National Archives and Records Service. Lyndon B. Johnson, 1964.

———. *Public Papers of the Presidents of the United States.* Washington, D.C.: Office of the *Federal Register,* National Archives and Records Service. Ronald Reagan, 1989.

Vale, Lawrence. *From the Puritans to the Projects: Public Housing and Public Neighbors.* Cambridge, MA: Harvard University Press, 1959.

Valiunas, Algis. "The Great American Novel? Uncle Tom's Cabin after a Century and a Half." *The Weekly Standard,* December 16, 2002, 31–32.

Vaughan, Alden T. *Roots of American Racism: Essays on the Colonial Experience.* New York: Oxford University Press, 1995.

———. "A Test of Puritan Justice." *The New England Quarterly* 38 (1965): 331–339.

Virgadamo, Peter Richard. "Colonial Charity and the American Character: Boston, 1630–1775." Ph.D. dissertation, University of Southern California, 1982.

Wall, Robert Emmet. *Massachusetts Bay: The Crucial Decade, 1640–1650.* New Haven, CT: Yale University Press, 1972.

Wallwork, Ernest. "Thou Shalt Love Thy Neighbor as Thyself: The Freudian Critique." *Journal of Religious Ethics* 10 (Fall 1982): 264–319.

Walzer, Michael. *The Revolution of the Saints: A Study in the Origins of Radical Politics.* Cambridge, MA: Harvard University Press, 1965.

Washington, George. *George Washington: A Collection.* Edited by W. B. Allen. Indianapolis, IN: Liberty Fund, 1998.

Washington Headquarters Services. "Principal Wars in Which The United States Participated: U.S. Military Personnel Serving and Casualties."

Department of Defense. Internet. At http://web1.whs.osd.mil/mmid/casualty/SMS223R.pdf (accessed March 29, 2001).

Weber, Max, C. *From Max Weber: Essays in Sociology.* Edited by Wright Mills and Hans Heinrich Gerth. New York: Oxford University Press, 1958.

———. *The Protestant Ethic and the Spirit of Capitalism.* Translated by Talcott Parsons. New York: Routledge, 1992.

Webster, Daniel. *The Papers of Daniel Webster.* Edited by Charles M. Wiltse. Vol. 1. Hanover, NH: University Press of New England, 1974.

Weil, Simone. *Gravity and Grace.* New York: Routledge, 2002.

Weisberger, Bernard A. *America Afire: Jefferson, Adams, and the Revolution of 1800.* New York: William Morrow, 2000.

White, Morton G. *The Philosophy of the American Revolution.* New York: Oxford University Press, 1978.

White, Ronald C., Jr. *Lincoln's Greatest Speech: The Second Inaugural.* New York: Simon and Schuster, 2002.

———. "Lincoln's Sermon on the Mount: The Second Inaugural." In *Religion and the American Civil War,* edited by Randall M. Miller, Harry S. Stout, and Charles Reagan Wilson. New York: Oxford University Press, 1998.

Whitmore, William Henry. *The Colonial Laws of Massachusetts: Reprinted from the Edition of 1660, with the Supplements to 1672: Containing also, The Body of Liberties of 1641.* Littleton, CO: Fred B. Rothman and Co., 1995.

Wilentz, Sean. "The Details of Greatness: American Historians versus American Founders." *New Republic,* March 29, 2004, 27–35.

Will, George. "Let Us . . . ? No, Give It a Rest." *Newsweek,* January 22, 2001, 64.

Williams, Roger. "The Letters of Roger Williams to Winthrop." In *Old South Leaflets.* Boston: Directors of the Old South Work, 1896.

Wills, Garry. *Inventing America: Jefferson's Declaration of Independence.* Garden City, NY: Doubleday, 1978.

———. *Lincoln at Gettysburg: The Words that Remade America.* New York: Simon and Schuster, 1992.

———. "Lincoln's Greatest Speech?" *The Atlantic Monthly,* September 1999, 60.

Wilson, Douglas, L. *Honor's Voice: The Transformation of Abraham Lincoln.* New York: Alfred A. Knopf, 1998.

———. *Lincoln before Washington: New Perspectives on the Illinois Years.* Champaign: University of Illinois Press, 1997.

———. *Lincoln's Sword: The Presidency and the Power of Words.* New York: Knopf, 2006.

Wilson, Edmund. *Patriotic Gore: Studies in the Literature of the American Civil War*. London: Hogarth Press, 1962.

Wilson, James Q. "Religion and Public Life." In *What's God Got to do with the American Experiment?* edited by E. J. Dionne Jr. and John J. DiIulio Jr. Washington DC: Brookings Institution Press, 2000.

Winger, Stuart. *Lincoln, Religion, and Romantic Cultural Politics*. Dekalb: Northern Illinois University Press, 2003.

Winik, Jay. *April 1865: The Month that Saved America*. New York: Perennial, 2002.

Winship, Michael P. *Making Heretics: Militant Protestantism and Free Grace in Massachusetts, 1636–1641*. Princeton, NJ: Princeton University Press, 2002.

Winthrop, John. *The [Abridged] Journal of John Winthrop, 1630–1649*. Edited by Richard S. Dunn and Laetitia Yeandle. Cambridge, MA: Belknap Press of Harvard University Press, 1996.

———. *The [Unabridged] Journal of John Winthrop, 1630–1649*. Edited by Richard S. Dunn, James Savage, and Laetitia Yeandle. Cambridge, MA: Belknap Press of Harvard University Press, 1996.

———. *Winthrop Papers*. Edited by Alley Forbes et al. Volumes 1–6. Boston: Massachusetts Historical Society, 1929.

Winthrop, Robert C. *Life and Letters of John Winthrop*. New York: Da Capo Press, 1971.

Wolf, William J. *Lincoln's Religion*. Philadelphia: Pilgrim Press, 1970.

Wood, Gordon S. *The Creation of the American Republic, 1776–1787*. Chapel Hill: University of North Carolina Press, 1969.

Wright, Thomas G. *Literary Culture in Early New England*. New Haven, CT: Yale University Press, 1920.

Yarbrough, Jean M. *American Virtues: Thomas Jefferson on the Character of a Free People*. Lawrence: University Press of Kansas, 1998.

Zuckert, Catherine H. *Natural Rights and the American Imagination: Political Philosophy in Novel Form*. Savage, MD: Rowman & Littlefield, 1990.

———. "On Reading Classic American Novelists as Political Thinkers." *Journal of Politics* 43 (August 1981): 683–706.

Zuckert, Michael P. *The Natural Rights Republic: Studies in the Foundation of the American Political Tradition*. Notre Dame, IN: University of Notre Dame Press, 1996.

索　引

图书在版编目(CIP)数据

爱的纽带与美利坚的形成：温斯罗普、杰斐逊和林
肯的慈善观念/(美)马秀·S.胡兰德
(Matthew S. Holland)著；褚蓥译. -- 北京：社会科
学文献出版社，2018.9
(南山慈善译丛)
书名原文：Bonds of affection： civic charity
and the making of America—Winthrop, Jefferson,
and Lincoln
ISBN 978 - 7 - 5201 - 2748 - 6

Ⅰ.①爱… Ⅱ.①马… ②褚… Ⅲ.①慈善事业 - 历
史 - 美国 Ⅳ. ①D771.27

中国版本图书馆 CIP 数据核字(2018)第 097850 号

南山慈善译丛 · 第二辑
爱的纽带与美利坚的形成
　　——温斯罗普、杰斐逊和林肯的慈善观念

著　　者／〔美〕马秀·S.胡兰德(Matthew S. Holland)
译　　者／褚　蓥

出 版 人／谢寿光
项目统筹／曹义恒
责任编辑／曹义恒　孙军红　冯　旭

出　　版／社会科学文献出版社·社会政法分社(010)59367156
　　　　　　地址：北京市北三环中路甲 29 号院华龙大厦　邮编：100029
　　　　　　网址：www. ssap. com. cn
发　　行／市场营销中心 (010) 59367081　59367018
印　　装／三河市龙林印务有限公司

规　　格／开 本：787mm × 1092mm　1/16
　　　　　　印 张：21.25　字 数：330 千字
版　　次／2018 年 9 月第 1 版　2018 年 9 月第 1 次印刷
书　　号／ISBN 978 - 7 - 5201 - 2748 - 6
著作权合同
　　　　　／图字 01 - 2016 - 6128 号
登 记 号
定　　价／98.00 元

本书如有印装质量问题，请与读者服务中心(010 - 59367028)联系